PALLADIO

Für meinen Sohn Johann

Volker Plagemann

DIE VILLEN DES ANDREA PALLADIO

Herausgegeben
vom Bremer Zentrum für Baukultur (bzb)
und der Deutsch-Italienischen Gesellschaft
in Bremen und Hamburg

Fotos von
Johann Christian Plagemann
und Jörg Sellerbeck

Ellert & Richter Verlag

Vorwort zur zweiten Auflage

Als die erste Auflage des vorliegenden Bandes im Mai 2012 herauskam, hatte sein Verfasser Volker Plagemann geplant, ihn im Rahmen einer Ausstellungseröffnung im Bremer Zentrum für Baukultur am 11. Mai der Öffentlichkeit vorzustellen. Die Ausstellung schloss thematisch an einen zentralen Aspekt an, der sich mit Palladios Villen verbindet: ihre besondere Wirkungsgeschichte bis in die Gegenwart hinein, dem sogenannten Palladianismus. In der Ausstellung „Palladio und der Palladianismus in Bremen" wurde dieser Aspekt mit Blick auf die bremische Baugeschichte verdichtet.

Neben Hamburg, seinem Geburtsort und seiner langjährigen Wirkungsstätte als Senatsdirektor der Kulturbehörde von 1980 bis 2003, war Bremen der andere bedeutende Ort für Plagemann. Hier leitete der habilitierte Kunsthistoriker von 1973 bis 1980 als Senatsrat die Abteilung Wissenschaft und Kunst und räumte mit der verstaubten bremischen Kulturpolitik der Nachkriegszeit auf. Unter den Innovationen, die er umsetzte, ragt das Programm „Kunst im öffentlichen Raum" heraus, mit dem Bremen bundesweit Beachtung fand. Als Plagemann nach Hamburg wechselte, hielt er auch dort an seinem fortschrittlichen Kurs fest. Neben seiner erfolgreichen Tätigkeit als Vermittler zwischen Kultur und Politik verlor er jedoch nie seine kunstwissenschaftliche Qualifikation aus den Augen, was sich in wichtigen Publikationen, später auch in einer Lehrtätigkeit an der Hamburger Universität niederschlug. Bremen blieb er schon durch die Tatsache verbunden, dass er dort weiterhin wohnte und sich nach seiner Pensionierung in der lokalen Kulturszene einbrachte.

Plagemann, der in seiner Hamburger Zeit wesentlichen an der Etablierung des Hamburgischen Architekturarchivs und des Hamburger Architektursommers beteiligt war, engagierte sich im neu gegründeten Bremer Zentrum für Baukultur, in dessen Vorstand er bis 2009 tätig war. Auch die Anstöße für die Schriftenreihe des Zentrums und für eine „Bremer Auszeichnung für Baukultur" sind ihm zu verdanken. Mit diesem nun in zweiter Auflage vorliegenden Werk verbindet sich ein tragisches Ereignis. Kurz vor der Ausstellungseröffnung in Bremen und der am darauffolgenden Tag vorgesehenen Präsentation bei der Deutsch-Italienischen-Gesellschaft in Hamburg verstarb Volker Plagemann am 10. Mai 2012.

Eberhard Syring
von 2003 bis 2018 wissenschaftlicher Leiter des Bremer Zentrums für Baukultur

Vorwort

„Andrea Palladio ist wohl der einflussreichste Architekt, den die westliche Welt je hervorgebracht hat", so umreißt sein amerikanischer Biograf Bruce Boucher die Bedeutung Palladios und stellt sie dann in seinem Buch dar.[1]

Für Palladio (1508–1580) ist jüngst ein großes Jubiläum begangen worden, das seines 500. Geburtstages. Unumstritten war dafür das Jahr 1508. Unterschiedlich aber lauteten die Meinungen zum Datum des Tages. Nach älterer Meinung sollte es der 30. November gewesen sein.[2] In der Palladio-Biografie von Lionello Puppi wurde dann aber der 8. November als Geburtstag angegeben, „zu Ehren des Datumsheiligen getauft auf den Namen Andrea".[3] Puppi hatte offenbar den Andreastag des Jahres 1508 neu bestimmt. Zur Jubiläumsfeier und -ausstellung ist nun aber die Entscheidung wieder für den 30. November 1508 gefallen. Guido Beltramini, der Direktor des „Centro Internazionale di Studi di Architettura Andrea Palladio" (CIA), internationales Zentrum der Studien zur Architektur Andrea Palladios, und Mitherausgeber des Jubiläumskataloges, spricht sich im Katalog für dieses Datum aus.[4] In seiner neuen Palladio-Biografie[5] erwähnt er das Datum des Geburtstages dagegen nicht. Die in dieser Biografie nachgedruckte erste Palladio-Biografie von Paolo Gualdo von 1615 beginnt jedoch mit dem Satz: „Palladio wurde in Vicenza im Jahr des Herrn 1508 am 30. des Monats November am Tag des Apostels Andreas geboren, weshalb man ihm den Namen Andrea gab."[6]

Über eine umfangreiche historische Literatur hinaus stellte die Jubiläumsausstellung in Vicenza sich erneut die Frage, wer Palladio denn gewesen sei und warum seine Architektur das Vorbild für einen jahrhundertelangen Palladianismus gegeben habe. Die Antwort auf die Frage lässt sich nur in der Beschäftigung mit seinen Bauten finden. Seine Projekte für Villen, der Bauaufgabe, der er sich am häufigsten zugewandt hat, spielen dabei die wichtigste Rolle. Sie spiegeln am genauesten und über den längsten Zeitraum seine Entwicklung hin zum Vorbildgeber jenes Palladianismus wider. Sie brachten die Modelle der Vorbilder des Palladianismus hervor.

Die Jubiläumsausstellung „Palladio 500 Anni" gab einen Überblick über Leben und Werk mit wichtigen Bauten, darunter auch Villen, charakterisierte Palladios Architektur und behandelte Vertreter des Palladianismus. Das Besondere war, dass sie zahlreiche Zeichnungen Palladios präsentierte, die – seitdem diese in ihrer Mehrzahl im 17. und 18. Jahrhundert durch die englischen Palladianisten Inigo Jones und Lord Burlington nach England gebracht wurden – in seinem eigenen Land kaum zu sehen sind. Sie ermöglichte damit einen Eindruck von Palladio als Zeichner, wie

Andrea Palladio, „I quattro libri dell'architettura", Venezia 1570, Titelblatt

I QVATTRO LIBRI DELL'ARCHITETTVRA Di Andrea Palladio.

Ne' quali, dopo un breue trattato de' cinque ordini, & di quelli auertimenti, che sono piu necessarij nel fabricare;

SI TRATTA DELLE CASE PRIVATE, delle Vie, de i Ponti, delle Piazze, de i Xisti, et de' Tempij.

CON PRIVILEGI.

IN VENETIA, Appresso Dominico de' Franceschi. 1570.

er die Antike entdeckte, seine eigenen Vorstellungen entwickelte und seine Bauten vorbereitete und ausführte.

Außer in solchen Zeichnungen ist Palladios Architektur aber ständig und dann auch in dieser Ausstellung immer noch in seinem eigenen architekturtheoretischen Werk, „I quattro libri dell'architettura", die vier Bücher zur Architektur, von 1570 und in deren Illustrationen gegenwärtig.

Aber schon im Ausstellungsgebäude trat die realisierte Architektur selbst ins Bewusstsein der Besucher: Es ist der unvollendete Palazzo Barbaran da Porto, einer von etwa 20 Palästen, die Palladio für Vicenza geplant und ganz oder nur teilweise realisiert hat. Ein zum Jubiläum geschaffenes Beschilderungssystem weist außerdem in der Stadt Vicenza auf die Bauten Palladios hin, und auch in der Region Veneto sind seine architektonischen Projekte und deren Relikte meist gekennzeichnet. Durch Jubiläum und Ausstellung aufmerksamer geworden, öffnen sich Scharen von Bewohnern und Besuchern der Städte Vicenza, Venedig und auch anderer Provinzen des Veneto für den Eindruck der seit rund 500 Jahren gegenwärtigen Spuren seiner architektonischen Tätigkeit, aber zugleich auch für die Vergänglichkeit dieser Spuren.

Palladios gebautes Werk in Vicenza, in Venedig und im Veneto präsentiert sich nämlich nicht als eine Summe vollendeter und wohlerhaltener Bauten. Der Weg entlang des Corso Palladio in Vicenza erweckt zunächst zwar den Eindruck, als führe er durch eine Stadt der Bauten Palladios und des Palladianismus. Aber schon der Blick auf und in den Palazzo Barbaran oder benachbarte wohlbekannte Bauten wie die „Basilica", die Loggia del Capitaniato oder den Palazzo Porto-Breganze macht klar, dass das gebaute Werk auch eine Summe von Fragmenten ist: der Palazzo Barbaran, nur zu einem Teil fertiggestellt, die „Basilica", im Zweiten Weltkrieg beschädigt und gerade zum wiederholten Mal rekonstruiert, die Loggia del Capitaniato, auf einer Seite durch eine faschistische Fassade entstellt, der Palazzo Porto-Breganze, die berühmte „Casa del Diavolo", nur in zwei von sieben geplanten Achsen realisiert und hochgeführt.

Die Summe der Werke Palladios besteht aus beeindruckenden, ganz vollständigen Bauten, die wohlerhalten sind, wie die Kirchen San Giorgio Maggiore und Il Redentore in Venedig oder die Villa Barbaro in Maser; die vollendet sind, aber spätere Ergänzungen erhalten haben, wie die Villa Almerico, „La Rotonda"; die beschädigt waren, aber wiederhergestellt wurden, wie die „Basilica" oder die Holzbrücke in Bassano; aber auch Bauten, die erhalten, aber im Verfall begriffen sind, wie etwa die Villa Gazzotti, die Villa Forni oder die Villa Zeno. Zahlreiche Bauten sind dagegen nie vollendet worden, sind zum Teil abgerissen, verändert, durch andere ersetzt worden. Schließlich gibt es Bauten, die nicht mehr existieren oder niemals angefangen wurden. Der Eindruck des Fragmenthaften und des Verfalls verstärkt sich, wenn man nicht nur Palladios Bauten in Vicenza und in Venedig betrachtet, sondern seine wichtigste Bauaufgabe, die im Veneto verteilten Villen, aufsucht. Die zehn unvollendeten Säulenstümpfe der niemals ausgeführten Villa Porto in Molina werden allen Besuchern besonders nachdrücklich im Gedächtnis bleiben.[7]

Über die Ausstellung hinaus ist zum Palladio-Jubiläum einiges andere geschehen. Dazu gehört auch die kleine neue Biografie „Palladio privato" von Guido Beltramini, inzwischen auch auf Deutsch erschienen.[8] Unter Deutschsprachigen hat der Schweizer Architekturhistoriker Werner Oechslin das Jubiläum zum Anlass genommen, ein großes umfassendes Buch über den Palladianismus vorzulegen, das die weltumspannende Bewegung darstellt, die von diesem Architekten ausgegangen ist.[9] Auch eine neue Übersetzung seiner „Quattro libri" ins Deutsche ist entstanden.[10]

Bei genauerer Betrachtung aber ist für die, die Palladios Architektur nachgehen wollen, auch nach dem Jahr seines Jubiläums nur wenig an Literatur greifbar. Das gilt erstaunlicherweise besonders für die Villen.[11]

Es gibt also auch und gerade jenseits seines Jubiläums Anlass, ein wesentliches Kapitel der Architektur Palladios, eingebettet in die Geschichte der Villen im Veneto, in einer Form neu zu erforschen und zu behandeln, die zur vertiefenden Lektüre wie als Vademekum für Reisen ins Veneto dienen kann. Mehr als hundert Jahre nach der ersten wissenschaftlichen Befassung Fritz Burgers mit Palladios Villen, 1909,[12] erscheint wieder einmal ein deutschsprachiges Buch über dieses Thema. Erstmals wird dabei auch das mitgeteilt, berücksichtigt und einbezogen, was Palladio selbst in den „Quattro libri" über seine Villen geschrieben hat.

Die Bauaufgabe Villa im Veneto

Die Anfänge Venedigs

Bis heute heißt das, was die Deutschen „Völkerwanderung" nennen, in Italien „Invasione dei Barbari", Invasion der Barbaren. Die Einfälle der Germanen in der Spätantike bewegten die lateinische Bevölkerung der römischen Provinz Venetia mit den Häfen und Bischofssitzen Altinum und Aquileia, von den Küsten über die Wasser der Lagunen auf die unzähligen flachen Inseln zu fliehen. Spätestens seit der Zeit um das Jahr 568, als über 100 000 Langobarden nach jahrhundertelanger Wanderung von der Elbe über Österreich und Ungarn in das Gebiet Venetiens eindrangen,[13] wurde daraus für viele eine endgültige Übersiedlung. Das sollten die Anfänge der späteren Stadt Venedig werden.

Der historische Gründungsmythos der Stadt hat aus dieser Flucht – fußend auf einem Brief des römischen Regierungsbeamten Cassiodor – das vermeintlich republikanische Prinzip einer friedlichen Gemeinschaft in Einfachheit, Harmonie und sozialer Gleichheit erklärt, dass auf die Mitglieder des „Großen Rates", der venezianischen Aristokratie, die die Stadt regierte, übertragen wurde.

Die Lagune Veneta, die durch schmale Landstreifen vom Meer der Adria abgetrennt wird, bot den Geflohenen mit Inseln wie Torcello und mit Orten an ihren Rändern wie Malamocco Zufluchtsstätten, die sich zu den Keimzellen der Selbstständigkeit Venedigs entwickelten. Malamocco stellte sich unter den Schutz des Exarchen von Ravenna, das Teil des byzantinischen Reiches – Ostrom – war. Seit 679 wählte es sich einen „Duca", seit 742 „Doge" genannt, der von Ostrom bestätigt werden musste. Anfangs war der byzantinische Heilige Theodor der Stadtpatron.

Aber spätestens im 9. Jahrhundert gelang eine Emanzipation von Ostrom. 828/829 wurden in Alexandria die Reliquien des römischen Heiligen und Evangelisten Markus geraubt, der der neue Patron der selbstständigen Stadt wurde und am Markusplatz seine Grabeskirche erhielt. Der geflügelte Löwe des Evangelisten wurde das Wappentier, das in Zukunft an den Flaggenmasten der venezianischen Schiffe erschien und auf Säulen in allen zu Venedig gehörenden Städten aufgestellt wurde.

Die Eroberung der byzantinischen Hauptstadt Konstantinopel durch ein von Venedig unterstütztes Kreuzfahrerheer im Jahr 1204 führte dazu, dass der größte Konkurrent Venedigs zerstört und Venedig selbst zu einem zweiten Konstantinopel wurde.

Der Mythos erklärte Venedigs Entstehung aber nicht nur mit dem Zusammenbruch des römischen Reiches und später der Nachfolge Konstantinopels, die dazu führten, dass Venedig die Erbin West- und Ostroms wurde, sondern auch mit dem Willen

Gottes, durch seinen Evangelisten Markus ein christliches Staatswesen zu fundieren. Der neue Gründungsmythos kam im 14. Jahrhundert auf und datierte die Entstehung der Stadt auf den 25. März, den Festtag Mariae Verkündigung, im Jahr 421. Die Chronik des Jacopo Dondi, entstanden zwischen 1328 und 1339, lokalisiert den Gründungsort nirgendwo anders als in „rivum altum“, „rivo alto“, Rialto, hohes Ufer, dem Zentrum Venedigs.[14]

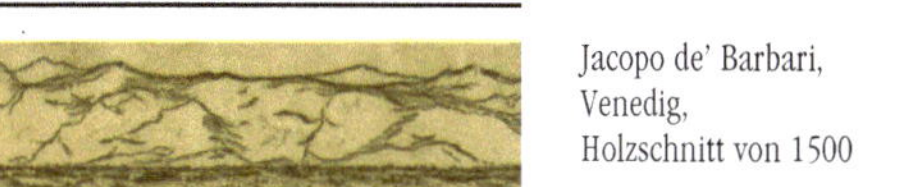

Jacopo de' Barbari,
Venedig,
Holzschnitt von 1500

Die Verknüpfung der Stadt- und Staatsgründung mit der Verkündigung an Maria und damit der Menschwerdung Christi führte dazu, dass der 25. März in Venedig der offizielle Jahresanfang wurde. Dieses Datum hatte eine antike Geschichte: Mit dem März begann auch das römische Jahr, und der 25. März galt als Tag der Göttin Venus, den Ovid zum Datum der Gründung Roms erklärte. Auch damit machte Venedig sich zum zweiten, zu einem besseren, nämlich christlichen Rom. Diese

Sakralisierung des Stadtstaates der „Santissima Republica“ führte zugleich zu einer Sakralisierung der Aristokratie, der Mitglieder des „Großen Rates“, zu dem der Zutritt neuen Familien seit 1297 verwehrt war, sodass er nun eine geschlossene Gesellschaft blieb. Seine Mitglieder wurden Träger des oligarchischen Stadtregimentes und der Ausdehnung der Stadt auf das Festland, die Terraferma.

Bauen in der Lagune

„Stadt in der Lagune. Leben und Bauen in Venedig“ und „Venedig. Von der Kunst, eine Stadt im Wasser zu bauen“ heißen zwei Bücher, die die Gesamtheit der Baumaßnahmen grundlegend behandeln, die in Jahrhunderten zur Entstehung der Summe von Inseln und ihrer ganz besonderen Bauart geführt haben.[15]

„So weit das Auge reicht, erstreckt sich eine Wüste wilden Seemoors, von geisterhaftem Aschgrau; leblos, von der Farbe von Sackleinen, das faulige Seewasser durch die Wurzeln seines scharfen Unkrauts dringend und hier und da durch seine schleichenden Kanäle glimmernd.“ So hat John Ruskin 1851–1853 in „Steine in Venedig“[16] die Lagunenlandschaft beschrieben. So muss sie sich dargeboten haben zu Beginn der ersten Besiedlungswelle, bevor sich daraus die Republik Venedig erhob.[17] Und auch später muss das Land über weite Strecken einen ähnlichen Eindruck gemacht haben, als die Seehandelsstadt in der Lagune im 14. Jahrhundert daranging, die Stadtrepublik auf die Terraferma, ein größeres Landgebiet, auszudehnen und dieses agrarisch neu zu erschließen. Das angesammelte Handelskapital wurde dort in die Landwirtschaft der systematischen sogenannten Villeggiatura, der Ausdehnung der Landwirtschaft auf der Terraferma, investiert.

Als Venedig auf sumpfigem Gelände entstand, boten die Laguneninseln weder befahrbare Kanäle noch festen Baugrund, es gab weder Bauholz noch Steine, Ziegel oder Mörtel. Die neuen Einwohner reagierten darauf über Jahrhunderte mit der Entwicklung einer ausgeprägten Wasserbau- und Kanalbautechnik sowie einer besonderen Kunst der Pfahlbaugründung und Baugrundverfestigung. Alle Baumaterialien mussten von den umgebenden Küsten mit einer permanenten Beschaffungslogistik herbeigeflößt und -geschifft werden: Bauholz, gebrannter Kalk, Sand, Ziegel, Terrakotta, leichter Tuffstein, Haustein und die immer kostbarer werdenden Materialien von farbigem Stein und Marmor für die Oberflächen der inkrustierten Fußböden und Wände sowie die Mosaiken und Wandmalereien. Die Vielheit der Herkunftsorte über See führte zu der geradezu spezifisch luxuriösen Vielfalt venezianischer Baudekoration. Da der Baugrund nie garantiert fest war, mussten Bautechniken erfunden werden, die elastisch auf Gelände- und Gebäudebewegungen reagieren konnten, wie

Bartolomeo Buon,
Cà d'Oro,
1421–1440 errichteter
Stadtpalast des
Marino Contarini, Fassade
zum Canal Grande.
Bei der Cà d'Oro ist nur
der rechte Seitenteil
ausgeführt worden.

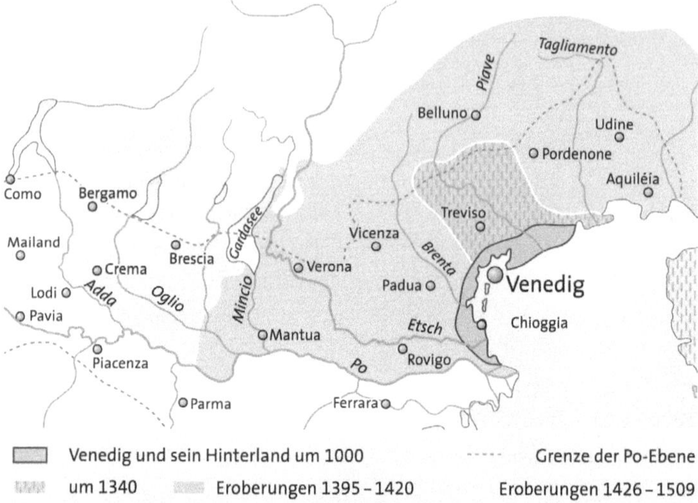

Ausdehnung des venezianischen Gebietes auf der Terraferma

etwa der Terrazzo über Balkendecken. Aus solchen Gegebenheiten rührten aber nicht nur bestimmte Bautechniken und Bauweisen her, sondern sie führten auch zu charakteristischen Bautypen und Bauformen.

Diese wurden auch dadurch bestimmt, dass die Stadt keine Ummauerungsfortifikation brauchte und die einzelnen Bauten keiner eigenen Befestigung bedurften, weil Venedig Feinde zur See kaum fürchten musste. In einer Inschrift von 1553 hieß es dazu: „Venedig, auf göttliches Geheiß in den Fluten gegründet, von Wasser umgeben, von Mauern aus Wasser geschützt".[18]

Die vielen durch die Lage in der Lagune bedingten architektonischen Schwierigkeiten führten seit den Anfängen zu Herausforderungen, auf die die Stadt mit ausgeklügelt angewendeten Bautechniken und dafür entwickelten Traditionen reagierte. Das gilt besonders für Zisternensysteme oder die Sicherung gegen Brände durch besondere Bauweisen der Schornsteine. Der wachsende Reichtum wurde immer auch in die Verbesserung der Bautechnik, der Baukultur und die vielfältige Bauausstattung gesteckt.

Dass Hafen- und Schiffbau mit der Anlage des Arsenals für die Kriegsschifffahrt sowie der Brückenbau ein venezianisches Spezifikum geworden sind, bedarf keiner Erklärung.

Charakteristisch wurde in Venedig aber auch die Orientierung anfangs auf Ostrom und später auf die Handelsverbindungen in den Osten. Die frühe Verwendung des leichten ravennatischen Ziegels oder der Einsatz von Mosaiken weisen darauf hin.

Auch orientalische Wölbungstechniken, die den Druck auf besonders fundierte Druckpunkte leiteten, bestimmen die Konstruktion der Kirchenräume in Venedig von San Marco über Sansovinos und Palladios Bauten bis zu Longhenas Santa Maria della Salute. Der Fondaco dei Turchi, das um 1225 errichtete Handelshaus für osmanische Händler, gilt bis heute als Urahn venezianischer Palastanlagen. Für diese Palazzi ist die Offenheit in einem Wechselspiel von Mauern, Stützen und Öffnungen typisch, damit wenig Gewicht auf das Fundament drückt. Offenheit und Leichtigkeit filigraner Fassaden bestimmen das Stadtbild ebenso wie Loggien und überbaute öffentliche Passagen, Balkone und Dachterrassen zur Nutzung der knappen Grundflächen.
Häuser oder Paläste, die eine Wohneinheit mit Hof, Zisterne und spezifischen Raumfolgen im Erd- und in den Obergeschossen ausbildeten, wurden von den Nobili, das heißt den Aristokraten, die Mitglieder des „Großen Rates" waren, oder wenigen reichen Cittadini, Bürgern, bewohnt. Daneben entstand seit dem 14. Jahrhundert ein System von Serienhäusern mit Werkstätten, Läden und Mietwohnungen für den überwiegenden Teil der Stadtbevölkerung. Auf dem engen Grund bildete sich daraus insgesamt ein funktionierendes großstädtisches Baugefüge, das für andere europäische Städte, etwa Paris, später vorbildhaft wurde.

Die Casa Veneziana

Wie alle Architektur auf den Laguneninseln waren venezianische Wohnhäuser ursprünglich aus Holz und während der mittelalterlichen Jahrhunderte anfangs nur zweistöckig. Die Venedig-Darstellung von Jacopo de' Barbari, 1500, zeigt noch zweistöckige Häuser. Am Campo Santa Margherita stehen noch heute zweistöckige Häuser, zum Beispiel in der Bar „Alla bifora", deren Stützen steinerne, vom Festland herbeigeschaffte antike Spolien sind und deren Öffnungen aus gotischen Biforien, Fenstern mit zwei Spitzbogen, bestehen.[19]
Seit dem 16. Jahrhundert gibt es erstmalig Äußerungen über den Charakter der später mehrstöckigen Bauten: bei Sebastiano Serlio im 1537 erschienenen Buch IV und im unveröffentlichten Buch VI von seiner Architekturtheorie sowie 1581 bei Francesco, dem Sohn des Architekten Jacopo Sansovino, in seiner Beschreibung der Stadt Venedig. Diese Äußerungen interpretieren die Lebensgewohnheiten der Venezianer in den Räumen der uns überlieferten privaten Palazzi.
Sansovino berichtete, dass ein privater Palast im Unterschied zum Palazzo Ducale bescheidener „Casa" genannt würde, überschrieb dieses Kapitel aber mit „Palazzi di Venezia". Die herausragenden privaten Paläste hatten nach hinten meist einen Hof mit Zisterne, auf dem Dach einen Altan und die besonders ausgebildeten

Schornsteine. Die Fassade war dem Kanal zugewandt. Der Palast wurde vom Wasser aus betreten durch ein Portal, das sich über einer Treppenanlage erhob. An der Fassade ablesbar war der Palast im Inneren in drei Zonen aufgeteilt. Hinter dem Portal in der mittleren Zone erstreckte sich im Erdgeschoss bis zum Hof durchlaufend der lang gestreckte „Portego“, über ihm in den Obergeschossen zweimal eine ebenso lang gestreckte „Sala“. Diese mittlere Zone wurde deshalb sowohl zur Fassade als auch zum Hof durch besonders ausgeprägte Fenster- oder Loggia-Bildungen belichtet; Serlio setzte dafür die „Serliana“ ein, einen von zwei rechteckigen Öffnungen flankierten Rundbogen.
Im Erd- oder Wassergeschoss waren Lager-, Geschäfts- und Wirtschaftsräume untergebracht. Die Sala im ersten und die im zweiten Geschoss wurden als Festräume genutzt. In den seitlichen Zonen mit weniger Fensteröffnungen lagen im ersten Geschoss Wohnräume, im zweiten Geschoss Schlafräume. Hier konnten die Wandflächen zwischen den Fenstern für Kamine genutzt werden, sodass die Räume beheizbar waren. Da es ursprünglich in den Holzbauten Leitern gegeben hatte, fanden in diesem eingespielten System die Treppenanlagen seit dem 14. Jahrhundert, erst recht spätere Prachttreppenhäuser, nur in den seitlichen Zonen einen Platz. Mezzaningeschosse konnten weitere Räume aufnehmen.
Das Lebensgefühl der in diesen privaten Palästen wohnenden Nobili oder Cittadini hielt offenbar an den Grundsätzen der Raumaufteilungen der Casa Veneziana fest, die sich deshalb im Laufe der Jahrhunderte nur wenig geändert und auch auf den späteren Villenbau ausgewirkt haben.[20]
Aber schon seit dem Mittelalter war es nicht unüblich, solche Palastbauten nach Geschossen getrennt zu bewohnen oder zu vermieten. Andere Grundrisslösungen wurden für die Mietshäuser und Reihenhäuser gefunden.

Ausdehnung Venedigs auf das Festland

In seiner mittelalterlichen Entwicklung zur größten Handels- und Seemacht des östlichen Mittelmeers hatte Venedig sich auf das Stadtgebiet und die Umgebung der Lagune konzentriert und dazu ein wechselndes System von Stützpunkten im östlichen Mittelmeer unterhalten, für das auch die Architekten der Renaissancezeit noch tätig waren.
Trotz der Konkurrenz zu den Genuesen und der Machtzunahme der Osmanen konnte die Republik am Ende des 15. Jahrhunderts die Insel Zypern gewinnen und dadurch noch einmal für ein Jahrhundert ihre Position im östlichen Mittelmeer verstärken. Die Insel war seit 1192 im Besitz der Familie de Lusignan. Der erste Herrscher dieser

Vicenza, Piazza dei Signori. Zwei Säulen mit dem Markuslöwen und Christus darauf kennzeichnen die Stadt als venezianisch.

Dynastie, Guy de Lusignan (gestorben 1194), hatte aus Jerusalem das Königtum mitgebracht, das er auf Zypern übertrug. Die de Lusignan wurden zwar tributpflichtig an Genua und 1426 auch an die Mamelucken, konnten ihre Herrschaft über Zypern aber bis zum Tode des Letzten ihrer Dynastie halten. Dieser, Jakob II. de Lusignan (gestorben vor 1472), hatte die Tochter einer hochrangigen venezianischen Familie geheiratet, Caterina Cornaro (1454–1510), und sie zur Königin gekrönt. Nach dem Tode Jacobs II. übertrug Caterina das Königtum 1489 auf Venedig, das die Herrschaft über Zypern immerhin bis 1571 durch Gouverneure erfolgreich wahrnehmen ließ und damit auch nach der Übernahme von Rhodos 1523 durch die Osmanen einen starken Stützpunkt im östlichen Mittelmeer hatte. Caterina Cornaro konnte ihren Aufenthalt in der Stadt und Burg Asolo auf der Terraferma nehmen und erhielt die Möglichkeit einer aufwendigen Hofhaltung als letzte Königin von Zypern. Ihre Sommerresidenz auf dem venezianischen Festland gab Anstöße für den venezianischen Villenbau.

Venedig befestigte Zypern und ließ 1567–1568 durch den Architekten Giuliano Savorgnano einen neuen Bastionenkranz um die Hauptstadt Nikosia errichten, der allerdings unfertig blieb. 1570–1571 wurde Zypern von Mustafa Pascha mit den osmanischen Truppen belagert und eingenommen. Venedig konnte noch 1571 an der Spitze einer internationalen Flotte den Seesieg bei Lepanto erringen und die osmanische Flotte vernichten; Palladio führte an der Ostflanke seiner Loggia del Capitaniato ein Siegesdenkmal für diesen Seesieg aus. Aber im Jahre darauf, 1573, musste Venedig die Insel Zypern den Osmanen überlassen. Nach dem Sieg von Lepanto war das eine offenkundige endgültige Niederlage der venezianischen Handelsmacht im östlichen Mittelmeer.

Erst im 14. und 15. Jahrhundert begann die Republik eine Hinwendung zum italienischen Küstengebiet zu vollziehen, mit der sich Venedig nun erst zu einer Großmacht auf dem italienischen Festland entwickelte.

Venedig war während des Mittelalters gezwungen gewesen, die Läufe und Mündungen der Flüsse zu kontrollieren, die sich auf die Verhältnisse und den Wasserstand der Lagune auswirkten. Dafür hatte sich die Stadt das Küstengebiet jenseits der Lagune, das sogenannte Dukat oder Dogado, mit seiner Inselwelt angeeignet, das von der Mündung des Tagliamento bis zur Mündung von Etsch und Po reichte. Dies war der Venedig nächstgelegene Festlandstreifen.

Erst unter Francesco Dandolo, Doge von 1329 bis 1339, wurde offenbar erkannt, dass es zur Rückendeckung vom Festland her, gegen Gegner wie die Carrara in Padua, die Scaliger in Verona, die Visconti in Mailand, eines größeren Hoheitsgebietes auf der Terraferma bedurfte. Auch die bessere Lebensmittelversorgung der Stadt vom Festland her machte dies notwendig. Als erste größere Festlandsprovinz kam 1339

Treviso, ein ursprünglich zum Reich gehöriges Gebiet nördlich der Lagune, in venezianische Hand.

Schon vor 1345 galt jedoch für Venezianer das Verbot, in den Festlandgebieten Grund zu erwerben. Dies richtete sich besonders an die Nobili, die Mitglieder des „Großen Rates", damit deren Unabhängigkeit bei Abstimmungen über die venezianische Festlandpolitik gewahrt blieb. Das Verbot deutet aber zugleich darauf hin, dass es auch übergangen und unterlaufen wurde.

Schon für das 13. Jahrhundert sind nahe Venedig im Trevisischen bei Conegliano, Nervesa, Montebelluno oder Asolo vereinzelt Villen venezianischer Familien nachweisbar: Giacomo Tiepolo etwa besaß 1289 eine Villa in dem Ort Marocco.

Offensichtlich war nach der Übernahme von Treviso die Begehrlichkeit so groß, dass der „Große Rat" am 17. April 1345 das Verbot aufhob. Eine Mehrheit der Nobili hatte gegen das Verbot gestimmt. Sie konnten nun Ländereien auf dem Festland erwerben. Der Beschluss von 1345 markiert den Beginn der Vorgeschichte der Villenkultur auf dem venezianischen Festland.

Sie wurde jedoch unterbrochen während der Chioggia-Kriege in der Zeit von 1377 bis 1380, bei denen es dem Konkurrenten, der Genueser Marine, gelang, bis Chioggia vorzudringen. Venedig hatte in der Folge 1381 Treviso wieder an das Reich abzutreten.

Aber in der Zeit danach setzte Venedig umso intensiver seine Politik fort, um auf der Terraferma eine Art Sperrgebiet zum Reich und den norditalienischen Land- und Stadtstaaten zu schaffen. 1388 kam Treviso wieder zu Venedig und wurde nun endgültig zum neben dem Dogado ältesten Terraferma- und Villengebiet der Venezianer.

1403 wurde erneut verboten, dass venezianische Mitglieder des „Großen Rates" sich auf der Terraferma direkt einkaufen konnten. Dies war für eine ungestörte Politik der systematischen Eroberung der Terraferma notwendig. Seit 1406 begannen Venezianer aber, von Enteignungen anderer Eigentümer durch die Republik zu profitieren und deren Ländereien zu übernehmen.

Die staatliche Politik der Inbesitznahme der Terraferma wurde systematisch fortgesetzt. 1404 ergaben sich Vicenza, Feltre und Belluno der Republik. 1405 wurde Frieden mit dem Herzog von Ferrara geschlossen, der selbstständig blieb, aber Rovigo an Venedig abtreten musste. 1405 wurde Padua erobert und der Republik einverleibt. Verona und das veronesische Gebiet wurden von Venedig aufgekauft. 1418 drang die Republik sogar bis Rovereto vor. 1426 wurde mit Mailand Frieden geschlossen, dies hatte aber erst Brescia und dann Bergamo abzutreten. 1440 kamen Ravenna, 1447 Lodi, Piacenza und Pavia zur Republik. Bis zur Mitte des Quattrocento schien damit ein Festlandgebiet bis hin zu Rovereto und Bergamo erobert. Aber die Einnahme der kleineren Nachbargebiete durch die Seemacht war noch nicht gesichert. Die norditalienischen Bündniskriege nach 1481, in denen zwar Rovigo und das Polesine erobert wurden, aber Roveto 1487 wieder verloren ging, zeigen, dass es an den Grenzen der Terraferma der Republik unruhig blieb. Die kriegerischen Vorgänge während des Quattrocento machen sinnfällig, warum Venedig in diesem Jahrhundert zahlreiche Condottieri als Heerführer zu bezahlen und einige – Gattamelata in Padua und Colleoni in Venedig – auch mit Reitermonumenten zu ehren hatte. Es gelang der Stadt dabei allerdings, ihre Herrschaft über die Terraferma zu festigen. Ein venezianisches Gebiet, von der Adria, dem Po, den Alpen und dem Isonzo begrenzt, trat neben die anderen italienischen Landmächte Mailand und Florenz.

Dieser über ein Jahrhundert andauernden Landnahme Venedigs wurde dann aber im Krieg mit der Liga von Cambrai 1509 vorübergehend ein Ende gemacht. Angestoßen von den Gonzaga in Mantua hatte sich eine Allianz von Kaiser, König von Frankreich, Papst und fast allen italienischen Flächenstaaten gebildet, der Venedig am 14. Mai 1509 in der Schlacht bei Agnadello in der Nähe von Crema im westlichen Gebiet des neuen venezianischen Festlandreiches unterlag.

Während des Krieges hatte Venedig im sogenannten Guasto die Schussbereiche vor den befestigten Städten der Terraferma rigoros geräumt, sodass dabei die Mehrheit früher Villenbauten vor deren Stadtmauern zerstört wurde und uns unbekannt bleiben muss.

Acht Jahre nach der Niederlage gelang es der venezianischen Diplomatie mit entsprechenden Zahlungen an die Sieger, einen Großteil der Terraferma zurückzugewinnen. Nach dem Vertrag von Brüssel 1516 und dem Frieden von Bologna 1529/1530 wurden Venedig die Provinzen Treviso, Padua, Vicenza und Verona in Venetien, etwa das heutige Gebiet der Region Veneto, zurückgegeben. Die westliche Grenze blieb fortan der Mincio, der vom Gardasee nach Süden an Mantua vorbei in den Po fließt. Das kleine Herzogtum Mantua konnte dort jedoch seine Selbstständigkeit behaupten.

Die Republik konzentrierte sich seitdem auf die Erhaltung, auch fortifikatorische Sicherung dieses Landbesitzes und eine neue, noch intensivere Erschließung. Venedigs Eroberungen auf der Terraferma waren meist ohne blutige Folgen gewesen. Tyrannische Herrschaften waren beseitigt worden. Die Rechte der feudalen Aristokratie wurden beschränkt. Die Gemeinden und ihr Umland aber unterstellten sich meist freiwillig der Republik, die ihnen ihre Rechte in einer Art Selbstverwaltung beließ. Überall wurden jedoch der Podestà, der Bürgermeister, und der Capitanio, der örtliche Militärkommandant, von Venedig gestellt. Nach der Rückgewinnung 1516 kehrten die Stadtverwaltungen, die Bürger und die Bauern nicht unfreundlich unter die Herrschaft der Republik zurück. Anders der Adel: „Die vornehmen Herren der Terraferma lieben Venedig nicht, aber Volk, Gesinde und Bauern sind Anhänger der Markusrepublik", schrieb 1509 der venedigkritische Niccolò Machiavelli.[21] Das distanzierte Verhältnis der örtlichen zur venezianischen Aristokratie war gerade auch im Vicenza des 16. Jahrhunderts deutlich.

Erst nach dem Jahr 1517 gewann die Region Veneto dann ihr eigenes Gesicht. Die Städte der Terraferma erhielten in ihren Zentren die charakteristischen venezianischen Bauten, Säulen mit dem Löwen, Rathäuser, Loggien, Palazzi del Capitanio, Fahnenmasten. Aus den Machtorganen der Städte, von Venedig kontrolliert, ging eine neue, provenezianische Aristokratie hervor. Die Städte wurden für die Sicherheit der Umgebung verantwortlich. In der Umgebung der Städte entstanden immer mehr venetische Villen, deren Bauherren die Angehörigen der alten und neuen regionalen und der venezianischen Aristokratie waren. Im Laufe der ersten Hälfte des 16. Jahrhunderts entstand die Villa als Bauaufgabe und kulturelles Phänomen.

Der frühere Beschluss des „Großen Rates" von 1345 hatte erkennen lassen, dass eine Mehrheit der Nobili offenbar zu jener Zeit bereits Interesse am Erwerb von Ländereien auf der Terraferma gehabt hat. Die Klasse, die ihr Vermögen im Seehandel gewonnen hatte, schien im 14. Jahrhundert offenbar vorherzusehen, dass dieser Seehandel zunehmenden Schwierigkeiten ausgesetzt sein würde. Jedenfalls schien ihr daran gelegen, Handelskapital in Landbesitz anzulegen, zu einer Zeit, in der die Villegiatura mit ihrer ideologischen Überhöhung des Landlebens und der Praxis der Villenkultur noch nicht eingesetzt hatte. Der Hauptgrund war der materialistische, mit der Investition in Landbesitz und Landwirtschaft einen sichereren Gewinn zu erzielen als mit der in den Seehandel.

Ein zweites Motiv mag für die venezianischen Nobili gewesen sein, die ja Aristokraten ohne Grundbesitz waren, mit dem Erwerb von Ländereien den Status und die Akzeptanz landsässiger Aristokratie zu erlangen. Da Landbesitz lange als Erbe und Lehen mit den feudalen Rechten und Lasten vergeben wurde, wurden mit dem Kauf von Ländereien auch das Lehen und die Feudalrechte übernommen und der Landadelstitel gewonnen.

Es werden aber auch psychologische Gründe für das Streben auf die Terraferma vermutet. Dazu gehört, dass „der Inselcharakter Venedigs, die ausweglose Enge, eine Art nationaler Klaustrophobie" ausgelöst haben könnte.[22] Der Festland-Venezianer Michelangelo Muraro nimmt an: „Die Venezianer haben nie vergessen, dass sie ursprünglich aus Padua, Aquileia, Altino und Oderzo stammten. Von dort waren sie einst in die Lagunen geflohen, um Schutz vor den einfallenden Barbaren zu suchen. In diesen Ursprüngen Venedigs, seinen alten Bindungen zum Festland, liegen die tieferen Motive für den Triumph der Villen."[23]

Für die anzukaufenden Ländereien, einzurichtenden Landsitze oder anzulegenden Villen der Venezianer wurden anfangs Orte in der Nähe der Stadt gesucht. Wohl auch wegen des Verbots, auf der Terraferma Land zu erwerben, waren dies Orte auf den Laguneninseln, etwa auf der Giudecca oder auf Murano. Dann folgte das Gebiet des Dogado, danach die Provinz Treviso, Gebiete an der Brenta, das Polesine und die Umgebung von Padua. Mit zunehmender Entfernung von Venedig nahm auch die Zahl der Villen von Venezianern ab, es sei denn, es handelte sich um größere Ländereien, für die die Errichtung einer Villa als Stützpunkt notwendig wurde. Dies gilt für die meisten der Villen venezianischer Bauherren, an denen Palladio beteiligt war. Für die Lokalisierung der Ländereien, Landsitze und Villen des Adels und reicher Bürger aus den größeren Städten der Terraferma galt Ähnliches. Sie siedelten diese in der Umgebung ihrer Städte an. So ließen die Bischöfe von Padua ihre Villa dei Vescovi in Luvigliano, in der Landschaft der Euganeischen Hügel, nahe Padua anlegen. Die Landsitze um Treviso, Padua, Vicenza, Verona wurden von Nobili und Cittadini dieser Städte angelegt.
Anders als für die örtlichen Aristokraten blieb für die Venezianer wichtig, dass die oft weit entfernten Landsitze zu Wasser erreichbar waren. Bei der Landentwässerung und Anlage von Kanälen spielte deshalb immer auch der Verkehr zu den Landsitzen und Villen mit Booten eine Rolle. Dies war einer der Gründe für die Anlage des Brenta-Kanals. Von der Lagune aus entwickelte sich ein kompliziertes System von regulierten Flüssen und Kanälen, auf denen die Venezianer ihre Landsitze zu Schiff erreichen konnten.

Maßnahmen der Landverbesserung

Für ganz Oberitalien sind im 14. und 15. Jahrhundert Projekte der Bodenkultivierung durch die darin vorangehenden Feudalherrschaften bei Padua, Mantua, Ferrara und Mailand bekannt,[24] aber auch ihre Vernachlässigung im 15. und 16. Jahrhundert. Venedig hat systematische Maßnahmen zur Verbesserung des Landes und der Landwirtschaft in seinen Landgebieten in noch größerem Umfang vorgenommen. Schon die mittelalterliche Korrektur der in die Lagune mündenden Flüsse gehört zu den Entwässerungsmaßnahmen, deren bekannteste der Bau des Brenta-Kanals wurde. 1436 kam ein offizieller Erlass zur Trockenlegung der Provinz Treviso zustande. 1469 wurde für Treviso eine Zweigstelle des „Collegio alle Acque“, Wasserkollegium, als zuständiger Behörde gegründet,[25] die 1505 auf die gesamte Terraferma ausgedehnt wurde. Die Orientierung Venedigs auf die Terraferma wird durch Landvermessungen und Kartenwerke belegt: 1453–1459 entstand eine Karte des „Territorio Veronese“,

1465 eine Karte des „Territorio Padovano", 1556 eine Karte des „Bosco di Montello".[26] Nach der Rückerstattung des Veneto durch die Liga von Cambrai an Venedig steigerten sich die Bemühungen um die Administration der Terraferma, auch im Hinblick auf die Landverbesserung. Im 16. Jahrhundert wurden Sachverständigenkommissionen eingerichtet, die sich mit Problemen der Urbarmachung der Terraferma befassten. Alvise Cornaro, Protagonist der Landverbesserungsmaßnahmen, der Palladio beeinflusst hat, gehörte zu ihren Anregern und Durchsetzern. 1556 wurde eine behördliche Inspektorenkommission gebildet, die „Provveditori sopra i beni inculti", Inspektoren über die verbesserten Landgüter. Die Stadt gab Zuschüsse und Steuererleichterungen sowie technische Hilfe.

Solche organisatorischen Maßnahmen der Republik wurden durch die Investitionen der einzelnen Grundbesitzer ergänzt. Zur Finanzierung von Flussregulierungen wurden sie offiziell herangezogen, wie ein Schreiben des Dogen Mocenigo 1416 an den Bürgermeister von Monselice belegt.[27] Dazu kamen die Aufwendungen der Grundbesitzer für die Urbarmachung ihrer eigenen Ländereien.

Aus Palladios Villenkapiteln in den „Quattro libri" lässt sich erkennen, dass die Grundherren und Villen-Bauherren keineswegs nur Venezianer waren, sondern sowohl aus der alten und neuen Feudalherrenschaft der Regionen kamen als auch aus der venezianischen Aristokratie. Die Trennung der beiden Kapitel, die Palladio den Bauherren aus Venedig und denen von der Terraferma widmete, macht deutlich, dass im 16. Jahrhundert auf der Terraferma zwischen venezianischen und regionalen Grundherren unterschieden wurde. Offenkundig waren die neuen Grundherren aus Venedig die ranghöheren. Sie wurden durch die venezianischen Verwaltungsstrukturen bevorteilt. Vernachlässigte Ländereien der alten regionalen Grundherren konnten durch die Republik Venedig eingezogen und durch venezianische Kapitaleigner übernommen und zu großen Latifundien zusammengeführt werden. So kamen zahlreiche venezianische Familien – wie die Garzoni –, aber auch die in Palladios Kapitel über die venezianischen Villenbauherren genannten – wie die Pisani, Badoer, Zeno, Foscari, Barbaro, Cornaro, Mocenigo, Emo – zu den Landbesitzungen, auf denen ihre Villen errichtet wurden.

Die Familie Garzoni etwa hatte um die Mitte des 15. Jahrhunderts südwestlich von Padua 1200 Hektar Land ersteigert, das sich kaum über den Meeresspiegel erhob. Zur Kontrolle der Kanäle und Dämme für die Entwässerung wurden 20 bewohnte Stationen eingerichtet. „Hundert Jahre lang haben sich die Garzoni um die Vergrößerung ihres Besitzes, um die Austrocknung von Sümpfen und um die Verbesserung der landwirtschaftlichen Erträge gekümmert, bis Alvise den Entschluss fasste, im Zentrum dieses Besitzes ein großes herrschaftliches Haus zu errichten", die Villa Garzoni des Jacopo

Sansovino in Pontecasale.[28] Zahlreiche der Villen Andrea Palladios wurden Stützpunkte zur Überwachung der Ländereien venezianischer Aristokraten auf der Terraferma. Aber seine Auftraggeber für Villenbauten setzten sich aus beiden Gruppen zusammen.
Palladios Zeit war unter vicentinischen Aristokraten im Übrigen bestimmt von den offenkundigen und unterschwelligen Animositäten zwischen denen, die sich gegen Venedig, und denen, die sich für seine Vorherrschaft im Veneto entschieden hatten. Palladios Förderer Giangiorgio Trissino gehörte zu den Venedig-Gegnern zur Zeit der Liga von Cambrai.
Die venezianischen Landverbesserungsmaßnahmen vor allem des 16. Jahrhunderts waren offenbar erfolgreich. „In den Zentren der Urbarmachung verdreifachte sich die Bevölkerung – eine Folge der Austrocknung der Sümpfe –, während sie in den übrigen Gegenden der Terraferma bis zum Ende der Republik nur um 50 Prozent wuchs."[29] Die neuen Grundherren konnten dabei eine Arbeiterschaft einsetzen, die im Schiffbau und in der Schifffahrt überflüssig geworden war.
Die Folgen des Engagements von Handelskapital auf dem Festland, der Ausdehnung des venezianischen Herrschaftsbereiches und, nach dessen Rückgabe, der neuen Maßnahmen zur Strukturverbesserung waren die Erhöhung des Profits von Landwirtschaftsinvestitionen, die Lösung neuer technischer Aufgaben des Kanalbaus und der Entwässerung, die Realisierung neuer Bauaufgaben, wie der von Villen und landwirtschaftlichen Bauten, und die Schaffung neuer landwirtschaftlicher Arbeitsmöglichkeiten. Diese kamen Kapitaleignern aus Venedig und den Städten der Terraferma sowie der Bevölkerung des Veneto zugute und erhöhten die Produktion des Getreide-, Gemüse- und Weinanbaus sowie der Viehzucht. Venedig schuf damit im 16. Jahrhundert einen Ausgleich für den Rückgang der Seeschifffahrt und des Seehandels als Folge der osmanischen Vorherrschaft im östlichen Mittelmeer, aber auch der Eröffnung der neuen Seewege für Portugal und Spanien nach Amerika, Afrika und Ostasien. Bemerkenswert ist, dass für die Landwirtschaft der Anbau von Gewächsen typisch wurde, die sowohl aus Ostasien als auch aus der neuen Welt zu Schiff eingeführt wurden: Reis aus China, Mais und Tomaten aus Amerika veränderten den Ackerbau, aber auch die Tafel im Veneto, auf der nach den Nudeln aus China nun Risotto, Polenta und Tomatensoßen erschienen.

Überhöhung der „Villeggiatura"

Die Durchsetzung der Ausdehnung Venedigs auf der Terraferma und der Landverbesserung im Bewusstsein der Bürger in Venedig und derjenigen der neu eroberten Gebiete in Venetien mit ihren Städten war nur möglich mit einer ideologischen

Überhöhung dieser „Villeggiatura". Im heutigen Italienisch bedeutet das Wort nur noch wenig mehr als „aufs Land ziehen". In jener Zeit musste dies aber erst einmal propagiert werden. In einem langen sozialpsychologischen Prozess vom 14. bis ins 16. Jahrhundert, von den Zeiten des Francesco Petrarca (1304–1374) bis zu denen des Alvise Cornaro (1484–1566) wurden die Segnungen des Landlebens entdeckt, besungen und einer Bevölkerung nahegebracht, die bis dahin der Vorstellung „Stadtluft macht frei" angehangen hatte und nach Venedig und in andere Städte gezogen war. „Die klassische Villa im Veneto wächst aus der ‚agricoltura' heraus und kann nur von dieser aus ganz verstanden werden. Dabei ist ‚agricoltura' sowohl im konkretesten Sinn zu verstehen, wie auch in der dem Veneto des 16. Jahrhunderts eigenen ideellen Überhöhung – die eigentliche zur Klassik der Villenkunst treibende Kraft, die auf eine Heiligung des Landlebens hinauslaufen mag."[30]
Von der Landwirtschaft, der Agrarstruktur, der Hochschätzung des Landlebens, der Villenkultur der römischen Antike, auch in Norditalien, hatte das Mittelalter hindurch wenig überdauert. Die Hochschätzung des Gartens mag in Burg und Kastell, im Kloster, in den „hortus conclusus"-Vorstellungen tradiert worden sein. Die höfische Kultur des Mittelalters mag einiges davon haben wiederaufleben lassen. Venezianer können bei ihren Handelskontakten mit dem Orient auf orientalische Formen des Gartens gestoßen sein. Die Kunst des späten Mittelalters hat sich dann der Darstellung der Natur und der Landwirtschaft wie des Landlebens erneut zugewandt. Aber erst der italienische Humanismus des 14. Jahrhunderts hat aus der Lektüre antiker Schriften deren Vorstellungen wiedergewonnen und ins abendländische Bewusstsein gehoben. Dazu gehörten auch die Vorstellungen von der antiken Villenkultur.
Noch vor Petrarca war Petrus de Crescentiis, auch Petrus Crescentius oder Pietro de Crescenzi, geboren um 1230 in Bologna, der erste landwirtschaftliche Schriftsteller seit dem Altertum. Angeregt vom Studium antiker Schriftsteller, darunter Vergils „Georgica", Gedichten, in denen die Landwirtschaft für römische Stadtbürger besungen wird, verfasste er 1304 bis 1309 seine „Ruralium commodorum libri XII". Das Werk hat sich als Handschrift weit verbreitet und bildete die Grundlage für alle weitere Literatur über Landwirtschaft und Landleben.
Petrarca, der auf dem Kapitol bekrönte poeta laureatus, war einer der frühen Humanisten, die in Italien verbreiteten, was sich ihnen aus der Lektüre römischer Schriften erschloss. Nach der Schilderung antiker Schriftsteller wie Cato und Varro propagierten sie die Landarbeit gegenüber dem Stadtleben, aus der architekturtheoretischen Schrift des Vitruv vermittelten sie die Bauaufgabe der Villa außerhalb der Stadt, nach den Briefen Plinius' des Jüngeren überhöhten sie die Freuden in den Villen der Antike. Bei den Päpsten und Kardinälen in Rom fanden sie dafür

Casa Petrarca, gotisches Wohnhaus des Francesco Petrarca in Arqua Petrarca, nach G. F. Tommasini, „Petrarca Redivivus", Padua 1635

ein Publikum, das zu Auftraggebern von stadtnahen Villen wurde, in denen Antiken-, Kunst- und Büchersammlungen angelegt und gelehrter Zeitvertreib gepflegt wurde. Fürsten wie die Könige von Neapel, die Medici in Florenz oder die Gonzaga in Mantua, auch die kleineren Feudalherren in Norditalien stellten sich darunter Lustschlösser, Paläste vor der Stadt und umgewandelte Kastelle vor. Die Venezianer verstanden darunter Stützpunkte ihrer Landerwerbungen, Landverbesserungen und Landwirtschaft und dann auch Erholungsorte außerhalb der Stadt. Scheinbar aus dem Spätmittelter stammende Vorstellungen, wie die Monatsbilder der Wandmalerei des 15. Jahrhunderts im Adlerturm des Castel del Buonconsiglio in Trient, die für jeden Monat die Arbeiten der Landleute und die Vergnügungen des Adels in der Natur zeigen, gehen bereits auf die offenbar beim Bischof von Trient und in der norditalienischen Malerei vorhandene Kenntnis der spätantiken Schrift „De re rustica" des römischen Autors Palladius zurück.

Petrarca, der nach seiner Zeit in Avignon auch in Norditalien – als Gesandter der Venezianer, als Berater der tyrannischen Carrara und der Bischöfe in Padua – tätig gewesen war, schuf sich vorbildhaft einen Alterssitz, in dem er die antike Lobpreisung des Rückzugs auf das Land vorlebte: ein kleines gotisches Landhaus in Arqua, südlich von Padua, von wo er den Blick in die Landschaft der Euganeischen Hügel hatte; der stets abgebildete Portikus oberhalb der Freitreppe über dem gotischen Portal ist erst nach Petrarcas Tode gebaut worden. Petrarca genoss in Arqua am Ende seines Lebens den Gegensatz des Stadtgetriebes: „Das Land hingegen ist immer lieblich und erquickend für das edel gesinnte Gemüt."[31] Die Tradition solcher

Landhäuser wurde in Arqua Petrarca nach Petrarcas Tode 1374 bereits von venezianischen Familien fortgeführt, darunter immerhin die Familien Giustiniani und Pisani.

Die Vorstellungen der frühen Humanisten vom in ihre Gegenwart transferierten Leben auf dem Landsitz in der Antike verbreiteten sich außerdem mit dem 1348 bis 1353 entstandenen „Decamerone", 1470 im Druck erschienen. Der Verfasser Giovanni Boccaccio (1313–1375) hatte Petrarca nach lebenslangen Kontakten auch auf seinem Landsitz in Arqua besucht.

Ein Vertreter der Erneuerung antiker Vorstellungen in Norditalien wurde im Quattrocento Andrea Mantegna (1431–1506). Anfangs lebte er in Padua und stand als Schwiegersohn des venezianischen Malers Jacopo Bellini in engen Kontakten zu Venedig. Dann wurde er 1457 Hofmaler der Gonzaga in Mantua und verkehrte mit den dortigen Humanisten. Mit ihnen machte er 1464 eine Studienreise an den Gardasee zum Ort der römischen Villa eines antiken Dichters, den sogenannten Grotten des Catull. 1466 war Mantegna in Florenz und 1488 auch in Rom. Wie Petrarca mag auch Mantegna die Gedichte des Vergil, der aus Mantua stammte, gekannt haben, in denen dieser das Landleben besang. Mantegna besaß neben einem Künstlerhaus in Mantua eine nicht erhaltene Villa vor den Toren der Stadt. Im Hintergrund seiner berühmten Fresken in der Camera degli Sposi im Palazzo Ducale zu Mantua von 1471 malte er eine vor einer zeitgenössischen Stadtmauer liegende Villa mit zweigeschossigem, sechssäuligem Portikus in antiken Bauformen inmitten von antiken Aquädukt-Ruinen.

Petrarca lebte das Ideal der Villeggiatura vor, indem er über den Rückzug aus der Stadt und die Verwaltung der Landwirtschaft, auch die Erholung auf dem Lande hinaus die denkerische und dichterische Aktivität auf dem Lande demonstrierte. Im weit verbreiteten „Decamerone" des Boccaccio wurde der Landsitz für die gastliche Zusammenkunft zu erzählerischen Formen der Literatur genutzt. Alvise Cornaro ließ später im Garten seines Hauses in Padua, das außerhalb der Mauern lag, Bauten ausführen, die „Loggia" und das „Odeo" des Falconetto, die Theater- und Musikveranstaltungen dienen sollten, die sich auf das Wiederaufleben antiken kulturellen Lebens richteten. Der Landsitz wurde dadurch auch als Ort der Kultur definiert und propagiert. Nicht ohne Grund beschrieb Palladio in den „Quattro libri" die Sala der Villa als Raum für Theateraufführungen. Bis hin zu Goldoni setzte sich diese Tradition fort – dort allerdings stark ironisiert.

Der kleine Zentralbau des „Odeo" von Falconetto, ein Musiksaal, mag eine Rolle gespielt haben für die Definition solcher Zentralbauten als Orte für musikalische Veranstaltungen und Vergnügungen, wie sie auch in der Rotunde des Zentralbaus der

Villa Rotonda von Palladio praktiziert wurden und womöglich Vorbilder für die Vergnügungsarchitektur bis ins 19. Jahrhundert blieben.[32]
Der Rückzug Petrarcas in das Landhaus zu denkerischer und gelehrter Arbeit ist aber ebenso aufgenommen und tradiert worden. Giangiorgio Trissinos „Accademia Trissiniana“, in der – unter Teilnahme Palladios – Fragen der Architektur und wohl auch der Villenkultur debattiert wurden, ist wissenschaftliche Beschäftigung in der und mit der Villa. Daniele Barbaros und Palladios Arbeit am Vitruv-Kommentar stellte ebenfalls gelehrte architekturtheoretische Arbeit bei Zusammenkünften dar, die in der noch in der Ausführung begriffenen Villa Barbaro stattfanden.
Von Bedeutung war aber wohl über lange Zeit auch das Motiv für den Rückzug, das Boccaccio für die Zusammenkunft auf dem Landsitz im „Decamerone“ darstellte, die Flucht privilegierter Villenbesitzer und Villengäste aus der Stadt vor Pestausbruch und Epidemien. Auch von Daniele Barbaro ist überliefert, dass er sich in den 1550er Jahren vor einer Pestwelle in Venedig in seine Villa Barbaro zurückgezogen habe.

Villen in den Schriften der Antike

Was aber konnten die nicht untergegangenen Schriften aus der Antike, im 14. Jahrhundert zuerst nur als Handschriften verbreitet, den Gelehrten des Humanismus über Landwirtschaft, Landleben und Villenkultur in römischen Zeiten mitteilen?
Das lateinische „villa“ war ein Gesamtbegriff für Dorf, konnte aber auch – wie bei Vitruv – auf die Gesamtheit einer landwirtschaftlichen Anlage, eines landwirtschaftlichen Groß- oder Kleinbetriebes bezogen sein und außerdem das Haupthaus oder Herrenhaus dieser Anlage bezeichnen. Eine konkrete bauliche Form gab es dafür bis hin zu Vitruv noch nicht. Die allgemeinen begrifflichen Vorstellungen unter dem lateinischen Wort „villa“ haben sich offenbar über das Mittelalter hinweg für das italienische Wort „villa“ erhalten.
Die Differenzierung zwischen den Begriffen „villa suburbana“ für das vorstädtische Landhaus der Römer, „villa rustica“ für das Landhaus der Römer mit landwirtschaftlichem Betrieb, „villa urbana“ für das Herrenhaus, den herrschaftlichen Wohnteil des Landhauses, oder – seit dem 1. Jahrhundert n. Chr. – „praetorium“ für das Herrenhaus, war Ergebnis humanistischer Lektüre antiker Schriften, das sich noch nicht im Quattrocento, sondern erst für die Vorstellungen, Texte und Projekte des Cinquecento auswirkte.
Der für den Humanismus wichtigste Text war der einzige aus der Antike erhaltene Architekturtraktat, die „Zehn Bücher über Architektur“ des Vitruv, etwa 30 v. Chr. entstanden.[33] Er gab in seinem 3. bis 5. Buch eine Gebäudelehre von den Tempeln

und öffentlichen Bauten. Darin kam die Villa als Bautyp nicht vor. Auch in den Kapiteln I bis IV seines 6. Buches, in dem er sich mit „Privatgebäuden", „privatorum aedifices", auseinandersetzte, erwähnte er die Villa als Begriff und Bautyp noch nicht. Erst im V. Kapitel, in dem es um die Anlage der Gebäude nach der sozialen Stellung der Bewohner geht, hieß es, ohne dass der Begriff „villa" fiel: „Die aber, die sich ländlichen Erzeugnissen widmen, in deren Vorhallen müssen Ställe, Läden, im Hauptgebäude selbst Gewölbe, Getreidespeicher, Lagerräume und andere Räumlichkeiten angelegt werden, die mehr auf die Aufbewahrung von ländlichen Erzeugnissen als auf geschmackvolles Aussehen ausgerichtet sein können."[34] Danach hat es den Anschein, dass zur Entstehungszeit von Vitruvs Schrift, im 1. Jahrhundert v. Chr., die Aufgaben landwirtschaftlicher Betriebsgebäude und auch soziale Aspekte zwar durchaus gesehen wurden. Die Entwicklung des Herrenhauses inmitten von Ländereien zu einem repräsentativen Bau für die Nutzung durch städtische Eliten, wie sie sich in späteren Jahrhunderten der römischen Antike entwickelt hat, war jedoch noch nicht absehbar. Dieser einzige überlieferte antike Architekturtext gab deshalb seinen Interpreten im Humanismus zu der repräsentativen Funktion der „Villa" noch kaum Hinweise, sondern behandelte in erster Linie ihre landwirtschaftlichen Aufgaben. Diese wurden im VI. Kapitel des 6. Buches ausführlich erklärt. In ihm erschien auch erstmals das Wort „villa" als ein Begriff für den Zusammenhang landwirtschaftlicher Bauten. Er kommt fünf Mal in leicht voneinander abweichenden Bedeutungen vor, entweder für den Gesamtzusammenhang oder für das Hauptgebäude. Ansätze einer besonderen Hervorhebung des Hauptgebäudes finden sich in zwei Formulierungen: im Gebot, Scheunen, Vorratsräume und Backstuben seien außerhalb, „extra villam", anzulegen, damit die Villen, „villae", gegen Feuersgefahr geschützt würden, sowie im Gebot, wenn etwas geschmackvoll, „delicatius", in den Villen, „in villis", zu bauen sei, solle dieses nach deren Symmetrien geplant, jedoch so errichtet werden, dass es ohne Beeinträchtigung der landwirtschaftlichen Bedürfnisse gebaut werde. Im ausführlichen Text wurde als erste Voraussetzung die Suche nach gesunder Lage genannt. Die Größe der Bauanlagen wurde nach derjenigen der Ländereien bestimmt, die Größe der Hofräume nach der Zahl des Viehs. Anlage und Ausrichtung der Rinder-, Pferde-, Schaf- und Ziegenställe wurden genau beschrieben. Die Lage von Feuerstelle, Küche und Bad wurde dargestellt. Von Bedeutung waren Öl- und Weinpresse. Sorge wurde für die rechte Anlage von Vorratsräumen und Speichern für Öl, Wein, Getreide, und von Scheunen für Futter und Heu getragen. Nach Erläuterungen der landwirtschaftlichen Funktionen folgten bautechnische Hinweise, die sich vor allem auf die Belichtung richteten. Nach der Schilderung der landwirtschaftlichen Funktionen wurde allerdings auch ein gewisses ästhetisches Bestreben bei landwirtschaftlichen Bauten erkennbar. Ausdrückliche bauliche oder ästhetische Anweisungen gab es aber nicht.

Der gesamte Text Vitruvs zu diesem Thema, der erst seit 1486 gedruckt vorlag, gab also vor allem eine Funktionsbeschreibung landwirtschaftlicher Zusammenhänge und der dafür zu errichtenden Gebäude, die auch für die Landwirtschaft und das landwirtschaftliche Bauwesen im Italien der frühen Neuzeit noch von Interesse gewesen sein kann. Jedenfalls ist bei einem Vergleich der Texte Vitruvs mit Albertis und Palladios eigenen entsprechenden Texten erkennbar, dass diese sie natürlich gut gekannt und auch teilweise zum Vorbild genommen haben.

Die Anweisungen der Texte Vitruvs, die im Quattrocento für die Vitruv-Anhänger Gebotscharakter hatten, konnten von den Humanisten – und etwa auch von Alberti oder Palladio – aus ihrer größer werdenden Kenntnis weiterer antiker Texte, die sich ausdrücklich oder nebenbei über Landwirtschaft, Landleben und Villen äußerten, allerdings immer mehr ergänzt und differenziert werden.

Wohl noch zu Lebzeiten Vitruvs hatten sich die Vorstellungen der römischen Antike von der Villa als landwirtschaftlichem Betrieb deutlich in Richtung auf die Villa als Landsitz verschoben. Der Begriff „villa“ wurde schon in der Antike selbst als so umfassend und unscharf empfunden, dass Marcus Terentius Varro (116–27 v. Chr.) „mit dem Gegensatz zwischen einer Villa auf dem Marsfeld voller Kunstwerke und einer Villa mit Landwirtschaftsbetrieb ohne kulturelle Ansprüche spielen konnte“.[35]

Die neuen römischen Alleinherrscher ließen sich vor und nach der Zeitenwende Villen als herrschaftliche Landsitze am Golf von Neapel errichten, die bald, im 1. Jahrhundert n. Chr., auch den städtischen Eliten als Vorbilder galten. Schon Cäsar (100–44 v. Chr.) besaß eine Villa am Golf von Neapel. Augustus (63 v. Chr.–14 n. Chr.) wechselte von Ischia nach Capri und hatte hier eine Villa. Tiberius (42 v. Chr.–37 n. Chr.) hielt sich auf Capri in seinen mehreren Villen nicht nur im Sommer auf, sondern blieb dort oft jahrelang. Die besterhaltene, in modernen Zeiten freigelegte war die Villa im Osten von Capri, unmittelbar gegenüber der Punta Campanella, dem Cap der Halbinsel von Sorrent, gelegen, mit dem anmaßenden Namen Villa Jovis, Villa des Jupiter, von wo aus Tiberius sein Weltreich regierte. Diese kaiserlichen Villen am Golf von Neapel waren im 15. und 16. Jahrhundert architektonisch nicht bekannt. Sie sind erst mit modernen archäologischen Methoden entdeckt worden. Aber es nimmt nicht wunder, dass Villenherrenhäuser schon bald nach Vitruvs Zurückhaltung im Hinblick auf deren Definition in der lateinischen Literatur auftauchten.

Die erhaltene übrige lateinische Literatur über Landwirtschaft und Villenkultur, meist von Vertretern der römischen Aristokratie mit Landgütern außerhalb Roms, ist aber zum Teil durchaus älter als Vitruvs „Zehn Bücher“. Das älteste Werk ist „De agricultura", über die Landwirtschaft, von Cato dem Älteren (234–149 v. Chr.). Es stellt keine systematische Abhandlung dar, sondern eine Art Hausbuch eines Grundbesitzers mit Hinweisen zur Anlage von Gütern für Oliven- und Weinbau, zur Bereitung von Gerichten, zum Kurieren von Krankheiten oder zur Behandlung von Sklaven. Varro dagegen behandelte in „De re rustica", 37 v. Chr., in drei systematischen Büchern Ackerbau, Großtierhaltung und Kleintierzucht. Junius Moderatus Columella, ein aus Spanien stammender römischer Landgutbesitzer, verfasste sein „De re rustica" um die Mitte des 1. Jahrhunderts n. Chr. allerdings als das Werk eines Landwirtes. Ein späteres, vermutlich aus dem 4. Jahrhundert stammendes Werk „De re rustica" mag die Aufmerksamkeit des Palladio besonders gefunden haben, weil der Verfasser Rutilius Taurus Aemilianius Palladius hieß. Sein Text stellte nach den Angaben von Columella die landwirtschaftlichen Arbeiten nach Monaten zusammen und ist auch im Mittelalter weiter rezipiert worden.

Erhaltene Bemerkungen zu Landwirtschaft und Villen über die landwirtschaftlichen Schriften hinaus gab es aber auch in allgemeineren Werken, wie der „Naturalis historia", der Naturgeschichte, des Plinius des Älteren (23–79 n. Chr.) und den Briefen seines Neffen Plinius des Jüngeren (61–um 113 n. Chr.).

Unter solchen Texten müssen für Humanisten, auch wenn sie nicht ausdrücklich an antiker Landwirtschaft und Architektur interessiert waren oder gar architekturhistorische Forschungen anstellen wollten, von besonderem Interesse die Briefe Plinius' des Jüngeren gewesen sein, die 97–109 in neun Büchern gesammelt worden und erhalten geblieben sind. In zwei dieser Briefe beschreibt Plinius auch seine mehrfach erwähnte „Villa Laurentinum". „Die Briefe 2, 17 und 5, 6 sind die längsten zusammenhängenden Villenbeschreibungen, die aus der Antike erhalten blieben."[36] Es ist ein entspannt geschriebener Text ohne das Ziel wissenschaftlicher Belehrung, in dem Plinius sein persönliches Verhältnis zu seinem Landhaus schildert, sodass der Leser sich gern mit dem Verfasser und seinem Lebensgefühl identifiziert. Vor allem für gebildete Bauherren wird dies eine angenehme Lektüre gewesen sein, die ihnen die Vorzüge eines Landhauses schilderte. Umso mehr müssen sich Architekturtheoretiker daran abgearbeitet haben, denn die architektonischen Informationen waren leider mehr als unbestimmt. Dennoch hat es seit dem Cinquecento immer wieder Versuche der Rekonstruktion der Villa Laurentinum gegeben.

Am Anfang ist nur kurz von der Tagesordnung vollbrachter Geschäfte die Rede, dann von den mannigfaltigen Aussichten auf dem Wege zur Villa. Schließlich heißt es aber ausdrücklich: „Villa usibus capax, non sumptuosa tutela", das Landhaus ist in der Nutzung geräumig und die Unterhaltung nicht kostspielig. Dies war zweifellos eine erste wichtige, jeden Bauherrn angenehm berührende Aussage. Die dann folgende

Beschreibung lässt nicht erkennen, ob es im Zusammenhang mit Plinius' Villa noch nennenswerte Landwirtschaft, über die Gartenpflege hinaus, gegeben hat. Auch die Beschreibung der Umgebung, des Gartens, des Hauses und seiner Räumlichkeiten lässt sich architektonisch kaum konkret fassen. Aber eine Reihe von funktionalen, baulichen und räumlichen Details müssen Bauherren der Zeit des Humanismus neugierig gemacht und erst recht Architekten zum Nachvollzug gereizt haben.

In einem Satz wurde Plinius allerdings auch architektonisch konkret: „Cuius in prima parte atrium frugi, nec tamen sordidum; deinde porticus in D litterae similitudinem circumactaequibus paruola sed festiua area includitur", in ihrem vorderen Teil ist eine einfache, aber saubere Vorhalle; dort umschließt ein Portikus in der Gestalt des Buchstabens D einen kleinen, aber festlichen Hof.[37] Diese Darstellung mag Alberti dazu angeregt haben, vor dem Eingang eines Herrenhauses halbkreisförmige Säulenhallen, ähnlich der Form des D, vorzuschlagen. Palladio scheint nach Kenntnis dieser Beschreibung statt der rechteckigen Höfe mit Vorhallen, die er in den 1540er Jahren entwarf, in den 1550er Jahren viertelrunde Arme mit Säulenvorhallen zu zeichnen, die am eindrucksvollsten heute noch vor der Villa Badoer erhalten sind. Sie bilden Vorhallen, die annähernd der Form des Buchstabens D entsprechen.

Plinius' Texte, die Räume, Säulengänge, geschlossene Höfe, Atrien, aber auch den Blick auf das Meer, das ferne Gebirge und Wälder beschreiben, mögen gemeinsam mit den Erforschungen römischer Ruinen, wie der gut erhaltenen Villa des Hadrian bei Tivoli aus dem 2. Jahrhundert n. Chr., dazu geführt haben, dass Architekturtheoretiker und Architekten immer wieder die Situation in der Landschaft und die Ausblicke, aber auch die inneren Höfe und Atrien mit Säulengängen an den antiken Villenherrenhäusern zu bewundern gelernt haben. Die Beschreibungen der privaten Räume, Zimmer und Bäder bis hin zur Bibliothek im Inneren des Herrenhauses lassen sich architektonisch jedoch kaum nachvollziehen. Sie beflügelten aber die Fantasie der Darstellungen von Alberti, der Raumkompositionen von Palladio und der Rekonstruktionsversuche von Scamozzi. Eindrucksvoll waren auch die Beschreibungen der Gärten, die die Villa umgaben. Auch sie stimulierten vermutlich die Wünsche von Bauherren und regten die Architekten an, diese nachzuvollziehen. Es scheint, dass vor allem die Bedeutung, die der Lage der Villa in der Landschaft und dem Ausblick aus der Villa in der Renaissance und auch im Text Palladios beigemessen wurde, auf die Texte von Plinius zurückgeht.

Für das 16. Jahrhundert ist charakteristisch, dass das Interesse sich bereits auf die Rom nahen Villen der Antike richtete. Pirro Ligorio, der Erbauer der Villa d'Este bei Tivoli, war zugleich der erste Ausgräber der in der Nähe gelegenen Hadriansvilla. Während der Romreise Palladios und Barbaros 1554 haben diese Ligorio aufgesucht und vermutlich mit ihm auch die Ruinen der Villa Adriana gesehen. Jedenfalls ging Palladio in seinen „Antichità di Roma" von 1554 ausdrücklich auf die Hadriansvilla ein. Architekten, wie Ligorio und Palladio, und Gelehrte, wie Barbaro, waren also auch Ruinen von einzelnen kaiserlichen Villen der Antike bekannt. Deren Kenntnis konnte also in das Projekt der Villa Barbaro nach 1554 eingehen.

Villen in den Architekturtraktaten des Quattrocento

Im Quattrocento folgte dem Vitruv-Text als neuer Architekturtraktat „De re aedificatoria" von Leon Battista Alberti, der seit 1452 als Handschrift vorlag. Alberti setzte für seinen Text nicht nur Vitruv voraus, sondern nannte neben ihm ausdrücklich die Ausführungen des Plinius und der „Alten" als seine Quellen. Er konnte also antike Entwicklungen nach der Zeit des Vitruv in seine Darlegungen auch über das Landhaus einbeziehen. Diese finden sich im Rahmen der Gebäudelehre im XIV. bis XVIII. Kapitel des 5. Buches.

Alberti verwandte im fünften Buch durchgehend den Begriff „villa".[38] Im XIV. Kapitel über Ort und Lage ist damit im Allgemeinen ein Landhaus im Gegensatz zum Stadthaus gemeint. Im XV. Kapitel unterschied Alberti „villarum tecta", Gebäude der Villen, die von „adstrictii", „Hörigen", bewohnt werden, des Nutzens wegen errichtet, und die, die von „ingenui", „Freien", bewohnt werden, der Erholung wegen hinzugebaut, also zwischen Wirtschaftsgebäuden und Herrenhäusern. Dann beschrieb er im XV. und XVI. Kapitel die landwirtschaftlichen Gebäude mit Unterkünften für die „Hörigen", Ställen und anderen Anlagen. Im XVII. Kapitel folgte das Herrenhaus, für das der Begriff „villa" eingesetzt wurde. Und im XVIII. Kapitel wurde dann noch einmal das Landhaus der reichen von dem der weniger reichen Nutzer unterschieden. Die sozialen Aspekte spielten also wie bei Vitruv auch bei Alberti eine Rolle.

Die Texte Albertis zum Landhaus und vor allem zu den landwirtschaftlichen Funktionen sind weit ausführlicher als die Vitruvs. Auf diesem Gebiet, auf dem beide Autoren sich nur wenig auskannten, versuchte der Renaissance-Verfasser den der Antike an Sachverstand erkennbar zu übertreffen. Vermutlich ist dies auch ein Zeichen dafür, dass solche funktionalen Angaben in der Antike nach Vitruv wie in der Zeit des Humanismus ein neues, ausführlicheres Interesse gefunden haben, das auch aus der antiken Landwirtschaftsliteratur gespeist wurde.

Alberti erläuterte bei der Unterbringung der Landarbeiter, wie die Küche, der Backofen, der Herd, die täglichen Vorräte von Brot und Speck, das Wasser und das Abwasser zu planen seien, auch dass der Verwalter am Haupttor, die Ochsenknechte dagegen bei den Stallungen ihre Plätze erhielten. Aufgezählt wurden die benötigten

Geräte und Werkzeuge und in welchem Geräteschuppen sie unterzubringen seien. Dann folgte eine sehr ausführliche Darstellung der Ställe für die größeren Vierbeiner, der im XVI. Kapitel eine Beschreibung der Unterbringung von Kaninchen, Hühnern, Tauben und anderen Vögeln sowie die Anlage der Fischteiche entsprach. Auch über die Bestellung der Äcker und über die Ernte äußerte sich Alberti. Die Lagerung von Korn, Heu und Stroh, Öl und Wein sprach er aber nicht hier, sondern erst später im Zusammenhang mit dem Herrenhaus an.

Für Alberti war das Herrenhaus nicht selbstverständlich ein Haus, das nur im Sommer bezogen wird. Er sprach deshalb von den Möglichkeiten eines Herrenhauses für den Sommer und eines anderen für den Winter. Zur Lage erklärte er, dass nicht gerade das fruchtbarste Ackerland, wohl aber die würdigste Stelle gewählt werden solle, von der aus Bewohner und Besucher alle Vorzüge der umliegenden Ländereien überblicken könnten. Für die Teile der Anlage, die für alle bestimmt seien, sollten Paläste der Fürsten vorbildlich sein. Vor dem Eingang sollten Plätze für Spiele, Schwimmbecken und halbkreisförmige Anlagen mit Säulenhallen – in der Form des D also – angelegt werden.

Dann folgen ausführliche Beschreibungen der Räume für Familie, Gastfreunde, Verwalter und Bedienung. Dort müsse für Kleidung, Waffen, Bücher und Pferde und für die Essenszubereitung gesorgt sein. Atrium, Kapelle, Speisezimmer, Schlafzimmer, geheime Gemächer werden beschrieben. Bei der Darstellung des Atriums, der Kommunikationsräume und der Räume der Familie innerhalb des Herrenhauses nahm die Schilderung der Funktionen, der Ausrichtung sowie technischer Details der Fensterscheiben, Öfen und des Herdes zugleich Züge einer Beschreibung der ästhetischen Anlage an. Dies stand im Gegensatz zur vorhergehenden Darstellung der landwirtschaftlichen Anlagen. Die Ausführungen zum Herrenhaus mündeten in die Erwähnung der Räume der Dienerschaft und Herrschaftspferde und gingen dann über zu Einzelheiten der Lagerung der Feldfrüchte, des Weinkellers und der Ölkammern bis hin zur Mistgrube und den Abtritten.

Erst im XVIII. Kapitel, bei der Differenzierung des Landhauses der Reichen und der weniger Reichen, schilderte Alberti das Landhaus der Reichen als ein Sommerhaus jenseits des Stadthauses, das im Winter bewohnt würde. Das der weniger Reichen wurde dagegen stillschweigend als deren dauernde Unterkunft dargestellt. In beiden Fällen aber verwendete Alberti den Begriff „villa".

Albertis 1485 dann auch gedruckte Texte zum Landhaus blieben – über Vitruvs Texte hinausgehend – für lange Zeit in einem Architekturtraktat die ausführlichsten, aus denen Interessierte sich über die Bedeutung des Landhauses und seine Funktionen unterrichten konnten. Da es für Albertis Texte wie für die Vitruvs keine Zeichnungen gab, blieben sie unanschaulich. Seine Texte schilderten das Landhaus, „villa", als landwirtschaftlichen Gesamtkomplex mit bestimmten Funktionen. Die landwirtschaftlichen Gebäude wurden ohne bauliche oder gar ästhetische Dimension beschrieben. Besonders hervorgehoben wurde hier aber für die Neuzeit erstmals das Herrenhaus, „villa", als Sommersitz städtischer Eliten wie als Haupthaus ständig anwesender Landbesitzer. Die bauliche Anlage dieses Herrenhauses als Sommersitz oder als Haupthaus wurde erstmals auch in seinen ästhetischen Dimensionen dargestellt und hervorgehoben. Neben Vitruvs Text sind Albertis Ausführungen in der Renaissance die wichtigsten zu diesem Thema geblieben.

In Filaretes handschriftlichem italienischen „Trattato di architettura" von 1464 wurden nach den privaten Wohngebäuden die Kastelle auf dem Lande im Buch XIII sowie unter den „edifici al modo antico" Villen und Gärten im Buch XV erwähnt.[39] Auch diese Palladio vermutlich nicht bekannte ungedruckte Handschrift verbreitete also die Kenntnis von antiken Villen.

Die Handschrift Francesco di Giorgio Martinis „Architettura civile e militare", um 1492, die Äußerungen über Haus- und Palastbau sowie Kastelle enthielt, blieb ebenfalls ungedruckt.

Informationsquellen architekturtheoretischer Art über Landhäuser und Villen waren außerdem die verschiedenen Vitruv-Kommentare des 15. und 16. Jahrhunderts. Francesco di Giorgio Martini, der eine Vitruv-Handschrift besaß, hat diese ins Italienische übersetzt, ohne dass sie veröffentlicht worden wäre. Die erste gedruckte lateinische Fassung von Giovanni Sulpicio wurde 1486 in Rom, 1495 in Venedig aufgelegt; sie enthielt noch keine Illustrationen. Erst 1511 erschien eine von Fra Giocondo aus Verona herausgegebene lateinische Ausgabe in Venedig, die auch Illustrationen enthielt. Ihr folgte 1521 eine italienische Ausgabe mit Kommentar von Cesare Cesariano. Danach war eine allgemeine Kenntnis der Äußerungen Vitruvs zur Villa vorauszusetzen. Der groß angelegte Kommentar Daniele Barbaros mit den Illustrationen von Palladio von 1556 schuf dann ein deutlicheres Bild über Vitruvs Vorstellungen. Palladio selbst war seit dieser Zeit einer der besten Kenner der Vitruv-Texte und ihrer Entsprechungen in den baulichen Relikten der Antike.[40]

Ein weiterer großer Renaissance-Architekt und -Architekturtheoretiker, Giacomo Barozzi, genannt Vignola (1507–1573), gehörte zu den Begründern der frühen Vitruvianischen Akademie in Rom. In seinem späteren architekturtheoretischen Hauptwerk „Regola delle cinque ordini d'architettura", die Regel der fünf Ordnungen der Architektur, 1562, ließ er sich jedoch nicht erneut über Vitruvs Schrift und auch nicht über die Baufgabe Villa aus, sondern lieferte das Grundwerk über die fünf (Säulen-)Ordnungen, das meistaufgelegte Lehrwerk für Architekten. Er schuf damit über

Petrus Crescentius, „Ruralium commodorum libri XII", Abbildung in der Ausgabe von 1495: Anlage eines Landgutes

Serlio hinaus die leicht fassliche Grundlage zur Berechnung der Proportionen der (Säulen-)Ordnungen.

Villen in der Landwirtschaftsliteratur

Neben dem Schrifttum für Architekturinteressierte und Architekten mögen für Landwirte und Villen-Auftraggeber des frühen Humanismus bis ins Cinquecento die Landwirtschaftstexte von Petrus Crescentius, „Ruralium commodorum libri XII", und die seiner Nachfolger eine Hauptrolle gespielt haben.[41] Das auf die Kenntnis der antiken Schriften zurückgehende, zu Beginn des 14. Jahrhunderts entstandene Buch wurde anfangs wie alles Geschriebene als Handschrift verbreitet und erschien 1471 auf Lateinisch in Augsburg als gedrucktes Buch. In Italien kursierte inzwischen eine italienische Version, die 1478 in Florenz gedruckt wurde. Mit Holzschnitten bebildert kam zuerst 1493 eine deutsche Fassung heraus. Es folgten mehrere italienische Ausgaben, alle aus Venedig, von 1495, 1504 und 1511 ebenfalls mit Holzschnitten, deren letzte besonders reich illustriert war. In Norditalien und besonders im Veneto stieß das

Buch also auf ein besonderes Interesse. Vor allem die Illustrationen sind ein Hinweis auf den hohen Verbreitungsgrad. Sie belegen aber auch, dass die Darstellung der landwirtschaftlichen Tätigkeiten, nicht aber die architektonischen Anlagen der landwirtschaftlichen Gebäude und des Herrenhauses im Vordergrund standen. Diese Darstellung landwirtschaftlicher Tätigkeiten war sehr viel ausführlicher und vollständiger als in den Architekturtraktaten von Vitruv und Alberti.

Bemerkenswert ist das Bild des landwirtschaftlichen Zusammenhanges einer Villa aus der Ausgabe von 1495. Darin wird eine rechteckige Gesamtanlage, mit Flechtwerk umzäunt, Mittelportal, Nebengebäuden, Columbarium, das heißt Turm mit Taubenstall, umgebenden Gärten und Feldern sowie zentralem Herrenhaus mit Turm gezeigt. Diese Darstellung kommt einer textlichen Beschreibung der Gesamtanlage von Petrus Crescentius sehr nahe: „Erstens sage ich, dass der oben erwähnte Hof sich im Inneren so dem Beschauer darstellt und ordnet, dass in der Mitte der vorderen Fassade ein Eingangsweg [...] sich befindet [...]. In der Höhe des Weges, der den Hof teilt, baue man das Haus für den Besitzer [...] und das, was der Besitzer nicht abschließt, umgebe man mit hohen Pflaumenbüschen oder sogar mit einer Mauer [...]."[42] In der Ausgabe Venedig 1504 zeigt eine Abbildung „Dele materie dele Case", vom Baumaterial der Häuser, Bauarbeiter beim Bau eines landwirtschaftlichen Gebäudes. Eine Abbildung der Ausgabe Venedig 1511 „De granai capitule secondo", von den Kornspeichern im zweiten Kapitel, stellt außerdem das prächtige Gebäude eines Kornspeichers dar.[43] Dies alles macht deutlich, dass die Beschreibung landwirtschaftlicher Funktionen in dieser Art von Literatur keineswegs ohne architektonische Dimension auskam und dass die Vorstellung einer landwirtschaftlichen Gesamtanlage eine auch formal systematische war, die in dieser Hinsicht über die in den Texten von Vitruv und Alberti hinausging. Die Darstellung der Gesamtheit in Form einer rechteckigen und befestigten Anlage macht im Übrigen die Verwandtschaft mit dem mittelalterlichen Kastell deutlich. Wie schon im Text von Alberti wird auch bei Petrus Crescentius neben den Anlagen, die nur auf die landwirtschaftliche Funktion ausgerichtet waren, eine Betonung des Herrenhauses herausgearbeitet. Diese konnte seit dem Quattrocento zunehmend von einer neuen, aus der Stadt stammenden Landbesitzerschaft in Anspruch genommen werden.

Das Quattrocento ist vom Text Albertis und den zahlreichen Ausgaben von Crescentius bestimmt worden. Erst im Cinquecento fand Crescentius in weiteren Landwirtschaftsschriften eine Nachfolge: Agostino Gallo gab mit dem Titel „Le dieci giornate della vera agricoltura e piacere della villa" von 1550, die zehn Tage der wahren Landwirtschaft und des Vergnügens der Villa, den Charakter dieser Schriften zur Hauptzeit der Villeggiatura nach Venedigs Krieg mit der Liga von Cambrai an. Es folgte von

Giuseppe Falcone „La nuova vaga et dilettevole villa", die neue liebliche und vergnügliche Villa, von 1559, sowie ein weiteres, dem ersten sehr ähnliches Buch von Gallo. Beide Autoren griffen den Charakter des Buches von Crescentius auf und gaben eine Darstellung der verschiedenen Funktionen von Landwirtschaft, deren Tätigkeiten und deren Bauaufgaben. Aber sie betonten dabei das Vergnügen des Landlebens mehr als Crescentius und wandten sich damit deutlicher an den neuen, aus der Stadt stammenden Landbesitzer und Bauherrn, der die Villa als zeitweiligen sommerlichen Sitz nutzen wollte. Charakteristisch ist deshalb, dass der „massaro", der Verwalter des landwirtschaftlichen Betriebes mit dauerhaftem Aufenthalt in der Villa, eine neue Rolle spielte und eine eigene bauliche Unterkunft erhielt.

Die Aufzählung der Aufgaben einer Villa liest sich bei Falcone so: „Woraus setzt sich eine Villa zusammen und was ist in ihr enthalten: [...] Haus des Besitzers, des Pächters, Portico, Stall, Brunnen, Kelter, Garten, Fischteich, Flüsschen, Tiere, Wirtschaftsbauten und ähnliche Dinge, wie man gemeinhin zu sagen pflegt: sodass dies deine Villa oder Gut sei." Die bauliche Dimension ist in dieser Beschreibung nicht enthalten. Eine andere Darstellung betrifft immerhin die örtliche Zuordnung der Funktionen: „Beim Eingang des Hofes sei der hohe Schober, dann der Stall, dann das Haus des Pächters, dann das Haus des Besitzers und darüber der Taubenschlag: so, dass das Haus des Besitzers möglichst weit vom Stall sei."[44] Eine genauere Beschreibung der Gebäude findet aber auch hier nicht statt.

Am ehesten nähert die Beschreibung sich über das Funktionale dem Baulichen bei dem Hinweis auf verschiedene Aufgaben eines sogenannten Portico: „Aber achte darauf, ein schönes und langes ‚Portico' vor dem Haus des Besitzers und desjenigen des Pächters zu haben: unter dem man im Winter im Trockenen und in der Sonne sitzt [...]. Dann hinter dem Haus [...] mache ein weiteres ‚Portico' für die großen und kleinen Fässer [...] wie die Karren und die Pflüge; und mit besonderem Platz für die Schaufeln, Rechen und Sägen [...]. Es wäre günstig, neben dem Stall und den Flügeln ein ‚Portico' oder Ort zu haben, wo man das Getreide drischt, und das gleichfalls zum Lagern von Heu [...] dient und wo man das Fressen für die Tiere im Trockenen nahe dem Stall zurücklässt."[45]

Ohne Eingehen auf die architektonische Form erscheinen hier verschiedene Funktionen von Nebengebäuden mit Vorhallen, die spätestens seit dem Quattrocento in der landwirtschaftlichen Architektur des Veneto verbreitet waren. Sie können als Barchessa oder Schauer, ihre Vorhallen als Portiken bezeichnet werden. Die Fragen nach den Formen des Ganzen oder des Herrenhauses, aber auch nach dem Charakter dieser Vorhallen blieben in dieser Literatur des Cinquecento unbeantwortet.

Ein dritter Nachfolger des Petrus Crescentius im Cinquecento, Anton Francesco Doni, gab zusätzlich zur Beschreibung von Villenanlagen in seinem Traktat „Attavante“ oder „Villa del Attavante“ von 1557 eine soziale Differenzierung der Villenformen, wie sie sich inzwischen herausgebildet hatte. Sie geht über die sozialen Differenzierungen, die bei Vitruv und dann bei Alberti angedeutet sind, hinaus. Darin liegt die Bedeutung dieses in seiner Zeit unbekannt gebliebenen Manuskripts. Doni unterschied fünf Villentypen hierarchisch geordnet von oben nach unten: „La villa civile e da signore“, die nichtmilitärische/nichtbefestigte Villa des Adeligen, „Podere di spasso da citadino“, das Landgut zum Vergnügen des Stadtbürgers, „Possessione di ricriatione da mercatante“, die Besitzung zur Erholung des Kaufmannes, „Casa di risparmio da artigiano“, das Haus zur Ersparnis für den Handwerker, „Capanna dell'utile da contadino“, die Hütte zum Nutzen des Bauern.[46] In der Beschreibung Donis sind also über den einfachen Charakter der Bauernhütte und des Handwerkeranwesens, beide mit der Funktion der Ernährung ihrer Bewohner, mehrere Gattungen der Villa angeordnet, die für eine luxuriöse Nutzung durch städtische und aristokratische Eliten angelegt wurden und sich denen der Villa nähern, die aus der antiken Literatur bekannt geworden waren. Eine über diese soziale Charakterisierung hinausgehende, architektonische Beschreibung wird aber auch hier nicht gegeben.

Mittelalterliche Villenbauten im Veneto

Auf den venezianischen Inseln und auf der Terraferma wurden im 14. und 15. Jahrhundert vereinzelt Bauten für Landsitze oder Villen errichtet. Von diesen sind so wenige erhalten oder auf alten Abbildungen dargestellt, dass sich eine mittelalterliche Vorgeschichte der Renaissance-Villa daraus nur bruchstückhaft rekonstruieren lässt. Sicher ist, dass diese Bauten außerhalb der Stadt Venedig und vor den Mauern der Städte auf dem Festland nicht etwa eine antike Villenbautradition aufgenommen haben. Sie gesellten sich zu einer Bebauung auf dem Lande, die sich im Mittelalter aus antiken und von den Barbaren eingeführten Formen landwirtschaftlicher Bauten entwickelt hatte.

Vielleicht geht die Verwendung von Reet- oder Schilfdächern auf Bautraditionen der eingewanderten germanischen Barbaren zurück; bis in die 1950er Jahre waren kleinere Bauernhäuser mit spitzgiebeligen, zum Teil abgewalmten Dächern mit Reet- oder Schilfdach, casone genannt, im Flachland des Veneto, vor allem im Etsch- und Podeltagebiet noch häufiger erhalten. Diese casoni entsprechen nach Funktion, Konstruktion und Innenaufteilung nicht den norddeutschen sogenannten Niedersachsenhäusern, den Bauten großer germanischer Land- und Viehbesitzer mit Wohntrakt

Casone, reetgedecktes Landarbeiterhaus im Veneto, vermutlich aus Bauten der eingewanderten Langobarden entwickelt

und Viehställen zu beiden Seiten einer Diele. Sie sind dagegen offenbar die Wohnbauten abhängig beschäftigter Landarbeiter ohne eigenen Landbesitz und Viehbestand. Ihre Verwandtschaft mit den kleinen Katen oder Heuerlingshäusern in den früheren Siedlungsregionen der Langobarden an Elbe und Weser ist so groß nach Fachwerksmauerwerk, Dachstuhlkonstruktion, Reet- oder Schilf-Dachdeckung, auch fälschlich Strohdach genannt, Fußboden aus gestampftem Lehm, Schornsteinlosigkeit, einzelnen handwerklichen Details und Innenaufteilung, dass es unwahrscheinlich wäre, wenn hier kein Zusammenhang bestünde. Neben den erhaltenen Bauten ist diese Architektur auch aus Serlios Darstellungen der Häuser armer Bauern, außerdem aus Hintergrundsdarstellungen in der venezianischen Malerei bekannt. Solche Architektur kann nur aus Bauten eingewanderter langobardischer Landarbeiter hervorgegangen sein. Die italienische Fachliteratur kennt die vergleichbare norddeutsche Architektur aber nicht und ist dem Zusammenhang deswegen auch nicht nachgegangen. Sie sieht die casoni stattdessen als Beleg für die Theorie Vitruvs von der „Urhütte“.[47] Die casoni stellen wie ihre Vorformen, die Katen in Norddeutschland, als Wohnbauten der landlosen Arbeitskräfte das Gegenteil der Villen als „Herrschaftsarchitekturen“ dar.

Vermutlich wies die traditionelle Architektur des Mittelalters bereits soziale Differenzierungen von der Landarbeiterhütte über den größer angelegten bäuerlichen Betrieb bis zur Landwirtschaft in kleineren Formen des aristokratischen Kastells auf. Diese von wandernden Germanenvölkern bekannte soziale Differenzierung mag auch zu funktionalen Unterschieden und zu formalen Ausprägungen geführt haben. Wahrscheinlich gehören zu den Ausprägungen die loggiaartigen Vorhallen, entweder als hölzerne Ständerbauten oder auch mit gemauerten Rundbogen, die bis heute charakteristische Erscheinungen landwirtschaftlicher Bauten des Veneto sind. Aber einheitliche aufgabenspezifische Formen oder Typen des Bauernhaus- und Villenbaus gab es noch nicht.

Die größeren Bauten waren Häuser von Bürgern Venedigs auf den venezianischen Inseln oder nahe der Lagune, von aristokratischen oder bürgerlichen Bauherren aus den Festlandstädten oder von bäuerlichen Besitzern. Die Gebäude lagen ursprünglich etwa in konzentrischen Ringen um Venedig und um die Festlandstädte herum. Erst im Laufe des 15. und 16. Jahrhunderts vermehrten sich die Anlagen und kamen Bauten von Venezianern in größerer Entfernung von Venedig hinzu.

Vermutlich wurden dabei anfangs vorhandene Bauten genutzt oder umgebaut. Neubauten konnten aus Traditionen von Stall- und Scheunenbauten, Bauernhäusern, Festungstürmen, Kastellen und Adelssitzen oder von Stadthäusern hervorgehen. Dabei hat der Bautyp des venezianischen Stadthauses eine Rolle gespielt. Charakteristisch ist für Bauten des 14. und 15. Jahrhunderts die Verwendung von Spitzbogen für Vorhallen, Eingänge und Fenster sowie von gotischen Loggien und Mehrfenstergruppen. Frühe Landsitzgebäude auf den Laguneninseln waren noch keine Häuser inmitten von neuen Landbesitzungen, sondern Stadtpaläste, aber sie umgaben sich mit Gärten.

Der Alterssitz des Petrarca, der sich um 1370 aus der Stadt Padua in die ländliche Umgebung von Arqua zurückzog, ist dabei im Hinblick auf die Bauherrenschaft wie auf die Lage oder den Typ eines kleinen Hauses mit gotischen Fenstern sowie für die ideologische Überhöhung als ein früher Vorläufer anzusehen.

Für die noch erhaltenen Relikte landwirtschaftlicher Bauten, Landsitze und Villen, die im Quattrocento in der gesamten Region des Veneto entstanden sind, gibt es eine empirische Untersuchung von Martin Kubelik.[48] Sie erhebt nicht den Anspruch auf Vollständigkeit, will aber mit 229 Objekten die meisten erfasst haben. Sie sind höchst ungleichmäßig auf die Provinzen des Veneto verteilt. Nur zehn davon befinden sich in der Provinz Venezia, 13 in der Provinz Treviso und 21 in der Provinz Padua. Das sind nur wenige in den Venedig nahen Provinzen. 32 konnten immerhin in der weit entfernten Provinz Verona erfasst werden. Die meisten Relikte von Quattrocento-Bauten, nämlich 153, ließen sich dagegen in der Provinz Vicenza ausmachen.

Über Hinweise auf Villenbauten des 15. Jahrhunderts auf Murano und der Giudecca hinaus lassen sich aus den zehn nachweisbaren Relikten von Quattrocento-Bauten in der Provinz Venezia nur wenige allgemeine Schlüsse ziehen. Sie waren überwiegend im Besitz venezianischer Aristokraten. In einem Fall handelte es sich um ein

Palazzo da Mula, Villenbau auf Murano aus dem 15. Jahrhundert, Gartenseite

Jahrhunderte älteres Kastell von Feudalherren, das von Venezianern übernommen worden war. Nur wenige wurden noch als landwirtschaftliches Gut geführt. Diese stellten meist einen unregelmäßigen Villenkomplex mit Wohnhaus und Wirtschaftsgebäuden dar. Die meisten anderen waren als Landhaus dienende Wohnbauten mit dem Charakter des venezianischen Stadtpalastes.

Unter den 13 Relikten von Quattrocento-Bauten in der Provinz Treviso waren die im Besitz von venezianischen Aristokraten bereits in der Minderzahl; vermutlich sind deren Anlagen in den folgenden Jahrhunderten gründlich umgebaut oder neu errichtet worden. In Treviso gab es mehrere Villen des lokalen Landadels. Auch der Bischof hatte ein Landhaus. Herausgehoben aber waren das vorübergehend genutzte Landhaus der exilierten Königin Caterina von Zypern aus der venezianischen Familie Cornaro sowie das von ihr seit 1491 errichtete Landschloss, genannt Barco della Regina, von dem nur noch Reste erhalten sind. In diesen Zusammenhang gehört auch der nach der lokalen Tradition von Caterina Cornaro ihrer Kammerzofe Fiammetta zur Hochzeit geschenkte Komplex der Villa Corner dall'Aglio. Zahlreiche Villen in Treviso waren noch landwirtschaftliche Güter. Auf deren feudale Herkunft verweist

Ausschnitt aus Jacopo de' Barbari, Venedig, Holzschnitt von 1500, Villenbau auf der Insel Giudecca

gelegentlich der Name Castello oder Castelletto. Der Form nach waren das unregelmäßige Villenkomplexe mit Tor, Turm, Wohnhaus und Nebenbauten, in manchen Fällen auch allein stehende Wohngebäude. Unter ihnen hatten sich einige im Quattrocento zum Typ der „Portico-Villa" mit Vorhalle im Erdgeschoss oder der „Portico- und Loggia-Villa" mit Vorhalle unten und Loggia im Obergeschoss entwickelt.[49]
Unter den 21 Relikten von Quattrocento-Bauten in der Provinz Padua erregen die Bauten in Arqua Petrarca besondere Aufmerksamkeit. Hier steht das kleine Landhaus des Petrarca, das von venezianischen Aristokraten der Familie Giustiniani nach seinem Tod in seiner Weise weiter genutzt wurde. Außer ihm sind in Arqua zwei weitere Landhäuser aus dem frühen und späten 15. Jahrhundert erhalten, das letztere aus dem Besitz der venezianischen Familie Pisani, die vermutlich an die Tradition des Petrarca-Landhauses anknüpfen. Im Übrigen wurde eine Mehrzahl der Anlagen in der Provinz Padua als landwirtschaftliches Gut genutzt. Sie standen zu gleichen Teilen im Besitz von Venezianern und von Adeligen oder Stadtbürgern vom Festland. Viele davon waren wiederum unregelmäßige Villenkomplexe mit Turm, Wohnhaus und Nebengebäuden, in einigen Fällen mit Verteidigungsanlage.
Unter den 32 Quattrocento-Bauten in der Provinz Verona – am weitesten von Venedig entfernt – waren nur noch wenige nachweisbar in venezianischem Besitz. Viele von ihnen mögen Bauerngüter gewesen sein. Belegbar sind außerdem Vertreter des Landadels und des Adels aus Verona als Besitzer, in einem Fall ein Kloster, in einem anderen ein Schriftsteller. Eines der Landhäuser wurde als Jagdhaus genutzt. Die

Mehrzahl wurde als landwirtschaftliches Gut betrieben. Zahlreich waren unregelmäßige Villenkomplexe mit Turm, also aus Verteidigungsanlagen hervorgegangen. Viele von ihnen bestanden aus Wohnbau, Kapelle, Barchessa und zur Colombaia, Taubenschlag, umgewandeltem Turm. Die Nebengebäude konnten gelegentlich aus Holz gewesen sein. Mit der Ca Querini in Pressana ist eine regelmäßige rechteckige Anlage mit Ummauerung, Eingangsportal, Haupthaus und Nebenanlagen erhalten, die Vorstellungen folgt, wie sie Petrus Crescentius beschrieben hatte. In der Provinz Verona bildete sich im 15. Jahrhundert die „Portico- und Loggia-Villa" für das Haupthaus heraus, wofür die Villa Spinola in Bussolengo, die Villa Cologna in Grezzana oder die Villa Bertoldi in Negrar Beispiele sind.

Bisher kaum beachtet worden ist, dass es in der Provinz Vicenza – im geografischen Zentrum des Veneto – schon im selben Jahrhundert eine besonders hohe Zahl von Bauerngütern, Landhäusern und Villen gegeben hat. Renato Cevese hat zahlreiche davon in „Ville della provincia di Vicenza" bereits 1971 vorgestellt. Aber erst die Untersuchung von Kubelik über die ganze Region hat deren hohe Zahl im Vergleich zu den anderen Provinzen zutage gebracht: 153 nachweisbare Relikte von Villen des Quattrocento in der Provinz Vicenza und nur zusammen 76 in den vier anderen Provinzen Venezia, Treviso, Padua und Verona. Im Jahre 2005 ist der Publikation von Cevese von 1971 eine neue, noch ausführlichere, von Donata Battilotti herausgegebene gefolgt.[50] Die Stadt Vicenza erweist sich damit als Zentrum, das bereits im 15. Jahrhundert von Villen umgeben war. Auch statistisch lässt sich damit begründen, warum der gelehrte Conte Trissino und die Mitglieder seiner Vicentiner Accademia sich in Gegenwart des jungen Palladio mit dieser Bauaufgabe besonders befasst haben.

Deutlicher als in den anderen Provinzen lassen sich in der Provinz Vicenza aus der Untersuchung Kubeliks Schlüsse auf die Villenentwicklung im Quattrocento ziehen. Von mindestens 60 dieser Villenrelikte lässt sich nachweisen, dass sie als landwirtschaftliche Güter genutzt wurden. Eine Mehrzahl mag bäuerliche Nutzer gehabt haben. Unter den nachweisbaren Nutzern ragen ein regierender Fürst, im Falle der „Torre degli Ezzelini" die Fürsten des Padovano, der Bischof von Vicenza, ein Militärgouverneur, ein Ritterorden hervor. Zwei Villen waren Klostergüter. Bemerkenswert ist, dass nur wenige venezianische Adelsfamilien Villen in der Provinz Vicenza hatten. Zahlenmäßig an hervorragender Stelle dagegen waren Vicentiner Adelige – nachweisbar in 16 Fällen – Besitzer von Villen in der Umgebung. Daneben ist auch ein Vicentiner Stadtbürger belegbar.

Formal stammen die meisten Relikte von Villenkomplexen mit Wohnhaus und Nebengebäuden ab. Aber allein über 40 dieser Komplexe waren Anlagen mit Turm,

Wohnhaus und Nebengebäuden. 17 bestanden nur aus einem allein stehenden Turm mit Nebenanlagen. Eine hohe Zahl der Villen war also auf frühere Verteidigungsanlagen zurückzuführen. Häufig waren noch Ummauerungen und Eingangsportale nachweisbar. Die Türme lassen sich differenzieren in den schlanken „Breganzer Typus", der offenbar nur für den Rückzug im Verteidigungsfall genutzt wurde, und den breiteren „Romanotypus", der auch als Wohnturm gedient hatte.[51] Typisch ist wie in anderen Provinzen, dass auf den Türmen im Laufe des Quattrocento oder später die Zinnen beseitigt wurden. Das ist offenbar eine Reaktion auf ein Verbot von 1520, das fortezze, Befestigungen, auf der Terraferma untersagte. Häufig wurden die Befestigungstürme als Colombaia, Taubenschlag, umgenutzt. Die Villenkomplexe waren meist unregelmäßige Anlagen. Außer Türmen und Wohngebäuden bezogen sie Ställe und Scheunen ein, die auch aus Holz sein konnten. Gelegentlich waren sie ursprünglich reetgedeckt. Eine wichtige Rolle spielten aber immer einstöckige hohe Nebengebäude, Barchessen, mit Vorhallen, die gemauerte Rundbogen oder Gebälk auf Ständern haben konnten. Es hat aber auch regelmäßige rechteckige Anlagen gegeben, die den Vorstellungen von Crescentius folgten, etwa bei der Villa Porto in Molina bei Malo. Auch in der Provinz Vicenza hat sich wie in Verona im Laufe des 15. Jahrhunderts zur Auszeichnung des Herrenhauses der Typ der „Portico-Villa" oder „Portico- und Loggia-Villa" entwickelt, der sich entweder im Erdgeschoss oder in beiden Geschossen im Mittelteil mit Bogen öffnete.

Für die Provinz Vicenza ist bezeichnend, dass es mehrere Quattrocento-Villenanlagen gab, für die später Palladio Aufträge erhielt: der Vorgängerbau mit Ecktürmen der Villa Trissino in Cricoli, dessen Mittelteil durch Palladio verändert wurde, die Villa Nogarola in Bagnolo mit Turm, Wohnhaus, Anbauten und Mühle, die für die Villa Pisani von Palladio abgerissen wurde, der Bau der Villa Valmarana in Lisiera, in deren Hinterhof noch ein ruinöser Turm aus dem 15. Jahrhundert steht,[52] die Villa Trissino in Meledo, von deren von Palladio projektiertem Neubau nur ein Taubenturm und eine Barchessa realisiert wurden, sowie die Villa Porto in Molina bei Malo, für die Palladio vergeblich einen Neubau plante, dessen Säulenfragmente noch aufragen.

Einige wenige Einzelbeispiele können die Villenentwicklung des Quattrocento in Venedig und dem Veneto illustrieren:

Der heute so genannte Palazzo da Mula eines venezianischen Bauherrn auf Murano ist eine an einem Kanal liegende Villa mit rückwärtigem Garten. Unter den erhaltenen Villengebäuden des 15. Jahrhunderts ist dieses dem venezianischen Wohnpalast besonders nahe. Die Fassade zum Garten zeigt das Backsteinmaterial und die Formen der ursprünglichen Gestaltung aus dem frühen 15. Jahrhundert. Der Erdgeschosseingang

Villa dal Verme bei Agugliaro auf der Terraferma, 15. Jahrhundert

liegt in der Mitte. Darüber ist im Obergeschoss eine spitzbogige Dreifenstergruppe angeordnet. Die beiden seitlichen Zonen haben mehr Wandflächen und weniger Fenster. Über dem Obergeschoss folgt noch ein Mezzanin. Im Laufe des 15. Jahrhunderts wurde die Vorderfassade zum Kanal reicher mit gotischen Fensterformen und hervortretenden Balkons ausgestattet. Deutlich ist von außen zu erkennen, dass hinter dem Eingang und hinter den mittleren Fenstergruppen Portego und Sala des venezianischen Hauses liegen.[53]

Weitere von Venezianern errichtete, heute nicht mehr erhaltene Villengebäude des 15. Jahrhunderts in der Lagune sind auf dem großen Holzschnitt von Jacopo de' Barbari, 1500, sichtbar. Besonders deutlich sind sie auf der im Vordergrund erscheinenden Insel Giudecca zu erkennen. Wie die Villa da Mula auf Murano liegen sie am Kanalufer. Auch hier ist die Form des venezianischen Wohnpalastes übernommen worden. Eines dieser Villengebäude öffnet sich nach hinten mit einer Erdgeschoss-Loggia schon mit Rundbogen. Im zweiten Geschoss sind eine spitzbogige Mehrfenstergruppe in der Mitte, hinter der die Sala liegt, sowie je zwei seitliche Fenster angebracht. Wie beim Stadtpalast folgt dahinter erst ein quadratischer Hof mit Zisterne, dann aber öffnet sich der Garten.[54]

Ein charakteristischer Bau auf dem Festland ist die – nun auch so genannte – Villa dal Verme bei Agugliaro, 20 Kilometer südlich von Vicenza. Sie liegt bereits weit im Binnenland am Fluss Liona, in einem Gebiet der frühen Landurbarmachung. Die Namen der Erbauer und Nutzer sowie die ursprüngliche Beziehung zu den umlie-

Villa Spessa
bei Carignano di Brenta
auf der Terraferma,
15. Jahrhundert

genden Ländereien sind nicht genau bekannt. Das Gebäude hat einen etwa quadratischen Grundriss, über dem sich zwei Geschosse und ein Mezzanin sowie das flache Pyramidendach erheben. Das Erdgeschoss öffnet sich mit großen, schon runden Bogen einer Loggia. Im Obergeschoss wird eine schöne spitzbogige Dreifenstergruppe in der Mitte mit der Sala dahinter von zwei einzelnen Spitzbogenfenstern flankiert. Das Gebäude in den Formen des venezianischen Wohnhauses ist bereits von venezianischen Auftraggebern errichtet worden.[55]

Im 15. Jahrhundert gesellten sich zu den Villen von Venezianern aber auch die von Festland-Bauherren. Das Castello Poiana in Poiana Maggiore, 25 Kilometer südlich von Vicenza, ist ein vereinzelter Bautyp, der einen Hinweis auf die Villenvorgeschichte ermöglicht. Hier wurde ein früheres Kastell der Bischöfe von Vicenza offenbar um 1500 für die Zwecke eines Landsitzes umgebaut. Im Turm wurde das Obergeschoss zu einem kleinen Saal mit Kamin und Fenstergruppe, allerdings bereits mit Rundbogen, ausgebaut und davor eine Loggia, ebenfalls mit Rundbogen, angefügt.[56] Die Lage der Palladio-Villa Poiana direkt gegenüber bezieht sich auf diese frühen Castello-Vorgänger.

Von der Villa Spessa bei Carignano di Brenta, 15 Kilometer nordöstlich von Vicenza, ist der Bauherr Giovanni Andrea da Quinto, ein reicher Wollhändler aus Vicenza, bekannt. Die Villa sollte der Herrschaftsbau inmitten eines großen Landbesitzes für die Schafhaltung mit Gebäuden für die Wollproduktion werden. Der groß dimensionierte Bau aus der zweiten Hälfte des 15. Jahrhunderts hat zwei Geschosse und ein Mezzanin.

Venedig,
Blick vom „Bacino" durch die „Piazzetta" in die Piazza. Rechts die mittelalterlichen Bauten der Markuskirche und des Dogenpalastes, links gegenüber die Renaissancebauten des Sansovino, „Loggetta", „Libreria" und „Zecca"

Zur Gartenseite wendet er eine fein bemalte Fassade mit zentralem Eingang, rechteckigen Fenstern im Erdgeschoss, einer spitzbogigen Vierfenstergruppe und spitzbogigen Einzelfenstern im Obergeschoss. Im 16. Jahrhundert wurde die gesamte Anlage von der venezianischen Familie Grimani erworben, die den Ort über die Brenta zu Wasser erreichen konnte.[57]

Die Villa, auch Castello da Porto Colleoni in Thiene, 20 Kilometer nördlich von Vicenza, bis noch ins 19. Jahrhundert mehrfach weiter ausgebaut, ausgestattet und dabei wohl auch verändert, war die Anlage einer Vicentiner Adelsfamilie. Sie enthält im Mittelteil den ältesten Bau aus dem späten 15. Jahrhundert. Zum Garten öffnet dieser sich schon in einer Loggia mit Rundbogen. Das Obergeschoss bietet in der Mitte aber noch eine spitzbogige Fünffenstergruppe sowie links und rechts einzelne Spitzbogenfenster. Die Fassadendisposition zeigt, dass auch Aristokraten aus Vicenza in dieser Zeit Formen des venezianischen Wohnpalastes für ihre Villenbauten einsetzten.[58]

Der sanfte stilistische Übergang solcher Landsitz- und Villenbauten des Mittelalters zu denen der Frührenaissance wird am deutlichsten daran erkennbar, dass die Spitzbogen, vor allem bei den Schmuckformen der Mehrfenstergruppen, in der zweiten Hälfte des 15. Jahrhunderts verschwinden und durch Rundbogen ersetzt werden.

Frührenaissance in Venedig

Die architektonische Sonderstellung der Stadt wird in Venedig durch zwei Großbauten akzentuiert, die byzantinische Markuskirche und den gotischen Dogenpalast im Zentrum der Stadt. Charakteristisch für den venezianischen Traditionalismus dieser Zeit ist, dass noch 1484 nach einem Brand im Westflügel des Palastes ein Wiederaufbau in der „maniera tedesca“, im gotischen Baustil, beschlossen wurde. Dieser Traditionalismus bestimmte auch die übrige venezianische Bautätigkeit am Ende des Mittelalters. Deshalb erreichte die italienische „Rinascità“, die Wiedergeburt der Antike, Venedig erst sehr spät.

Die Biografen des Florentiner Baumeisters Filippo Brunelleschi schreiben dagegen, dass er mit dem jungen Bildhauer Donatello schon kurz nach 1400 für mehrere Jahre nach Rom ging, wo er antike Baukunst und Plastik studiert und vermessen habe; in den Jahrzehnten danach ist dann die Florentiner Architektur und Skulptur der Frührenaissance entstanden. Für Rom, den Ort des Studiums des antiken Traktats des Vitruv und der antiken Ruinen, entwarf der Florentiner Leon Battista Alberti nach seinem Besuch 1432 die ersten theoretischen Texte zur „Descriptio urbis Romae“ und zu den Traktaten über Malerei, Skulptur und Architektur. In Venedig aber

Venedig,
Portal zum Arsenal,
um 1460

beharrten Bauherren, Architekten und Bildhauer bis in die zweite Hälfte des 15. Jahrhunderts hinein weiter auf gotischen Architektur- und Skulpturtraditionen. Die großen gotischen Kirchen Venedigs wurden erst im 15. Jahrhundert vollendet: der Chor von Santi Giovanni e Paolo nach 1400, das Langhaus der Frarikirche 1420–1440. Der bedeutendste gotische Profanbau, der Palazzo Ducale, war mit seiner Fassade am Molo zwar um 1400 vollendet, der Piazzetta-Flügel folgte aber erst 1424–1438, der Ostflügel nach dem Brand von 1483. Auch das berühmteste Beispiel privater spätgotischer Palastbauweise, die Cà d'Oro, entstand noch 1421–1440. Unter den Architekten und Bildhauern dieser gotischen Bauwerke war Bartolomeo Buon maßgebend beteiligt, der dann in der zweiten Hälfte des 15. Jahrhunderts allerdings auch Beiträge zu einer venezianischen Frührenaissance geleistet hat.

Der repräsentative Portalbau der größten militärischen Anlage von Venedig, des Arsenals, von 1460, erneuert nach dem Seesieg von Lepanto 1571, in seiner zentralen Aedikula eine Nachbildung der römischen „Porta aurea" im istrischen Pula, ist das

erste Renaissance-Bauwerk der Stadt. Der Baumeister blieb unbekannt. Seine Konsequenz, die Vorbildhaftigkeit eines römischen Baus für das wichtigste Militärgebäude, wurde in der venezianischen Frührenaissance nicht wieder erreicht.
Die übrigen Baumeister, meist ohne Rom-Erfahrung, kamen häufig aus der Lombardei oder vom venezianischen Festland, wie das für Kunsthandwerker und Künstler dieser Zeit in einer Stadt des Zuzugs typisch blieb: Antonio Gambello, ohne näher bekannte Herkunft (gest. nach 1479), Antonio Rizzo aus Verona (tätig 1465–1498), Mauro Codussi aus Bergamo (um 1440–1504), Giorgio Spavento (gest. 1509), Bartolomeo Buon aus Bergamo (gest. 1529), Pietro Lombardo vom Luganer See (1435–1515), Tullio Lombardo (1455–1532), Antonio Scarpagnino aus Mailand (gest. 1549), Guglielmo Bergamasco (tätig 1515–1550). Sie schufen eine zurückhaltende, typisch venezianische Baukunst der Frührenaissance, die nach der Herkunft dieser Architekten auch den Beinamen „lombardisch“ erhalten hat.
Sie manifestiert sich in den Kirchenbauten San Zaccaria (Antonio Gambello, seit 1458, Mauro Codussi, seit 1481), Santa Maria dei Miracoli (Pietro Lombardo, 1481–1489) oder Santa Maria Formosa (Mauro Codussi, Umbau 1493–1500) sowie den profanen Bauten wie der Fassade der Scuola Grande di San Marco (Pietro Lombardo, 1485–1492) oder den Procuratie Vecchie an der Nordwand der Piazza San Marco (Bartolomeo Buon, seit 1514). Auch der Fondaco dei Tedeschi ist nach einem Entwurf des Deutschen Gerolamo Tedescho 1505–1508 als ein Gebäude der Frührenaissance von Scarpagnino ausgeführt worden.
Erst mit dem Palazzo Dario von Pietro Lombardo, 1487, und dem Palazzo Loredan-Vendramin-Calergi, von Mauro Codussi, nach 1500, entstanden private Paläste der Frührenaissance. In Venedig wandten diese wie ihre mittelalterlichen Vorgänger – im Unterschied zu Festlandstädten – ihre Hauptfassade zum Kanal und erhoben sich so direkt aus dem Wasser und spiegelten sich darin. In verhaltener Form verwendeten die neuen Paläste ein renaissancistisches Formenvokabular, behielten aber den Charakter der Casa Veneziana bei.

Die Bücher Sebastiano Serlios und der Villenbau

Nach dem „Sacco di Roma“, 1527, zog sich der Architekturtheoretiker Sebastiano Serlio (1475–1554) für 14 Jahre nach Venedig zurück. Der Perspektivmaler aus Bologna hatte zusammen mit Baldassare Peruzzi von 1514 bis 1527 Antikenstudium in Rom und Umgebung betrieben und setzte dieses von Venedig aus auch in Istrien fort. In Venedig ging er daran, ein auf zehn Bände angelegtes architekturtheoretisches Werk zu verfassen. Seit seiner Übersiedlung wurde Venedig das Zentrum

Sebastiano Serlio, die Säulenordnungen, aus dem zuerst erschienenen Buch IV von den fünf Säulenordnungen, Venedig 1537

architekturtheoretischen Schrifttums. Von Serlio gingen in dieser Zeit Anstöße für die Entwicklung der Renaissancebaukunst in Venedig aus. Er wurde Diskussionspartner für Architekten und Architekturinteressierte; auch Giangiorgio Trissino und der junge Palladio haben Serlio in dieser Zeit aufgesucht.

Serlios seit 1537 erscheinende Schriften gaben an unterschiedlichen Stellen Auskünfte über Villen. Sie wirkten sich zum Teil auf deren Entwicklung aus. Sie enthielten auch – wenngleich ergebnislose – Versuche Serlios, mit Entwürfen zur Villenentwicklung beizutragen. Von den geplanten Schriften sind acht Bücher nachweisbar, von denen sechs gedruckt erschienen und zwei nur als Manuskripte erhalten blieben. Sie sollten offenbar einer geplanten systematischen Gliederung folgen, sind aber von Anfang an in einer anderen Reihenfolge erschienen. Nachdem in Venedig 1537 und 1540 zwei Bücher herausgekommen waren, wurde Serlio 1541 vom französischen König Franz I. nach Frankreich abgeworben, blieb die 13 Jahre bis zu seinem Tode 1554 in Frankreich, kam nie mehr nach Italien zurück und verlor auch den Kontakt zur Entwicklung in Italien. In Paris erschienen 1545 zwei, 1547 ein weiteres seiner Bücher, in Lyon 1551 dann noch ein letztes zu seinen Lebzeiten. Nach Serlios Tod wurde 1575 in Frankfurt ein weiteres seiner Bücher gedruckt. Zwei Bücher dagegen blieben Manuskripte.[59]

Buch I und II, Paris 1545, enthalten die Grundlagen der Geometrie und der Perspektive. Buch III, Venedig 1540, beschreibt die „Antichità di Roma“, Antiken in Rom. Buch IV, Venedig 1537, enthält die fünf (Säulen-)Ordnungen. Buch V, Paris 1547, behandelt antike Tempel. Ein außerordentliches Buch, Lyon 1551, stellt Rustika-Portale dar. Das Buch VII, in Frankfurt 1575 erschienen, veröffentlicht verschiedene architektonische Entwürfe Serlios. Das Manuskript gebliebene Buch VI enthält verschiedene Hausformen. Das Manuskriptbuch VIII schließlich behandelt Festungsarchitektur. Eine Gesamtausgabe aller bis dahin gedruckten Bücher Serlios besorgten später Domenico und Vincenzo Scamozzi im Jahre 1584 in Venedig.

Für die Villengeschichte interessante Beiträge sind im Manuskript des Buches VI, im Buch III von 1540 und im Buch VII von 1575 enthalten.

Das in seiner Zeit nicht gedruckt erschienene sogenannte Buch VI enthält Zeichnungen und Texte Serlios, in denen er sich über Villenbauten äußert und dabei eine soziale Kategorisierung vornimmt. Das macht die besondere Bedeutung dieses Buches aus.[60] Von ihm sind drei handschriftliche Versionen erhalten.[61] Serlio hat es vermutlich verfasst, um es nach seinem Buch V über die Tempel von 1547 erscheinen zu lassen. Sein Beitrag ist die beschreibende und entwerfende bildliche Darstellung von 30 Formen der Villa, die mit der „Casa del povero contadino“, dem Haus des armen Bauern, beginnt und sich steigernd bei der „Casa di un re“, dem Haus eines Königs, endet. Das Manuskript aus der Columbia University zeigt für 27 der 30 Villentypen links eine italienische, rechts daneben eine französische Version der Zeichnung wie der Beschriftung. Erkennbar sind also die italienische Herkunft der Formen und der Kategorisierung, aber auch deren Veränderung unter französischem Einfluss und die Bestimmung für ein französisches Publikum. Die Darstellung entstand vermutlich vor der Unterscheidung von fünf Villen-Kategorien bei Anton Francesco Doni von 1557, aber sie entsprach etwa deren Kategorisierung. Beide gingen vermutlich auf Äußerungen des Landvermessers und Villenkulturtheoretikers Alvise Cornaro zurück, bevor die architektonischen Aktivitäten Andrea Palladios einsetzten.

Der untersten Kategorie der Hütte des Landarbeiters bei Doni entsprach bei Serlio das Haus des armen Bauern, eine Kate mit spitzgiebeligem Reetdach. Der nächsten

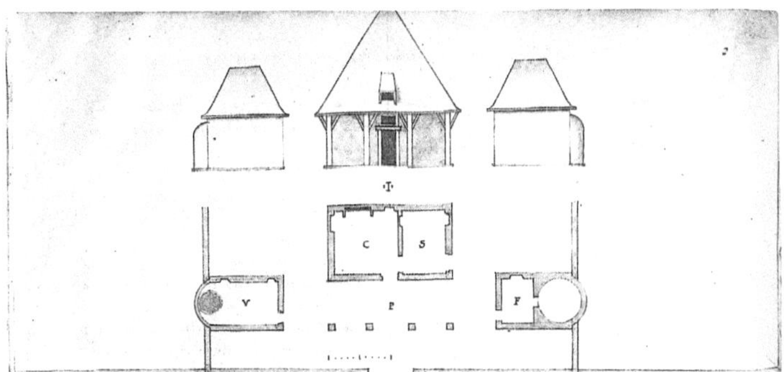

Sebastiano Serlio, „Casa del povero contadino“, Haus des armen Bauern. Aus dem nicht gedruckten Buch VI über Villenbauten

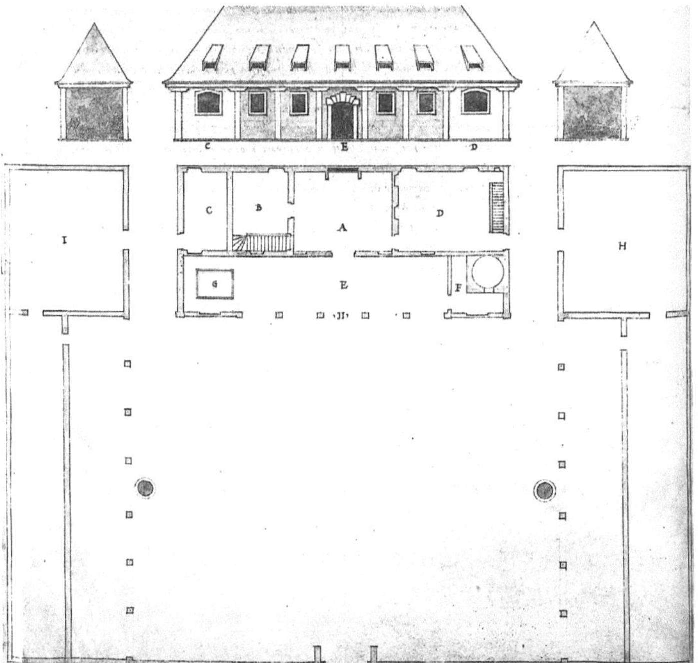

Sebastiano Serlio, „Casa del mediocre contadino“, Haus des mittleren Bauern. Aus dem nicht gedruckten Buch VI über Villenbauten

Kategorie bei Doni glich bei Serlio die „Casa del mediocre contadino“, das Haus des mittleren Bauern. Serlio war der Erste, der für solche Beispiele eine zeichnerische Darstellung lieferte. Vermutlich hielt sich Serlio bei diesen Häusern der armen Landarbeiter und Bauern an eine Realität reetgedeckter Katen, die ihm aus Norditalien geläufig war.[62] Aber schon die „Casa del rico contadino“, das Haus des reichen Bauern, wirkt wie eine geplante und idealisierte Anlage.

Sebastiano Serlio, „Casa del ricco contadino", Haus des reichen Bauern. Aus dem nicht gedruckten Buch VI über Villenbauten

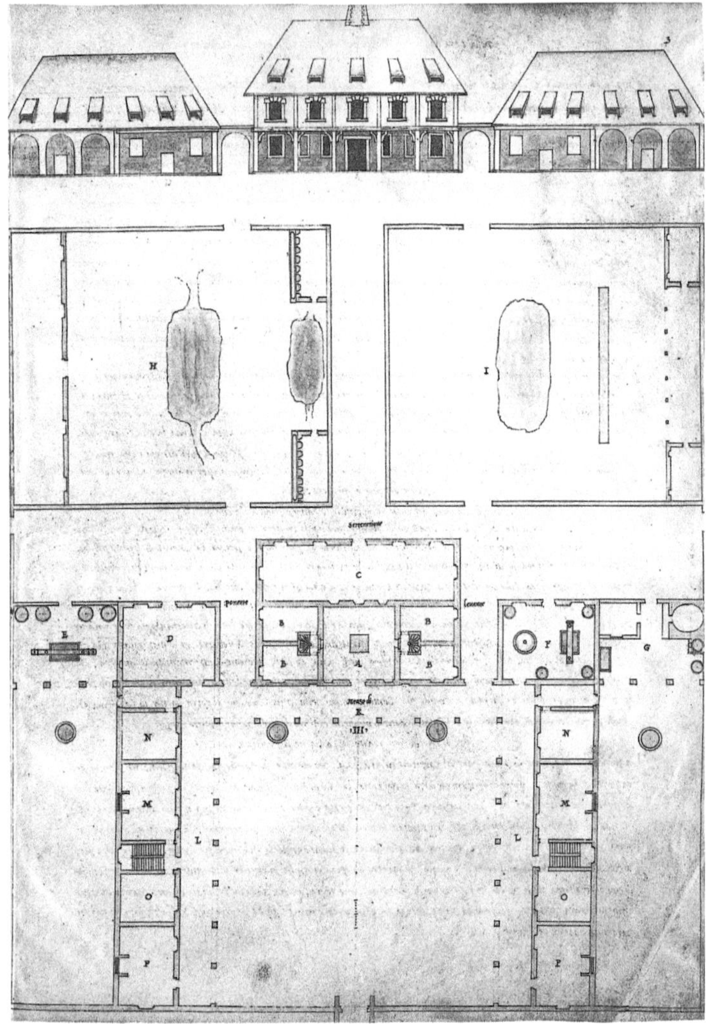

Die übrigen, den weiteren Kategorien von Doni entsprechenden Villen Serlios dagegen sind erkennbar Entwürfe, die weder einer italienischen noch einer französischen Realität entsprachen, sondern Vorschläge an ein architekturinteressiertes französisches Publikum darstellten. Mit ihnen setzte nämlich die Verdoppelung der Entwürfe in eine „italienische" Version und daneben eine „al costume di franza", nach französischer Art, ein. Serlio erfand hier Villen-Projekte nach den verschiedenen sozialen

Kategorien des „artefice“, Kunsthandwerkers, „cittadino“, Stadtbürgers, „gentiluomo“, Adeligen, und „principe“, Fürsten, die sich nur zeitweise im Herrenhaus der Villenanlage aufhielten. Evident ist, dass diese nicht veröffentlichten Entwürfe wirkungslos blieben.

Eine ganz andere, sehr konkrete Wirkung dagegen hatten einige Seiten in Serlios 1540 erschienenem Buch III.[63] In diesem lieferte er eine Beschreibung der antiken Bauten, aber auch zahlreicher Projekte der Renaissance. Serlio ging darin auf Villen-Entwürfe der Renaissance in Rom und Neapel ein. Dadurch wurde deutlich, für wie wichtig große Auftraggeber in der jüngsten Zeit Villenbauten gehalten hatten: Projekte für das Belvedere der Päpste im Vatikan in Rom, für die Villa des Kardinals Giulio de' Medici, späteren Papstes Clemens VII., auf dem Monte Mario in Rom, spätere Villa Madama, sowie die Villa Poggio Reale des Königs von Neapel wurden in Grund- und Aufriss und in kurzen Texten vorgeführt. Dabei wurden Architektennamen wie Bramante für das Belvedere sowie Raffael und Giulio Romano für die Villa auf dem Monte Mario genannt und dadurch vermutlich eine besondere Aufmerksamkeit erreicht. Weniger die schriftlichen Bemerkungen, in denen Serlio die Projekte für das Belvedere als „Loggia“ und als „Palazzo papale“, die Villa auf dem Monte Mario als „Loggia“ und die Villa Poggio Reale als „Palazzo“ oder „Villa“ bezeichnete, haben zur Förderung des Villenbaus beigetragen als vielmehr die dazu beigefügten Zeichnungen. Darunter haben sich jedenfalls der Aufriss des Hofes der Villa in Poggio Reale direkt auf Sansovinos Bau der Villa Garzoni in Pontecasale sowie die Fassade der Villa auf dem Monte Mario auf die Fassade der Villa Trissino in Cricoli ausgewirkt. Da diese beiden Bauten bereits in den 1530er Jahren angefangen worden sind, ist zu vermuten, dass in direktem Kontakt zwischen Serlio und Sansovino sowie zwischen Serlio, Trissino und Palladio in Venedig das Projekt dieses Bandes oder die betreffenden Zeichnungen ausgetauscht worden sind und sich so auf die Bauten auswirken konnten, bevor der Band selbst 1540 erschien.

Ein dritter, wenngleich wirkungsloser Beitrag Serlios zur Villengeschichte waren außerdem aber weitere eigene Entwürfe für Villenbauten. Erst nach Serlios Tod erschien 1575 sein Buch VII in Frankfurt, das in Italien kaum bekannt wurde, bis Vater Domenico und Sohn Vincenzo Scamozzi 1584 alle sieben Bände Serlios in der gemeinsamen Ausgabe in Venedig erscheinen ließen.[64] Dabei wurde offenbar, dass Serlio in diesem Buch Bauten für Villen und Paläste entworfen hatte. Dies ist in Frankreich geschehen, vermutlich nachdem Serlio 1551 in Lyon sein außerordentliches Buch zum Druck gegeben hatte, also zehn Jahre nach seiner Abreise aus Italien. Es waren im Besonderen 24 Entwürfe von Herrenhäusern meist mit Grundriss und Aufriss, die er „Casa fuori della città“, Haus außerhalb der Stadt, „Casa alla villa“, Haus als Landhaus, „Habitatione

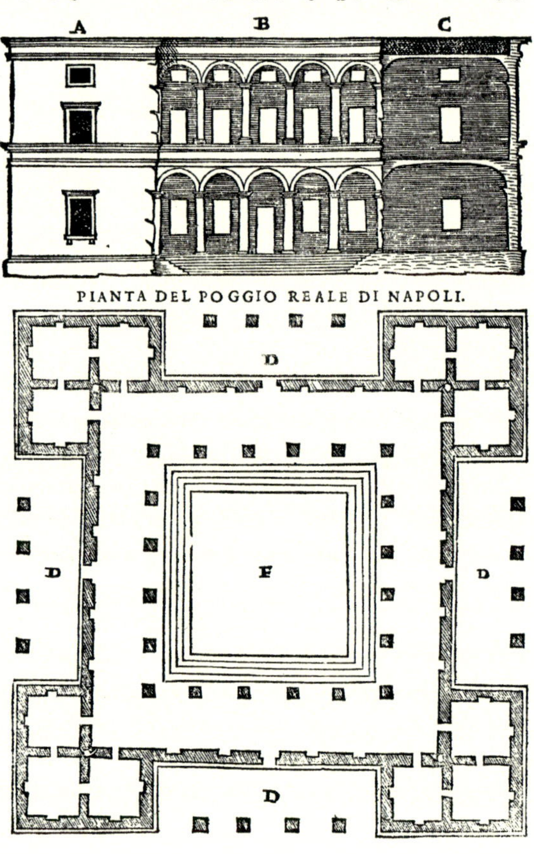

LIBRO TERZO. 122

In questa figura quì sotto ho uoluto dimostrare la parte di fuori, & di dentro. la parte notata A, dinota la parte di fuori. La parte B, rappresenta le loggie interiori. La parte notata C, dinota le stanze nella parte interiore. In questa figura quì sotto non ho notato il coperto dell'edificio: perciochè al mio parere io uorria tale edificio scoperto di maniera, che si potesse usare per spasso a sguardare la campagna.

T 2 Consi-

Sebastiano Serlio, „Pianta del Poggio Reale di Napoli“, Villa Poggio Reale in Neapel. Aus dem 1540 erschienenen Buch III über „Antichità di Roma“

fuori della città“, Wohnung außerhalb der Stadt, „Habitatione per fare alla campagna“, Wohnung auf dem Lande zu bauen, „Habitatione alla villa“, Wohnung im Landhaus, oder „Casa per fare alla villa“, Haus in der Villa zu bauen, nannte. Mit diesen Umschreibungen charakterisierte er die Funktion der Villa auf dem Lande. Sie stellten Herrenhäuser ohne Zusammenhang mit landwirtschaftlichen Gebäuden dar; dadurch wurde die Bedeutung allein des Herrenhauses hervorgehoben. Serlio hatte sich in

Sebastiano Serlio, „Loggia" der Villa des Kardinals Giulio de' Medici auf dem Monte Mario in Rom. Aus dem 1540 erschienenen Buch III über „Antichità di Roma"

Frankreich inzwischen aber offenbar von seinen italienischen Fachgenossen und einem italienischen Publikum so entfernt, dass diese 1575 beziehungsweise 1584 veröffentlichten Entwürfe keine Auswirkungen mehr auf den Villenbau in Italien genommen haben. Palladio etwa hat vor seinem Tode 1580 das in Lyon erschienene Buch VII von Serlio und damit dessen Villenentwürfe vermutlich nicht mehr kennengelernt.

Der Villenbau der Frührenaissance im Veneto

Für die Förderung der Renaissancebaukunst in Venedig wichtige Anstöße gingen vor allem von Serlios zuerst erschienenem Band „Regole [...] sopra le cinque maniere degli edifici" aus, den Regeln über die fünf (Säulen-)Ordnungen, im Buch IV von 1537. Aber einige in diesem Band enthaltene Entwürfe für venezianische Palastfassaden zeigen, dass er sich dabei auch der venezianischen Tradition der Frührenaissance anpasste, wohl um sich – ohne Erfolg – damit venezianischen Bauherren als Architekt zu empfehlen.[65]

Immerhin informierte Serlio dann aber das venezianische Fachpublikum mit seinem als zweitem in Venedig erschienenen, reich illustrierten Band von 1540 ausführlich über die „Antichità di Roma". Nach Serlios langen Antikenstudien war es das erste Buch mit Abbildungen, das über antike Architektur in Rom handelte. Es mag auch dem jungen Palladio, damals 32 Jahre alter Steinmetz in Vicenza, in die Hände gekommen sein und ihn beeindruckt haben, denn seine erste Publikation von 1554 wiederholte den

Wortlaut aus Serlios Titel: „L'antichità di Roma". Aus Serlios Buch konnten sich Architekten, Bauherren und Architekturinteressierte ohne Romerfahrung nun auch in Venedig und Norditalien ein Bild von der Architektur der Antike in Rom machen.
Die venezianische Frührenaissance stellte mit den Bauten der genannten lombardischen Architekten und den Entwürfen Serlios „alla Veneziana" einen bauhistorischen Moment des Verharrrens dar, bis sich die Tätigkeit neuer Architektengenerationen der klassischen Renaissance, die in Rom und Florenz architektonisch geschult waren, auf Norditalien auswirkte und entfaltete.
Zur Zeit der venezianischen Frührenaissance hatte das seit dem Frühhumanismus aufkommende Wissen über antike Villen noch keine Auswirkungen auf die Bauformen von Landsitzen und Villen in Venetien. Wohl aber wurde in dieser Zeit mit dem Typ des aufs Land versetzten Stadtpalastes experimentiert. Manche Bauten übernahmen anfangs diesen Bautyp. Einige wurden in historische oder neu errichtete Befestigungsummauerungen versetzt. Der mittlere Baukörper konnte links und rechts Anbauten erhalten. Vor den Mittelrisalit wurden Vorformen eines Portikus versetzt.[66] Eine Freitreppe konnte zur Mittelloggia im Obergeschoss führen. Schließlich entstanden Baugruppen aus Hauptbau und seitlichen Loggien oder Barchessen.
An den für diese Zeit selten erhaltenen Landsitz- und Villenbauten im Veneto, die am Bautyp des Stadtpalastes festhielten, verschwanden immer konsequenter die Spitzbogen und wurden durch Rundbogen ersetzt. Zurückhaltend wie bei den venezianischen Stadtpalästen erschien eine renaissancehafte Bauornamentik.
Charakteristisch für den Villenbau dieser Zeit ist die Villa Corner dall'Aglio der Kammerzofe Caterina Cornaros in Lughignano di Casale sul Sile, etwa zehn Kilometer südöstlich von Treviso. Sie wendet ihre Schauseite dem Ufer des Flusses Sile zu. Der Baukörper von zwei Geschossen mit Mezzanin über quadratischem Grundriss, die Fassadenstruktur von Loggia im Erdgeschoss und Fenstergruppen im Obergeschoss sowie die Dachform entsprechen dem venezianischen Stadtpalast. Konsequent sind die Bogen der Loggia und der Fenster als Rundbogen ausgebildet.[67]
In Villenbauten der Provinzen Verona und Vicenza erscheint in der Frührenaissance ein anderer Typ, der eine dreiteilige Hauptfassade präsentiert, die aus der Hof- oder Gartenfassade des venezianischen Stadtpalastes entwickelt worden ist. Die Villa Spinola in Bussolengo, die Villa Cologna in Grezzana und die Villa Bertoldi in Negrar bieten einen breit gelagerten Mittelteil mit Rundbogenreihen als Loggia und darüber liegenden offenen Bogengängen. Flankiert wird der so geöffnete Mittelteil der Fassade von zwei geschlossenen Seitenteilen, kleinen Ecktürmchen ähnlich, mit nur einer Fensterachse. Solche Dreiteiligkeit der Fassade ist gelegentlich variiert worden.[68] Sie hat später beim Umbau der Villa Trissino in Cricoli eine Rolle gespielt.

Villa Corner dall'Aglio in Lughignano, Bau der Frührenaissance

Eine historisch einmalige Erscheinung in der Geschichte des Adelssitzes außerhalb von Städten stellte der „Barco della Regina" der Catarina Cornaro in Altivole dar. Die Witwe des letzten Königs von Zypern aus der Familie der de Lusignan konnte sich nach der Übergabe der Insel Zypern an Venedig nach Asolo auf der Terraferma zurückziehen und erhielt in Altivole die Möglichkeit einer aufwendigen Hofhaltung. „Diese Anlage war keine Villa, zumindest nicht von der Bauaufgabe her, sondern eher eine Residenz."[69] Schon der aus dem Schiffbau stammende Begriff Barco ist selten und für ein Bauwerk schwer zu interpretieren. Er sollte der dauernde Wohnsitz der ehemaligen Königin von Zypern sein, die sich hierher zurückziehen wollte. Der Bau ist heute fast ganz vernichtet und nur noch aus späteren Dilettantenzeichnungen zu erschließen. Deshalb wurde der Barco in der Geschichtsschreibung der Landschlösser und Villen kaum beachtet. Er ist gemeinsam mit dem 1484–1492 für Papst Innozenz VIII. erbauten Belvedere-Palazzo des Vatikan und der nach 1480 im Auftrag von Lorenzo de' Medici errichteten Villa in Poggio a Caiano, gefolgt vom Palazzo del Te in Mantua, nach 1525, als eine der italienischen Vorformen des aristokratischen Landsitzes außerhalb der Stadt zu sehen.

Das nach den Vorstellungen der Caterina Cornaro und des ihr nahestehenden Humanisten und Literaten Pietro Bembo (1470–1547) bei dem sonst unbekannten Piero Lugato in Auftrag gegebene und vielleicht mit dem Lombarden Francesco Grazioli (um 1462–1536) und dessen Sohn Bartolommeo ab 1491 ausgeführte Landschloss

Piero Lugato und Francesco Grazioli, „Barco della Regina“, Residenz der Caterina Cornaro in Altivole, 1484–1492. Idealisierende Dilettantenzeichnung aus dem 18. Jahrhundert von damals größtenteils schon zerstörten Bauten

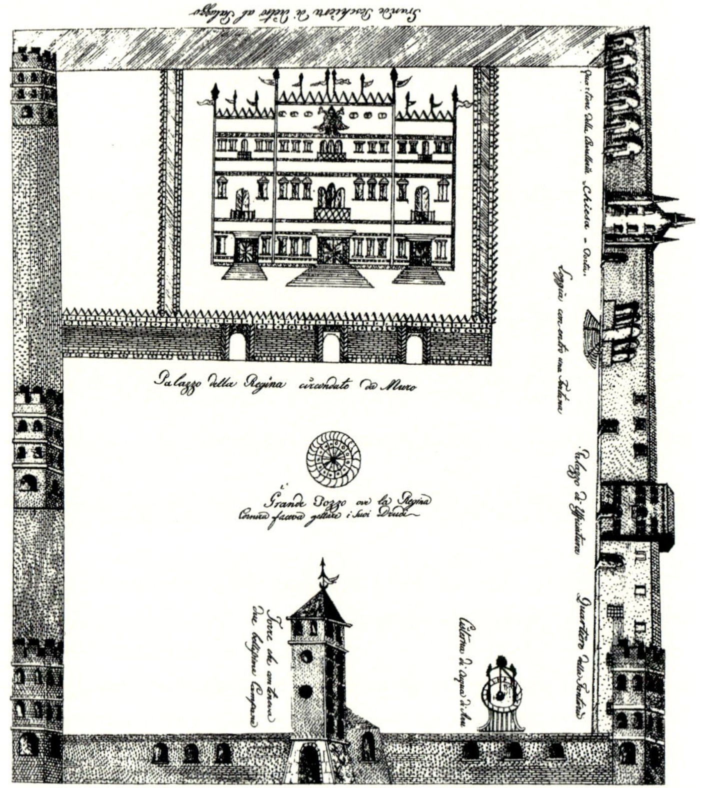

des Barco della Regina stand inmitten einer umfangreicheren rechteckigen Ummauerung mit vier Eingangsportalen und vier Ecktürmen, vermutlich einer Verteidigungsanlage. Zumindest an einer Seite waren Nebengebäude angelegt, die zum Teil erhalten sind. Das Schloss selbst lag offenbar in der Mitte der Ummauerung. Es bestand aus einem Hauptbau in Form eines Stadtpalastes mit Mittelportal von eventuell sieben Achsen und drei Stockwerken, möglicherweise flankiert von zwei seitlichen dreiachsigen Nebengebäuden ebenfalls mit Mittelportalen. Ein Baukomplex von 13 Achsen mit drei Portalen also, der vergleichbar wäre mit der späteren Anlage des Herrenhauses der Villa Contarini in Piazzola, deren Bauherren den Barco als Vorbild für ihren Ausbau genommen haben könnten. Das Hauptgebäude entsprach offenbar der Tradition eines besonders großen, hier aufs Land versetzten venezianischen Stadtpalastes. Für die Zeitgenossen und unmittelbaren Nachfolger war diese systematische Schlossanlage

Villa Giustinian in Roncade, Bau der Frührenaissance

vermutlich das Besondere und Wegweisende des Bauwerks. Auch für spätere palladianische Villenkomplexe muss darin seine Vorbildlichkeit gelegen haben. Die Loggia innerhalb der wenigen erhaltenen Nebengebäude lässt die Eleganz der Architektur des Hauptbaus ahnen: fünf Rundbogen über Sandsteinsäulen, typische Formen der „lombardischen" Frührenaissance in Venedig.
Schon 1509 begann der Zerfall, 1831 wurde der letzte Turm abgerissen. Erhalten ist lediglich ein Seitentrakt der Villenummauerung. Das Datum 1509 verweist auf den Krieg Venedigs mit der Liga von Cambrai. 1520 wurde dann das Gesetz erlassen, nach dem der Besitz von Befestigungen auf der Terraferma untersagt wurde. Dieses hat zur Beseitigung von Befestigungsanlagen, offenbar auch denen des Barco della Regina, oder zu deren Umnutzung, geführt.[70]
Die Villa Giustinian in Roncade, etwa 10 Kilometer südöstlich von Treviso, steht in einer Ummauerung eines Vorgängerkastells mit Zinnen aus dem Quattrocento und belegt, dass der venezianische Bauherr an der Übernahme dieser Architektur ehemaliger Feudalherren und vielleicht auch am Vorbild des Barco interessiert war. Die regelmäßige Anlage ist nach den Vorstellungen von Crescentius rechteckig um das Herrenhaus herum gebaut und enthält zur Linken und zur Rechten Barchessenflügel mit Rundbogen. Vermutlich hat sie sich an der Konzeption des Barco della Regina orientiert. Das Herrenhaus in Form eines venezianischen Stadtpalastes präsentiert sich in den Details der „lombardischen" Frührenaissance um 1510. Seine drei Mittelachsen bilden aber erstmals bei einer Frührenaissance-Villa einen zweigeschossigen Mittelrisalit mit übereinandergestellten Rundbogen und flachem Dreiecksgiebel aus. Hier erscheint der Giebel bereits vor Palladio.[71]

Die Villa Tiretta Agostini in Cusignana di Arcade, etwa 10 Kilometer nördlich von Treviso, kombiniert erstmalig einen kompakten Baukörper, abgeleitet vom venezianischen Stadthaus, mit niedrigeren seitlichen Barchessenanlagen. Die Fassade des Hauptbaus lässt Erdgeschoss, Obergeschoss und Mezzanin in der bekannten Dreiteilung erkennen. Dadurch, dass die Freitreppe aber zu einer dreibogigen Loggia im Obergeschoss hinaufführt, wird das Erdgeschoss zu einem Souterrain. Hier ist eine Vorform der klassischen palladianischen Villenanlage entstanden.[72]

Frühe römisch-florentinische Einflüsse in Norditalien: Alberti in Rimini und Mantua, Giulio Romano in Mantua

Im 14. und 15. Jahrhundert beschäftigten sich anfangs nur wenige frühe humanistische Gelehrte, wie Petrarca, und Künstler, wie Lorenzo Ghiberti, mit Vitruv. Auch das Antikenstudium seit 1400 durch Künstler, wie Brunelleschi und Donatello in Rom, war anfangs nur von wenigen weiteren Künstlern übernommen worden. Aber als Alberti, der päpstliche Beamte, 1432 nach Rom kam, leitete er eine neuere gelehrte und künstlerische Beschäftigung mit architektonischen und anderen künstlerischen Relikten der Antike ein. Im Vatikan war die größte Sammlung von heidnischen Antiken entstanden. Rom war immer mehr zum Ziel von Studienreisen italienischer Gelehrter, Künstler und Kunstauftraggeber geworden.

Nach dem Erscheinen von Albertis „Descriptio urbis Romae", Beschreibung der Stadt Rom, im Jahr 1443, sowie seinen architektur- und kunsttheoretischen Traktaten „De pictura", über die Malerei, 1435, „De statua", von der Statue, 1443, und „De re aedificatoria libri decem", zehn Bücher über Bauangelegenheiten, 1452, zunächst nur als Handschriften, verbreitete sich sein Ruf als Theoretiker der Renaissance aber bereits so sehr, dass auch in Norditalien Auftraggeber nicht nur seinen Rat suchten, sondern sich für Entwürfe von ihm interessierten: Sigismondo Malatesta, der in Rimini herrschende Tyrann, ließ sich von ihm 1446–1460 einen Kirchenbau nach antikem Tempelvorbild errichten, den sogenannten Tempio malatestiano; Alberti lieferte Pläne, und regionale Baumeister führten sie aus, aber gänzlich fertiggestellt wurde das Bauwerk nie. Die Marchesi Gonzaga in Mantua ließen gleich zwei Kirchen von Alberti entwerfen und im Laufe des 15. Jahrhunderts durch ortsansässige Baumeister ausführen, seit 1460 San Sebastiano, die unvollendet blieb, und 1472–1494 Sant'Andrea.

Nahe den Grenzen des venezianischen Festlandes entstanden damit in der zweiten Hälfte des 15. Jahrhunderts Renaissance-Bauten des in Rom geschulten Entwerfers Alberti, die sich deutlich an antiken Vorbildern ausrichteten. Diesen Projekten vergleichbar war in Venedig allenfalls das Torgebäude des Arsenal von 1460 mit seinem antiken Vorbild in Pula.

1485 lag dann auch Albertis Architekturtraktat gedruckt vor und beförderte die Hochschätzung der von ihm propagierten Orientierung an der Antike. Auch der Traktat des Vitruv erfuhr die erste Drucklegung ein Jahr später; beider Defizit war allerdings das Fehlen von Abbildungen. Das Bewusstsein über dieses Defizit führte zu den Kommentaren und vor allem zu den Interpretationen der Architekten und Künstler. Diese, romerfahrene Architekten mit Antikenstudium, wurden zunächst in Florenz und Rom diejenigen, die die Antike interpretierten und deren Wiedergeburt, „Rinascità" auf Italienisch, „Renaissance" auf Französisch, formal realisierten. Bauherren in Rom und Florenz strebten als Erste danach.

In Norditalien waren weiterhin die Gonzaga in Mantua die Ersten, die sich darum bemühten, Renaissancekünstler aus Rom für solche Aufgaben zu gewinnen: Nach dem Tode Raffaels, 1520, betrieben die Mantuaner die Berufung seines Lieblingsschülers Giulio Romano, der 1524 als Hofkünstler nach Mantua übersiedelte. Giulio Romano war in Rom an Raffaels Ausmalung der Stanzen im Vatikan beteiligt gewesen und hatte sie vollendet. Auch die Villa Farnesina von Peruzzi hatte er kennengelernt und wurde von Raffael an deren Ausmalung beteiligt. Raffael hatte ihn aber auch bei seinen eigenen architektonischen Arbeiten beschäftigt, darunter der Villa auf dem Monte Mario, die Giulio Romano ebenfalls fortgeführt hat. In Mantua sollte er sowohl als Architekt wie als Maler eingesetzt werden. Seine Hauptwerke wurden dort der Palazzo del Te vor den Toren der Stadt sowie ein in Marmirolo bei Mantua erbautes Lustschloss, das abgebrannt und spurlos verschwunden ist.

Danach war es Absicht der Mantuaner – nach der Niederlage Venedigs gegen die Liga von Cambrai nun von der Bedrohung durch Venedig befreit –, vor den Toren der Stadt Villen in Form von Landschlössern zu errichten wie die Päpste und Kardinäle in Rom, der König von Neapel in Süditalien oder die Medici in der Toskana. Mit dem Palazzo del Te realisierte Giulio Romano nach 1525 in Architektur und Malerei ein Werk der römischen Renaissance in Norditalien, das für die Baukunst im Veneto Anstoß gebend wirkte.

Rom-Orientierung norditalienischer Bauherren und Architekten: Falconetto und Sanmicheli kommen aus Rom zurück

Der Veroneser Gian Maria Falconetto (1468–1535) und der ebenfalls aus Verona stammende Michele Sanmicheli (1484–1559) waren beide lange Jahre in Rom gewesen. Im Jahre 1521 kehrte Falconetto nach Padua, im Jahre 1528 Sanmicheli nach

Gian Maria Falconetto, sogenannte Loggia in Padua, 1524

Verona zurück. Beide brachten aus Rom eine neue architektonische Praxis mit, die sich auf die Architektur der Renaissance im Veneto und direkter auch auf die Villen-Baukunst auswirken sollte.

Falconetto war der Spross einer Veroneser Künstlerfamilie, die in verschiedenen Kunstbereichen tätig war. Er arbeitete anfangs als Maler, wobei in seinen Werken die klassischen Perspektiven und Architekturdarstellungen, zum Beispiel in seinen Malereien im Dom von Verona, auffallen. Er unternahm zahlreiche Reisen, hielt sich zwölf Jahre in Rom auf und betrieb ein intensives Studium der Antike.

Nach seiner Rückkehr 1521 war er dann vor allem als Architekt tätig. Alvise Cornaro setzte den in Rom Ausgebildeten für den Entwurf und die Ausführung zweier, der Antike nachstrebender Bauwerke ein, der sogenannten Loggia, signiert 1524, eines Architekturhintergrundes für Theateraufführungen, und des sogenannten Odeo, eines Musiksaalgebäudes über quadratischem Grundriss. Falconetto hat sie auch ausgemalt. Beide wurden im Garten des Hauses von Cornaro errichtet, das damals wie eine Villa noch außerhalb der Befestigung von Padua lag. Sie sollten dem gebildeten Publikum des gelehrten Padua in Architektur, Skulptur und Wandmalerei das Ambiente für antikische Kulturveranstaltungen bieten. Falconetto realisierte mit diesen Erstlingsbauten in Padua Kabinettstücke renaissancistischer Architektur im Veneto. Die Loggia entstand dort vor den Augen des jungen Andrea di Pietro della Gondola, der sich später Palladio nannte. Damals war er noch Lehrling eines Steinmetzen in Padua.

Wenig später signierte Falconetto für die Stadt Padua zwei Renaissance-Stadttore, 1528 die Porta San Giovanni und 1530 die Porta Savonarola, sowie 1532 das Triumphtor vor dem Palazzo del Capitanio. 1533 wurde er Bauleiter der Kapelle des Heiligen in Sant'Antonio.

Cornaro beauftragte Falconetto aber auch mit dem Bau einer nicht überlieferten Villa in Este, von der nur noch der Bogen eines Eingangstors zum Garten stehen geblieben ist. Erhalten ist dagegen eine der großartigsten Villen der ersten Hälfte des 16. Jahrhunderts, die Villa dei Vescovi, Landhaus der Bischöfe, in den Euganeischen Hügeln bei Luvigliano, 12 Kilometer südwestlich von Padua. Alvise Cornaro ließ sie als Administrator des Erzbistums für den Paduaner Bischof Francesco Pisani von Falconetto ausführen. Bei allen Aufträgen Cornaros beteiligte sich dieser, wie viele andere Auftraggeber, als Baudilettant bei der Entwurfsfindung, was dazu verführt hat, Cornaro für den Architekten zu erklären.

Der ausgefallene Bau mit seinem quadratischen Grundrisskonzept blieb – wie der Palazzo del Te – in der Entwicklung der Villen- und Lustschloss-Architektur eine Ausnahme. Beide verhalfen der Bauaufgabe Villa und Landschloss aber zu einer neuen Selbstständigkeit und Qualität. Beide repräsentierten die in Rom entwickelte Renaissance-Architektur nun auch in Norditalien.

Der jüngere Michele Sanmicheli kam bereits als Jüngling nach Rom und soll dort im Umkreis des großen Papstarchitekten Bramante, der ebenfalls aus Norditalien stammte, und des Giuliano da Sangallo eine römische Architekten-Ausbildung erhalten haben. 1509 war er am Dom von Orvieto tätig, wurde aber dann im Kirchenstaat als Festungsbaumeister beschäftigt und sammelte die praktische Erfahrung, deretwegen er nach dem Sacco di Roma 1528 von der Republik Venedig als Festungsarchitekt eingestellt wurde. Von nun an war er zeitlebens in Verona, für weitere Städte der Terraferma und die Festungsanlagen Venedigs im östlichen Mittelmeer tätig. Fortifikationen nahmen den ersten Platz unter seinen Bauten ein. Daneben entstanden aber Kirchenbauten, Palastbauten in Verona und Venedig und auch Entwürfe für einige Villen von Privaten. In größerem Umfang als Falconetto vor ihm transferierte Sanmicheli die klassische Renaissance-Baukunst von Rom nach Norditalien.

Unter den Palästen Sanmichelis überzeugten vor allem die schon 1530 begonnenen Palazzi Canossa, Bevilacqua und Pompei in Verona als „Muster einer reinen Hochrenaissance". Sein „Stil unterscheidet sich aber von dem plumperen des Romano und dem prächtigen des Sansovino: Einmal ist er architektonischer, dann besitzt er eine geradezu klassizistische Feinheit und Anmut" (Hans Willich).

Die einzig bezeugte Villa Sanmichelis, die Villa Soranza bei Castelfranco, ist zerstört und nur noch in Abbildungen von 1832 und früher erhalten. Als weiteres Villenprojekt von Sanmicheli erwähnt Vasari den Umbau eines Herrenhauses in Piombino Dese; dieses wurde im 18. Jahrhundert zerstört. Obwohl es kein direktes Schulverhältnis Sanmichelis zu Palladio gegeben hat, wird dessen starker Einfluss vor allem im Hinblick auf die Verwendung der dorischen Ordnung betont. Der Villa Soranza wird geradezu palladianischer Charakter zugesprochen.[73]

Sansovino kommt aus Florenz und Rom nach Venedig

Jacopo Sansovino (1486–1570) war schon im Sommer 1523 für kurze Zeit in Venedig gewesen. Er kam dann 1527 direkt nach dem Sacco di Roma in die Stadt, fand hier eine neue Heimat und erhielt bereits 1529 das durch den Tod des Bartolomeo Buon frei gewordene Amt des „Protomaestro", des obersten Architekten der Republik. Eine gute Erklärung für diese erstaunliche Karriere gibt Vasari damit, dass es Sansovino schon 1527 gelungen sei, die Gefahr eines Einsturzes der eingerüsteten Kuppeln von San Marco zu beseitigen und diese endgültig zu sichern. Von da an eröffnete sich für den aus Florenz stammenden Bildhauer und in Rom zum Baumeister ausgebildeten Sansovino ein so reiches architektonisches Tätigkeitsfeld, dass seine Wirksamkeit es war – mehr als die von Romano, Falconetto und Sanmicheli –, die Venedig nun zu einer Stadt der Renaissance machte.

Jacopo war in Florenz bei Andrea Sansovino in der Bildhauerlehre gewesen und hatte dessen Beinamen angenommen. Aber schon 1505 brachte ihn Giuliano da Sangallo nach Rom, wo er bei den Papstarchitekten bis 1511 als Bildhauer und Architekt Antikenstudien betrieb. 1511 bis 1518 war er in Florenz, 1518 wieder in Rom, wo er schließlich bis 1527 Bauleiter von San Giovanni dei Fiorentini, der Nationalkirche der Florentiner in Rom, wurde. Er war also sowohl als Bildhauer wie als Architekt in beiden Hauptstädten der Renaissance ein erfahrener Mann geworden, als er 37-jährig nach Venedig kam.

In Venedig wurde ihm ermöglicht, die Anlage des Stadtzentrums von Piazza und Piazzetta durch die Vollendung der Procuratie Vecchie, der alten Prokuratien an der Piazza, sowie den Bau von Zeccha, Münze, Libreria, Bibliothek, und Loggetta an der Piazetta in die großartige heutige Form zu bringen und daneben Bauten für die Kirche sowie Paläste für Privatleute zu errichten.

Nur eine Villa war unter seinen Bauaufträgen: die Villa für die Familie Garzoni, die er um 1540 in Pontecasale, inmitten von deren umfangreichem Landbesitz im flachen Mündungsgebiet des Bacchiglione errichtete.

„Er erbaute den Palast des Messer Luigi de' Garzoni größer als den Fondaco dei Tedeschi und mit solcher Art Annehmlichkeit, dass das Wasser durch den ganzen

Palast fließen kann, der von vier wunderschönen Figuren des Meisters Sansovino bekrönt ist [...]",[74] schrieb Vasari 1568 zusammenfassend über den Bau, den er Palast, nicht Villa nannte. Besonders hervorhebenswert erschienen ihm also der Größenvergleich mit einem Stadtpalast der Frührenaissance, der Hinweis auf eine besondere kühlende Zisternenanlage und die Kombination der Architektur mit den Skulpturen des Künstlers.

Mit dem Palazzo del Te von Giulio Romano in Mantua, der Villa dei Vescovi von Falconetto in Luvigliano, der Villa Soranza von Sanmicheli bei Castelfranco und der Villa Garzoni von Sansovino in Pontecasale entstanden um 1540 vier Villenbauten in Norditalien, die jede für sich ein Bautyp sui generis waren und geblieben sind. Aber diese Bauten waren nun in den Formen der Hochrenaissance ausgestattet und setzten damit neue Maßstäbe. Sie haben sich – jede auf ihre Weise – auf die Villenarchitektur Andrea Palladios ausgewirkt.

Charakteristisch ist für sie die Einbeziehung aller Villeneinrichtungen in ein gemeinsames architektonisches System, zu dem Landwirtschaftsbauten, Hof und Garten gehörten. Romano, Falconetto und Sanmicheli bevorzugten für ihre Bauten die Rustika. Alle waren nach Vorbildern der römischen Antike gegliedert. Das Innere wurde mit Skulpturen und Fresken ausgestattet.

Die großen Villen des Giulio Romano, Falconetto, Sanmicheli und Sansovino

Falconetto hatte bis 1521, Giulio Romano bis 1524, Sansovino bis 1527 und Sanmicheli bis 1528 beobachten können, wie sich die Architektur in Rom und wie sich dort die Bauaufgabe Villa entwickelten. Giulio Romano war von Raffael sogar an architektonischen und malerischen Aufgaben im Zusammenhang mit Villenbauten beteiligt worden. Er brachte vor allem die Erfahrung mit, dass nicht nur Lage und Architektur, sondern, wie bei der Villa Farnesina und der Villa auf dem Monte Mario, auch die künstlerische Ausstattung eine wichtige Rolle zu spielen habe. Auch der Maler Falconetto muss dies in Rom an der Person des Architekten und Malers Raffael bewundert haben. Sansovino, der Bildhauer, hat dies für sein Metier vor allem am Belvedere der Päpste, der größten antiken Skulpturensammlung, wahrgenommen. Auch den aus dem Norden nach Rom gereisten Auftraggebern von Villenprojekten in Norditalien ist dies dort vorgeführt worden. Lustschloss- und Villenprojekte wurden deshalb nach der römischen Praxis zugleich auch mit Malereien – Palazzo del Te, Villa dei Vescovi, Villa Soranza – oder mit Skulpturen – Villa Garzoni – ausgestattet und führten damit für den Villenbau des Cinquecento diese Tradition auch in Norditalien ein.

Giulio Romanos Palazzo del Te für das kleine Fürstengeschlecht der Mantuaner Gonzaga ist mit den späteren Villenprojekten im Veneto nicht direkt zu vergleichen. Die päpstlichen und Kardinalsvillen oder auch die Villa für den Bankier Chigi, die Farnesina, in Rom, sowie die anderen fürstlichen Villen und Lustschlösser waren aber noch nicht eine so eindeutig definierte Bauaufgabe, als dass sie nicht zu den Vorbildern der Villa im Veneto gezählt werden könnten. Sie entwickelten neue Formen des unbefestigten Landschlosses, ob nun für Fürstlichkeiten, Päpste, Kardinäle oder Bankiers, die beispielgebend auch für die Villenprojekte der Aristokraten im Veneto wirkten: als Bauaufgabe und Bautyp, für die renaissancistische Formulierung der Architektur, für die Gartenanlagen, für die bildkünstlerische Ausstattung.
Allerdings konzentrierte sich die Vorbildlichkeit der römischen Bauten anfangs auf die Anlage des Herrenhauses mit Hof und Garten. Neben derjenigen des Gartens spielte die Anlage von landwirtschaftlichen Gebäuden oder gar deren architektonische und ästhetische Ausformung und Einbeziehung allenfalls eine geringe und übersehbare Rolle. Bei der Behandlung früher fürstlicher Lustschlösser oder der Villa des Paduaner Erzbischofs wird sie meist nicht bemerkt.
Tatsächlich aber ist der Palazzo del Te ein Landschloss am Ort des fürstlichen Gestüts. Die Pferdeställe sind in die architektonische Anlage integriert, Hof und Garten dienten dem Pferde- und Reitertraining. Die Porträts der Lieblingspferde waren das Thema der Dekoration des großen Saales. Zwar steht dieser eine Aspekt der Pferdezucht im Vordergrund, aber der Palast außerhalb der Stadtmauern hatte damit deutlich auch eine landwirtschaftliche Funktion.
Auch die Villa dei Vescovi von Falconetto, verlegt in die von Petrarca bewunderte Landschaft der Euganeischen Hügel, in denen in erster Linie Wein angebaut wurde, hatte eine landwirtschaftliche Funktion. Der Hügel, auf dem sie steht und mit dem zusammen sie von einer Mauer umgeben wird, war und ist ein bewirtschafteter Weinberg, der für die Bischöfe das Gleichnis vom „Arbeiter im Weinberg des Herrn“ nahelegt. Die landwirtschaftliche Aufgabe des Weingutes wird von der Villa aus wahrgenommen, und dies ist auch in die architektonische Anlage eingegangen.
Sanmichelis nicht erhaltene Villa Soranza – nur noch aus späteren Zeichnungen bekannt – stellt dagegen bereits eine typische Villa des Veneto im Zusammenhang mit landwirtschaftlichem Besitz dar. Eine Mauer schirmte Villa und zwei Nebengebäude von der Außenwelt ab, die sich zum Garten und den Ländereien hin öffneten.
Erst recht ist die Villa Garzoni von Sansovino ein Herrenhaus, inmitten von riesigen Ländereien, in einem Kernbereich von 25 Hektar von Mauern umgeben, mit einem proportional auf das Herrenhaus zugeschnittenen Hofgarten und daneben einem

gesonderten, architektonisch hervorgehobenen Landwirtschaftsbetrieb. Hier trat der Zusammenhang mit einem Landgut deutlich in Erscheinung.

Die Unsicherheit und Unklarheit der architektonischen Beziehung zwischen Herrenhaus und landwirtschaftlicher Gesamtanlage, die – trotz Palladios späteren Bemühungen um Einheitlichkeit – für die Geschichte der Villen im Veneto erhalten blieb, erklärt sich vermutlich daraus, dass sich den Vorbildern der Papst-, Kardinals- und Bankiersvillen in Rom dieses Thema nicht stellte und mit Hof und Garten nur angedeutet wurde. Beim fürstlichen Palazzo del Te und bei der bischöflichen Villa dei Vescovi wurde es aber ausdrücklich angeschnitten, bei den beiden vorbildlichen Villen von Venezianern deutlich formuliert.

Der Palazzo del Te in Mantua

Für die Entwicklung der Renaissancearchitektur und der Bauaufgabe der Villa im Veneto war die Tätigkeit und der Einfluss von Giulio Romano von anhaltender Bedeutung. Nicht ohne Grund führte die europäische Künstlerwanderung nach Italien und Rom nun immer auch zum Standort des Raffael-Schülers in Mantua. Auch Auftraggeber, Architekten und Künstler des Veneto, unter ihnen Trissino und der junge Palladio, fuhren dorthin. Aber Giulio Romano war nun auch als Ratgeber und Künstler im Veneto gefragt, wie im Jahrzehnt nach 1540 bei der Planung der „Basilica“ in Vicenza. Sein Bau des Palazzo del Te war mit seinen Architekturformen und Innendekorationen keine Landvilla, aber immerhin für ein fürstliches Gestüt errichtet. Er setzte architektonische und künstlerische Maßstäbe für die Villenarchitektur und die Villenausstattung zur Zeit Palladios im ganzen Veneto.

Sein erster Auftrag in Mantua war dieser Umbau eines Pferdestalls auf der Isola del Te. Giulio entwickelte dafür einen Plan, der den Auftraggeber, Francesco II. Gonzaga, der die Villa, die Raffael und Giulio Romano in Rom angefangen hatten, kannte, dazu verführte, außerhalb der Mantuaner Stadtmauern und unter Einbeziehung seines Gestüts ein ähnliches Projekt zu realisieren. In der Zeit zwischen 1526 und 1530 entstand ein Vierflügelbau, der einen Hof umschließt und den Ausblick auf einen Garten ermöglicht, der von den Pferdeställen sowie einer halbrunden Kolonnade begrenzt wird, eine Kombination von Gebäude und Garten außerhalb der Mauern, wie die Pläne des Raffael sie in Rom vorgesehen hatten. Bei der halbrunden Kolonnade lässt sich wieder an jenen Satz denken, mit dem Plinius der Jüngere seine Villenvorhalle als in der Form eines D ausgeführt beschreibt.

Die Besonderheit der Lage auf einer Insel, die – wie die Hauptstadt Mantua selbst – von den Wassern des Mincio umgeben war, muss auch für die Venezianer von

Giulio Romano, Palazzo del Te in Mantua, Außenfassade, nach 1526

Giulio Romano, Palazzo del Te in Mantua, Fassade zum Hof, nach 1526

Attraktivität gewesen sein. Im Unterschied zur römischen Kardinalsvilla aber kamen hier die Einbeziehung der Pferdeställe des Gestüts, die landwirtschaftliche Aufgabe, und die Überhöhung der Pferdezucht in den Pferdeporträts des Festsaales hinzu. Die architektonische Einheit des Palastbaus und der Pferdeställe wurde vorbildlich.
Zur Besonderheit der baulichen Gesamtanlage kam das neue aus Rom importierte architektonische Instrumentarium der Fassaden nach außen und der Fassaden zum Hof. Von der Bauaufgabe Marstall wurde die niedrige Anlage des Baus übernommen.

Der Einsatz der Rustika und der gliedernden Pilaster mag auch mit der ungeschützten Lage außerhalb der Mauern der Stadt begründet werden können: ein befestigter Marstall auf einer Insel vor den Toren. Nach Eintritt von Westen durch die Vorhalle in den Hof lockerte sich dann der Charakter der nun durch Säulen gegliederten Architektur auf.
Über die architektonischen Details des Bauwerkes hinaus musste die Ausmalung durch den Raffael-Schüler die Norditaliener beeindrucken. Nicht nur die Tatsache, dass deren Bauten mit Malereien zu schmücken seien, sondern auch Ort und Technik der Malereien sowie die Themenwahl haben von da an die Dekorationen der Villen im Veneto beeinflusst.

Die Villa dei Vescovi in Luvigliano

Die vor Giulio Romanos Arbeiten einsetzenden architektonischen Aktivitäten Falconettos in Padua waren weniger spektakulär, aber ähnlich fortschrittlich und führten römische Architektur nun direkt ins intellektuelle Zentrum des Veneto, in die Universitätsstadt Padua. Der Venezianer Alvise Cornaro ließ im Hof seines damals wie eine Villa außerhalb der Stadt gelegenen Paduaner Palazzo, nahe der Kirche Sant'Antonio, die sogenannte Loggia, als Bühne für Schauspiele, und dann das Odeo als kleinen Musiksaal erbauen. Schon 1524 war die Loggia, bis 1533 das Odeo fertig. Dort versammelte sich die intelligente Elite des Veneto, wohnte Rekonstruktionen antiker Schauspielkunst und Musik bei und nahm die Formen der aus Rom eingeführten Renaissancebaukunst, Skulptur und Malerei wahr. Es handelte sich nicht um einen Villenbau, aber Cornaro und sein Kreis mögen mit diesen Projekten ihren Vorstellungen vom kulturellen Vergnügen des Landlebens nachgegangen sein.
Zwei Villenaufträge Cornaros für Falconetto – nach dessen Stadttorbauten und dem Triumphportal für die Stadt sowie der Ausstattung der Kapelle des heiligen Antonio für die Kirche – bewiesen dann das Zutrauen des Architekturdilettanten Cornaro zu seinem Architekten: die zerstörte eigene Villa in Este und der weit prominentere Auftrag, die Villa dei Vescovi der Paduaner Erzbischöfe in den Euganeischen Hügeln, die das Meisterwerk Falconettos wurde.
Es gibt Nachrichten seit 1201 über die Vorgängeranlage einer „residenza del Vescovo di Padua“. Archäologische Funde bei der jüngsten Restaurierung haben Klarheit über deren Situation im Quattrocento geschaffen. Offenbar haben die Bischöfe Jacopo Zeno und Pietro Barozzi am Ende des Quattrocento Veränderungen vorgenommen. Ein grundsätzlicher Umbau ist dann aber erst unter Bischof Francesco Pisani und Administrator Alvise Cornaro entstanden.

Gian Maria Falconetto, Villa dei Vescovi in Luvigliano, nach 1529

Das kann erst nach 1529 geschehen sein, dem Jahr, in dem Cornaro Administrator unter Pisani wurde, der von 1524 bis 1564 Bischof war. 1535 starb Falconetto 67-jährig. 1537 endete Cornaros Aufgabe im Dienste des Erzbischofs. 1544 wurde die Villa in dem berühmten Brief des Francesco Marcolini an Serlio als fertiggestellt erwähnt und hoch gepriesen als „uno albergo degno d'esser habitato da un pontifice o da uno imperatore", eine Herberge würdig, dass darin ein Papst oder ein Kaiser wohne. In dieser Zeit, 1542 bis 1548, können auch die Ausmalungen des Lambert Sustris (1515/1520–nach 1568) ausgeführt worden sein, die sicherlich in der ursprünglichen Planung dem Maler Falconetto zugedacht waren. Auch danach ist noch weiter an der Vollendung der Villa gearbeitet worden; dafür, vor allem für die Portale in der Mauer um die Villa herum, wird der Name des paduanischen Architekten Andrea da Valle (gest. 1577) genannt. Außerdem fallen hier der Name des Giulio Romano und auch der des Vincenzo Scamozzi für Vollendungsarbeiten. In dieser Zeit war ein anderer Cornaro, Federico Cornaro, 1577 Bischof von Padua, 1585 Kardinal, 1590 gestorben, als Bauherr für die Vollendung der Villa aktiv. Er strebte mit Scamozzi ein Treppensystem an der hohen Ostfront des Villengeländes an mit einer Grotte und Fontane im Inneren.[75]

Als Ort der Villa ist ein von Westen nach Osten aus einer größeren Anhöhe herauswachsender Hügelrücken ausgewählt worden, dessen drei Abhänge seit jeher mit Wein bebaut wurden. Im Westen liegt auf gleicher Höhe des Hügels das Örtchen Luvigliano mit seiner kleinen Kirche. Hier befindet sich der ebenerdige Zugang zur Villa. Nach den drei anderen Richtungen erhebt sie sich über die Abhänge des

Gian Maria Falconetto, Villa dei Vescovi in Luvigliano, nach 1529, Prospekt der Villa

Weinberges und ermöglicht einen weiten Blick in die Euganeische Hügellandschaft. Auch von Süden gab es offenbar ursprünglich einen Pferdetreppenaufgang, der bis auf den Umgang über dem Unterbau der Villa führte.

Das Grundstück des Weinberges hat den Zuschnitt eines unregelmäßigen Vierecks und ist ringsum von einer Mauer umgeben. Diese öffnet sich in zwei klassischen Toren, im Westen auf gleicher Höhe mit der Villa sowie im Osten unten am Fuße des Weinberges. Im Westen liegt hinter dem Eingangstor ein quadratischer Garten als Vorhof zur Villa, der im Westen, Norden und Süden von einer Mauer begrenzt ist, die nach Norden und Süden zwei weitere Tore ausbildet. Der Hof ist von zwei sich kreuzenden gepflasterten Wegen durchzogen. Hinter Mauer und Tor im Süden des Hofes liegt das Areal mit den landwirtschaftlichen Nebengebäuden des Weingutes. Ein dem Hof gleiches quadratisches Grundstück östlich davon bildet die Grundfläche, über der sich das Villengebäude erhebt.

Auf ihr formiert sich ein Unterbau, dessen Material eine gequaderte Rustika aus rötlichem Backstein ist. In der Eingangsfassade, die sich zum westlichen Hof wendet, öffnet er sich mit fünf Rundbogen. Links und rechts davon führt eine Freitreppenanlage zum Umgang auf dem Unterbau, der um alle Seiten des Herrenhauses herumläuft und von einer Balustrade aus Sandstein umgeben ist. Auf diesem Unterbau erst erhebt sich über quadratischem Grundriss der eigentliche Hauptbau, der aus einem Sockelgeschoss aus wuchtigen roten Sandsteinbossen und einem dorischen Piano nobile besteht. Dieses öffnet sich nach Westen, also zum Eingangshof, und nach Osten über dem Weinberg in einer Loggia, die von roten Sandsteinpilastern mit dazwischen sieben

offenen Rundbogen gegliedert und einem Gebälk mit Metopen-Bukranien-Fries abgeschlossen wird. Diese Loggia-Gliederung wird an der durch Fenster geschlossenen Südseite fortgesetzt, nicht aber an der eigentümlich unfertig wirkenden Nordseite. Das Bauwerk bezieht seine Wirkung an der westlichen Eingangsfassade wie an den anderen Fronten über dem Weinberg aus der konsequenten antikischen Gliederung und der Farbwirkung des rötlichen Backsteinunterbaus und der rötlichen Sandsteingliederung vor weißen Putzflächen.
Die Zuwegung von Padua über Torreglia führt die von dort Kommenden von Südwesten auf das quadratisch angelegte Gebäude zu, sodass sie es über die Diagonale wahrnehmen. Eine ähnliche Wirkung bestimmte Palladio später für die Besucher, die auf der Riviera berica die Villa Almerico, la Rotonda, passieren. In beiden Fällen wird so das Villengebäude hoher Kleriker über quadratischem Grundriss von den Besuchern über die Diagonale wahrgenommen.
Die innere Anlage des Unterbaugeschosses lässt vermuten, dass im Hauptgeschoss ursprünglich ein quadratischer Hof vorgesehen war. Stattdessen ist im Piano nobile von Westen nach Osten, von Loggia zu Loggia, eine mittlere überdachte Sala ausgeführt worden.
Im Inneren spielen die nur fragmentarisch erhaltenen Malereien des Lambert Sustris eine Rolle. Bemerkenswert ist vor allem die Ausmalung der Loggien. In ihnen ist von den Malereien in der Farnesina in Rom und dem Palazzo del Te in Mantua, in beiden Fällen unter Beteiligung von Giulio Romano entstanden, aus den Darstellungen von Amor und Psyche die illusionistische Darstellung von Lauben mit Weinrankenwerk übernommen worden. Dies sollte zu einem häufig wiederholten Topos der Villenausmalungen im Veneto werden.

Die Villa Soranza bei Castelfranco

Den herausgehobenen Bauaufträgen des Herzogs von Mantua und des Erzbischofs von Padua an in Rom ausgebildete Künstler für zwei besondere Bauten mit landwirtschaftlichen Aufgaben folgten wenig später die Aufträge für zwei regelrechte landwirtschaftliche Villen im Veneto, ebenfalls an zwei hervorragende, in Rom geschulte Baumeister: Sanmicheli und Sansovino.
Sanmicheli stellte die Gebäude seines „Palazzo di campagna detto la Soranza vicino Castelfranco", Palastes in der Landschaft genannt La Soranza in der Nähe von Castelfranco,[76] nicht um Hof und Garten herum wie Giulio Romano oder konzentrierte sie auf der Erhebung eines Hügels, sondern baute sie in einer Reihe auf. Die Ansicht von außerhalb der eigenen Ländereien hätte über einer Mauer in der Mitte das

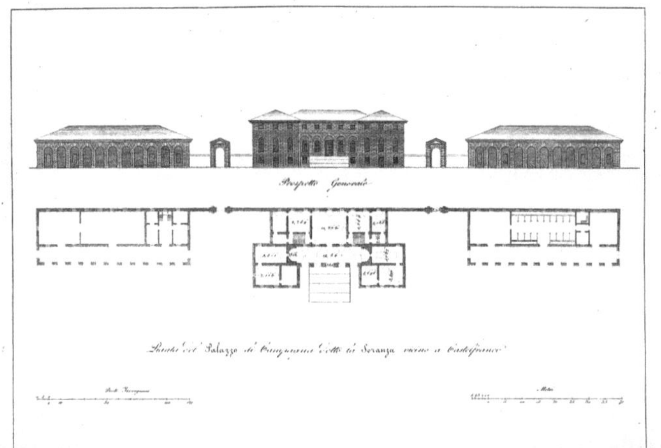

Michele Sanmicheli, Villa Soranza bei Castelfranco, nach 1530, Gesamtanlage, Stich von Francesco Ronzani und Girolamo Luciolli, 1832

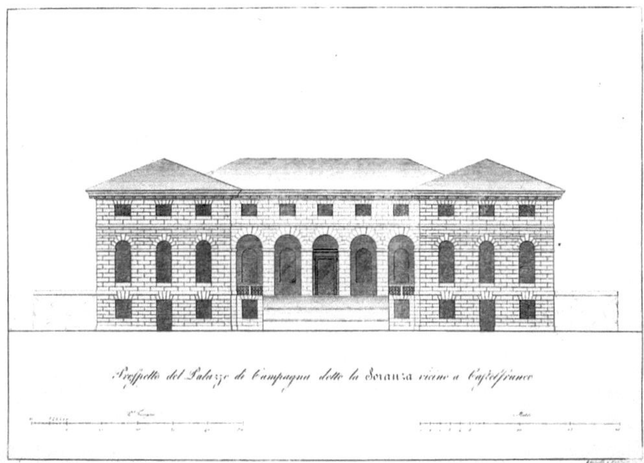

Michele Sanmicheli, Villa Soranza bei Castelfranco, nach 1530, Herrenhaus, Stich von Francesco Ronzani und Girolamo Luciolli, 1832

Herrenhaus, flankiert von zwei Eingangstoren, und links und rechts seitliche landwirtschaftliche Nebengebäude erscheinen lassen. Die architektonische Gestaltung ist uns nur vom den Gärten zugewandten „Prospetto generale“, Generalprospekt, bekannt.

Das Hauptgebäude war in drei Baukörper gegliedert, einen zurückliegenden Mittelteil, der sich in fünf Rundbogen über einer Freitreppe, einer Stufenrampe, öffnete, und zwei vortretende dreiachsige Seitenflügel. Er hatte zwei Geschosse und ein Mezzanin.

Im Erdgeschoss lagen Küche und Bedienungsräume. Das über die Freitreppe zu erreichende Piano nobile bestand aus einer Loggia hinter dem Eingang und einer Sala sowie drei anschließenden Raumgruppen. In den beiden Nebengebäuden lagen hinter einer einstöckigen Vorhalle mit elf Rundbogen landwirtschaftliche Räume, darunter die Pferdeställe.
Das gesamte Bauwerk war in Rustika ausgeführt. Die beiden Tore bildeten auch rustizierte Pilaster aus. Im Übrigen waren die Fassaden ungegliedert und ohne Pilaster oder Säulen. Hervortretendes Element waren lediglich die Rundbogen mit Schlusssteinen im Hauptgeschoss des Herrenhauses, den Toren und den Barchessen. Eine Publikation von 1832, die die Zeichnungen des Bauwerks überliefert hat, bewunderte den Charakter „di robustezza commista a magnificenza", der Robustheit gemischt mit Großartigkeit, des Äußeren der Gebäude und hob den besonderen Charakter der Freitreppe hervor, die von Sanmicheli geschaffen wurde, bevor sie Palladio in seinen Villenbauten einsetzte. Interessant ist in diesem Zusammenhang die konkrete Verwendung des Begriffes „magnificenza" bezogen auf eine Architektur vor Palladio und Scamozzi.
Ausdrücklich wurde auch für die Villa Soranza auf eine Ausmalung der Loggia, der Sala und mehrerer Räume durch Paolo Caliari Veronese (1528–1588) und Giambattista Zelotti (1526–1578) hingewiesen, die hier die Maßstäbe setzten auch für spätere Ausmalungen von Palladio-Villen.

Die Villa Garzoni in Pontecasale

Vasari hatte die Villa Garzoni mit dem Fondaco dei Tedeschi, dem venezianischen Stadtpalast der Deutschen in Venedig, verglichen und sie dabei ausdrücklich als größer als jener bezeichnet. Tatsächlich ist der Eindruck der südlichen Hauptfassade der eines ausgedehnten Stadtpalastes, breiter als der Fondaco dei Tedeschi, wenngleich Sansovino sich klar für nur zwei Geschosse entschied. Die Fassade ist nach venezianischer Tradition in den mit fünf Bogen ausgezeichneten Mittelteil, auf den die mittlere Treppe zuläuft, und die in Rundbogenfenstern geöffneten Seitenteile gegliedert. Deutlich führt Sansovino daran das antikische Formenvokabular vor, das er aus Rom mitgebracht hatte: dorisches Erdgeschoss, dorisches Gebälk, ionisches Obergeschoss, kräftiges abschließendes Kranzgesims, dazu die Verbindungen von Sohlbänken und Kämpfersteinen als weitere Waagerechten, Betonung der Senkrechten durch die vier Halbsäulen zwischen den Rundbogen der mittleren Loggia und die beiden rahmenden Pilaster. Von großer Bedeutung für die Wirkung der Fassade und den Eindruck, den Eintretende haben, ist die rampenhafte Freitreppe. Hinter der dreigeteilten Fassade folgt nun aber nicht die traditionelle Dreiteilung in Portego

Jacopo Sansovino, Villa Garzoni in Pontecasale, Herrenhaus, nach 1530

Jacopo Sansovino, Villa Garzoni in Pontecasale, Landwirtschaftskomplex, nach 1530

und Sala in der Mitte und Nebenräume zur Seite. Vielmehr entspricht der fünfbogigen Mittelarkatur hinter einer quer gelegten Halle ein quadratischer Hof, um den sich an drei Seiten eine Loggia mit fünf gleich großen Rundbogen legt, während die vierte hintere Seite aus fünf Blendbogen mit Mittelportal in den Garten besteht. Über zwei Seiten der Loggia liegen zwei Balkons. Unter dem quadratischen Hof befindet sich eine Zisterne, in die von den Dächern des Hauses das Wasser fließt und zur Kühlung beiträgt. Der Brunnen steht in der Mitte des Hofes. Um den Hof herum sind im Erdgeschoss die Säle, im Obergeschoss die Wohnräume angeordnet, die nur über offene Außenräume erreicht werden können. Treppen befinden sich im linken und rechten Seitenflügel.

Die Anlage dieses Innenhofes nun war es, die Sansovino direkt von der Darstellung Serlios übernahm, mit der dieser den Innenhof der Villa Poggio Reale des Königs von Neapel in einem Querschnitt wiedergab.

Vom Skulpturenschmuck bieten außer der antikischen Bauornamentik noch heute spätere Skulpturen auf der Balustrade über den Innenhofloggien einen Eindruck. Die von Vasari erwähnten Skulpturen Sansovinos sind noch in Bildwerken von Kaminen erhalten.

Da das Gebäude des Herrenhauses vom landwirtschaftlichen Komplex im Osten abgerückt ist und sich hinter dem Vorgarten erhebt, wird das Augenmerk zunächst auf das Herrenhaus gelenkt. Aber Vorgarten und Landwirtschaftskomplex sind auch bei Sansovino in die Gesamtgestaltung der Anlage einbezogen. Insgesamt wird ein großes Gebiet von einer gemeinsamen Mauer umgeben. Eine ähnliche Mauer trennt noch einmal den Vorgarten mit Herrenhaus und den Landwirtschaftskomplex voneinander. Wie bei der Villa dei Vescovi führen drei klassische Tore im Süden, Westen und Osten auf sich kreuzenden Wegen in den quadratisch angelegten Vorgarten, in den das Hauptgebäude hineinragt. Das östliche Tor führt von dort in den lang gestreckten westlichen Landwirtschaftskomplex, der im Norden und Osten von Barchessenvorhallen mit gleichmäßigen und vorgeblendeten dorischen Pilastern auf Sockeln begrenzt ist. Über der Ecke erhebt sich der Turm einer Colombaia. „Immerhin ist in Pontecasale die Nobilitierung des landwirtschaftlichen Nutzbaus, die dann bei Palladio in der Zusammenfügung von Casino und Fattoria anschaulich wird, entscheidend vorbereitet.“[77]

Palladio in seiner Zeit

Andrea di Pietro della Gondola

Am 30. November 1508 soll der später Palladio genannte Andrea in Padua geboren worden sein.[78] Nach seinem Vater, der den Namen Pietro della Gondola führte, wurde er Andrea di Pietro della Gondola gerufen. Ein Bruder seines Vaters war Schiffer; vielleicht kommt der Familienname della Gondola aus einer Schiffertradition. Die Familie wohnte in Padua nahe dem Fluss Brenta. Der Vater lebte davon, Mühlen auf dem Fluss, die von der Strömung angetrieben wurden, zu verpachten, eine Art Flussmühlenunternehmer und Müller, der sicherlich lesen, schreiben und rechnen konnte. Andreas frühe Erinnerungen müssen vom Leben am Wasser geprägt worden sein, aber auch von den Ereignissen des Krieges, den Venedig gegen die Liga von Cambrai führte und von denen Padua 1509 bis 1513 besonders betroffen war.

Eine Nähe zu Bauhandwerk und Architektur erlebte Andrea in der Familie nicht. Aber sein Taufpate war der Bildhauer Vincenzo Grandi, aus einer aus Vicenza stammenden Familie. Dieser mag eine Neigung des Jungen geweckt und ihm auch ersten Unterricht im Steinebehauen gegeben haben. Vermutlich hat er ihm die Lehre bei dem renommierten Steinmetzmeister Bartolommeo Cavazza da Sossano vermittelt. Neigung muss schon im Spiel gewesen sein, denn sonst hätte Andrea nicht später seine „Quattro libri" so ausdrücklich mit den Worten eingeleitet: „Von natürlicher Neigung geleitet, machte ich mich in meinen frühen Jahren an das Studium der Baukunst."[79] Die Stadt Padua bot ihm ein reiches architektonisches Umfeld zum Studium. Höhepunkte waren die gewaltige Pilgerkirche Sant'Antonio mit dem Gattamelata-Monument und den Altarfiguren des Renaissance-Bildhauers Donatello, aber auch der von Loggien umkleidete Palazzo della Ragione mitten im Marktgeschehen. Ausdrücklich nennt Palladio später in seinem dritten der „Quattro libri" „Delle Basiliche de' nostri tempi", über die Basiliken in unseren Zeiten, vor den Basiliken in Brescia und Vicenza ein Gebäude in Padua: „di queste sale moderne una nobilissima n'è in Padoua", von diesen modernen Sälen ist ein besonders nobler in Padua.[80] Darüber hinaus zeigt die Intensität, mit der er in den „Quattro libri" die Brücken behandelt, dass ihn diese während seines Lebens am Wasser in seiner Geburtsstadt Padua ebenfalls besonders interessiert haben.

Jedenfalls nahm Andrea nach einer Schulbildung, die sicher keine gelehrte war, als 13-Jähriger seine Steinmetzlehre auf. Doch schon nach knapp zwei Jahren verließ er die Werkstatt. Und auch ein neuer Vertrag hielt ihn dort nicht lange. Immerhin mag er in dieser Zeit als Lehrling schon von den Aktivitäten des Alvise Cornaro gehört und die fortschrittlichen Bauten des Gian Maria Falconetto gesehen haben, vor allem die sogenannte Loggia, die 1524 hinter der Villa des Cornaro als Fassade für Theateraufführungen errichtet wurde.

Nach Verlassen der Werkstatt des Cavazza in Padua ging Andrea nach Vicenza, trat dort wieder in eine renommierte Steinmetzwerkstatt ein, und zwar nun als Geselle zweier Meister, des Baumeisters Giovanni da Porlezza und des Bildhauers Girolamo Pittoni, die in der nach einem Stadtteil Vicenzas so genannten Pedemuro-Werkstatt auf architektonische Steinmetzarbeiten spezialisiert waren. In Vicenza trat Andrea auch in die Zunft ein. Wieder können wir uns den aus Vicenza stammenden Paten Vicenzo Grandi als Beförderer dieses Wechsels vorstellen. In der Pedemuro-Werkstatt blieb Andrea aber nun etwa zwölf Jahre bis über 1540 hinaus tätig. Ein prominentes Werk der Werkstatt, an dem er beteiligt war, ist der Hauptaltar des Vicentiner Doms Santa Maria Maggiore, der 1534 bis 1536 entstanden ist.

Andrea in der Pedemuro-Werkstatt: der Umbau der Villa Trissino in Cricoli

Während in der Umgebung Vicenzas neue Villenanlagen begonnen wurden oder im Bau fortschritten, wurde die Pedemuro-Werkstatt in den 1530er Jahren, vermutlich zwischen 1535 und 1537, mit dem Umbau der Villa des Conte Giangiorgio Trissino in Cricoli beauftragt.[81]

Wie häufig bei architekturinteressierten Baudilettanten – nehmen wir nur die Reihe Trissino, Cornaro, Barbaro – brachte auch hier der Bauherr Ideen in die Entwurfsfindung ein, aber wie in den anderen Fällen wurde er dadurch nicht zum Architekten des Gebäudes, wie gelegentlich behauptet wird. Wie weit die Leiter der Werkstatt Andrea, dem späteren Günstling des Bauherrn, hier bereits freie Hand ließen, ist nicht zu ermitteln. Aber es ist zu vermuten, dass der weit über 20-Jährige um 1535 dabei eine nicht unbedeutende Rolle spielte, denn sonst wäre der spätere enge Kontakt zum Bauherrn nicht entstanden. Vermutlich war Andrea der Ansprechpartner des Bauherrn für dessen Umbauideen.

Das Herrenhaus war im Quattrocento von der vicentinischen Familie Valmarana erbaut, dann von der venezianischen Familie Badoer und später vom Vater des Giangiorgio Trissino übernommen worden. Giangiorgio lebte dort seit 1530. Das Gebäude hatte einen querrechteckigen Grundriss und Ecktürme. Die Fassade entsprach der eines venezianischen Fondaco mit schmalen Seitenteilen der Ecktürme und einem doppelt so breiten Mittelteil. Trissinos Umbauprojekt sah offenbar lediglich eine Veränderung des Mittelteils der Südfassade und den Einbau einer Loggia vor.

Villa Trissino in Cricoli, um 1537 umgebaut durch die Pedemuro-Werkstatt

Die Aufmerksamkeit richtet sich seit jeher auf diese Eingangsfassade. Falsch wäre es, auch die Raumaufteilung außer dem Mittelteil in jene Zeit zu setzen, wie dies gelegentlich geschieht, denn die Seitenteile mit ihren Gewölben stammen aus dem Quattrocento. Wenn Palladio solche Innenaufteilung für spätere Villenentwürfe wie bei der Villa Valmarana aufgenommen hat, hätte er sie von jenem älteren Vorbild übernommen.[82]

Von der alten Hauptfassade blieben die beiden Ecktürme erhalten, die ursprünglich vermutlich einen zweigeschossigen Mittelteil mit Loggia und Bogengang flankierten. Das dreiteilige venezianische Prinzip wurde hier beibehalten: Die Ecktürme öffnen sich mit einer Fensterachse in drei Geschossen, die beiden Geschosse des Mittelteils dagegen sollten sich mit dem Formenvokabular der römischen Antike in drei mittleren und zwei schmalen seitlichen Achsen über einer Freitreppe präsentieren.

An diesem Studienobjekt der Villa Trissino konnte der junge Andrea mindestens als Mitwirkender unter den Augen des Bauherrn und seiner beiden Werkstattleiter seine Fähigkeiten für den Villenbau erproben. Er hatte den Vorgängerbau zu berücksichtigen, die Vorgaben des Bauherrn zu bedenken, auf die Korrekturen seiner Meister einzugehen. Zugleich strebte er bei der Fassadenausbildung den Vorbildern der Villa des Raffael, der Zeichnung Serlios und der Loggia des Falconetto nach und übte sich in dem antikischen Formenvokabular des Mittelteils der Fassade. Andrea machte damit erfolgreich den Schritt vom Steinmetzhandwerker zum Villenarchitekten. Offenbar hat er dabei so glücklich agiert, dass der Bauherr sein dauernder Förderer wurde.

Auch das dabei als eine Art Meisterstück Andreas entstehende Bauwerk muss Trissino gutgeheißen haben, denn sonst hätte er darin nicht seine Accademia Ocriculana eingerichtet, zu der sich gleichgesinnte Architekturinteressierte trafen und in die auch der junge Architekt einbezogen wurde.

Palladios Begegnungen mit Trissino, Cornaro und Barbaro. Seine Erfahrungen in Rom

Den gebildeten und gelehrten Austausch mit dem bedeutenden, 30 Jahre älteren Aristokraten, Denker und Schriftsteller Giangiorgio Trissino (1478–1550), der sich für den jungen Steinmetzen während der Arbeit an der Villa Trissino anließ, muss Andrea als eine Fortsetzung seiner handwerklichen Lehre, eine Form von Fortbildung, eine Art Studium der theoretischen Grundlagen der Baukunst erschienen sein. Er hat dieses dialogische Studium offenbar begierig ergriffen, in der Accademia des Trissino fortgesetzt und später weiterhin mit den ähnlich bedeutenden Theoretikern Alvise Cornaro und Daniele Barbaro gesucht und vertieft. Dabei kann er nicht allein der Nehmende gewesen sein, sonst hätten Trissino, seine Accademia, Cornaro und Barbaro sich nicht darauf eingelassen, sonst hätte Andrea vor allem nicht Aufträge für Villen und Paläste aus dem Kreise der Teilnehmer der Accademia erhalten.
Schon während seiner Steinmetzausbildung müssen die Neigung zu den Dingen der Architektur, die er im Vorwort seiner „Quattro libri" beschwört, und das Interesse für deren wissenschaftliche Grundlagen in Andrea eine Neigung zur theoretischen Durchdringung und zu dialogischem Austausch hervorgebracht haben, die sich architekturinteressierten Auftraggebern mitteilte und sogar Gelehrten auffiel. Den Einfluss, den Trissino, Cornaro und Barbaro auf Palladio zweifellos genommen haben, muss dieser erwidert haben mit einer Bereicherung von deren Architekturverständnis. Zeitgenossen hoben allerdings auch besonders Palladios freundliches Wesen hervor: „[...] zu so vielen Talenten gesellte sich ein äußerst angenehmes und freundliches Wesen, das ihn jedem liebenswert machte", schrieb Giorgio Vasari 1568 über ihn. Und Paolo Gualdo, sein erster Biograf, bestätigte 1615: „Palladio war höchst angenehm und von großem Witz in der Unterhaltung. Die Edelleute und Herren, mit denen er zu tun hatte, hatten ungeheuren Spaß daran, und auch die Arbeiter, deren Dienste er bemühte, hielt er bei Laune [...]."[83]
Gegen Ende der 1530er Jahre nahm Andrea den neuen Nachnamen Palladio an. Dessen Nähe zum Namen der Göttin Pallas Athene fällt auf; der für Cornaro arbeitende Paduaner Dichter Ruzante hatte das literarische Padua der damaligen Zeit als Wohnsitz der Pallas bezeichnet. 1528 war aber auch die Schrift des antiken Landwirt-

Vincenzo Catena, Porträt von Giangiorgio Trissino, um 1525–1527, Paris, Louvre

Domenico Theotokopoulos, genannt El Greco, vermutlich ein Porträt von Andrea Palladio, um 1570–1575, Kopenhagen, Statens Museum for Kunst

schaftsschriftstellers Palladius in einer italienischen Ausgabe in Venedig herausgekommen, die Palladios Umgebung gekannt haben mag. Außerdem aber hieß Palladio eine Figur, ein Schutzengel des Helden Belisar, in Trissinos Epos „L'Italia liberata dai Goti", Italien befreit von den Goten, das Trissino nach langer Vorarbeit 1547/1548 drucken ließ; dieser Palladio wird als architektonisch sehr gebildet dargestellt. Es heißt, dass Trissino der Erfinder des neuen Namens gewesen sei, der sich Anfang der 1540er Jahre für den jungen Architekten Andrea durchsetzte.[84]

Trissino arbeitete zur Zeit des Umbaus seiner Villa und der Begegnung mit Andrea an einer in Fragmenten erhaltenen architekturtheoretischen Schrift, in der er sich mit Vitruv und Alberti auseinandersetzte. Es ging ihm darin auch um Kriterien zur Beurteilung von Architektur, und dabei rückte er den Gebrauchswert gegenüber konstruktiven und ästhetischen Kategorien in den Vordergrund. Die „usanza nuova", neue Zweckmäßigkeit, mag ein Thema der Gespräche unter den beiden gewesen sein. Trissino und Palladio reisten zur Besichtigung des Palazzo del Te von Giulio Romano nach Mantua sowie zur Betrachtung der Bauten Sanmichelis nach Verona und suchten dabei deren Architekten auf, die in Rom ausgebildet worden waren. Nach dem Erscheinen des ersten Bandes von Serlio, 1537, besuchten sie diesen mehrfach in Venedig. Romano, Sanmicheli und Serlio waren Palladio also gut bekannt. Palladio hatte während dieser Zeit bereits seine ersten Villen- und Palastaufträge auszuführen. Es ist anzunehmen, dass er auch die Villa dei Vescovi von Falconetto in Luvigliano, die Villa Soranza von Sanmicheli bei Castelfranco und die Villa Garzoni von Sansovino in Pontecasale – alle nicht weit von Vicenza und Padua entfernt – aufgesucht hat, die im Entstehen begriffen waren und Maßstäbe in diesem Arbeitsfeld setzten.

Andrea Palladio, Antikenzeichnungen in den „Quattro libri“, 1570: Pantheon, „Ornamente der Säulen und Pfeiler im Inneren“

Auch die Untersuchung von antiken Bauten in Norditalien war ein Thema für Trissino und Palladio. 1541, 1545 und 1546/47 folgten dann drei ausgedehnte Romreisen mit konzentriertem Antikenstudium, 1549 noch einmal eine kurze Fahrt nach Rom. Die erste Romreise machte Palladio mit Trissino, die zweite mit Trissino und Marco Thiene. Von der Reise 1546/47 ist bekannt, dass er Tivoli, Palestrina und Albon besuchte; dabei könnte also auch eine Besichtigung der Hadriansvilla in Tivoli stattgefunden haben. Bemerkenswert ist, dass Palladio 1550 Sirmione besucht hat; hier müssen ihn die sogenannten Grotten des Catull, die als Catulls Villa galten, interessiert haben.
Anders als den gelehrten Architekturbetrachtern, von Alberti bis hin zu Trissino, Cornaro und Barbaro, aber auch anders als den Malern, wie Serlio oder Peruzzi, oder den Bildhauern, wie Sansovino, erschlossen sich Palladio, dem Steinmetzen, die antiken Steinsetzungen und die Bauornamentik der Kapitelle und Gebälke im Detail. Dies charakterisiert die Zeichnungen Palladios und seine Architektur. Davon handelten später seine „Quattro libri". Dies mag aber auch seine Attraktivität als Gesprächspartner für Trissino und später Barbaro ausgemacht haben. Vor allem ist es kennzeichnend für Palladios Illustrationen zu Barbaros Vitruv-Kommentar 1556 und dann für seine eigenen „Quattro libri": Palladio konnte eben die exakte Wiedergabe eines Kapitells des Pantheons zeichnen.
Durch die Romreisen und seine Antikenstudien wurde Palladio zu einem Kenner der erhaltenen antiken Ruinen. Seine Reisen brachten ihn in Gesellschaft von Trissino nicht nur in Kontakt mit Architekten in der venezianischen Umgebung, darunter Serlio, Giulio Romano, Falconetto, Sanmicheli und Sansovino, sondern auch in der römischen Umgebung des Bramante. Zusammen mit Trissino schuf Palladio 1543 eine Festzugsdekoration für den neuen Vicentiner Bischof, Kardinal Ridolfi, die die Stadt Vicenza in das antike Rom verwandeln sollte. Als Trissino 1550 starb, hatte sich sein Schützling Palladio bereits mit seinem Auftrag für die Basilica in Vicenza als Architekt endgültig durchgesetzt. In der Gesellschaft von Trissino muss Palladio auch Gelehrte und kulturpolitisch engagierte Vertreter der venezianischen Aristokratie, darunter Alvise Cornaro und Daniele Barbaro, kennengelernt haben.
Die im Auftrage Alvise Cornaros (1484–1566) entstandenen, römisch ausgestatteten Architekturen des Falconetto hatte Palladio schon in Padua beobachten können. Cornaro hatte mit Falconetto seinen eigenen Architekten. Palladio muss ihn vor allem von Weitem gekannt haben als den Theoretiker und Propagandisten der Orientierung der Venezianer hin zur Landgewinnung und Landwirtschaft auf der Terraferma, dabei zugleich als den Wegbereiter der Villenkultur. Cornaro versammelte ähnlich wie Trissino in seiner Villa einen akademieähnlichen Diskussionszirkel, der Fragen der Villenkultur diskutierte.

Jacopo Tintoretto, Porträt von Alvise Cornaro, um 1560, Florenz, Palazzo Pitti

Paolo Veronese, Porträt von Daniele Barbaro, um 1565–1570, Amsterdam, Rijksmuseum

Beeindruckt und beeinflusst haben Palladio vor allem Cornaros architekturtheoretische Vorstellungen, die von dessen Distanz zu den zeitgenössischen Theoretikern zeugen. Diese sollten sich von idealisierten Stadtgründungen und historischen Bauaufgaben lösen und sich zeitgenössischen Bauaufgaben zuwenden. Cornaro hielt ästhetische Kriterien gegenüber der Nutzbarkeit und Bequemlichkeit für noch weniger wichtig als Trissino und richtete technische und wirtschaftliche Empfehlungen ganz auf den Wohnhausbau aus. Über die Vorstellungen von Trissino hinaus hat dies Palladios Behandlung des Hausbaus in seiner eigenen Schrift beeinflusst.[85]

Den Venezianer Daniele Barbaro (1513–1570) lernte Palladio zusammen mit dessen Bruder Marcantonio als Bauherrn einer bei ihm in Auftrag gegebenen Villa kennen, die er bis etwa 1558 in Maser ausführte. Aber wie im Falle von Trissino ist Barbaro nicht nur über den Villenbau, sondern vermutlich schon vorher auch über sein architekturtheoretisches Projekt eines Vitruv-Kommentars mit Palladio ins Gespräch gekommen. Barbaro selbst berichtete, dass er neun Jahre vor der Drucklegung 1556 mit den Vorarbeiten begonnen habe, also um 1547; um diese Zeit muss auch die Beratung mit Palladio eingesetzt haben.[86] Mit Barbaro und venezianischen Aristokraten unternahm Palladio 1554 eine Romreise, bei der er auch Pirro Ligorio, den ersten Ausgräber der Villa des Kaisers Hadrian und Entwerfer der Villa d'Este in Tivoli, näher kennenlernte.

Die Illustrationen zu den beiden Veröffentlichungen des Vitruv-Kommentars 1556 und 1567, die Palladio entworfen hat, zeugen von einer langen intensiven Auseinandersetzung der beiden über den Text Vitruvs.

Im Vitruv-Kommentar von Daniele Barbaro gibt es eine besonders authentische Charakterisierung des Andrea Palladio durch den Verfasser, Patriarchen von Aquileia,

berühmten Gelehrten und Auftraggeber der Villa Barbaro in Maser, die von so tief greifender Bedeutung ist, dass ihr ausführliches Zitat lohnt. Barbaro scheint darin bereits den Palladianismus zu prophezeien. Er stellt dar, dass er Palladios Zeichnungen als Abbildungen für seinen Kommentar benutzt habe, und nimmt diese Gelegenheit zu einer Charakterisierung des Architekten wahr. In der zweiten Ausgabe des Kommentars von 1567 heißt es:
„[...] ne i disegni delle figure importanti io ho usato l'opere di M. Andrea Palladio Vicentino Architetto, ilquale ha con incredibile profitto tra quanti io ho conosciuto di vista, & per fama, per giudicio d'huomini eccelenti, acquistato gran nome sì ne i sottilissimi, & vaghi disegni delle piante, de gli alzati, & de i profili, come nello eseguire, & fare molti & superbi edificij, s'nella patria sua, come altrove & publici, & privatei, che contendono con gli antichi, danno lume a moderni, & daranno meraviglia a quelli che verranno. Et quanto appartiene a Vitr. l'artificio de i Theatri, de i Tempij, delle Basiliche, & di quelle cose, che hanno piu belle, & piu secrete ragioni di compartimenti, tutte sono state da quello, con prontezza d'animo, & di mano esplicate, & seco consigliate, come quello che di tutta Italia ha scielto le piu belle maniere de gli antichi, & misurate tutte l'opere, che si trovano",[87] für die Zeichnungen der bedeutenderen Abbildungen habe ich die Werke des Vicentiner Architekten, Herrn Andrea Palladio, benutzt. Dieser hat sich mit unglaublichem Erfolg unter den vielen, die ich persönlich kennengelernt habe oder dem Rufe nach oder durch das Urteil außerordentlicher Männer, einen großen Namen erworben sowohl durch seine feinen und lieblichen Zeichnungen von Plänen, von Aufrissen und von Profilen als auch durch das Ausführen und Realisieren von vielen und superben Gebäuden, in seiner Heimat wie anderswo, nicht nur öffentliche, sondern auch private, die wetteifern mit den antiken, die Licht werfen auf die modernen, die Verwunderung erregen werden bei denen, die da kommen werden. Und jene Dinge, die bei Vitruv vorhanden sind: die Künstlichkeit der Theater, der Tempel, der Basiliken und die schönere und verborgene Verhältnisse der Aufteilung haben, wurden alle von ihm mit der Genauigkeit des Geistes und der Hand dargestellt, wie von einem, der die schönsten Manieren der Antiken in ganz Italien ausgewählt und sämtliche Werke vermessen hat, die sich hier befinden.
Die Romreise löste auch Palladios erste Publikation aus. Er griff die Praxis Albertis auf, der architekturtheoretisch mit einer Publikation „Descriptio urbis Romae", Beschreibung der Stadt Rom, begonnen hatte, und publizierte in Venedig 1554 einen eigenen Führer mit einer Beschreibung des antiken Roms, die er mit Worten aus dem Titel von Serlios erstem Band „L'antichità di Roma", die Antiken von Rom, betitelte. Damit hatte sich der Steinmetz in der gelehrten Veröffentlichungspraxis

bedeutender Vorbilder bewährt. Nun also reihte sich auch Palladio unter die gelehrten Schriftsteller ein, die römische Antiken behandelten. Seine Diskussionsbeiträge zur praktischen Interpretation von Vitruv und seine Illustrationen haben im Übrigen wesentlich dazu beigetragen, dass Barbaros Vitruv-Kommentar zum vollkommensten seiner Art geworden ist. Nach diesen Publikationsarbeiten war Palladio reif für sein eigenes theoretisches Werk.

Palladios Durchsetzung in Vicenza

Andrea Palladios erste Arbeiten sind die, an denen er sich im Rahmen der Pedemuro-Werkstatt in den 1530er Jahren als Steinmetzhandwerker beteiligt hat. Dazu gehören zum Beispiel ein Kirchen- und ein Palazzo-Portal, ein Grabmal oder der Hochaltar im Vicentiner Dom. Der Umbau der Villa Trissino in Cricoli wurde dann seine erste Architektenarbeit.[88]

Um 1540 führte er aber bereits eine kleine Reihe von eigenen Aufträgen für Villen und Palazzi vor allem für den Vicentiner Adel aus, auch das anfangs noch als Mitarbeiter der Pedemuro-Werkstatt. Dies waren immerhin die Villen Godi, Piovene, Valmarana, Forni, Gazzotti, Pisani in Bagnolo, Thiene in Quinto, Contarini, Saraceno und Caldogno, sowie die Palazzi Civena, da Monte und Thiene, durchaus bemerkenswerte Erfolge des 30- bis 40-Jährigen.

Aber erst 1546 bis 1549 konnte er sich endgültig mit seinem Projekt der Loggien des Palazzo della Ragione, der sogenannten Basilica, in Vicenza durchsetzen, nun aber auch in beinahe spektakulärer Weise gegenüber den Projekten vieler anderer großer Architekten des Veneto.[89]

Der Anlass für dieses Bauprojekt entstand bereits 1444 durch einen Beschluss, der die Rettung und architektonische Zusammenbindung zweier benachbarter öffentlicher Gebäude, des „Palatium Vetus“ und des „Palatium Communis“ vorsah. Nach Einsturz des „Palatium Vetus“ wurde dieses 1458–1460 von Domenico da Venezia neu erbaut und erhielt dabei über dem großen Saal das kielbogenförmige Dach, in Anlehnung an den Palazzo della Ragione in Padua und den Dogenpalast in Venedig. Die Form dieses Daches ist noch heute charakteristisch für das gesamte Bauwerk. In den Jahren 1481–1494 wurden die beiden Bauten mit einer Ummantelung nach Entwurf von Tommaso Formenton (um 1440–1492) versehen, die – wie in Padua – zwei Loggienreihen mit Spitzbogen übereinander vorsah. Diese Ummantelung stürzte jedoch mit Säulen und Gewölben 1496 an einer Schmalseite in sich zusammen. Die Suche nach einer neuen Ummantelungslösung nahm ein halbes Jahrhundert in Anspruch.

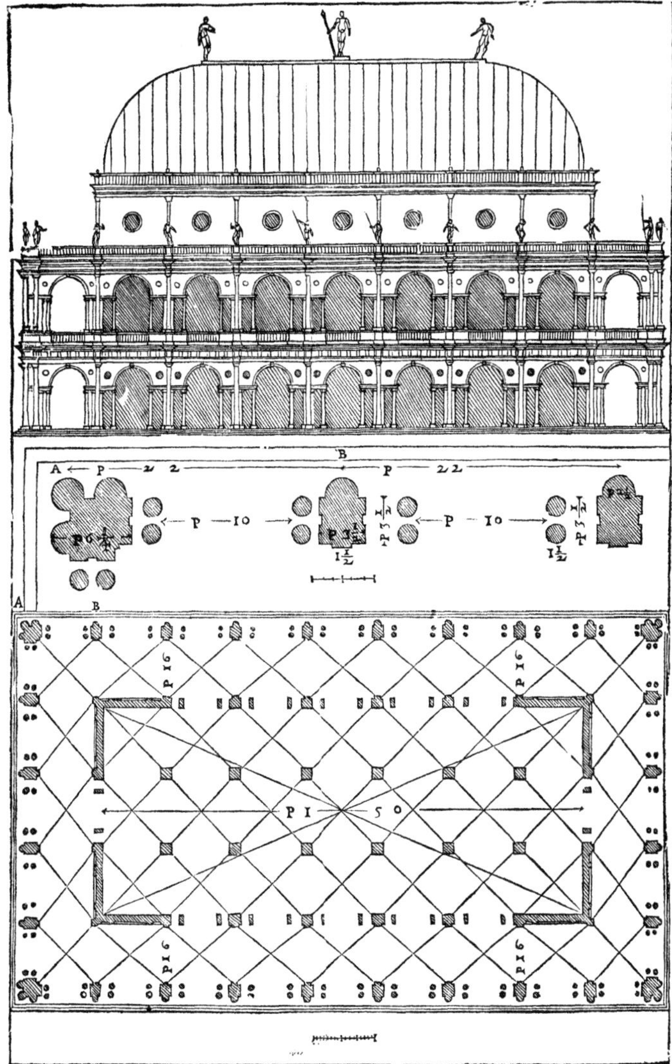

Andrea Palladio, Darstellung des Palazzo della Ragione in Vicenza, der sogenannten Basilica, in den „Quattro libri", 1570

Andrea Palladio,
die Basilica in Vicenza,
Teilstück, eine Serliana

Der erste Gutachter, der Frührenaissance-Architekt Antonio Rizzo, empfahl gleich nach dem Einsturz Abriss und Neubau der Ummantelung. Er lieferte auch ein Holzmodell für den Neubau. Für dessen Ausführung in abgeänderter Form wurde dann aber Giorgio Spavento vorgesehen. Doch die kriegerischen Auseinandersetzungen mit der Liga von Cambrai führten zur Einstellung aller Arbeiten bis zum Jahr 1525. Nun wurde erneut ein venezianischer Baumeister der Frührenaissance, Antonio Scarpagnino, der den Fondaco dei Tedeschi erbaut hatte, herangezogen, dessen Tätigkeit sich bis 1532 verzögerte. Darauf sollte der neue venezianische Protomaestro Jacopo Sansovino selbst beigezogen werden, der 1538 erschien und lediglich Ratschläge gab, damit jedoch Rizzos Plan endgültig zu Fall brachte; das Modell war ohnehin 1508 bei einem Brand zerstört worden. 1539 war Sebastiano Serlio in Vicenza und wurde „pro faciendo unum designum seu modellum“, für die Ausführung einer Zeichnung oder eines Modells, bezahlt. Dieses befriedigte offenbar wenig, denn nach Ratsbeschlüssen von 1541 war die Situation wieder offen. Nacheinander wurden nun 1541 und 1542 Sanmicheli, der ein Modell lieferte, und 1542 Giulio Romano nach Vicenza geholt. Die Vorschläge von Serlio, Sanmicheli und Giulio Romano sind verloren gegangen. Von Serlio weiß man aber, dass er Loggien über Loggien vorsah, und von Romano, dass er angeblich zu dem ursprünglichen Spitzbogen-Entwurf von Formenton zurückwollte. Die neuen Entwürfe wurden vom Rat einer nach dem anderen verworfen.

Am 6. März 1546 hatte sich der Rat dann mit einem „designum sibi novissime presentatum per magistrum Joannem et Andream Paladium Vicentinos“, einem von den Vicentinern Johannes und Andrea Palladio neu präsentierten Entwurf, zu befassen; der Name des Meisters der Pedemuro-Werkstatt Giovanni erschien hier noch zusammen mit dem des Andrea, der seinerseits bereits mit seinem neuen Künstlernamen tituliert wurde. Nach 1547 war nur noch von Palladio die Rede. Unter den Ratsmitgliedern, die dem Entwurf schließlich zustimmten, tauchten auch die Namen Godi und Chiericati auf, beide Auftraggeber Palladios. Nachdem das originalgroße Teilstück einer „Serliana“ des Entwurfes, ein von zwei rechteckigen Öffnungen flankierter Rundbogen, aus Holz angefertigt worden war und weitere Diskussionen stattgefunden hatten, erhielt Palladios Entwurf dann 1549 den Zuschlag mit 99 zu 17 Stimmen. Das bedeutete nicht nur, dass dieser nun ausgeführt wurde, sondern auch, dass die Mehrheit der Vicentiner Aristokratie, vorher und nachher Palladios Auftraggeberschaft, ihm einen überzeugenden Vertrauensbeweis ausgestellt hatte. Palladio wurde Hauptarchitekt und führte nun vor den Augen der Vicentiner Öffentlichkeit das große zentrale Bauprojekt der Stadt aus, dessen Fertigstellung sich allerdings noch 65 Jahre hinzog. Palladio hatte durch dieses Projekt von nun an auch regelmäßige Einkünfte.

Palladio, der das Motiv der Serliana schon in seinen früheren Bauten ein paar Mal verwendet hatte, setzte dieses, nun auch Palladio-Motiv genannt, als Leitmotiv für die zweistöckige Loggia ein, die den Kernbau umgibt, der mit seinem charakteristischen Kielbogendach das Ganze überragt. Es war also nicht grundlos, dass der Rat zur Prüfung des Entwurfes ausgerechnet eine solche Serliana originalgroß in Holz errichten ließ, um deren Wirkung zu prüfen. Das Architekturdetail wurde zu dieser Zeit offenbar eine Art vicentinisches Motiv, das vorher und nachher in Villenarchitekturen auftauchte.

Palladio selbst beurteilte den Bau 1570 in den „Quattro libri“: „Ich habe keinen Zweifel, dass man diesen Bau antiken vergleichen und zu den bedeutendsten und schönsten Bauten zählen kann, die seit der Antike errichtet wurden, und das wegen seiner Großartigkeit (grandezza) und seines Schmuckes (ornamenti) und auch wegen des Materials, denn er besteht ganz aus härtestem Sandstein.“[90] Im Übrigen vertraute er in den „Quattro libri“ ganz auf sorgfältige Zeichnungen der neuen Basilica.

„Es entstand ein Bauwerk von absoluter Originalität, das neue Maßstäbe setzte und für die städtebauliche Erneuerung die größte Anziehungskraft übernahm“, hat Lionello Puppi den Bau bewertet.[91]

Palladios ausgeführtes Werk

Während sich Palladio als Steinmetz in der Pedemuro-Werkstatt und kurze Zeit danach noch mit besonderem Steinschneidewerk, etwa von Grabmälern und Altären, befasste, konzentrierte er sich später als Architekt immer mehr auf die Planung und Ausführung von Bauwerken. Die Ummantelung des Palazzo della Ragione wurde ein Projekt besonderer Art. Seine weiteren Bauten waren in erster Linie Villen in einem größeren Umkreis um Vicenza herum, dann Palazzi in Vicenza und später auch Kirchenbauten in Venedig. Daneben betrieb er seine Antikenstudien, beschäftigte sich gemeinsam mit Daniele Barbaro mit der Vitruv-Interpretation und arbeitete an seinen eigenen theoretischen Werken.[92]

Betrachtet man Palladios Entwürfe, ausgeführte Bauten und Gutachten im Einzelnen nach Bauaufgaben, so treten die Villen mit etwa 40 Projekten in der Tat weit in den Vordergrund; diese Bauaufgabe hat ihn von den 1530er Jahren bis in die 1570er Jahre kontinuierlich beschäftigt.[93] Mit einigem Abstand folgen Palazzi mit etwa 25 Projekten; auch dafür hatte er von den 1540er Jahren bis in die 1570er Jahre Aufträge auszuführen.

Daneben spielen die Beteiligung am Entwurf und der Ausführung von etwa acht Brückenbauten von den 1540er Jahren bis in die 1570er Jahre eine bemerkenswerte

Rolle. Aufträge für Kirchen- oder Klosterbauten und Kirchenfassaden in größerem Umfang, für Entwürfe oder Gutachten zu Sakralbauten erhielt Palladio dagegen in geringerer Zahl, erst seit den 1550er Jahren und zunehmend in den beiden letzten Lebensjahrzehnten. Auch zur Konzeption von öffentlichen Palästen außerhalb Vicenzas wurde er in den letzten beiden Lebensjahrzehnten in mehreren Fällen herangezogen. Wie in seiner Zeit in der Pedemuro-Werkstatt hat er gelegentlich auch später einige kleinere Arbeiten für Altäre oder Grabmäler ausgeführt.

Palladio erweist sich bei solcher Betrachtung nach Bauaufgaben unter den Zeitgenossen wie unter den Vorgängern und Nachfolgern als der herausragende Architekt von Villenbauten und etwas weniger ausdrücklich von Palastbauten der Renaissance. Lange waren die Auftraggeber Angehörige der Aristokratie in Vicenza und der näheren Umgebung, bei denen Palladio durch Trissino eingeführt worden war. Villenbauten wurden die ersten Bauwerke in den 1530er Jahren, zu denen Palladio Aufträge erhielt, und bis zum Ende seines Lebens wurde er von dieser Bauherrengruppe immer wieder damit beschäftigt. Auch die Palastaufträge kamen seit den 1540er Jahren von Vicentinern für Standorte in Vicenza. Mit der Ausführung der Ummantelung des Palazzo della Ragione, mit Villen- und Palastbauten war er bis in die 1550er Jahre ausschließlich in Vicenza und Umgebung beschäftigt, ein regionaler Architekt. Nicht ohne Grund war und blieb er Baumeister von Vicenza zur Ausführung der Basilica.

Die ersten Aufträge von Venezianern kamen von denen, die Funktionen in Vicenza oder enge Kontakte zu Vicentinern hatten: die Auftraggeber der Villa Pisani, um 1540, ebenso wie diejenigen der Villa Contarini, um1546, und einer weiteren Villa Pisani, um 1552, gehörten venezianischen Familien an, deren Vertreter in Vicenza die Funktion des Bürgermeisters ausgeübt hatten oder noch ausübten.

Erst nach 1550, gleichzeitig mit der Bekanntschaft zu dem Venezianer Daniele Barbaro, gab es dann auch Aufträge von anderen Venezianern und in Venedig, sodass sich Palladio nun öfter dort aufhielt. Auch dabei stand dann die Villenbauaufgabe im Vordergrund: für die Villen Pisani in Montagnana, Cornaro, Zeno, Barbaro, Badoer, Emo, Foscari, Mocenigo sopra la Brenta und Mocenigo in Marocco waren die Auftraggeber Venezianer. Gelegentlich, für die Villen der Familie Sarego, nach 1562, kamen auch einmal Villenaufträge aus Verona.

Bei den Palastaufträgen überwogen die Vicentiner aber immer weiter. Einen einzigen, nicht ausgeführten Palazzo-Auftrag aus Venedig erwähnt Palladio selbst. Daneben gab es einen für Udine und einen für Verona. Diese Paläste außerhalb Vicenzas nennt Palladio in seinen „Quattro libri“ ausdrücklich neben einer Auswahl der Vicentiner Paläste.

Auch die Brückenbauten, an denen Palladio beteiligt wurde, waren Aufträge aus der Umgebung von Vicenza.
Die Bewerbung Palladios beim Ufficio del Sal in Venedig für das Amt des Hauptarchitekten, Protomaestro, im Jahre 1554, zu der ihn wohl die Brüder Barbaro veranlasst und bei der sie ihn sicher auch unterstützt haben, blieb vergeblich. Eine offizielle baumeisterliche Funktion in Venedig hat Palladio nie erreicht.
Bemerkenswert, wenn auch nicht reich an Zahl wurden dann aber Palladios Kirchen- und Klosterbauten in Venedig. Dabei spielte oft die Befürwortung durch Marcantonio Barbaro als Mitglied in Gremien eine Rolle. Geläufig unter diesen Bauten sind die Fassaden von San Pietro di Castello und San Francesco della Vigna, der Convento della Carità, der Kirchen- und Klosterbau von San Giorgio Maggiore, die Kirche Il Redentore, auch eine Mitwirkung an der Kirche delle Zitelle, sowie sein Tempietto Barbaro bei der Villa in Maser. Aber Palladio hat auch in Vicenza in verschiedener Weise am Dom, an der Wallfahrtskirche auf dem Monte Berico sowie an Santa Maria Nova gearbeitet. Beiträge hat er außerdem für Santa Lucia, Santa Maria della Celentia in Venedig geleistet sowie zum Dom von Bergamo, zum Dom von Montagnana, zum Dom von Brescia, zum Dom von Belluno sowie zur Fassade von San Petronio in Bologna. Dabei zeigt sich, dass ab den 1560er Jahren sein dann auch durch Vasaris Vite von 1568 geförderter überregionaler Ruf zu solchen Einladungen beitrug. 1572 wurde Palladio sogar ausdrücklich als einer der führenden Architekten Italiens zur Begutachtung des Mailänder Domprojektes gebeten, zusammen mit Vignola, Vasari und Giovanni Battista Bertani (1516–1576), dem Nachfolger Giulio Romanos in Mantua.
Auch die Einladungen zu Beiträgen für öffentliche Bauten in anderen norditalienischen Städten zeigen, dass sich der Ruf Palladios seit den 1560er Jahren verbreitet hatte. Dazu gehören Arbeiten für den Palazzo Municipale in Brescia, den Palazzo Pretorio in Cividale und den Palazzo Communale in Udine.
In Venedig ist Palladio zu Arbeiten am Dogenpalast herangezogen worden. Dort wurde er außerdem an der Scuola Grande della Misericordia und der Scuola dei Mercanti beteiligt. 1574 erhielt er sogar den Auftrag für die Dekorationsbauten zum Einzug des französischen Königs Heinrich III.
1566 wurde Palladio in die mediceische Accademia del disegno in Florenz aufgenommen. Das kann nicht ohne Mitwirkung des Kulturpolitikers der Medici, Giorgio Vasari, geschehen sein, vielmehr wird es wohl auf dessen Anregung zurückgehen. Im gleichen Jahr machte Vasari einen Besuch in Venedig, lernte dabei Palladio und einige Bauten von ihm kennen und erhielt von ihm eine erste Handschrift zu seinen „Quattro libri", nach der Vasari dann 1568 Palladio und dessen Villenbauten in seinen Künstlerviten berücksichtigte.

Schon 1568 hatte Palladio eine Einladung an den Kaiserhof in Wien erhalten, musste diese wegen Arbeitsüberlastung aber ausschlagen. Auch an den Königshöfen in Frankreich, Spanien und England fand Palladio danach Beachtung.

Anders als Jacopo Sansovino und Michele Sanmicheli erreichte Palladio dagegen nie hohe architektonische Ämter. Er errang seine Bedeutung und seinen Ruf als einflussreichster Architekt der westlichen Welt vielmehr dadurch, dass seine Bauten in ihrer Gesamtanlage und in Details – dargestellt in seinen „Quattro libri“ – Vorbilder wurden für das, was überall in der Welt „Palladianismus“ genannt wird: die Vorbildlichkeit für spätere Phasen der Architekturgeschichte und für die „Kultur“-Bauaufgaben „Theater“, „Museum“ und „Bibliothek“ des 19. und 20. Jahrhunderts.

Diese Vorbildlichkeit entstand – wohl zunächst unbemerkt – schon zu Palladios Lebzeiten. Anfangs waren es Bauunternehmer und Bauhandwerker, die mit ihm zusammengearbeitet hatten, denen Aufträge anvertraut wurden: Schon ein Herrenhaustyp der 1540er Jahre – übergiebelter Mittelrisalit mit drei Rundbogen – wurde von anderen nachgebaut. Für den Villenbau wurden dann aber Charakteristika der vollendeten Villen seiner Spätzeit, die er in seinen „Quattro libri“ veröffentlichte, noch vor seinem Tode unter Auftraggebern als vorbildlich nachgefragt und von Mitarbeitern und Nachfolgern übernommen. Die Villa Pisani, genannt „La Rocca“, in Auftrag gegeben von der venezianischen Familie Pisani, die sich von Palladio selbst Villen hatte bauen lassen, und von Vincenzo Scamozzi ausgeführt, folgte bereits 1576 dem Schema von Palladio-Villen – das erste große Beispiel für einen regionalen Palladianismus noch zu Palladios Lebenszeit. Später wurde die Villa Molino, 1597, ebenfalls von Scamozzi entsprechend den Vorstellungen Palladios ausgeführt. Danach nahm die Vorbildlichkeit palladianischer Bauten ihren Lauf: Kennzeichnend für die Entwicklung innerhalb des Veneto ist die Behandlung von Palladio-Bauten durch die palladianistischen Architekten und Schriftsteller Muttoni um 1740, Bertotti Scamozzi um 1780 und Magrini 1845. Im Veneto wurde sie niemals unterbrochen und hatte ihren Höhepunkt in den von Goethe bewunderten Darstellungen der Palladio-Bauten durch Ottavio Bertotti Scamozzi in vier Bänden, 1776–1783.

Aber die Vorbildlichkeit des Palladianismus wirkte sich schon bald nach 1600 über Norditalien hinaus auf einzelne ausländische italienreisende Architekten aus. Vor allem erreichte sie im 17. Jahrhundert England, die Niederlande und Frankreich und breitete sich seit dem späten 18. Jahrhundert in ganz Europa aus. Im revolutionären Frankreich kam ihr besondere Bedeutung als „republikanische“ Baukunst zu. In Nordamerika waren erst die Landbesitzervillen, dann die „republikanischen“ Staatsbauten davon bestimmt. Auch in Deutschland und Dänemark entstanden palladianistische Villenbauten für bürgerliche Auftraggeber. Schließlich wurden

Palladio-Bauten Vorbild für die neuen „Kultur"-Bauaufgaben „Theater", „Museum" und „Bibliothek".

Villen und Paläste im Veneto überwogen in Palladios Werk. Und auch er selbst hat sich in erster Linie als einen Architekten für Villen und Paläste gesehen und dargestellt. Für seine „Quattro libri" von 1570 sind vor allem die Angaben über Villen und Paläste charakteristisch. Für den „Palladianismus" wurden diese zu den bestimmenden Vorbildern.

Die „Quattro libri"

Nach dem Vitruv-Kommentar des Daniele Barbaro von 1556, zu dem Palladio die Abbildungen geliefert hatte, konnte Palladio selbstbewusst darangehen, einen theoretischen Traktat zu planen. Er war als zehnbändiges Werk vorgesehen, von dem aber 1570 nur vier Bücher, „Quattro libri", publiziert worden sind, die deshalb ein Fragment darstellen. Palladio erschien damit in der Reihe der Verfasser von Architekturtraktaten, die in der Antike mit Vitruv anfing, dann in der Renaissance mit Alberti, Serlio, Vignola und – nach Palladio – Scamozzi, als Verfassern gedruckter Werke, eine Fortsetzung fand. Der Steinmetz hatte sich nicht nur zum Architekten, sondern auch zum Architekturtheoretiker entwickelt.

Lionello Puppi nimmt an, dass die Arbeit an seinem Traktat Palladio schon seit den 1550er Jahren beschäftigt hat. 1555 heißt es, dass Palladio „molte e bellissime cose pertimenti a tutte le sorte di edifici", viele und sehr schöne Dinge im Zusammenhang mit allen Arten von Gebäuden, geschrieben und gezeichnet habe. 1556 merkte Barbaro im Vitruv-Kommentar an, dass demnächst ein von Palladio verfasstes Buch über Privathäuser erscheinen werde.

Die Vorarbeiten zu den späteren „Quattro libri" haben offenbar in den 1560er Jahren zu Manuskripten geführt, die auch anderen zur Verfügung standen. Nachdem Palladio 1566 in die Florentiner Accademia del disegno aufgenommen worden war, sicherlich nach Befürwortung durch Giorgio Vasari, lernten beide sich näher bei Vasaris Besuch 1566 in Venedig kennen. Spätestens dabei erhielt Vasari auch Kenntnis von Vorarbeiten Palladios für seinen Traktat. Diese Vorarbeiten wurden die Grundlage für Vasaris biografische Bemerkungen zu Palladio und über seine Bauten, darunter die Villen.

Die Palladio-Forschung hat sich seit Langem intensiv mit den schriftlichen und zeichnerischen Relikten der Vorbereitung Palladios vor dem Druck der „Quattro libri" beschäftigt, um ihnen ihre Geheimnisse zu entreißen. Dabei spielt besonders ein kleiner Codex in der Biblioteca Correr in Venedig, der sogenannte Codex Cicogna, eine lückenhafte Vorbereitungsschrift, eine Rolle. Klar ist dabei geworden, dass Palladio in den letzten Jahren vor dem Druck mehrere seiner Söhne als Schreiber und korrigierende Lektoren seiner Texte eingesetzt hat, während er selbst sich auf die zusätzlichen Zeichnungen konzentrierte. Aber Lionello Puppi, der die Forschungsergebnisse sehr ausführlich resümiert, kommt danach zu der resignierten Schlussfolgerung: „Damit stellt sich die Frage nach der äußeren Geschichte des Codex Cicogna und der RIBA-Fragmente (Fragmente in London, RIBA Library Drawings and Archives Collections), die sich unserer Ansicht nach in ihren verschiedenen Etappen nicht mehr rekonstruieren lässt.“[94]

Wahrscheinlich bleibt, dass Palladio seine Anstrengungen zur Publikation der „Quattro libri“ noch im Jahre 1570 deshalb forcierte, weil mit dem baldigen Tod des großen Protomaestro der venezianischen Architektur, Jacopo Sansovino, zu rechnen war und Palladio versuchen wollte, dessen Nachfolge zu erreichen. In der Tat starb Sansovino im November 1570.

Der Verlag de Franceschi, der den Palladio-Traktat verlegen wollte, erhielt im April 1570 die Druckerlaubnis. Nachdem er erst in geringer Auflage zwei separate Bände herausgebracht hatte: „Due primi libri dell'architettura“ mit Widmung an Giacomo Angarano und „Due primi libri dell'antichità“, gewidmet Emanuele Filiberto von Savoyen, fügte er diese im gleichen Jahr mit neuer Titelseite zu den „Quattro libri dell'architettura“ zusammen und gab sie als einen Band heraus, ohne dass die Widmungen geändert wurden; auch das Datum des 1. November 1570 unter der Widmung an Angarano blieb bestehen. Das alles lässt auf schnelle Entscheidungen während des Druckvorgangs schließen.

Die Hoffnung auf eine Nachfolge des Protomaestro Sansovino erfüllte sich nach 1570 für Palladio nicht. Vor und nach dem Erscheinen der „Quattro libri“ erschütterte Palladio familiäres Unglück: Im Jahre 1569 war sein Sohn Leonida in einen Mordfall verwickelt, wurde aber später von einer Verurteilung freigesprochen. 1571 ermittelte das Sant'Ufficio in Venedig gegen seinen Sohn Orazio: Dieser wurde nach einer Hausdurchsuchung allerdings freigelassen. Im Januar 1572 kam sein Sohn Leonida in Venedig zu Tode, im März 1572 darauf auch sein Sohn Orazio. Im gleichen Jahr erkrankte Palladios Ehefrau Allegradonna „an einem Fieber“. In dieser Zeit hatte Palladio in Venedig neue Kirchenbauaufträge zu bewältigen und erhielt auch aus Bologna einen Auftrag für die Fassade von S. Petronio. Puppi führt das zu dem Schluss, dass dadurch der „Ehrgeiz, das theoretische Projekt zum Abschluss zu bringen, gebremst und zum Stillstand gebracht“ worden sein muss. Trotz fortgeschrittener Vorarbeiten dazu wurden bis zu Palladios Tod weitere Publikationen als Fortsetzung der „Quattro libri“ nicht mehr unternommen.[95]

Palladios Villen

Die „Quattro libri" über die Lage einer Villa

In den gedruckten vier Büchern, dem realisierten Fragment seines architekturtheoretischen Gesamtprojektes, ging Palladio unter den eigenen Bauten gewidmeten Absätzen am ausführlichsten auf die Bauaufgabe der Villa ein. Er legte dafür im zweiten Buch zusammenfassende Texte und Beschreibungen ausgewählter Beispiele vor. Die zusammenfassenden Texte erhielten den Charakter allgemeiner Vorsätze – im Interesse der Bauherren – für den Villenbau, die Palladio für sich, für seine Kollegen, für die Bauherren und für Architekturinteressierte formulierte. Seine Vorgänger und Vorbilder dafür waren Vitruv und Alberti.[96]

Im zweiten Buch, „das den Entwurf vieler von ihm geleiteter Bauwerke in und außerhalb der Stadt enthält", widmete Palladio der zusammenfassenden Einführung die Kapitel XII „Vom Platz, den man für den Bau einer Villa wählen soll" und XIII „Von der Anlage einer Villa". Dann folgen die Kapitel XIV „Von den Entwürfen der Villen einiger venezianischer Edelleute" und XV „Über Entwürfe von Villenanlagen für einige Edelleute von der Terraferma". Dies sind Auswahlen von Villen, unter denen die für venezianische Aristokraten voranstehen. Ein Kapitel „Von der Villa der Alten" (XVI) folgt erst danach.

Im Kapitel XII verwies Palladio noch einmal auf die in den Kapiteln I bis XI schon behandelten Stadthäuser, in denen „der Edelmann", der für ihn der Bauherr war, in all der Zeit wohnen muss, „die er für die Verwaltung des Staates und für das Regeln der eigenen Angelegenheiten braucht". Dann ging er allgemein auf die überhöhte Darstellung der Bedeutung der Villa ein, die aus der Antike hergeleitet wird: „Doch wird er [der Edelmann] vielleicht nicht weniger Nutzen und Vergnügen finden in der Villa, wo man die verbleibende Zeit damit verbringen wird, seine Besitztümer zu betrachten und zu schmücken und mit landwirtschaftlichem Fleiß und Können das Vermögen zu mehren. Dort wird auch der Körper durch die Übung, die man in der Villa zu Fuß und zu Pferde zu haben pflegt, eher gesund und kräftig bleiben, und schließlich wird auch der Geist, der Aufregungen in der Stadt überdrüssig, viel Erholung und Vergnügen erfahren und sich ruhig dem Studium der Literatur und der Kontemplation hingeben können. Wie aus diesem Grund die Weisen der Alten sich an ähnliche Orte zurückzuziehen pflegten, wo sie, in der Gesellschaft tugendhafter Freunde und Verwandter in ihren Häusern und Gärten an Quellen und ähnlichen freundlichen Plätzen, vor allem aber mit den ihnen eigenen Tugenden leicht jenes glückselige Leben führen konnten, soweit man das hienieden erreichen kann."

166 ZWEITES BUCH

DEL SITO DA ELEGGERSI PER LE FABRICHE di Villa. Cap. XII.

LE CASE della Città ſono ueramente al Gentil'huomo di molto ſplendore, e commodità, hauendo in eſſe ad habitare tutto quel tempo, che li biſognerà per la amminiſtratione della Republica, e gouerno delle coſe proprie: Ma non minore vtilità, e conſolatione cauerà forſe dalle caſe di Villa, doue il reſto del tempo ſi paſſerà in uedere, & ornare le ſue poſſeſsioni, e con induſtria, & arte dell'Agricoltura accreſcer le facultà, doue ancho per l'eſercitio, che nella Villa ſi ſuol fare à piedi, & à cauallo, il corpo più ageuolmente conſeruerà la ſua ſanità, e robuſtezza, e doue finalmente l'animo ſtanco delle agitationi della Città, prenderà molto riſtauro, e conſolatione, e quietamente potrà attendere à gli ſtudij delle lettere, & alla contemplatione; come per queſto gli antichi Saui ſoleuano ſpeſſe uolte vſare di ritirarſi in ſimili luoghi, oue uiſitati da' vertuoſi amici, e parenti loro, hauendo caſe, giardini, fontane, e ſimili luoghi ſollazzeuoli, e ſopra tutto la lor Vertù; poteuano facilmente conſeguir quella beata uita, che quà giù ſi può ottenere. Per tanto hauendo con l'aiuto del Signore Dio eſpedito di trattare delle caſe della Città; giuſta coſa è che paſsiamo a quelle di Villa: nelle quali principalmente conſiſte, il negotio famigliare, e priuato. Ma auanti che à' diſegni di quelle ſi uenga; parmi molto à propoſito ragionare del ſito, ò luogo da eleggerſi per eſſe fabriche, e del compartimento di quelle: percioche non eſſendo noi (come nelle Città ſuole auenire) da i muri publici, ò de' uicini fra certi, e determinati confini rinchiuſi, è officio di ſaggio Architetto con ogni ſollicitudine, & opera inueſtigare, e ricercare luogo commodo, e ſano, ſtandoſi in Villa per lo più nel tempo della Eſtate: nel quale ancora ne i luoghi molto ſani i corpi noſtri per il caldo s'indeboliſcono, & ammalano. Primieramente adunque eleggeraſsi luogo quanto ſia poſsibile commodo al le poſſeſsioni, e nel mezo di quelle: accioche il padrone ſenza molta fatica poſſa ſcoprire, e migliorare i ſuoi luoghi d'intorno, e i frutti di quelli poſſano acconciamente alla caſa dominicale eſſer dal lauoratore portati. Se ſi potrà fabricare ſopra il fiume; ſarà coſa molto commoda, e bella: percioche e le entrate con poca ſpeſa in ogni tempo ſi potranno nella Città condurre con le barche, e ſeruirà a gli uſi della caſa, e de gli animali, oltra che apporterà molto freſco la Eſtate, e farà belliſsima uiſta, e con grandiſsima utilità, & ornamento ſi potranno adacquare le poſſeſsioni, i Giardini, e i Bruoli, che ſono l'anima, e diporto della Villa. Ma non ſi potendo hauer fiumi nauigabili; ſi cercherà di fabricare appreſſo altre acque correnti, allontanandoſi ſopra tutto dalle acque morte, e che non corrono:

Andrea Palladio, Textseite über den Standort einer Villa in den „Quattro libri", 1570

Weniger überhöht wurden die wünschenswerte Lage im Verhältnis zu den Besitzungen und die zu berücksichtigenden Funktionen dargestellt: „Doch, ehe wir zu deren Entwurf kommen, scheint es mir sehr angeraten, über die Wahl von Lage oder Ort für diese Bauten und deren Einteilung nachzudenken, denn weil wir hier nicht [...] von öffentlichen oder den Mauern der Nachbarn in bestimmte Grenzen verwiesen sind, ist es Aufgabe des umsichtigen Architekten, mit allem Eifer und aller Mühe einen gemäßen und gesunden Platz zu suchen und zu untersuchen. Denn in der Villa verweilt man zumeist in der Sommerzeit, in der man sogar an sehr gesunden Plätzen durch die Hitze körperlich geschwächt und krank wird. Vor allem wird man also einen Ort aussuchen, der sich günstig zu den Besitztümern fügt und mitten in ihnen liegt, damit der Grundherr ohne große Mühe sein Gelände ringsum freilegen und kultivieren und ein Arbeiter die Früchte mühelos zum Herrenhaus bringen kann."

Zunächst behandelte Palladio die den Venezianern gewohnte und wichtige Lage am Wasser und ging dabei ausführlich auf den Gesichtspunkt der Gesundheit des Wassers ein. Zur Lage am Fluss: „Wenn es möglich ist, an einem Fluss zu bauen, wird das sehr zweckdienlich sein und die Annehmlichkeit fördern, denn man wird so Erträge mit geringen Kosten auf Kähnen in die Stadt bringen. Auch Haus und Tier werden davon ihren Nutzen haben. Zudem wird der Fluss im Sommer Frische bringen, und er wird einen schönen Anblick bieten. Zu großem Nutzen und Schmuck auch wird man die Anlagen bewässern können, die Zier- und Küchengärten, die die Seele und Erquickung der Villa sind." Dann behandelte Palladio die Lage an anderen Gewässern und deren Gefahren: „Doch wenn da kein schiffbarer Fluss ist, wird man nahebei anderes fließendes Wasser einzurichten suchen und sich dabei vor allem von totem und stehendem Gewässer fernhalten, weil sie schlechte Luft verursachen. Das werden wir leicht vermeiden, wenn wir an einem höher gelegenen und freundlichen Platz bauen, wo steter Wind die Luft bewegt und wo das abschüssige Terrain den Boden von feuchten und üblen Dämpfen reinigt. So werden die Bewohner gesund und heiter bleiben und ihre gute Farbe bewahren. Auch werden Mücken und anderes kleines Getier, das in verschmutztem toten und sumpfigen Gewässer entsteht, nicht lästig werden." Die Qualität des Wassers war in Venedig und im Veneto auch in anderer Hinsicht von Bedeutung: „Weil das Wasser außerordentlich wichtig ist für das Leben und weil es je nach seiner Beschaffenheit unterschiedliche Wirkungen auf uns hat, das eine die Milz angreift, ein anderes einen Kropf verursacht, anderes Steinleiden, anderes wieder andere Leiden verursacht, wird man mit größter Sorgfalt darauf achten, dass das Wasser, in dessen Nähe man bauen möchte, nicht seltsam riecht und keinerlei Färbung zeigt, dass es klar ist, sauber und fein und auf einem weißen Tuch keinen Flecken hinterlässt, denn das alles werden Zeichen für die Güte des Wassers sein." Zeitgenössische Bewertungen begründete Palladio auch durch antike Zitate. Vitruv war für ihn dabei die höchste Autorität: „Über viele Arten, die Güte des Wassers herauszufinden, berichtet Vitruv: Wenn etwa das Wasser als ausgezeichnet gilt, mit dem man gutes Brot bäckt, und das, in dem Gemüse schnell gart, auch solches, das gekocht keinen Bodensatz im Gefäß hinterlässt. Zeichen für eine ausgezeichnete Güte des Wassers wird sein, wenn es, wo es vorbeifließt, kein Moos gibt und dort auch kein Binsengras wächst. Sauber und schön wird der Ort aber sein mit Sand und Kieselsteinen am Grund, nicht schmutzig oder schlammig. Auch wenn die Tiere, die in diesen Wässern zu trinken pflegen, kräftig sind, stark, robust und fett und nicht abgezehrt und schwach, so wird das ein Zeichen für die Güte und Bekömmlichkeit des Wassers sein."

Als wichtig für die Lage der Villa beschreibt Palladio dann auch die Qualität der Luft: „Über die Güte der Luft werden [...] die antiken Gebäude Auskunft geben, wenn sie nicht verfallen und ruinös sind. Ebenso die Bäume, wenn sie gut genährt, schön und unter dem Wind nicht schief gewachsen sind, auch wenn da keine Bäume sind, die auf sumpfigem Boden wachsen, wenn die Steine und die am Ort gewachsenen Felsen an der Oberfläche nicht zerbröckeln, und schließlich wenn die Hautfarbe der Menschen natürlich ist und von guten Temperaturen zeugt."

Bauplätzen in Tälern zwischen Bergen wurden „Würde und Majestät" abgesprochen. Aber auch dagegen zählen medizinische Argumente: „[...] denn außer dem, dass den von den Bergen verborgenen Gebäuden gleichermaßen Ausblick und Anblick verwehrt sind, ohne jegliche Würde und Majestät, sind sie der Gesundheit gar nicht förderlich, denn der Boden wird, gesättigt vom Regenwasser, das sich dort ansammelt, Dämpfe ausdünsten, die für Geist und Körper eine Pest sind, indem sie den Geist schwächen und Gelenke und Nerven verzehren, und auch, weil das, was man in den Getreidespeichern aufbewahrt, durch die übermäßige Feuchtigkeit verdirbt. Darüber hinaus: Wenn die Sonne in das Tal hineinstrahlt, dann werden die reflektierten Strahlen es sehr heiß werden lassen, und ohne Sonne wird der stete Schatten die Leute gleichsam blöde machen, und sie werden eine schlechte Farbe haben. Da sind noch die Winde: Wenn sie in solche Täler wie in enge Kanäle einfließen, dann werden sie übermäßig wüten, und wenn sie nicht wehen, dann wird die Luft dort dick und ungesund werden."

Dem Bauplatz auf Bergen galt noch die Berücksichtigung der Sonneneinstrahlung: „Wenn man im Gebirge bauen muss, dann suche man sich einen Ort, der sich nach einer gemäßigten Himmelsrichtung wendet und auf den weder der Schatten hoher Berge fällt, noch, weil die Sonne auf einen nahe gelegenen Felsen knallt, er gleichsam die Hitze zweier Sonnen spürt, weshalb das dort im einen wie im anderen Fall ein außerordentlich schlechter Wohnort ist."

Die „Quattro libri" über die architektonische Anlage einer Villa

„Nachdem man den heiteren, den lieblich gelegenen, den bequemen und gesunden Platz gefunden hat, wird man sich um seine elegante und praktische Einteilung kümmern", beginnt das nächste Kapitel „Von der Anlage einer Villa" (XIII). Palladio unterschied Herrenhaus und Nebengebäude: „Zwei Arten von Gebäuden braucht die Villa: die eine als Wohnung für den Hausherrn und seine Familie, die andere soll die Eingänge und die Tiere der Villa kontrollieren und bewachen. Darum muss man den Platz so einteilen, dass jenes nicht diesem und dieses nicht jenem im Wege ist."

Zum Herrenhaus: „Die Wohnung des Hausherrn soll man mit Rücksicht auf die Familie und auf die Lebensumstände entwerfen. Man tut das, wie man es in der Stadt zu tun pflegt [...]." Damit verwies Palladio auf die allgemeine Verwandtschaft mit dem venezianischen und dem vicentinischen Stadtpalast und seine eigenen Ausführungen im Kapitel III: „Vom Entwurf von Stadthäusern".

Für die Anlage der Nebengebäude und deren Verbindung mit dem Herrenhaus führte er aus: „Die Überdachung der Räume der Villa wird man mit Rücksicht auf Eingänge und Tiere vornehmen und auf das Haus des Hausherrn derart, dass er an jeden Ort unter Dach gehen kann, sodass weder der Regen noch die brennende Sommersonne ihn belästigen, wenn er seinen Geschäften nachgeht. Es wird auch außerordentlich nützlich sein, das Holz und unendlich viele andere Dinge in der Villa zu lagern, welche der Regen und die Sonne verderben würden. Außerdem werden Säulengänge eine große Zierde sein." Dies ist ein Plädoyer für Vorhallen, „Portici" und „Barchessen". Palladio ging dabei aber noch weiter ins Einzelne der Anlage, das von heutigen Besuchern der Villen meist nicht mehr beachtet wird. Zuerst die Wohnungen der Bediensteten und die Ställe der Tiere: „Man wird darauf achten, dass die zum Nutzen der Villa angestellten Männer bequem und ohne jegliche Enge untergebracht sind, ebenso die Tiere, die Eingänge und die Gerätschaften. Die Zimmer des Verwalters oder Meiers und der Arbeiter sollen an passender Stelle liegen, unweit der Tore und geeignet zum Schutz aller anderen Teile der Anlage. Die Ställe für die Arbeitstiere, wie Ochsen und Pferde, soll man von der Wohnung des Hausherrn fernhalten und somit auch ihren Mist. Man wird sie an sehr warmen und hellen Plätzen unterbringen. Die Nutztiere, wie Schweine, Schafe, Tauben, Geflügel und Ähnliches, wird man nach ihrer Art und ihrem Wesen unterbringen und dabei beachten, was in anderen Ländern üblich ist." Die letzte Bemerkung zeigt, dass Palladio sein Buch bereits für Vertreter verschiedener Länder, mindestens in Italien, verfasst hatte.

Mit Sorgfalt behandelte Palladio die Weinkeller: „Die Keller soll man unterirdisch und abgeschlossen anlegen, fern von jedem Lärm, von aller Feuchtigkeit und von Gestank. Das Licht soll von Osten kommen oder von Norden, denn wenn sie an einem der Sonne ausgesetzten Ort liegen, wird der hier gelagerte Wein warm werden und verderben. Man wird den Boden in der Mitte ein wenig abschüssig und aus Terrazzo machen oder ihn so pflastern, dass man vergossenen Wein wieder aufnehmen kann. Die Bottiche, in denen der Wein gärt, stellt man in überdachte Räume neben den Kellern. Man stellt sie so hoch, dass ihr Hahn ein wenig höher liegt als das obere Loch des Fasses, damit man durch Lederschläuche oder hölzerne Röhren den Wein leicht aus den Bottichen in die Fässer bringen kann."

Aber auch die verschiedenen Speicher wurden bedacht: „Die Getreidespeicher sollen ihr Licht von Norden haben, damit das Getreide nicht so schnell erwärmen kann, windgekühlt dagegen sich lange hält, und damit jene Tierchen nicht entstehen können, die so großen Schaden verursachen. Ihr Boden [...] soll, wenn möglich, aus Terrazzo sein oder aus Brettern, denn das Getreide verdirbt, wenn es mit Kalk in Berührung kommt. Aus denselben Gründen soll auch anderes gegen Norden aufbewahrt werden. Die Heuböden aber werden südwärts oder nach Westen blicken, weil die Sonnenhitze sie trocknet und damit keine Gefahr besteht, dass sie sich erhitzen und entflammen."

DEL COMPARTIMENTO DELLE CASE
di Villa. Cap. XIII.

ITROVATO il ſito lieto, ameno, commodo, e ſano ſi attenderà all'elegante, e commoda compartition ſua. Due ſorti di fabriche ſi richiedono nella Villa: l'vna per l'habitatione del Padrone, e della ſua famiglia: l'altra per gouernare, e cuſtodire l'entrate, & gli animali della Villa. Però ſi dourà compartire il ſito in modo che nè quella à queſta, nè queſta à quella ſia di impedimento. L'habitatione del padrone deue eſſer fatta, hauendo riſguardo alla ſua famiglia, e conditione, e ſi fà come ſi uſa nelle Città, e ne habbiamo di ſopra trattato. I coperti per le coſe di Villa ſi faranno hauendo riſpetto alle entrate, & à gli animali, & in modo congiunti alla caſa del padrone, che in ogni luogo ſi poſſa andare al coperto: acciò che nè le pioggie, nè gli ardenti Soli della State li ſiano di noia nell'andare à uedere i negotij ſuoi: il che ſarà ancho di grandiſsima vtilità per riporre al coperto legnami, & infinite altre coſe della Villa, che ſi guaſterebbono per le pioggie, e per il Sole: oltra che queſti portici apportano molto ornamento. Si riſguarderà ad allogare commodamente, e ſenza ſtrettezza alcuna gli huomini all'vſo della Villa applicati, gli animali, le entrate, e gli iſtrumenti. Le ſtanze del Fattore, del Gaſtaldo, e de' lauoratori deono eſſere in luogo accommodato, e pronto alle porte, & alla cuſtodia di tutte l'altre parti. Le ſtalle per gli animali da lauoro, come buoi, e caualli deono eſſer diſcoſte dall'habitatione del Padrone, accioche da quella ſiano lontani i letami: e ſi porranno in luoghi molto caldi, e chiari. I luoghi per gli animali, che fruttano, come ſono porci, pecore, colombi, pollami, e ſimili, ſi collocheranno ſecondo le qualità, e nature loro: & in queſto ſi deuerà auertire quello, che in diuerſi paeſi ſi coſtuma. Le Cantine ſi deono fare ſottoterra, rinchiuſe, lontane da ogni ſtrepito, e da ogni humore, e fettore, e deono hauere il lume da Leuante, ouero da Settentrione: percioche hauendolo da altra parte, oue il Sole poſſa ſcaldare; i uini, che ui ſi porranno dal calore riſcaldati; diuenteranno deboli, e ſi guaſteranno. Si faranno alquanto pendenti al mezo, e c'habbiano il ſuolo di terrazzo, ouero ſiano laſtricate in modo, che ſpandendoſi il uino; poſſa eſſer raccolto. I tinacci, doue bolle il uino ſi riporranno ſotto i coperti, che ſi faranno appreſſo dette cantine, e tanto eleuati, che le loro ſpine ſiano alquanto più alte del buco ſuperior della Botte; accioche ageuolmente per maniche di coro, ò canali di legno ſi poſſa il uino di detti Tinacci mandar nelle botti. I Granari deono hauere il lume uerſo Tramontana: perche à queſto modo i grani non potranno coſi preſto riſcaldarſi: ma dal uento raffreddati; lungamente ſi conſerueranno, e non ui naſceranno quegli animaletti, che ui fanno grandiſsimo nocumento. Il ſuolo, ò pauimento loro deue eſſere di terrazzato, potendoſi hauere, ò almeno di tauole: perche per il toccar della calce il grano ſi guaſta.

Andrea Palladio, Text über die Anlage einer Villa in den „Quattro libri“, 1570

Dreschplatz und Unterstellung von Landmaschinen und Werkzeugen werden zum Schluss erwähnt: „Die zum Bestellen des Bodens nötigen Geräte bringe man unter Dach im Süden unter. Der Platz, an dem man das Korn drischt [...], soll in der Sonne liegen, geräumig, weit und fest sein und in der Mitte ein wenig erhöht. Er soll ringsum – oder wenigstens an einer Seite – Säulengänge haben, sodass man bei plötzlichem Regen das Korn rasch unter Dach bringen kann. Wegen des Staubes wird dieser Platz nicht zu nahe am Herrenhaus liegen, doch auch nicht so weit, dass der Hausherr ihn nicht sehen kann.“

Dem heutigen Villenbesucher wird mit diesem Text und dann auch mit den Zeichnungen zu den ausgewählten Beispielen vorgeführt, dass für den Architekten und Bauherrn jener Zeit – wie schon für Vitruv und Alberti – keineswegs nur die Villa als Sitz der Herrschaftsfamilie eine Rolle spielte. Auch wenn heute vielfach nur noch das Herrenhaus erhalten ist, gehörte ursprünglich die gesamte Anlage als landwirtschaftlicher Betrieb inmitten eines größeren Landbesitzes zusammen.

Palladio beschrieb – wie schon vor ihm Vitruv, Alberti und die Landwirtschaftsliteratur – in seinem vorausgehenden Text „Von der Anlage einer Villa“ nur Funktionen und Örtlichkeiten der verschiedenen landwirtschaftlichen Gebäude. In den Beispielen, die er folgen ließ, führte er dem Leser und potenziellen Auftraggeber aber auch vor, dass er eine architektonische und ästhetische Vereinheitlichung des Herrenhauses und der Gesamtanlage anstrebte, die dann allerdings häufig über das Herrenhaus hinaus nicht ausgeführt wurde.

Die einzelnen Villendarstellungen in den „Quattro libri“

Auf die allgemeinen Darstellungen folgt das Kapitel mit einer Auswahl von Villen, die von Venezianern in Auftrag gegeben worden waren. Es fällt auf, dass Palladio die Aufträge der „nobili Venetiani“, der venezianischen Adeligen, den folgenden der „Gentil Huomini di Terra Ferma“, der Edelleute der Terraferma, meist Vicentiner, voranstellte, obwohl er mit Villen für Vicentiner angefangen und erst später Aufträge auch von Venezianern erhalten hatte.

Die Aufträge von Venezianern werden vermutlich als Erste behandelt, weil diese die ranghöheren Auftraggeber waren.[97] Den ersten Auftrag für eine Villa in Bagnolo erhielt Palladio um 1540 von der venezianischen Familie Pisani, die bereits 1525 einen Podestà von Vicenza stellte, sodass damit der Auftrag an den Vicentiner Architekten erklärt werden kann. Auch die venezianische Familie Contarini stellte mit Francesco Contarini 1543 einen vicentinischen Podestà; von ihr erhielt Palladio 1546 den nächsten Villenauftrag. Von weiteren venezianischen Bauherren folgten Aufträge für die Villen Pisani in Montagnana, 1552, und Cornaro in Piombino Dese, 1552, danach die Villa Zeno in Cessalto, 1554. In dieser Zeit arbeitete Palladio bereits mit dem Venezianer Daniele Barbaro am Vitruv-Kommentar und entwarf für ihn und seinen Bruder Marcantonio deren Villa in Maser, nach 1554.

Insgesamt hat Palladio – in historischer Reihenfolge – von folgenden Venezianern Aufträge erhalten: Giovanni Pisani in Bagnolo, Francesco Contarini in Piazzola, Francesco Pisani in Montagnana, Giorgio Cornaro in Piombino, Marco Zeno in Cessalto, Leonardo Mocenigo in Marocco, Daniele und Marcantonio Barbaro in Maser, Francesco Badoer in Fratta Polesine, Leonardo Mocenigo „sopra la Brenta“, Nicolò und Alvise Foscari in Malcontenta, Leonardo Emo in Fanzolo und Vincenzo Grimani in Fratta Polesine. Damit hatte er sich als Villenarchitekt bei Venezianern durchgesetzt.

Er erhielt wesentlich mehr Aufträge für Villen als seine in Venedig tätigen Architektenkollegen Sanmicheli und Sansovino, die jeder nur einen Villenneubau ausgeführt haben. Das bedeutet aber nicht, dass sich nun alle venezianischen Auftraggeber von Villen im Veneto Palladios als Architekten bedient hätten.[98]

Bei Erscheinen der „Quattro libri“, 1570, waren die dort ausgewählten Aufträge zu Villen bereits vergeben und die Bauten in der Ausführung begriffen oder weitgehend

Andrea Palladio, Einleitung zu den Villen von Venezianern in den „Quattro libri“, 1570

ZWEITES BUCH

DE I DISEGNI DELLE CASE DI VILLA DI ALCVNI nobili Venetiani. Cap. XIIII.

A FABRICA, che ſegue è in Bagnolo luogo due miglia lontano da Lonigo Caſtello del Vicentino,& è de' Magnifici Signori Conti Vittore,Marco,e Daniele fratelli de' Piſani. Dall'vna,e l'altra parte del cortile ui ſono le ſtalle, le cantine, i granari,e ſimili altri luoghi per l'uſo della Villa. Le colonne de i portici ſono di ordine Dorico. La parte di mezo di queſta fabrica è per l'habitatione del Padrone: il pauimento delle prime ſtanze è alto da terra ſette piedi: ſotto ui ſono le cucine, & altri ſimili luoghi per la famiglia. La Sala è in uolto alta quanto larga,e la metà più: à queſta altezza giugne ancho il uolto delle loggie: Le ſtanze ſono in ſolaro alte quanto larghe: le maggiori ſono lunghe un quadro e due terzi: le altre un quadro e mezo. Et è da auertirſi che non ſi ha hauuto molta conſideratione nel metter le ſcale minori in luogo,che habbiano lume viuo (come habbiamo ricordato nel primo libro) perche non hauendo eſſe à ſeruire,ſe non à i luoghi di ſotto, & à quelli di ſopra, i quali ſeruono per granari ouer mezati; ſi ha hauuto riſguardo principalmente ad accommodar bene l'ordine di mezo: il quale è per l'habitatione del Padrone,e de' foreſtieri: e le Scale,che à queſt'ordine portano; ſono poſte in luogo attiſſimo, come ſi uede ne i diſegni. E ciò ſarà detto ancho per auertenza del prudente lettore per tutte le altre fabriche ſeguenti di un'ordine ſolo: percioche in quelle,che ne hanno due belli,& ornati; ho curato che le Scale ſiano lucide,e poſte in luoghi commodi: e dico due; perche quello,che uà ſotto terra per le cantine, e ſimili uſi, e quello che và nella parte di ſopra,e ſerue per granari,e mezati non chiamo ordine principale, per non darſi all'habitatione de' Gentil'huomini.

fertiggestellt. Der Leserschaft sollten keine Luftschlösser vorgestellt werden. Es ist eine Auswahl von nur neun Villen, von denen eine, die Villa Mocenigo, heute allerdings nicht mehr existiert. Sie erscheinen in den „Quattro libri“ in folgender Reihenfolge: Villa Pisani in Bagnolo, Villa Badoer in Fratta Polesine, Villa Zeno in Motta bei Cessalto, Villa Foscari in Malcontenta, Villa Barbaro in Maser, Villa Pisani in Montagnana, Villa Cornaro in Piombino Dese, Villa Mocenigo in Marocco und Villa Emo in Fanzolo. Diese nicht chronologische Auswahl ist sicherlich auch durch das Renommee der Auftraggeber bestimmt worden.

Ein Gesichtspunkt der Reihenfolge ist nicht zu erkennen; weder ist sie vom Rang oder vom Alphabet der Namen der Auftraggeber bestimmt noch vom Beginn der Bauausführung. Allerdings steht der früheste Auftrag durch die venezianische Familie Pisani am Anfang und spätere Aufträge am Ende der Reihenfolge. Auch sind dies keineswegs alle Villenaufträge venezianischer Auftraggeber, die Palladio bis 1570 erhalten hatte. Es ist zu vermuten, dass hinter der Auswahl auch Palladios Einschätzung der Qualität und des Umfang der Planung der Villen gestanden hat.

Die anschließende Villen-Auswahl von Auftraggebern aus der Terraferma stellt in sehr ähnlicher Weise zwölf Projekte vor, die ebenfalls keineswegs alle bis zum Druck der „Quattro libri“ begonnenen Projekte enthält:[99] Villa Saraceno in Finale, Villa Ragona in Ghizzole, nicht ausgeführt, Villa Poiana in Poiana Maggiore, Villa Valmarana in Lisiera, Villa Trissino in Meledo, nicht ausgeführt, Villa Repeta in Campiglia, zerstört, Villa Thiene in Cicogna, partiell ausgeführt, Villa Angarano im gleichnamigen Ort, Villa Thiene in Quinto, Villa Godi in Lonedo, Villa Sarego in Santa Sofia, Villa

Andrea Palladio, Einleitung zu den Villen der Herren von der Terraferma in den „Quattro libri“, 1570

DE I DISEGNI DELLE CASE DI VILLA DI ALCVNI Gentil'huomini di Terra Ferma. Cap. XV.

D VN luogo del Vicentino detto il FINALE, è la ſeguente fabrica del Signor Biagio Sarraceno: il piano delle ſtanze s'alza da terra cinque piedi: le ſtanze maggiori ſono lunghe vn quadro, e cinque ottaui, & alte quanto larghe, e ſono in ſolaro. Continua queſta altezza anch'o nella Sala: i camerini appreſſo la loggia ſono in uolto: la altezza de' uolti al pari di quella delle ſtanze: di ſotto vi ſono le Cantine, e di ſopra il Granaro: il quale occupa tutto il corpo della caſa. Le cucine ſono fuori di quella: ma però congiunte in modo che rieſcono commode. Dall'vna, e l'altra parte ui ſono i luoghi all'vſo di Villa neceſſarij.

Sarego in Miega, zerstört. Die Reihenfolge, in der Palladio sie aufführt, ist ebenfalls keine des Ranges oder der Chronologie.

Mit Villenbauten für Aristokraten der Terraferma hatte Palladio wesentlich früher als mit denen für Venezianer begonnen. Den ersten Villenumbau, den der Villa Trissino in Cricoli, hatte er mit der Pedemuro-Werkstatt schon um 1537 ausgeführt; dieser erscheint in den „Quattro libri“ nicht. Dann folgte der erste Villenneubau – ebenfalls noch im Namen der Pedemuro-Werkstatt – für die Villa Godi, um 1537; er steht in den „Quattro libri“ an zehnter Stelle. In einer Reihe von weiteren Frühwerken für Auftraggeber aus dem Trissino-Kreis versuchte der sich zum Architekten entwickelnde Steinmetz, eigene Architekturvorstellungen zu realisieren, wie bei der Villa Piovene, der Villa Valmarana, der Villa Forni, der Villa Gazzotti, der Villa Pagliarino sowie der Villa Caldogno. Diese Villenprojekte nahm Palladio nicht in die „Quattro libri“ auf. Vielleicht wollte er sie als Frühwerke nicht in Erscheinung treten lassen. Nach den ersten Romreisen setzte ein neuer Anspruch im Sinne antiken Villenbaus ein mit der Villa Thiene in Quinto, um 1545, der Villa Thiene in Cicogna, um 1546, oder der Villa Angarano, um 1548. Diese Villenprojekte nahm Palladio in die „Quattro libri“ auf. Spätestens seit 1550 folgten die Villenprojekte für vicentinische und venezianische Aristokraten einer gemeinsamen Entwicklung der palladianischen Architektur. Jedes der in den „Quattro libri“ dargestellten Villenprojekte wurde im dazugehörigen Text kurz und präzise vom Architekten erläutert.

Diese Beschreibungen nennen am Anfang die Örtlichkeit und immer den Bauherrn. Meist weisen sie auf die Lage in der Landschaft, gelegentlich auch auf die Gärten hin. Dann folgt in der Regel ein Hinweis auf die Gesamtanlage. Für Gesamtanlage und Herrenhaus werden die (Säulen-)Ordnungen genannt. Dann konzentriert sich der Text auf das Herrenhaus, dessen Raumanordnung und auf Größe, Ausführung und Proportionen der Räume. In mehreren Beschreibungen folgen auch Angaben zu den Künstlern und zur künstlerischen Ausstattung.

Der Aufbau der am Anfang stehenden Erläuterung der Villa Pisani in Bagnolo mag als Beispiel für den der weiteren, ähnlich gegliederten Erläuterungen stehen: Am

Anfang werden der Ort und die Bauherren genannt. Dann kommt ein Hinweis auf die Gesamtanlage: „Zu beiden Seiten des Hofes befinden sich die Stallungen, die Keller, Kornspeicher und Ähnliches zum Nutzen der Villa." Dann folgt die Angabe der (Säulen-)Ordnung für Haupthaus und verbindende Gänge. Das Herrenhaus wird etwas ausführlicher erläutert: „Küchen und andere Plätze für die Familie" im Untergeschoss, im Hauptgeschoss Einwölbung des Saales und der Loggien, Flachdecken der Zimmer, Proportionen der Räume. Interessant ist eine grundsätzliche Bemerkung zu den Treppen, die für alle Villenprojekte gelten soll: kleine Treppen ohne Tageslicht zu den Kellern im Untergeschoss und zu den Obergeschossen sowie darüber den Bodenräumen und Kornspeichern, dagegen Freitreppen zum Hauptgeschoss. Nur dort, wo zwei Hauptgeschosse übereinander liegen, sind auch die Treppen im Inneren „hell und zweckmäßig"; das gilt vor allem für die Villen Pisani in Montagnana und Cornaro in Piombino.

Die Villenbeispiele von Auftraggebern der Terraferma werden in ähnlicher Systematik und Kürze erläutert wie die der Venezianer.

Die Gesamtheit der beiden Villenkapitel präsentiert also nur 21 der Villenprojekte Palladios. Zwei weitere Villen erscheinen aber noch an anderer Stelle der „Quattro libri". Eine wird im Kapitel XVII „Von einigen Entwürfen für unterschiedliche Bauplätze" zeichnerisch dargestellt und textlich erläutert: die Villa Mocenigo in Pecora sopra la Brenta. Palladio bezeichnete sie ausdrücklich als „Villa" und stellte auch sie nicht nur mit dem Herrenhaus, sondern als Gesamtanlage dar.[100]

Palladios berühmtestes Villenprojekt, die Villa Almerico, genannt „La Rotonda", erscheint in den „Quattro libri" jedoch nicht als Villa, da er selbst den Bau „nicht unter die Villen einordnen wollte, weil er so nahe bei der Stadt liegt, dass man sagen kann, er befindet sich in der Stadt". Er behandelte sie deshalb im Kapitel III über die Stadthäuser und stellte infolgedessen nur das Herrenhaus dar.[101]

Diese an besonderen Stellen behandelten Villen erläuterte Palladio zwar in ähnlicher Systematik wie die anderen, aber ein wenig wortreicher. Bei der Villa Mocenigo gilt dies den Zimmerbeschreibungen des Herrenhauses, bei der Villa Rotonda mehr der schwärmerischen Beschreibung der Lage. Als Künstler wird für die Rotonda nur der Bildhauer der Statuen erwähnt, die später beauftragten Künstler der Malereien erscheinen nicht.

Insgesamt nannte Palladio selbst also nur 23 seiner etwa 40 Villenprojekte und stellte sie in den „Quattro libri" dar. Er hat die 21 in den beiden Villenkapiteln aber ausdrücklich als Auswahl bezeichnet, sodass weitere Villenbauten als Projekte Palladios nachgewiesen oder ihm zugeschrieben werden können, für die wir leider keine erklärenden Texte ihres Architekten haben.

Die Entwicklung der Villenbauten Palladios im Veneto über vier Jahrzehnte

Im Veneto gab es 39 Villen, von denen angenommen worden ist, dass sie von Palladio von etwa 1540 bis etwa 1580 entworfen worden sind oder dass er daran mitgewirkt hat. Zählen wir Palladios frühes Meisterstück, den Umbau der Villa Trissino in Cricoli, dazu, ergibt sich die runde Zahl von 40 Villenprojekten. 24 davon sind im Großen und Ganzen oder in erheblichen Teilen erhalten. 16 davon sind ausgeführt, aber verändert, nur teilweise oder in einigen Fällen gar nicht realisiert beziehungsweise weitgehend oder sogar ganz zerstört.[102]

Unter den 40 mit Palladio in Zusammenhang zu bringenden Villenprojekten ist die Urheberschaft Palladios für allein 17 massiv dokumentiert. Es gibt Entwürfe zu ihnen, schon Giorgio Vasari erwähnte sie – fußend auf Informationen von Palladio selbst – in seinen „Vite" von 1568, außerdem nannte Palladio sie in seinen „Quattro libri" von 1570, und die großen palladianistischen Autoren wie Muttoni 1740, Bertotti Scamozzi 1778–1781 und Magrini 1845 gingen auf sie ein: In historischer Folge sind das die Villen Godi, Pisani in Bagnolo, Thiene in Quinto, Saraceno, Poiana, Angarano, Pisani in Montagnana, Cornaro, Zeno, Barbaro, Badoer, Thiene in Cicogna, Mocenigo sopra la Brenta, Repeta, Foscari, Valmarana in Lisiera, Trissino. Davon ist eine nicht ausgeführt worden und nur noch in nebensächlichen Resten erhalten: die Villa Trissino in Meledo. Weitere vier sind nur in größeren oder kleineren Teilen ausgeführt und erhalten: die Villen Thiene in Quinto, Angarano, Thiene in Cicogna und Valmarana in Lisiera. Von zweien ist das Ausgeführte beseitigt worden: die Villen Mocenigo sopra la Brenta und Repeta.

Immerhin sechs weitere Villen sind durch Entwurf und Erwähnung in Palladios „Quattro libri" bezeugt: die Villen Ragona, Mocenigo in Marocco, Emo, Sarego in Miega, Sarego in Santa Sofia und die „Rotonda". Davon sind allerdings nur die Villa Emo und die Rotonda noch ganz erhalten.

Drei weitere Villen sind durch Entwurf als von Palladio stammend belegt, die Villen Gazzotti, Arnaldi und Sarego alla Cucca. Von ihnen ist jedoch nur die Villa Gazzotti erhalten. Von der Villa Sarego alla Cucca gibt es noch einen Herrenhausanbau und Barchessengebäude aus der Zeit.

Schließlich hat die palladianistische oder gelehrte Literatur, die sich seit dem 17. Jahrhundert damit befasst, weitere elf Villen mit mehr oder weniger guten Gründen Palladio „zugeschrieben". Von ihnen sind sieben Villenbauten bis heute erhalten, die Villen Piovene, Valmarana in Vigardolo, Forni, Caldogno, Chiericati Porto, Porto in Vivaro und Grimani.

Vielen weiteren Villen wird – häufig von stolzen Eigentümern oder ehrgeizigen Gemeinden – nachgesagt, sie stammten von Palladio. Viele Villen sehen auch so aus, als könnten sie von Palladio entworfen sein, denn es gab bald eine große Zahl von Nachahmern Palladios und in späteren Jahrhunderten viele ihm Nachstrebende. Aber ernsthaft historisch nachweisbar ist die Urheberschaft Palladios nur bei der beschränkten Zahl von 40 Projekten, von denen 24 noch in größeren Teilen als reale Architektur zu betrachten sind. An ihnen lässt sich die Entwicklung palladianischer Villengedanken sehr konkret nachvollziehen. Sie stellen das lohnende Reiseziel für diejenigen dar, die sich selbst ein Bild machen wollen von Palladios eigenen Villenbauten.

Das bedeutet aber auch, dass sie keineswegs alle dem Bild entsprechen, das sich von Palladios Architektur seit seiner Reifezeit in den 1550er Jahren in der Welt verbreitet hat. Dieses ist mehr von dem Vorbild geprägt, das der Palladianismus in Europa und in Nordamerika geschaffen hat. Palladianistische Architekturen wie das Weiße Haus in Washington oder die Glyptothek in München entsprechen deshalb diesem Bild oft mehr als konkrete Bauten, die Palladio selbst entworfen und errichtet hat. Unsere Vorstellungen sind dabei mehr von abstrakten Idealbildern eines Museums, eines Theaters oder einer Bibliothek, den verbreiteten Kulturbauten, die der Palladianismus geprägt und hervorgebracht hat, bestimmt: vorspringender Portikus mit Freitreppe und Giebel in der Mitte, symmetrische Risalite zu beiden Seiten.

Umso heilsamer ist es, zu den bezeugten Bauten Palladios zurückzukehren und sich auf sie zu beschränken. Wir können dann nachvollziehen, wie sich – für diese eine besondere Bauaufgabe der Villa im Veneto – die Gedanken Palladios und seiner Bauherren von der Einbettung in die Landschaft, von den Gärten, vom landwirtschaftlichen Gesamtkomplex, vom Herrenhaus, von seinem Baukörper, von der antikischen Instrumentierung und den Baumaterialien, von seiner Raumkomposition und den Raumproportionen sowie von der künstlerischen Ausstattung erst bildeten und entwickelten hin zu der Baukunst des reifen Architekten, die die palladianistischen Nachfolger und die Palladio-Forschung dann verklärt haben.

Planungs- und Ausführungsverlauf

Palladio hat sich selbst nicht grundsätzlich zum Ablauf von Planung und Ausführung eines privaten Bauvorhabens, wie dem einer Villa, geäußert. Wir kennen aus den „Quattro libri“ nur eine Bemerkung am Ende des Kapitels I des zweiten Buches, die den Charakter eines Stoßseufzers hat: „Man wird also [...] soweit möglich auch auf die Bauherren achten – nicht so sehr auf ihr Vermögen – wie darauf, welche Art von Gebäude ihnen angemessen ist. [...] Doch häufig wird der Architekt sich eher dem Willen dessen anpassen, der bezahlt, als dem, was man eigentlich beachten sollte."[103] Damit schilderte er grundsätzlich den Einfluss des Bauherrn auf die Planung des Bauprojektes und die erzwungene Willfährigkeit des Architekten. Er ließ aber auch erkennen, dass dies die Bilanz seiner eigenen, zu dieser Zeit 30-jährigen Erfahrung mit Bauherren und Bauprojekten war. Kaum mehr lässt sich aus den „Quattro libri" an anderer Stelle, weder im Grundsätzlichen aus den Äußerungen über den Villenbau noch im Konkreten in den Texten zu den Villenbauten über Bauabläufe, schließen.

Andere schriftliche Quellen ermöglichen uns höchst unterschiedliche Einblicke in die Entstehungsgeschichte der einzelnen Villen. Wir erhalten einen Gesamteindruck vom Planungs- und Ausführungsgeschehen beim Villenbau, aber auch eine Vorstellung von unterschiedlichen Einzelschicksalen der Projekte.

Der als Steinmetzlehrling ausgebildete Andrea hatte als 16-Jähriger in der Werkstatt von Pedemuro seit 1524 einen Steinmetzen und Bildhauer, Girolamo Pittoni, und einen Baumeister, Giovanni da Porlezza, zu Meistern. Das ermöglichte ihm offenbar, nun auch in der Assistenz des Giovanni da Porlezza sich stärker baumeisterlichen Aufgaben zuzuwenden. Vor allem die Tatsache, dass sein Projekt der Basilica später, noch 1546, vom Vicentiner Rat als neuer Entwurf, „designum", bezeichnet wurde, „presentatum per magistrum Joannem et Andream Palladium", präsentiert von Meister Johannes, Giovanni, und von Andrea Palladio, belegt diese Hinwendung. Offensichtlich ist die Beschäftigung mit baumeisterlichen Aufgaben innerhalb der Werkstatt aber schon sehr viel früher geschehen: Spätestens beim Umbau der Villa des Conte Giangiorgio Trissino, um 1537, war Andrea vermutlich dessen Ansprechpartner, sodass daher die nun einsetzende Förderung durch Trissino rührte.

Bei Trissino machte Andrea seine erste nähere Erfahrung mit dem Bauherrn eines Privatgebäudes. Diese führte immerhin dazu, dass er in dessen Accademia eingeladen und nach seinem erfolgreichen Umbau der Trissino-Villa einem Kreis von weiteren potenziellen Bauherren bekannt gemacht wurde. Von ihnen erfuhr er, dass solche Bauherren ein hohes Maß an baudilettantischem Interesse an der Architektur hatten. Er erhielt nach der Förderung und Empfehlung durch Trissino dadurch nun seine ersten Aufträge und machte bei ihnen weitere Erfahrungen mit Bauherren. Diese werden seine Jugendlichkeit sicherlich genutzt haben, ihre eigenen Vorstellungen über ihre Villenbauvorhaben geltend zu machen.

Es fällt auf, dass Palladio Wert darauf legte, seine frühesten Bauten für Vicentiner, wie die Villa Godi, seit 1537, und für Venezianer, wie die Villa Pisani in Bagnolo, seit etwa 1540, in den „Quattro libri" mitzuteilen, um zu zeigen, welch prominente

Aufträge er zu dieser Zeit schon hatte. Über Planung und Herstellung dieser frühen Bauten wissen wir einiges.

Gleichzeitig verschwieg Palladio aber auch anderes über Villenprojekte seiner früheren Zeit, indem er sie in den „Quattro libri" nicht erwähnte. Vermutlich wollte er diese Phase noch unsicherer Erprobung vor der Verarbeitung seiner Romreisen später nicht mehr erkennbar werden lassen. Dies gilt für die zum Teil unfertig gebliebenen Villenprojekte der 1540er Jahre: Villa Piovene, Valmarana in Vigardolo, Forni, Gazzotti, Pagliarino, Contarini, Caldogno und Arnaldi.

Aus verschiedenen Informationen über Villenprojekte dieser frühen Phase lässt sich schließen, dass – wohl wegen der Empfehlung durch den Conte Trissino – schon in einem sehr frühen Stadium der Kontakt zwischen Bauherrnfamilie und dem jungen Mitarbeiter der Werkstatt von Pedemuro hergestellt wurde und zu Gesprächen über das Projekt führte. Im Falle des Villenprojektes von Bartolomeo Pagliarino, einem Freund des Trissinokreises, der um 1545 ermordet wurde, wissen wir, dass Palladio diesem die Kopie einer ersten Gesamtplanung vor 1545 nach Venedig schicken ließ. Sie war offenbar der Entwurf nach vorhergehenden Gesprächen über die konkrete Örtlichkeit in Lanzè mit einem Fluss und Straßenverläufen und über die geplante Gesamtanlage mit den Nebengebäuden und dem Herrenhaus; diese Kopienskizze ist erhalten. Wir wissen sogar, dass sie nach dem Tode des Pagliarino in Teilen für ein anderes Projekt, die Villa Poiana, in variierter Form erneut verwendet wurde.[104]

Offenbar gingen solche nach Diskussionen und ersten Vorentwürfen entstandenen Projekte dann meist in eine längere Realisierungsphase. Dabei wurden Geländeverbesserungen vorgenommen, Materiallieferungen organisiert, Bauhandwerker eingestellt, Bauteile phasenweise realisiert und schließlich auch die künstlerische Ausstattung vorgenommen. Im Falle der Villa Godi waren an diesem Fertigstellungsprozess zwei Generationen von Bauherren beteiligt. Palladio war schon bei diesem ersten Projekt offenbar immer der begleitende Architekt, mindestens von 1537 bis 1550, und bereitete dann auch noch die künstlerische Ausstattung des Gebäudes durch mehrere Maler vor. Auch für die Villa Pisani in Bagnolo lässt sich ein solcher längerer Prozess von um 1540 bis um 1560 zum Teil nachweisen, zum Teil stilgeschichtlich erschließen.

Für zahlreiche andere, auch später einsetzende Projekte sind solche längeren Prozesse der Realisierung von der ersten Diskussion bis zur Ausstattung phasenweise nachweisbar. Dabei war Palladio häufig durchgehend der beratende Architekt. Aber während des Realisierungsprozesses und bei der Beauftragung von Handwerkern und später von Ausstattungskünstlern hatten der einzelne Bauherr oder mehrere gleichzeitige oder sogar aufeinanderfolgende Bauherren stets die ausschlaggebende Entscheidungsmöglichkeit. Zu diesen Projekten gehören vor allem auch die großen vollständigen und bis heute erhaltenen Bauten, wie die Villen Barbaro, Badoer, Foscari, Grimani, Emo und auch die „Rotonda". Unter ihnen sind die Entstehungsgeschichten der Villa Barbaro und der Villa Rotonda wohl die interessantesten.

In anderen Fällen sind die Schritte – Vorentwürfe, Materiallieferungen, Handwerkerbeschäftigung und Beauftragung der Ausstattungskünstler – im Einzelnen nachzuweisen, manchmal mit, manchmal ohne die Beteiligung von Palladio. Danach ist damit zu rechnen, dass der Entstehungsprozess einer Villa vom ersten Entwurf bis zur Ausmalung zu Palladios Zeiten durchaus ein bis zwei Jahrzehnte in Anspruch nehmen konnte.

Es gibt – außer zahlreichen abgebrochenen Bauprojekten – daneben aber auch sehr schnell realisierte und weniger opulent ausgeführte Villen. Dazu gehören die beiden nach 1552 für zwei venezianische Bauherren errichteten Herrenhäuser der Villa Pisani in Montagnana und der Villa Cornaro in Piombino Dese. Ähnlich muss es offenbar auch beim Herrenhaus der Villa Zeno gewesen sein. In diesem Falle hatte der venezianische Bauherr das Gelände 1554 geerbt, und 1556 hatte er das Amt des Podestà im zehn Kilometer entfernten Motta anzutreten. Es ist danach wahrscheinlich, dass er – offenbar nach dem Vorbild eines in den 1540er Jahren entwickelten Villentyps – 1554 einen Bau in Auftrag gegeben hat, den er dann zwei Jahre später schon während seiner Tätigkeit in Motta nutzen konnte und danach niemals kostspieliger ausstatten ließ.

Die langwierigen Realisierungsprozesse vollständiger Villen konnten aber auch zu weiteren Verzögerungen oder zum Abbruch von Projekten führen, etwa weil den Bauherren die Finanzierung nicht gelang, weil sie anderen Sinnes wurden und das Projekt nicht mehr verfolgten oder weil sie gar darüber starben. Bei manchen nicht ausgeführten Projekten kamen gelegentlich mehrere dieser Umstände zusammen. Aber es gab auch Fälle, in denen es der Architekt Palladio nicht schaffte, rechtzeitig Entwürfe für den Beginn oder die Fortsetzung von Projekten zu liefern, und sie darauf nicht fortgeführt wurden.

Im Fall der langwierigen Ausführung der Villa Chiericati Porto gelang es Bauherren der Familie Chiericati seit 1554 in mehreren Jahrzehnten nicht, das Herrenhaus zu vollenden. Erst nach einem Besitzerwechsel von 1574 wurde das Herrenhaus dann unter der Familie Porto in vereinfachter Form fertiggestellt.

Im Fall der Villa Trissino in Meledo betrieben Brüder der Familie Trissino, Verwandte von Palladios großem Förderer, seit 1553 ein Villenprojekt, das Palladio in mehreren Phasen zu einem seiner kompliziertesten und für den Palladianismus folgenreichsten Bauprojekte entwickelte, ohne dass davon mehr als ein Taubenturm und Säulen der Barchessenbauten realisiert worden wären.

Nach seinen Romreisen und der Verarbeitung von Eindrücken antiker Bauwerke entwarf Palladio offenbar mit interessierten Bauherren abgestimmte Pläne, die hochfliegende, an antiken Vorbildern orientierte Konzepte von um einen Innenhof herum gruppierten Bauten darstellten, und veröffentlichte sie 1570 auch in den „Quattro libri". In den Fällen der Villen Thiene in Quinto, um 1545, Mocenigo sopra la Brenta, um 1554, Repeta, um 1557, und Sarego in Santa Sofia, um 1565, wurden jedoch immer nur Teile davon verwirklicht, die bei den Villen Mocenigo und Repeta später sogar zerstört wurden.

Das wohl späteste bekannte Villenprojekt Palladios für den Bauherrn Josephus oder Iseppo da Porto in Molina, datiert 1572, über das es keine direkten schriftlichen Quellen gibt, existiert nur noch in zehn Säulenstümpfen, die bis zum Tode da Portos und Palladios im Jahre 1580 nicht weiter fortgeführt und zu einem Villenbauwerk vollendet worden sind.

Für Bauten der Familie Sarego aus Verona ist aus dem Briefwechsel zweier Brüder Sarego aber auch Unzufriedenheit darüber erkennbar, dass Palladio – in der Phase der Vorbereitung der „Quattro libri" – nicht rechtzeitig erschien und Zeichnungen nicht termingerecht lieferte, sodass projektierte Bauten nie begonnen wurden.

Einbettung in die Landschaft, Ausblicke

Nicht ohne Grund schrieb Palladio in den „Quattro libri" einen längeren Text über die Wahl des Bauplatzes für eine Villa. Darin mögen sich auch die 30 Jahre Erfahrung aus Gesprächen mit Bauherren widerspiegeln, die er damals hinter sich hatte. Den Bauherren wie dem Architekten selbst waren die Lage und damit die Einbettung einer Villa in die Landschaft wichtig – sowohl im Hinblick auf die Außenansicht als auch im Hinblick auf die Aussicht aus dem Inneren einer Villa. Dies mag die Folge des Eindrucks gewesen sein, den etwa die Beschreibung Plinius' des Jüngeren von seiner Villa Laurentina auf Bauherren und Architekten gemacht hatte.

Auch in der Beschreibung seiner Villenprojekte für Venezianer wie für Herren von der Terraferma ging Palladio mehrfach auf die landschaftliche Umgebung und die Lage der Villen ein. Schon im Text für seinen frühesten Villenbau, den der Villa Godi, um 1537, hieß es: „Sie ist angelegt auf einem Hügel mit wunderschönem Ausblick und an einem Fluss, den man zum Fischen nutzt. Um diesen Platz den Bedürfnissen einer Villa anzupassen, hat man mit nicht geringen Kosten Höfe und Straßen auf Gewölbe gesetzt."[105] Er ließ dabei erkennen, dass Bauherren sogar Kosten aufwandten, um Höfe und Straßen erhöhen zu lassen, nur um den Standort der Villa zu verbessern. Frühe und späte Villenbauten, realisierte und vergeblich angestrebte Projekte

Andrea Palladio, Villa Almerico in Vicenza, „La Rotonda", nach 1566, in der Hügellandschaft der Monti Berici

erhielten eine Lobpreisung der Lage. „Die Lage ist sehr schön, fließt doch auf einer Seite die Tesina und auf der anderen ein Arm dieses großen Flusses“,[106] beschrieb er die Situation der Villa Thiene in Quinto, um 1545. „An einem etwas erhöhten Platz, umspült vom Wasser eines Armes der Etsch“,[107] hieß es über die Villa Badoer, um 1556. „Die Lage ist wunderschön auf einem Hügel, den ein liebliches Flüsschen badet und der inmitten einer weiten Ebene liegt“,[108] wurde das früh begonnene und doch später nicht vollendete Projekt der Villa Trissino in Meledo geschildert.
Zwei Villen wurden in dieser Hinsicht besonders herausgehoben: Die Villa Sarego in Santa Sofia, um 1565, läge „an einem wunderschönen Platz, nämlich auf einem sanft ansteigenden Hügel, der auf einen Teil der Stadt blickt und zwischen zwei kleinen Tälern liegt. Alle Erhebungen ringsum sind besonders lieblich und reich an köstlichem Wasser.“[109] Von der Villa Rotonda, nach 1566, hieß es gar: „Die Lage gehört zu den lieblichsten und gefälligsten, die man finden kann. Der Bau steht auf einem Hügel, der sich sehr leicht ersteigen lässt. Auf der einen Seite fließt der Bacchiglione, ein schiffbarer Fluss, auf der anderen umgeben den Platz überaus liebliche Hügel, die den Eindruck eines großen Theaters vermitteln und die alle kultiviert sind, reich an hervorragender Frucht und ausgezeichneten Weinbergen.“[110]
Dem entsprach die von Palladio vorgenommene Einpassung der Gesamtanlagen und der Herrenhäuser in die Landschaft.[111] Besonders hervorzuheben ist dies für die Anlage der Villa Angarano, um 1548, hinter flachen Weingärten und vor einer hügeligen Voralpenlandschaft, der Villa Barbaro, um 1554, hinter ansteigenden Vorgärten und vor einem Hügelmotiv zwischen Weinbergen, der Villa Emo, um 1556, in flachen Ländereien vor dem Blick auf die Alpen, oder für die Bauten der Villa Sarego, um 1565, und der Villa Rotonda, um 1566.

Gärten, Höfe, Zugänge

Wie wichtig das Verhältnis von Umgebung, bewirtschafteten Ländereien, Gärten und Höfen und den Zugängen dazu sei, schrieb Palladio ebenfalls in seinen grundsätzlichen Eingangsbemerkungen zum Villenbau. Auch in den Einzelbeschreibungen seiner Villenauswahl ging er darauf gelegentlich ein. Dies mag auch Folge der Lektüre der Villenbeschreibung des Plinius gewesen sein.
„Auf einer Seite liegen der Hof und andere Plätze für den Betrieb der Villa, auf der anderen ein Garten in Korrespondenz mit dem Hof, im Teil dahinter der Küchengarten und ein Fischteich“, beschrieb er die Villa Poiana, um 1550, und bescheinigte dem Bauherrn, dass „dieser illustre Edelmann von vornehmster Gesinnung nichts versäumt, um all jenen Schmuck und die Bequemlichkeit zu schaffen, die diesen

Andrea Palladio, Villa Barbaro in Maser, nach 1554. Vor der Villa Gärten, dahinter eine Voralpenhügellandschaft

seinen Platz schön, vergnüglich und zweckdienlich machen".[112] Bei der Villa Barbaro, um 1554, hob er die Quelle hervor: Deren „Wasser speist einen Teich, der der Fischzucht dient. Dort teilt es sich, läuft in die Küche, bewässert die Gärten, die rechts und links in der Straße liegen, welche sanft ansteigend zur Villa hinaufführt, bildet zwei Fischteiche mit ihren Viehtränken [...] und wässert [...] den Küchengarten, der sehr groß ist und voll von den köstlichsten Früchten und verschiedenen Wildpflanzen."[113] Bezogen auf die Villa Emo, um 1556, hieß es: „Hinter dem Gebäude liegt ein Garten [...], durch den ein Flüsschen fließt, das den Platz schön und angenehm macht."[114] Zur Villa Sarego in Santa Sofia, um 1565, schrieb er: „Und so schmücken diesen Bau Gärten und wunderschöne Springbrunnen." Und er führte für die Schönheit des Ortes sogar historische Zeugen an: „Lieblich wie er ist, war er den Herren dalla Scala (im 14. Jahrhundert) ein Vergnügen, und aus einigen sichtbaren Spuren lässt sich schließen, dass man ihn schon zu Zeiten der alten Römer sehr schätzte."[115] Die wenigsten Villenanlagen sind aber heute insgesamt so intakt, dass die Besucher die Zusammenhänge von Herrenhaus, landwirtschaftlichen Gebäuden, Höfen, Gärten, Ländereien und deren Zugängen sowie der landschaftlichen Umgebung noch wahrnehmen können. Ins Auge fallen sie aber bei der Villa Angarano, der Villa Barbaro, der Villa Badoer oder der Villa Emo.

Andrea Palladio, Villa Angarano in Angarano, Gesamtanlage, nach 1548 mit Herrenhaus des 17. Jahrhunderts, vor der Voralpenlandschaft

Gesamtanlagen

Die Vorstellung von der Villa als Dorfeinheit, von der Villa als Gesamtheit des landwirtschaftlichen Betriebes, von der Villa als Herrenhaus war begrifflich in der römischen Antike vorgeprägt. Im mittelalterlichen Italien blieben alle drei Bedeutungen des Wortes „Villa" mindestens in der landwirtschaftlichen Literatur und in der Umgangssprache erhalten. Auch die empirische Erforschung der erhaltenen Monumente der Bauaufgabe Villa im quattrocentesken Veneto hat verschiedene Formen der Villa als Gesamtkomplex wie als Herrenhaus zutage gebracht.[116] Die großen norditalienischen Bauprojekte mit landwirtschaftlichen Funktionen in Mantua, Luvigliano, bei Castelfranco und in Pontecasale waren die ersten neuen Formulierungen der römisch beeinflussten Architekten Giulio Romano, Falconetto, Sanmicheli und Sansovino, die kurz vor oder während der Entwicklung von Palladios frühen Projekten entstanden. Zu einem schlüssigen, akzeptierten oder gar verbindlichen Konzept war es dadurch nicht gekommen. Sie stellten Beiträge dazu dar, Beiträge, die die an der Entwicklung interessierten Bauherren in den Kreisen von Trissino, Cornaro oder Barbaro sowie der junge Steinmetz-Architekt Andrea und seine Kollegen beobachten konnten. Sie sind in die Entwicklung der Villenarchitektur im Veneto bis zur Mitte des Cinquecento eingegangen und haben Palladios Bemühungen um ein schlüssiges Villenkonzept angestoßen.

Diese Bemühungen haben vor allem in den „Quattro libri" Ausdruck gefunden. Seit seinen ersten Villenprojekten vor 1540 bis zum Erscheinen der „Quattro libri" 1570 haben sich die Bauherren und ihr Architekt Palladio offenbar damit beschäftigt. Grundsätzlich ging es dabei darum, für Herrenhaus und landwirtschaftlichen Betrieb eine ganzheitliche Form zu finden. Im Villenumbau von Trissino war davon noch nichts zu spüren; er war nur der Umbau eines Herrenhauses. Cornaros Villenprojekte, das seiner eigenen Villa in Este und das der Villa dei Vescovi, gingen in diese Richtung. Gemeinsam mit dem Bauherrn Angarano erfand Palladio um 1548 eine erste monumentale Gesamtanlage vor der Voralpenlandschaft, deren originales Herrenhaus aber nicht mehr erhalten ist. Mit Palladios Villa Barbaro in Maser gelang dann nach 1554 ein weiterer Schritt zur formal vereinheitlichten Villen-Gesamtanlage. Palladio selbst muss die Villenkapitel in den „Quattro libri" als eine Propagierung formal vereinheitlichter Villenkomplexe verstanden haben. Dazu trug sein vorangestelltes Grundsatzkapitel XIII „Von der Anlage einer Villa" bei. In fast allen Einzelbeispielen hat er die Villengesamtanlage in einer über das Herrenhaus hinaus vervollständigten Version publiziert.

Im Text wie in den Zeichnungen legte er Wert auf die Darstellung nicht nur des Hauptgebäudes, sondern auch der Anlage der landwirtschaftlichen Gebäude. Es kam ihm offenbar darauf an, die Gesamtanlage der Villa, Herrenhaus und Nebengebäude, als ein architektonisches und ästhetisches Ganzes zu beschreiben und zu propagieren: Er wollte darstellen, dass ihm wichtige Auftraggeber die Gesamtanlage als ästhetisches Ziel anvertraut hatten. Mit Anlagen wie der Villa Barbaro, der Villa Badoer oder der Villa Emo war ihm offenbar gelungen, deren Auftraggeber davon zu überzeugen. Es ging darum, die verschiedenen Formen von Nebengebäuden, heute meist „Barchessa" genannt, mit Vorhallen oder Portiken in eine Gesamtform einzubeziehen. Als Holzständerbauten mit geradem Gebälk oder als Bogenkonstruktionen aus Backstein hatten sie im landwirtschaftlichen Bauen des Quattrocento schon eine Rolle gespielt. Auch in der Landwirtschaftsliteratur wurden Vorhallen für landwirtschaftliche Gebäude genannt und empfohlen. Serlio hatte in den – allerdings nicht veröffentlichten – Villendarstellungen seines Buches VI bereits systematisierte Anlagen mit Vorhallen gezeichnet. Palladio führte in seinen Bauten und besonders in den Darstellungen der „Quattro libri" Anlagen mit Säulen und geradem Gebälk oder Rundbogenreihungen von systematisierten Hofanlagen aus. In mehreren Fällen sind Nebengebäude allerdings nicht nach der Darstellung in den „Quattro libri" realisiert worden. In einigen, etwa bei den stadtnahen Villen Pisani in Montagnana oder Cornaro in Piombino Dese, wurden auch nur die Herrenhäuser dargestellt.

Den Bauherren und dem gestaltenden Architekten Palladio ging es bei den Gesamtanlagen nicht um ein formal einheitliches Konzept oder gar ein Schema. Vielmehr bemühte sich Palladio auch im Sinne eines Eingehens auf die Landschaft und die

Andrea Palladio, Villa Pisani in Bagnolo, um 1540, rechteckiger Hof vor der Villa, in den „Quattro libri“, 1570

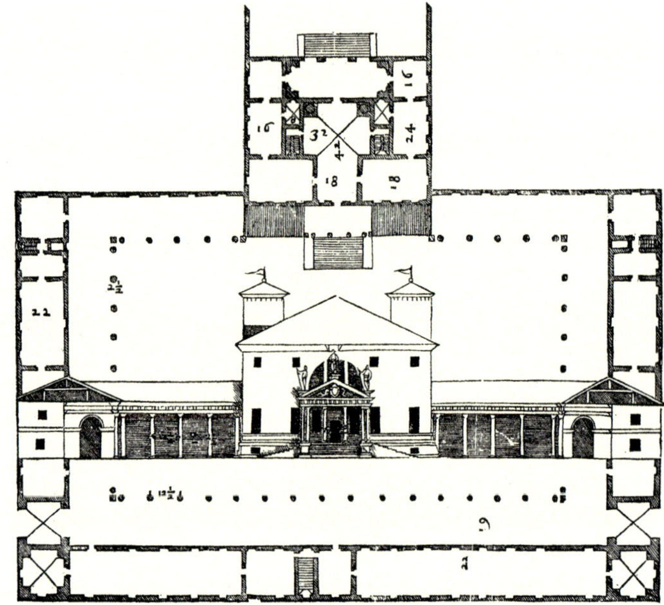

jeweiligen Gegebenheiten, zu unterschiedlichen formalen Ausprägungen zu kommen. Anfangs, in den 1540er Jahren, waren es um rechteckige Höfe liegende Barchessen mit Vorhallen. Dann legte er in den 1550er Jahren viertelrunde Barchessen mit Vorhallen an; hier liegt es nahe, die Vorhalle der Villa des Plinius des Jüngeren in Form eines D als Vorbild zu sehen. Auch gerade ausgestreckte Barchessen mit Vorhallen zuseiten des Herrenhauses sind erhalten. Die Barchessenvorhallen hat er mit Säulenstellungen und geradem Gebälk ebenso wie mit Pfeilern und Arkaden ausgebildet.

Vermutlich wollte er zwar Ausführungen Schritt für Schritt ermöglichen, immer lag ihm aber an der Vollendung eines vorher entworfenen Ganzen, wenngleich er dessen Realisierung vielfach nicht hat durchsetzen können. Die Veröffentlichung in den „Quattro libri“ war ihm offenbar ein Instrument, um die Fertigstellung doch noch zu propagieren und zu erreichen.

In manchen Villendarstellungen ging er nicht nur zeichnerisch, sondern daneben auch in den textlichen Beschreibungen auf die Villengesamtanlage ein. Schon von der Villa Pisani in Bagnolo, um 1540, hieß es: „Zu beiden Seiten des Hofes befinden sich die Stallungen, die Keller, Kornspeicher und Ähnliches zum Nutzen der Villa“,[117] von der Villa Saraceno, um 1548: „Auf der einen wie der anderen Seite finden sich

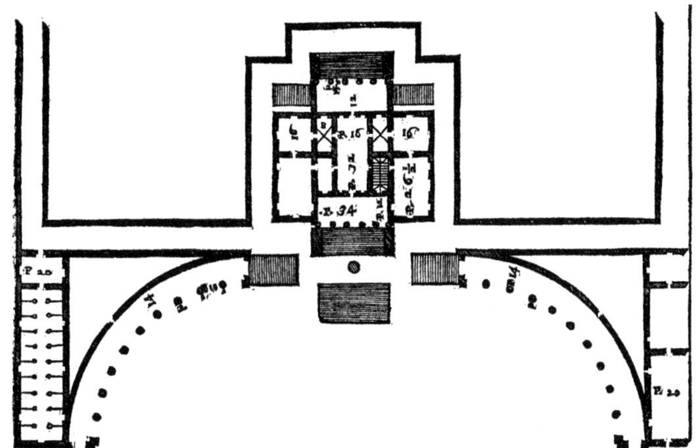

Andrea Palladio, Villa Badoer in Fratta Polesine, nach 1554, Grundriss der viertelrunden Barchessenarme in den „Quattro libri", 1570

die für den Betrieb der Villa nötigen Gebäude."[118] Die bis auf das Herrenhaus, das durch ein neues Gebäude ersetzt wurde, noch erhaltene Gesamtanlage der Villa Angarano, um 1548, wurde so beschrieben: „In den Seitentrakten des Hofes befinden sich die Keller, Kornspeicher, Plätze zur Herstellung des Weines, Plätze für den Verwalter, Ställe, der Taubenschlag und, weiter draußen, auf der einen Seite der Hof für den Wirtschaftsbetrieb, auf der anderen ein Garten."[119] Von der Villa Barbaro, um 1554, wo die Gesamtform noch erhalten ist, wurden die Seitenarme beschrieben: „An den Flanken finden sich die Loggien, die oben ein Taubenhaus haben. Darunter befinden sich Räume zum Weinmachen, die Ställe und die anderen Plätze zum Nutzen der Villa."[120] Von der Anlage der Villa Thiene in Cicogna, um 1556, von der nur noch eine Barchessa steht, hieß es: „In einem der Gebäude zur Seite des Hofes befinden sich die Keller und Kornspeicher, auf der anderen Seite die Ställe und die Wirtschaftsräume. Die beiden Loggien, die wie Arme vom Hauptgebäude ausgehen, sollen den Sitz des Hausherrn mit den Wirtschaftsgebäuden der Villa verbinden."[121] Die genannten Baulichkeiten der Villa Emo, um 1556, stehen noch: „Die Keller und Getreidespeicher, die Ställe und anderen zur Villa gehörigen Räumlichkeiten liegen zu beiden Seiten des Herrenhauses. An ihrem Ende gibt es zwei Taubenhäuser zum Nutzen des Hausherrn und zum Schmuck des Platzes."[122] Nutzen und Schmuck versuchte Palladio in den Gesamtanlagen zu verbinden.

In vier Fällen ging Palladio einer Neigung nach, eine Gesamtanlage zu schaffen, in der nicht ein einzelnes Herrenhaus den Zusammenhang dominierte. Dabei spielten vermutlich nach seinen Romreisen Vorstellungen von einer antiken Hausanlage eine Rolle. Außerdem ist anzunehmen, dass in diesen Fällen auch die Hausherren und

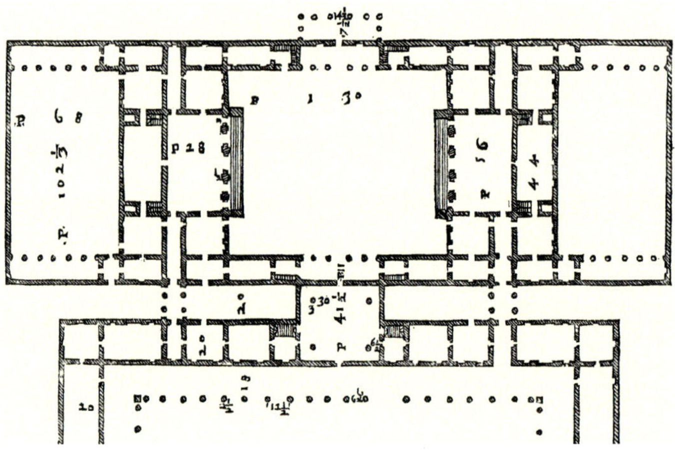

Andrea Palladio, Villa Thiene in Quinto, um 1545, Grundriss nach dem Vorbild antiker Hausanlagen in den „Quattro libri“, 1570

Auftraggeber die antiquarischen Neigungen Palladios teilten und solche Entwürfe ausdrücklich begrüßten. Es geht um die Villenprojekte Thiene in Quinto, um 1545, Mocenigo sopra la Brenta, um 1554, Repeta, um 1557, und Sarego in Santa Sofia, um 1565. Alle sind in den „Quattro libri“ publiziert worden, sodass wir dadurch wissen, dass Palladio diese Entwürfe besonders schätzte. Aber keines der Projekte ist vollendet worden, sodass wir die in den „Quattro libri“ veröffentlichten als die gültigen Entwürfe nehmen müssen.

In allen diesen Fällen hat Palladio Anlagen mit verschiedenen Gebäudegruppen um einen zentralen Hof herum entworfen, an die noch weitere Höfe stoßen konnten. Die Villa Thiene in Quinto sollte zwei dominierende Herrenhäuser einander gegenüber an einem quadratischen Hof liegend haben. Für die Villa Mocenigo sopra la Brenta wurden vier Gebäudeflügel mit eigenen kolossalen Portiken um einen quadratischen Hof mit Säulenvorhallen gelegt. Im Falle der Villa Repeta sollten nur drei niedrige Flügel um einen Hof mit Säulen liegen, weil ein älteres Herrenhaus außerhalb noch vorhanden war. In der Villa Sarego wurden drei Flügel um einen Hof mit kolossalen Rustikasäulen gelegt. Vermutlich war die antike Hausanlage um ein Peristyl herum das Vorbild für diese Projekte. Alle Beispiele waren jedoch in unterschiedlichen Ordnungen und Einzelformen instrumentiert. Bezeichnend ist, dass Palladio auf die beiden Villenkapitel XIV und XV im zweiten Buch eines mit dem Titel „Della casa di villa de gli antichi“, von der Villa der Alten, folgen ließ, das eine Gebäudeanlage um einen rechteckigen Hof mit Säulengängen darstellt und beschreibt.[123] Leider sind nur wenige dieser Anlagen erhalten. Von der Villa Thiene wurde nur ein Teil eines der beiden Hauptbauten ausgeführt. Von der Villa Mocenigo wurde noch

Verschiedene Architekten, darunter anfangs Andrea Palladio, Villa Contarini, 16.–18. Jahrhundert, Zentrum des Ortes Piazzola

weniger realisiert und dieses später beseitigt. Die Villa Repeta wurde ebenfalls nur teilweise vollendet und das Fertiggestellte nach einem Brand abgerissen. Von der Villa Sarego existiert nur die ausgeführte eine Hälfte des geplanten Projektes. Offensichtlich haben nach den hochfliegenden antiquarischen Interessen dann doch wieder die realen Bedürfnisse die Ausführung bestimmt.

Die formale Vereinheitlichung von Villengesamtgestaltungen ist von den Bauherren offenbar noch über Palladio hinaus für mehrere Jahrhunderte angestrebt worden. Der weiter benutzte Band der „Quattro libri“ mag dafür den Anstoß gegeben haben. Besonders auffällig sind Villengesamtanlagen, aus denen ganze Ortschaften entstanden sind.

Die Familie Contarini, die sich rühmen konnte, acht Dogen und 44 Prokuratoren gestellt zu haben, hatte den Kern ihres enormen Grundbesitzes von den Carrara, den ehemaligen Herren der Stadt Padua, übernommen. 1546 begann sie die Villenanlage in Piazzola mit dem Bau von Palladio und baute sie im 17. und dann bis ins 20. Jahrhundert systematisch zu der Grundstruktur aus, die heute die Ortschaft Piazzola ausmacht.[124]

Die Familie Barbarigo, die ebenfalls mehrere Dogen gestellt hat, ließ sich inmitten eines großen Grundbesitzes 1588 von einem unbekannten Baumeister ein eindrucksvolles Herrenhaus errichten, das von ausgedehnten Nebengebäuden einer monumentalen Villengesamtanlage umgeben wurde, die heute den Kern der Ortschaft Noventa Vicentina bilden. Das Herrenhaus ist das Rathaus, zwei vielachsige Barchessen, deren Vorhallen von gewaltigen toskanischen Säulen gestützt werden, flankieren

Unbekannter Architekt, Villa Barberigo, um 1588, das Herrenhaus ist heute Rathaus, die Villengesamtanlage Kern des Ortes Noventa Vicentina

den heutigen Hauptplatz der Stadt. In den Räumen des Rathauses stellen die Fresken bis heute die Heldentaten der Dogen und Feldherren der Familie dar. [125]

Das Interesse am Herrenhaus solcher Anlagen hatten jedoch in den meisten Fällen den Vorrang vor den landwirtschaftlichen Anlagen. In vielen Fällen, auch gerade bei den Projekten von Palladio selbst, sind nur die Herrenhäuser und Hauptbauten realisiert worden. Landwirtschaftliche Funktionsbauten älteren Ursprungs blieben erhalten. Geplante landwirtschaftliche Bauanlagen wurden, meist aus finanziellen Gründen, nur zum Teil oder gar nicht ausgeführt.

Die Palladianisten, von Vincenzo Scamozzi bis Ottavio Bertotti Scamozzi, richteten ihr Hauptinteresse – angeregt von Palladios Villa Rotonda, anscheinend ohne Nebenbauten – ebenfalls bereits auf die Herrenhäuser. Das äußert sich schon in den palladianistischen Erstlingen der Villa Rocca Pisani oder der Villa Molino von Scamozzi, bei denen die Nebengebäude wie bei der Rotonda beiseitegerückt wurden. Das wird besonders deutlich in den als Palladio-Rekonstruktionen ausgegebenen Zeichnungen von Bertotti Scamozzi. Die gesamteuropäischen und nordamerikanischen Palladio-Übernahmen hatten kein Interesse an der architektonischen Einbeziehung landwirtschaftlicher Nutzbauten bei Gebäuden mit anderen Funktionen als denen der Villa. In Nordamerika galt dies schon für die Villa-Herrschaftsbauten der Südstaaten, aber dann besonders auch für Kapitolsbauten und Präsidentenhäuser der Vereinigten Staaten.

Diese Entwicklung des Palladianismus hat sich natürlich auch auf die unter dessen Eindruck stehende neuere Palladio-Forschung ausgewirkt, bis hin in die Villenmodelle des „Centro Internazionale di Studi di Architettura Andrea Palladio“, die sich meist auf das Herrenhaus konzentrieren. Auch heute gilt das Interesse der Villenführer und der meisten Villenbesucher in erster Linie den Herrenhäusern der Palladio-Villen. Das Streben des Architekten und auch das seiner Bauherren, wie die späteren Planungen, die sich auf eine formale Einheit der Gesamtanlage eines landwirtschaftlichen Villenbetriebes richteten, haben sich weder im Veneto noch darüber hinaus in Europa oder Nordamerika durchgesetzt. Umso interessanter sind deren Ansätze im Werk Palladios und in der Region des Veneto.

Baukörper der Herrenhäuser, Fassaden, Freitreppen, Portiken

Über die Baukörper der Herrenhäuser innerhalb dieser Villenanlagen schrieb Palladio in den „Quattro libri“ nichts, dafür ließ er die zeichnerischen Darstellungen sprechen. In seinem Meisterstück, der Villa Trissino in Cricoli, um 1537, übernahm Palladio den Baukörper des Vorgängerbaus aus dem Quattrocento, ein Gebäude über querrechteckigem Grundriss mit vier Ecktürmen. Dabei lernte er auch das Element der Ecktürme kennen, das – aus dem Kastellbau stammend – offenbar geläufig war als Zeichen feudaler Herrschaft. In dieser Bedeutung wurden allgemein auch die Eckrisalite beim Typ der „Portico-Villa“ oder „Portico- und Loggia-Villa“ in den Provinzen Verona und Vicenza eingesetzt. Palladio veränderte in diesem Fall nur den Mittelteil zwischen den Ecktürmen der vorderen Fassade, setzte dabei aber die Ecktürme als Herrschaftsmotiv ein. Dies wiederholte er später bei der Konzeption für die zum Fluss gerichtete Fassade der Villa Pisani in Bagnolo, um 1540; bei dieser ist nicht genau bekannt, ob er sie hier von einem Vorgängerbau übernommen hat. Auch hier stehen sie als überkommenes Herrschaftsmotiv. Er demonstrierte den Entwurf auch in den „Quattro libri“; die flusswärts gewandte Fassade erscheint zwar nicht, aber die Türme überragen den Bau und werden so auf der anderen Seite sichtbar. In weiteren Entwürfen kommt das Turmmotiv nur noch selten vor, wie etwa bei der Villa Thiene in Cicogna, um 1556, oder der Villa Valmarana in Lisiera, um 1563. Als Colombaia, Taubenturm, klingt das Motiv gelegentlich aber auch weiterhin an exponierten Stellen der Villengesamtanlagen an, etwa bei der Villa Barbaro, 1554, der Villa Emo, 1556, oder auch noch der Villa Sarego in Santa Sofia, um 1565.

In seiner Frühzeit experimentierte Palladio offensichtlich mit variablen Formen von Baukörpern für seine Villenherrenhäuser; außer dem Erstling, der Villa Godi, hielt er diese frühen Bauten später aber nicht für in den „Quattro libri“ publizierbar. Die zweieinhalb Geschosse der Villa Godi hatten noch keinen kompakten geometrischen Grundriss. Der ursprüngliche Baukörper der Villa Piovene ist nicht mehr genau zu

Andrea Palladio, Villa Saraceno in Finale di Agugliaro, um 1548. Der Baukörper des Herrenhauses wurde erstmals schulbildend.

bestimmen. Der der Villa Valmarana näherte sich erstmals einer knapp umrissenen Form über quadratischem Grundriss. Die Villa Forni hatte einen querrechteckigen Grundriss, ebenso die Villa Gazzotti. Aber noch der Baukörper der Villa Pisani in Bagnolo hatte keine stereometrische Form. Danach wurde diese innerhalb der Villengesamtanlagen aber kennzeichnend für Palladios Villenherrenhäuser.

Wichtig waren die Bauformen – außer den Ecktürmen –, mit denen Palladio solche Baukörper instrumentierte. Bei der Villa Godi setzte er Freitreppe zum Hauptgeschoss und dreibogige Öffnung noch ohne Giebel ein. Bei der Villa Valmarana erscheinen Freitreppe, Serliana und erstmals ein Mittelgiebel. Bei der Villa Forni erneut Freitreppe, Serliana und Mittelgiebel. Bei der Villa Gazzotti wieder Freitreppe, drei Rundbogen und Mittelgiebel.

Erst danach formulierte Palladio einen Typ von Baukörper, der charakterisiert ist durch kompakten querrechteckigen oder quadratischen Grundriss, Freitreppe, drei Rundbogen und Mittelgiebel. Schon die Villa Pisani, um 1540, erhielt eine Fassade

Andrea Palladio, Villa Angarano in Angarano, nach 1548, nicht erhaltenes Herrenhaus in den „Quattro libri“, 1570

mit drei Rundbogen und Mittelgiebel. Deutlich verkörpert ist dieser Typ dann in den Villen Saraceno, um 1548, und Caldogno, um 1548. In der Villa Poiana, nach 1546, erscheint statt der Rundbogen allerdings als Variante die Serliana. Der Bautyp mit Rundbogen scheint offenbar erstmals vorbildhaft geworden zu sein, denn der venezianische Bauherr Zeno ließ danach 1554 seine Villa in Cessalto ausführen. Außerdem nahm Bauunternehmer Domenico Groppino diesen Typ als Muster für eine Variante, die Villa Paolina Porto in Torri di Quartesolo, um 1570.[126] Sowohl vicentinische als auch venezianische Aristokraten akzeptierten diesen Herrenhaus-Bautyp offenbar schon als vorbildlich, bevor es zur Ausbildung der später für den Palladianismus schulbildenden palladianischen Baukörper mit den Portikus-Instrumentierungen kam.

Auch mit den neuen Baukörperformen experimentierte Palladio zunächst: Es gibt anfangs den kompakten Solitär über rechteckigem/quadratischem Grundriss, dessen gesamte Herrenhausfront als Portikus mit Freitreppe und Giebel ausgebildet ist, wie in dem unausgeführten Herrenhaus des Palladio-Gönners Angarano, um 1548. Etwas Ähnliches findet sich auch noch später bei der Villa Barbaro, nach 1554. Dann entstehen die doppelstöckigen – mit zwei Hauptgeschossen versehenen – Herrenhäuser der Venezianer Pisani und Cornaro in Montagnana und Piombino Dese, um 1552: Sie erhielten nach vorn und hinten einen übergiebelten Mittelportikus, der zweistöckig war, bei der Villa Pisani mit vier, bei der Villa Cornaro mit sechs Säulen. Später zeigen die „Quattro libri" auch im Entwurf für die Villa Mocenigo in Marocco, um 1554, und im Entwurf für die Villa Valmarana in Lisiera, um 1563, einen zweistöckigen Mittelportikus mit sechs Säulen. In einem Fall, der geplanten, aber nur halb ausgeführten Villa Sarego in Miega, um 1562, sollte ein doppelstöckiger Portikus sechs Säulen haben, die äußeren Säulen waren aber als Doppelsäulen vorgesehen.

Aus solchen Erstformen entstand zu Anfang der 1550er Jahre ein kompakter Baukörper, der nach vorn einen übergiebelten Mittelportikus mit Kolossalsäulen über einer Freitreppe präsentierte. Daraus entwickelte sich der vorbildhafte palladianische Baukörper, der über Jahrhunderte die palladianistische Baukunst bestimmte. Er erschien – in den „Quattro libri" – zuerst im vermutlich unausgeführten Entwurf für

Andrea Palladio, Villa Ragona, um 1555, nicht ausgeführte Darstellung in den „Quattro libri", 1570

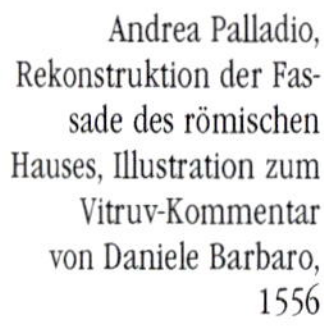

Andrea Palladio, Rekonstruktion der Fassade des römischen Hauses, Illustration zum Vitruv-Kommentar von Daniele Barbaro, 1556

die Villa Ragona, um 1555: ein Baukörper über quadratischem Grundriss mit Sockelgeschoss, Hauptgeschoss und Mezzanin, vor dessen Fassade eine Freitreppe und ein Mittelportikus mit vier Kolossalsäulen und Tempelgiebel traten.

Ein übergiebelter Mittelportikus mit sogar acht korinthischen Kolossalsäulen erschien außerdem in der von Palladio gezeichneten Rekonstruktion eines römischen Hauses in Daniele Barbaros Vitruv-Kommentar, der im Jahre 1556 herauskam. Damit erhält diese typisch palladianische Bauform des übergiebelten Mittelportikus, und zwar in den Varianten vom viersäuligen ionischen bis zum achtsäuligen korinthischen Portikus, eine genauere Datierung: vor dem Jahr 1556.

Der Mittelportikus mit Freitreppe, Kolossalsäulen und Tempelgiebel wurde – allerdings erst seit dieser Zeit in der Mitte der 1550er Jahre – zum palladianischen Markenzeichen. Er konnte aus vier bis acht Säulen bestehen, meist mit Betonung des mittleren Interkolumniums. Erst dieser Typ von Baukörper mit übergiebeltem Mittelportikus und Fassadenseitenteilen von einer oder mehreren Achsen avancierte zum Prototyp des Palladianismus. Die Formen der Freitreppen konnten allerdings variieren. Hauptcharakteristikum für die Vorformen wie für den sich bildenden Bautyp ist – worauf Lionello Puppi immer wieder hinwies –, dass der Tempelgiebel, der in der griechischen Antike sakralen Gebäuden vorbehalten war, hier auf private Villenbauten übertragen wurde. Einen Vorläufer gab es für solche Giebel über dem zweigeschossigen Mittelrisalit eines Villenherrenhauses bei der Villa Giustinian in Roncade, um 1510. Aber auch schon die um 1480 von Giuliano da Sangallo errichtete Medici-Villa in Poggio a Caiano wies einen übergiebelten Mittelportikus auf. Sowohl die Architekten dieser Vorläufer als vor allem auch Palladio selbst reagierten damit darauf, dass sie schon Tempel-Pronaus- und -Portikusformen an Bauten der privaten Villenarchitektur der Antike beobachtet hatten.

Die Baukörper weiterer Villenherrenhäuser von Palladio lassen sich diesem Prototyp zuordnen. Viersäulige Mittelportiken bildeten nun die Entwürfe für die Villen Chiericati Porto, um 1554, Porto, um 1554, Thiene in Cicogna, um 1556, oder Emo, um 1556, aus.

Sechssäulige Mittelportiken erschienen in den „Quattro libri" schon für den vermutlich nachträglich für die Publikation vervollkommneten, unausgeführten Entwurf der Villa Thiene in Quinto, um 1545. Ähnlich scheint es sich zu verhalten bei dem ebenfalls nachträglich vervollkommneten und unausgeführten Entwurf der Villa Mocenigo sopra la Brenta, um 1554. Ausgeführt wurden sechssäulige Mittelportiken dagegen bei den Villen Badoer, nach 1554, Foscari, um 1554 oder Grimani, um 1557. Diese Villenherrenhäuser präsentieren sich noch heute in klassischer palladianischer Form.

Andrea Palladio, Villa Badoer in Fratta Polesine, nach 1554. Der Baukörper des Herrenhauses präsentiert sich mit palladianischem sechssäuligem Portikus zwischen viertelrunden Barchessenarmen.

Zur Grundform des klassischen palladianischen Mittelportikus mit vier oder sechs Kolossalsäulen gehörte, dass er vor die Fassade des Baukörpers vortrat und dahinter ein Vorhallenraum entstand. In einem erhaltenen Fall, bei der Villa Foscari, nach 1554, hat Palladio in die dabei entstehenden seitlichen Öffnungen eine weitere Säule gestellt, wie dies vergleichbar beim Portikus des Pantheon geschehen ist. In mehreren anderen Fällen hat Palladio die seitlichen Öffnungen jedoch mit einer Wand geschlossen, die sich in einem Rundbogen öffnet. So schon bei dem doppelstöckigen Portikus der Villa Cornaro in Piombino Dese, um 1552, und auch bei der Villa Chiericati Porto, um 1554, oder der Villa Porto, um 1554.

Zwei spätere Entwürfe für Villenherrenhäuser traten dann aber über den geläufigen Herrenhaustyp Palladios hinaus, bei der ausgeführten Villa Rotonda, um 1566, und der Villa Trissino in Meledo, um 1566, die nicht realisiert worden ist. Beide hielt Palladio für so wichtig, dass er sie in den „Quattro libri“ veröffentlichte. In beiden Fällen war die besondere Form eines Herrenhauses als Zentralbau mit vier Portiken vorgesehen. Die Villa Rotonda erschien ohne weitere Bauten einer Gesamtanlage nur als Herrenhaus. Die Villa Trissino sollte eine besonders aufwendige Gesamtanlage haben mit rechteckigen und viertelrunden Säulenvorhallen, die auf das Herrenhaus zuführten.

Das Herrenhaus der Villa Rotonda hat einen Baukörper über quadratischem Grundriss, dem eine überkuppelte Rotunde eingeschrieben ist. Diesem Baukörper wird nicht nur in eine Richtung ein Mittelportikus vorgelegt, sondern allen Fassaden in alle vier Richtungen. Es ist jeweils der gleiche klassische Portikus mit gerader Frei-

Andrea Palladio, Villa Almerico in Vicenza, „La Rotonda“, nach 1566. Der Baukörper über quadratischem Grundriss bildet nach allen vier Seiten einen Portikus aus.

treppe, sechs Kolossalsäulen mit breiterem Mittelinterkolumnium, darüber Tempelgiebel und an den Seiten Rundbogen.

Das Herrenhaus der Villa Trissino hätte eine kompliziertere Form erhalten. Zwar lagen auch hier das Grundrissquadrat und die überkuppelte Rotunde sowie Portiken in alle vier Richtungen dem Entwurf der Struktur zugrunde, aber es sollte das Herrenhaus dann doch auf die Vorhallen an der einen Seite ausgerichtet werden. Deshalb erhielt der Baukörper einen querrechteckigen Grundriss. Die Portiken nach vorn und hinten sowie zu den Seiten unterschieden sich in der Form der Freitreppen.

Auch wenn Palladio bewusst gewesen sein muss, dass er mit diesen beiden Inventionen von Baukörpern für Villenherrenhäuser und ihrer Instrumentierung Höhepunkte geschaffen hat, kommt dies in seinen bescheiden sachlichen Beschreibungen nicht zum Ausdruck.

Über diese Formen von Varianten des übergiebelten Mittelportikus hinaus verdienen aber die Relikte des letzten unausgeführten Portikus der Villa Porto von 1572 eine Erwähnung. Hier scheinen sich der Bauherr Iseppo da Porto und Palladio eine weitere, alle anderen übertreffende Variante vorgestellt zu haben: einen Portikus mit zehn korinthischen Säulen von erheblichen, die anderen übertreffenden Dimensionen. An der Zahl der Säulen übertrifft dieser Portikus sowohl alle anderen Palladio-Villen und die Rekonstruktion des römischen Hauses aus dem Vitruv-Kommentar von 1556 als auch den Portikus des Pantheon. Es ist zu vermuten, dass Bauherr und Architekt sich in diesem Falle den ersten Portikus des Pantheon mit zehn korinthischen Säulen zum Vorbild für ihr nicht zu Ende geführtes Projekt genommen hatten.

Pedemuro-Werkstatt, Umbau der Villa Trissino in Cricoli, um 1537. Der Mittelteil ist nach den Vorbildern von Falconettos „Loggia" und Serlios Fassadenansicht antikisch dekoriert.

Antike Elemente und Ordnungen der Herrenhäuser und Barchessen

Über die fünf Säulenordnungen der Renaissance, die uns heute geläufig sind, bestand in der ersten Hälfte des 16. Jahrhunderts noch keine Klarheit. Vitruv hatte über die Säulenordnungen der Antike seinerzeit in den zehn Büchern Unklares hinterlassen. Dies wurde seit Alberti ausdrücklich bemerkt. Seit dessen Schriften wurde versucht, durch Vergleich zwischen Vitruvs Text und den erhaltenen antiken Bauten Klarheit darüber zu schaffen. Dabei ging es keinesfalls nur um verschiedene Säulen- und Kapitellformen, sondern um die verschiedenen Proportionssysteme, die den Ordnungen entsprachen. In der Zeit von Serlios 1537 erschienenem Band über die antiken Ordnungen, von Barbaros und Palladios Vitruvkommentar, 1556, von Vignolas Lehrbuch über die fünf Ordnungen, 1562, und Palladios „Quattro libri", 1570, entstand diese Verabredung über fünf Säulenordnungen als Setzung der Renaissance, wurde danach in vielen Sprachen verbreitet und bestimmte die abendländische Baukunst bis zum Ende des Historismus. Palladio behandelte die einzelnen Ordnungen in fünf Kapiteln seines Buches I. Aber er musste nicht mehr, wie die Vitruv-Kommentatoren und seine Vorgänger Serlio und Vignola, eine Tafel mit der Gegenüberstellung der fünf verschiedenen Ordnungen zeichnen.

Wie das gesamte zeichnerische und gebaute Werk Palladios wurden auch seine Villenbauten von dieser zunehmenden Klarheit über die für die Renaissance gültigen Proportionssysteme der fünf (Säulen-)Ordnungen bestimmt. Sie hatte erst eingesetzt, als Serlios Werk von 1537 erschienen war. Palladio, noch in der Pedemuro-Werkstatt tätig, lernte dies offenbar unmittelbar nach dem Erscheinen kennen und vertiefte die neuen Kenntnisse darüber im Kontakt mit Giangiorgio Trissino. Sein Meisterstück, der Umbau des Mittelteils der Villa Trissino unter den Augen Trissinos, um 1537, war in erster Linie eine Erprobung der Anwendung von Proportionen antiker Ordnungen. Der Bau ist noch kaum mehr als eine Etüde in der Behandlung des Mittelteils der Fassade nach den Vorbildern einer Serlio-Zeichnung und des Falconetto-Baus der „Loggia" in Padua. Der theoretische Lehrmeister Trissino ließ den jungen Steinmetzpraktiker eine Fassade mit einem Renaissancedekorationssystem ausstatten, dessen ursprüngliches Vorbild ein Raffael-Entwurf war.

Vermutlich befasste sich Trissinos Akademie, an der ein Kreis vicentinischer Bauherren teilnahm, in dieser Zeit mit solchen Themen. Als Palladio seinen ersten Villenauftrag aus diesem Kreis erhielt, hatte er sich in der Anwendung antiker Proportionssysteme zu bewähren, ohne dass er schon antike Bauten außer den in Padua, Vicenza und Verona erhaltenen kannte. Mit dem Bau der Villa Godi, um 1537, hatte er die Architektur eines ganzen Villenkomplexes zu bewältigen nach Lage, Herrenhaus, seitlichen Anbauten und Raumkonzeption. Später konnte er einiges daran ergänzen, die Ausmalung vorbereiten und das Ganze für die Veröffentlichung von 1570 in eine Gesamtanlage versetzen. Man merkt dem Erstling an, dass es dafür keine Vorbilder gab, wie ganz anders vorher für den Umbau der Villa Trissino. Palladio verhielt sich überaus zurückhaltend in der Anwendung antiker Elemente. Die Rundbogenöffnungen neben der Freitreppe und die drei Rundbogen der Eingangsloggia im Hauptgeschoss sind die wenigen an Antikisches erinnernden Formen. Allenfalls die Konsolen unter dem Dachgesims haben ebenfalls antikischen Charakter. Die Fenster der beiden Geschosse und des Mezzanin sind dagegen einfache rechteckige Öffnungen. Vielleicht ist dies der Grund, weshalb Palladio später den Mittelrisalit der Sala nach hinten mit einer antikischen Serliana bereichert hat.

1540 erschien dann Serlios Band über die antiken Bauten Roms, und 1541, 1545 und 1547 machte Palladio mit Trissino seine ersten Romreisen, um durch genaues Studium tiefer in die Proportions- und Dekorationssysteme der römischen Antike einzudringen. Gleichzeitig intensivierte er seine Kenntnis der Zeichnungen Serlios und der Bauten Falconettos, Giulio Romanos, Sanmichelis und Sansovinos in Norditalien sowie der Renaissance-Architekten in Rom. Dies wirkte sich auf die Entwicklung seiner Villenbauten im Laufe der 1540er Jahre aus.

Anfangs blieb er weiter zurückhaltend in der ausdrücklichen Verwendung antikischer Elemente. Bei der Villa Valmarana, um 1541, und der Villa Forni, um 1541, waren es vor allem die Formen der Serliana und der Giebel sowie ausgeführte Fensterrahmen.

Bei der Villa Gazzotti, 1542, trat dann über die drei Rundbogengiebel und Fenstergiebel hinaus eine Pilasterordnung auf, die auf Sockeln steht und ein profiliertes Gesims trägt, deren Ordnung allerdings noch sehr unbestimmt ist. Bei der Villa Pisani, nach 1540, ist die Rundbogenloggia mit Pilastern in Rustika ausgeführt, und gegenüber tritt ein antikisches Thermenfenster auf.
In den „Quattro libri" wird bei Barchessenbauten der früheren Villen nicht deutlich, welche Ordnungen Palladio für sie entworfen hat. Vermutlich gab es bereits die Praxis aus Backstein gemauerter Rundbogen. Solche Rundbogen erscheinen bei den Barchessenansätzen der Villa Godi. Für die Villa Pisani in Bagnolo wurden dagegen erstmals dorische Stützen mit geradem Gebälk eingesetzt; davon berichtete auch Vasari. Bei den weiteren Bauten, soweit sie in den „Quattro libri" erscheinen, sind nun rechteckige Höfe mit Barchessenvorhallen die Regel, die toskanische oder dorische Stützen mit geradem Gebälk haben. Palladio setzte nach seinen Rombesuchen offenbar eine kleine toskanische oder dorische Ordnung für die Vorhallen landwirtschaftlicher Bauten ein und fuhr damit auch bei weiteren Villengesamtanlagen fort. Sie erscheinen als Zeichnungen in den „Quattro libri". Ausgeführt sind sie besonders charakteristisch bei der Villa Angarano, um 1548. Nach 1550 konstruierte er dann die viertelrunden Arme von Barchessenvorhallen, wie bei der Villa Badoer, um 1554. In einigen Fällen, wie bei der Villa Barbaro, um 1554, bestanden die Barchessenvorhallen aus Rundbogen.
Für die Herrenhäuser hatte Palladio drei Rundbogen, wie bei der Villa Godi und dann der Villa Pisani, in Rustika als Portale eingesetzt, die er auch für die Villen Saraceno, um 1548, Caldogno, um 1548, oder Zeno, um 1554, entwarf und ausführte, variiert mit einer Serliana für die Villa Poiana, um 1546.
Erst durch die Arbeit mit Daniele Barbaro am Vitruv-Kommentar verschaffte Palladio sich offenbar völlige Klarheit über antikische Elemente, Ordnungen und Systeme, soweit diese in der Renaissance zu gewinnen war. Charakteristisch ist dafür seine Zeichnung vom römischen Privathaus im Vitruv-Kommentar (Abb. S. 138).
Mit dem unausgeführten Entwurf der Villa Ragona, um 1555, und danach immer häufiger erschien als Eingang der Herrenhäuser der übergiebelte Mittelportikus mit Kolossalsäulen. Für die Villen Pisani in Montagnana, um 1552, und Cornaro in Piombino, um 1552, waren Herrenhäuser entstanden, die einen doppelgeschossigen Portikus ausbildeten. Hier verwandte Palladio nun akzentuiert mehrere Säulenordnungen: bei der Villa Pisani unten dorische Säulen und dorisches Gesims, darüber ionische Säulen und ionisches Gesims, bei der Villa Cornaro unten ionische Säulen, oben korinthische Säulen. Offensichtlich kannte er jetzt auch die Superposition der römischen Antike am Kolosseum, die die dorische, ionische und korinthische

Säulenordnung übereinanderstellte. Charakteristisch wurde seit der Mitte der 1550er Jahre der Mittelportikus mit Freitreppe, Kolossalsäulen und Tempelgiebel in ionischer Ordnung. In den späten 1560er Jahren erst erfand Palladio mit der Rotonda dann den Zentralbau, dem solche Portiken in alle vier Richtungen vorgelagert waren.

In den „Quattro libri" von 1570 widmete Palladio einen Teil des ersten Buches den fünf Säulenordnungen, mit deren Details er zu dieser Zeit völlig vertraut war. Im Kapitel XII „Von den fünf Säulenordnungen, welche die Alten benutzten", das die Kapitel zu den einzelnen Säulenordnungen zusammenfassend einleitet, machte er klar, er werde „die Maße einer jeden (Ordnung) gesondert angeben, nicht nur inwieweit Vitruv uns darüber unterrichtet, sondern auch anhand dessen, was ich selbst an den antiken Bauwerken beobachtet habe".[127] Im Text wies er dann mehrfach darauf hin, wie die Praxis der Griechen und der Römer gewesen sei, auch mit Nennung von beispielhaften Bauwerken, und wie die neuere Praxis sich teilweise davon unterscheide. Dadurch wird mit diesem Text klar, dass es sich nicht um feststehende Vorschriften handelte.

Das Kapitel XII gibt aber doch einige grundsätzliche Regeln der Setzung durch die Renaissance: „Fünf Ordnungen sind es, deren die Alten sich bedienten, nämlich die toskanische, die dorische, die ionische, die korinthische und die komposite. Diese muss man an den Bauten so setzen, dass die stärkste zuunterst steht, weil sie am besten geeignet ist, Lasten zu tragen [...]. So setzt man immer die dorische unter die ionische, die ionische unter die korinthische und die korinthische unter die komposite Ordnung."

In diesem Kapitel fällt auch eine wichtige Bemerkung über die toskanische Ordnung und ihre Verwendung beim Villenbau: „Die toskanische verwendet man, weil sie von derbem Charakter ist, selten in einem Obergeschoss, außer bei Bauten mit nur einer Ordnung, etwa als Schmuck einer Villa."[128] Dies kann sich nur auf die Nebengebäude an den Höfen einer Villa beziehen.

Ausführlich ging Palladio im Kapitel XIII „Von der Schwellung und der Verjüngung der Säulen, von den Interkolumnien und den Pfeilern" auf Elemente ein, die seit den 1550er Jahren in seiner Villenarchitektur eine Rolle spielen, obwohl hier die Villa selbst nicht genannt wird. Er erwähnte dabei ausdrücklich das Thema des mittleren Interkolumniums: „In der Front des Gebäudes sollen die Säulen immer paarig stehen, um in der Mitte ein Interkolumnium zu haben, welches man manchmal größer als die anderen macht, damit Tore und Eingänge, die man in die Mitte zu setzen pflegt, besser zu sehen sind."[129] Ein Satz, der wirkt wie programmatisch formuliert für die palladianische Architektur seit etwa 1550 und für den später folgenden Palladianismus.

Für die einzelnen Ordnungen erklärte Palladio obenhin die Herkunft ihres Namens, gab aber nur für die toskanische Ordnung im Kapitel XIV eine allgemeine Charakteristik und einen in Bezug auf die Villa spezifischen Verwendungszweck an: „Die toskanische Ordnung ist [...] die schlichteste und einfachste aller Ordnungen der Baukunst [...].“ Und weiter heißt es: „Wenn man in dieser Ordnung einfache Säulengänge errichten will, kann man die Interkolumnien sehr weit machen, weil man den Architrav aus Holz macht, und deshalb ist diese Ordnung einer Villa sehr zum Nutzen für Wagen und andere ländliche Gerätschaften und auch wegen ihrer geringen Kosten.“[130] Mit diesem Satz reagierte Palladio auf die von ihm längst häufig realisierte Verwendung dieser Ordnung für seine Vorhallen von Barchessen und in den Höfen von Villenbauten.

In den weiteren Kapiteln XV „Von der dorischen Ordnung“, XVI „Von der ionischen Ordnung“, XVII „Von der korinthischen Ordnung“, XVIII „Von der kompositen Ordnung“, die über alle Details bei der Ausführung der übrigen Ordnungen unterrichten, suchen wir allerdings vergeblich nach deren allgemeineren Charakterisierungen oder gar Anwendungskatalogen. Hinweise auf deren Anwendung im Villenbau fehlen ganz. Auch eine Bemerkung zum häufigeren Einsatz der ionischen Ordnung für Portiken von Villenherrenhäusern findet sich nicht.

Dennoch bevorzugte Palladio für den eingeschossigen Portikus von Kolossalsäulen vor den Fassaden der Mehrzahl seiner Villenherrenhäuser seit den 1550er Jahren die ionische Ordnung. Auf deren Ausbildung und auf die steinmetzmäßige Behandlung der Kapitelle ging er im entsprechenden Kapitel der „Quattro libri“ ausführlich in Bild und Text ein. Charakteristische Beispiele sind die Villen Chiericati Porto, Porto, Barbaro, Badoer, Foscari, Sarego und „La Rotonda“. Eine Begründung für diese Wahl aber findet sich nirgends.

Umso bemerkenswerter sind Villenherrenhäuser, deren Portikus mit Kolossalsäulen nicht in der ionischen Ordnung ausgebildet ist. Die Villa Thiene in Quinto, um 1545, hatte zwar noch keinen Mittelportikus, aber eine kolossale Pilasterordnung mit dorischen Kapitellen. Die Mittelportiken der Villen Emo, vor 1556, und Grimani, nach 1557, zeichnen sich durch die dorische Ordnung aus, ohne dass dafür eine Erklärung gegeben würde. Der unausgeführte Entwurf der Villa Thiene in Cicogna, vor 1556, hätte nach den „Quattro libri“ einen Portikus mit korinthischen Kapitellen erhalten. Eine besondere Bemühung um die Rekonstruktion antiker römischer Privathäuser waren die Entwürfe für die Villen, die sich um Innenhöfe herum gruppierten, wie bei den Villen Thiene in Quinto, um 1545, Mocenigo sopra la Brenta, 1554, Repeta, um 1557, oder Sarego in Santa Sofia, 1565.

In diesen Fällen wären – wie bei den Villen mit mehrstöckigen Portiken – verschiedene Ordnungen aufgetreten.

Besonders charakteristisch bleiben die Säulenfragmente der Villa Porto in Molina von 1572. Sie lassen sich als zehn Säulen rekonstruieren, die der korinthischen Ordnung folgend mit korinthischen Kapitellen ausgestattet werden sollten. Offenbar war hier ein kolossaler Portikus geplant, ein Portikus mit zehn glatten Säulen, wie ihn der erste Bau des Pantheon gehabt hatte. Für dieses Projekt fehlen schriftliche Quellen, sodass die Absichten des Bauherrn Iseppo da Porto und des Architekten Palladio nur vermutet werden können.

Baumaterial

Für die Wirkung der realisierten Villenentwürfe Palladios spielt das verwendete Baumaterial eine große Rolle. Dies gilt besonders für die Bauten seit den 1550er Jahren, die später für den Palladianismus modellhaft werden sollten. In den „Quattro libri" ging Palladio auf die Baumaterialien, die er selbst eingesetzt hat, in seinem Buch I ausführlich ein.

Im ersten bekannten Bauwerk des jungen Steinmetzen, dem Umbau des älteren Herrenhauses der Villa Trissino, um 1537, hatte Andrea Eingriffe in den Mittelteil des Gebäudes und der Fassade zu realisieren. Der Altbau bestand aus verputztem Hausteinmauerwerk mit Backsteingewölben und Ziegeldach. Andrea verwendete – nach dem Vorbild der Loggia des Falconetto – für die Freitreppe Naturstein, für die Fassade verputztes Mauerwerk sowie Naturstein und Stuck für die gliedernden Elemente, die insgesamt in hellen Farben getönt wurden, als beständen sie aus Naturstein. Das war ein Eingehen auf die Praxis des Vorgängerbaus und ein Wiederholen der Bautechnik Falconettos. Das Bauwerk sollte eine Renaissancefassade haben, die der Erscheinung antiker Architektur nachstrebte, eine hell getönte Putzfassade als vermeintliche Natursteinarchitektur. Zum „Tempel der Vesta" in Tivoli bemerkte Palladio später in den „Quattro libri": „Der ganze Tempel ist aus tiburtinischem Stein gebaut und mit dem feinsten Stuck verkleidet, sodass alles aussieht wie aus Marmor gemacht."[131] Unter dem Eindruck antiker Bauwerke setzte er selbst eine Putzarchitektur ein, die den Eindruck von Naturstein erwecken sollte.

Bis zu seinen späten Bauwerken arbeitete der Steinmetz Palladio mit einer Putzarchitektur, deren Mauerwerk aus hell getöntem verputztem Bruchstein oder Backstein bestand. In manchen Fällen – wie etwa beim Sockel der Villa Foscari – konnte Ziegelmauerwerk auch roh und unverputzt bleiben. Gewölbe oder Kuppeln waren aus verputztem gemauertem Backstein, manchmal auch aus leichterem Material wie Tuff, Bims oder Terrakottaröhren und sogar aus Rohr (Reet); der Putz bestimmte den Charakter der Architektur. Bodenplatten und Stufen waren meist aus Naturstein;

Fußböden konnten aber auch aus Terrazzo bestehen oder reich mit farbigem Naturstein inkrustiert sein. Für Pilaster, Säulen und Wandgliederungselemente wurde in besonderen Teilen – etwa bei Basen und Kapitellen – steinmetzmäßig behandelter heller Naturstein, gelegentlich Marmor, eingesetzt. „Und wenn der Bau mit Säulen und Pfeilern geschmückt werden soll, kann man die Basen, die Kapitelle und Architrave aus Stein machen", hieß es im Kapitel I des Buches I[132] im Hinblick darauf, dass andere Teile der Rundsäulen einen aus Backstein gemauerten Kern haben konnten, der verputzt wurde. Flachdecken wurden von Balken getragen, deren Abstände Palladio genau beschrieb. Fußböden über Balkenwerk waren meist in Terrazzo ausgeführt. Dächer wurden mit Ziegeln meist in der Mönch-und-Nonne-Technik gedeckt. Der Gesamtcharakter dieser hellen Putzarchitektur Palladios bestimmte dann auch den der palladianistischen Putzarchitektur vieler Jahrhunderte.

Raumkomposition in den Herrenhäusern

Noch vor dem Eingehen auf bestimmte Gebäudetypen und auf den Villenbau im Buch II äußerte sich Palladio im Buch I der „Quattro libri" über die Anlage von Innenräumen und ihre Details. Dabei kamen sowohl Funktionen der Räume als auch deren Formen und im Ansatz auch deren Proportionen zur Sprache.

Die Überschrift des einführenden Kapitels XXI im ersten Buch „Von den Loggien, den Eingängen, den Sälen und Zimmern und von deren Form", die sich auf alle Gebäude bezog, fasst den Inhalt zusammen, der später auch für das Villenherrenhaus gelten musste.[133] In diesem Kapitel nannte Palladio zunächst die Loggia und meinte damit bereits die Vorhalle hinter dem seit den 1550er Jahren entwickelten palladianischen Mittelportikus von Kolossalsäulen mit Freitreppe und Giebel. Sie diene vielerlei Zwecken: „zur Unterhaltung, zum Essen und anderen Vergnügungen".

Dann nannte er die Räume in der Mitte und im „schönsten Teil" des Gebäudes, die er als Eingänge und Säle bezeichnete, wo Besucher den Hausherrn begrüßen und mit ihm sprechen könnten.

Die Säle sollten für Feste, Gastmähler, zur Vorführung von Komödien, für Hochzeiten und ähnliche Vergnügen genutzt werden. Sie müssten deshalb größer als die anderen Räume sein, „damit eine große Menge Menschen sich dort bequem aufhalten und sehen kann, was sich ihr zeigt". Ihre Form sollte im Rechteck nie zwei Quadrate überschreiten, sondern sich besser dem Quadrat nähern.

Die übrigen Räume zu beiden Seiten des Eingangs und des Saales sollten symmetrisch angelegt sein. Dann aber kommt eine wie nebenbei geäußerte Bemerkung von grundsätzlicher Bedeutung für das palladianische Proportionsverständnis: Es gebe sieben

Arten sehr schöner und gut proportionierter Räume. Diese Bemerkung über sieben Arten von Räumen ist für Palladios Vorstellung von Raumformen und -proportionen von einer Grundsätzlichkeit, die sich erst mit den Texten zu den einzelnen Villen erschließt.

Solchen allgemeinen Bemerkungen über die Funktion und Größe der Räume folgten im Buch I noch Kapitel über die Böden und Decken, die Höhe der Zimmer, die Arten der Gewölbe, die Maße der Türen und Fenster sowie deren Ornamente, schließlich noch über Kamine, Treppen und Dächer.[134] Damit ist im Buch I ohne Eingehen auf die Gebäudetypen eine Architektur beschrieben, die sich auf die Nützlichkeit und Ästhetik des Inneren konzentriert.

Im Buch II handelte Palladio dann im Kapitel I – der Überschrift nach „Vom Schmuck oder der Schicklichkeit, die man bei Privatbauten beachten soll" – von der öffentlichen Funktion der Gebäude und ging dabei auf die soziale Rangordnung unter Bauherren ein.[135] Der Architekt müsse bedenken, dass „Edelleute hohen Ranges, vor allem im Staat, Häuser mit Loggien und großen und schmucken Sälen brauchen", dass „dem Adel kleineren Ranges auch kleinere Häuser mit weniger Schmuck gemäß sind". Richter und Advokaten müssten Häuser mit schönen Räumen haben, in denen sich Klienten aufhalten könnten. Häuser der Kaufleute müssten Räume für ihre Waren enthalten.

Im Kapitel II „Von der Anordnung der Zimmer und anderer Räume" ging Palladio dann auf den privaten Bereich dieser Bauten ein.[136] „Damit die Häuser dem Nutzen der Familie entsprechen", sei darauf zu achten, dass nicht nur die „Loggien, Säle, Höfe, prächtigen Zimmer und geräumigen Treppen, sondern auch die kleinsten und unscheinbarsten Gebäudeteile" angemessen angelegt würden.

Ganz unten im Haus, immer etwas unter der Erde, sollten Keller, Holzmagazine, Vorratskammern, Küchen, Esszimmer, Waschküchen, Öfen angelegt werden. Dies habe den Vorteil, dass das Hauptgeschoss darüber davon frei bleibe und oberhalb der Feuchtigkeit gesunder zum Wohnen sei sowie einen schöneren Anblick und Ausblick biete. Im Hauptgeschoss sei zu beachten, dass große, mittlere und kleinere Zimmer nebeneinander lägen, damit man sich ihrer abwechselnd bedienen könne. Die kleineren Zimmer, besagt ein Hinweis zur Funktion, dienten als Studierräume, Bibliotheken und für Dinge, die täglich benötigt würden.

In einigen Fällen erwähnte Palladio in seinen Beschreibungen Zimmer in der Nähe der Küche im Untergeschoss der Villa. In der Beschreibung der Villa Pisani in Bagnolo ist zum Beispiel von „Küchen und anderen Plätzen der Familie" im Untergeschoss die Rede. Gelegentlich heißen Zimmer im Untergeschoss nahe der Küche Esszimmer. Daraus ist zu schließen, dass wenn keine Gäste da waren, die im Hauptgeschoss

Werkstatt von Pedemuro, Umbau der Villa Trissino, um 1537, Grundriss: Die Räume der Seitenteile stammen aus dem Quattrocento.

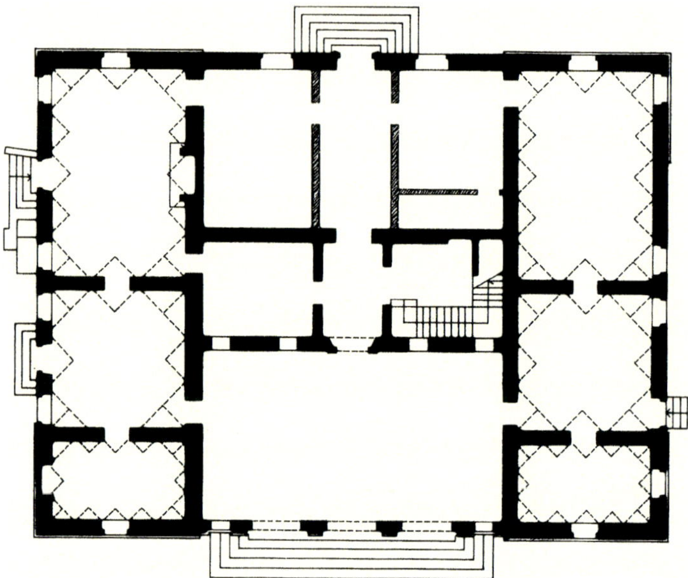

bewirtet wurden, oder gar Gastmähler stattfanden, die Familie oder Teile der Familie etwa bei kleineren Mahlzeiten Räume im Untergeschoss benutzten.
Wichtig war für Palladio auch die Orientierung der Räume. Es sei empfehlenswert, die Räume für den Sommer nach Norden zu richten, die für den Winter nach Süden und Westen, die für den Frühling und Herbst nach Osten, mit Blick auf die Zier- und Nutzgärten. Hier sollten auch die Studierzimmer liegen.
Die Einteilung der Räume solle aber so geschehen, dass sie auf beiden Seiten des Hauptgeschosses miteinander korrespondiere und eine Übereinstimmung der Teile – im Sinne der Symmetrie – erreicht werde.
Obwohl Palladio größte Sorgfalt auf die Raumkompositionen der Hauptgeschosse seiner Villenherrenhäuser legte, schrieb er dann in seinem grundsätzlichen Text „Von der Anlage einer Villa“ im Kapitel XIII des ersten Buches nur wenig darüber: Mit dem Satz „Die Wohnung des Hausherrn soll man mit Rücksicht auf die Familie und auf die Lebensumstände entwerfen“, „wie man es in der Stadt zu tun pflegt“, sind wir auf das vorher grundsätzlich Gesagte verwiesen.[137]
In den einzelnen Villenbeschreibungen sprach Palladio diese Themen fast gar nicht an. Eine Ausnahme ist der Text über die Villa Mocenigo sopra la Brenta: Dort heißt es über „Räume, die über die Gärten blicken“, dass sie „gut geeignet wären als Speisezimmer für viele Personen“.[138] Leser der Villenbeschreibung des Plinius fühlen sich

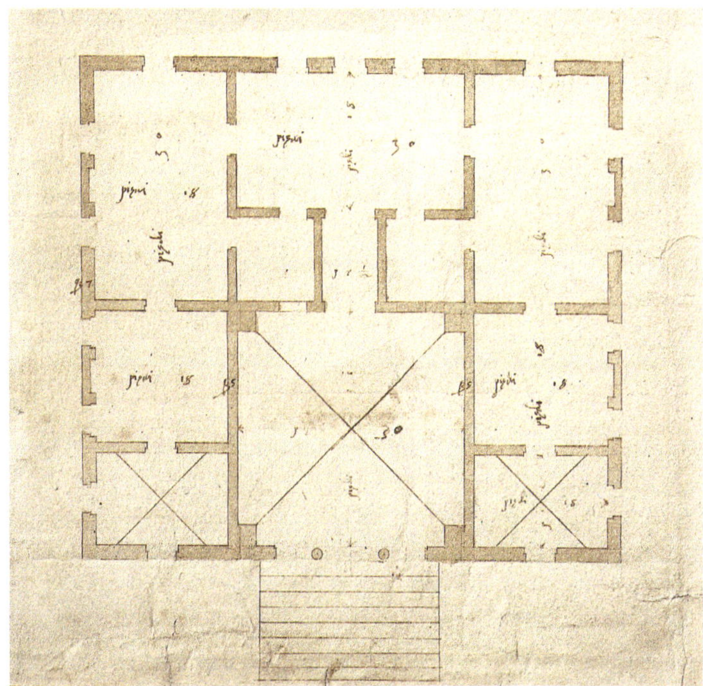

Andrea Palladio, Villa Valmarana in Vigardolo, um 1541, erster Entwurf: Der Grundriss folgt dem der Villa Trissino aus dem Quattrocento.

an eine Passage in dessen Text erinnert. Die zweite Ausnahme ist die Beschreibung der Villa Repeta. Dort heißt es von den Räumen, die der Mäßigkeit, der Gerechtigkeit und anderen Tugenden gewidmet sind, dass der Hausherr, „der sehr gern Gäste empfängt, seine Gäste und Freunde in dem Raum der Tugend unterbringen (könne), deren Geist sie am meisten geneigt zu sein scheinen".[139]

Die Raumkompositionen der Hauptgeschosse der ausgewählten Villen erscheinen jedoch immer zeichnerisch in den Grundrissen der „Quattro libri". Dadurch lernen wir die Raumgrundrisse seiner ersten Villa, der Villa Godi, kennen, nicht die der weiteren frühen Villen, in denen Palladio Raumkompositionen erprobte. In den im ursprünglichen Zustand erhaltenen Villen lassen sich die Grundrisskompositionen im Original begutachten, besonders gut in der von unten bis oben zugänglichen Villa Badoer.

In Palladios Meisterstück, der Villa Trissino, ist erkennbar, dass er wohl den Mittelteil der Fassade veränderte und dabei auch den dahinter liegenden Raum einer Loggia im Hauptgeschoss. Die in den Seitenteilen gelegenen Räume blieben dagegen in ihren Proportionen und mit den Gewölben des Quattrocento erhalten. Deren Grundriss-

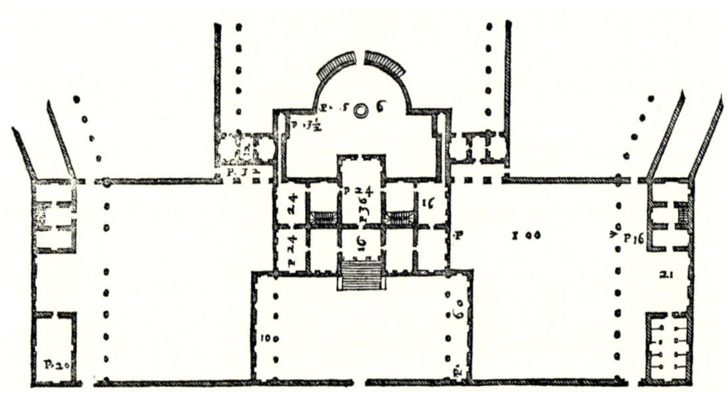

Andrea Palladio, Villa Godi in Lonedo di Lugo, nach 1537, Grundriss in den „Quattro libri", 1570

proportionen übernahm Palladio kurze Zeit darauf für seinen Entwurf der Villa Valmarana. In diesem Fall lernte er vom Vorbild des Quattrocento.

Der Grundriss der Räume im Hauptgeschoss der frühen Villa Godi ist noch entfernt von den späteren Kompositionen. Wie der Baukörper als eine Addition aus zurückgesetztem Mittelteil und vorgezogenen Seitenteilen wirkt, so besteht auch die Raumkomposition aus Mittelteil mit Vorhalle und Sala sowie aus zwei Seitenteilen, die gleichförmig in je vier rechteckige Räume aufgeteilt sind. Palladio mag das Anfängerhafte dieser Komposition, das die späteren Ausmalungen vergessen machen, erkannt haben und könnte deshalb seine weiteren frühen Versuche, wie auch den der Villa Valmarana, nicht in die „Quattro libri" aufgenommen haben.

Aber daraus scheint der Vorsatz erwachsen zu sein, für spätere Villenbauten konsequent eigene Raumkompositionen zu entwerfen, einer der zu wenig bemerkten Vorzüge seiner Villenherrenhäuser. Nehmen wir nämlich die weiteren Herrenhäuser der „Quattro libri", so ist für jeden der Palladio-Bauten eine individuelle Raumkomposition verwirklicht worden. Das gilt für die Grundrissanlage wie für die Raumformen. Häufig sind es die malerischen Ausstattungen, die diese Individualität der Villenrepräsentationsräume noch deutlicher erlebbar machen und künstlerisch überhöhen.

Raumformen und -proportionen

Im Text des ersten Buches, Kapitel XXI über Loggien, Eingänge, Säle und Zimmer und deren Form hatte Palladio scheinbar nebenbei sieben Arten sehr schöner und gut proportionierter Räume genannt, „die ihrem Zweck gut dienen".[140] Er führte

diese sieben Grundrissformen von Räumen der Reihe nach auf. Das ist eine der wenigen Aussagen Palladios zu den Raumproportionen und deshalb besonders wichtig:
„Man macht sie (die Räume) entweder rund, was selten geschieht,
oder viereckig (quadratisch),
oder ihre Länge ist die Diagonale des Quadrates über der Breite,
oder aber sie bestehen aus einem Quadrat und einem Drittel davon,
oder aus einem Quadrat plus seiner Hälfte,
oder aus einem Quadrat und zwei Dritteln,
oder aus zwei Quadraten."

Die Aufzählung, die in den „Quattro libri" nirgends wiederholt wird, hat einen solchen Ausschließlichkeitscharakter, dass der Eindruck entsteht, andere Proportionen ließe Palladio nicht zu; dies sei sein Katalog zulässiger Grundrissproportionen. Verwunderlich ist, dass er keine Herleitung der „sieben Arten sehr schöner und gut proportionierter Räume" angab, etwa aus der Vermessung von Bauten der Antike, oder nach Vitruv, Alberti oder anderen architekturtheoretischen Autoritäten. Auch eine systematische Begründung gab er nicht. Es scheint, als seien die sieben Grundrissformen und -proportionen eine bloße Setzung. Sie entstammen aber der zu Palladios Zeit geltenden Lehre von den harmonischen Proportionen.

Im Kapitel XXIV „Von den Arten der Gewölbe" werden in Text und Zeichnungen die „sechs Gewölbearten" dargestellt: „das Kreuzgratgewölbe (a crociera), das Tonnengewölbe (a fascia), die Flachtonne oder Flachkuppel (a remenato, wie man Gewölbe nennt, deren Querschnitt ein Kreissegment ist und den Halbkreis nicht erreicht), Kuppeln (ritondi), Gewölbe mit Lünetten (a lunette) und mit Konchen (a conca), deren Stich ein Drittel der Raumbreite misst".[141]

Von ähnlich grundlegender Bedeutung für Raumformen und -proportionen wie das über Grundrissproportionen Dargelegte im Kapitel XXI ist das im Kapitel XXIII „Von der Höhe der Zimmer" Dargestellte, das in weit größerer Ausführlichkeit Proportionen der Raumhöhen beschreibt.[142] Diesem Kapitel gab Palladio geometrische Zeichnungen bei, die die Methode der Berechnung von Raumhöhen erläutern.

Palladio stellte darin zunächst fest, dass es Flachdecken und Gewölbe gebe. Dann erklärte er als Grundsatz für Flachdecken, dass „die Höhe vom Boden bis zum Gebälk gleich der Breite" sei. Dies soll für alle Grundrissformate gelten. Er fügte aber hinzu, dass dieser Grundsatz nur für die Räume im Hauptgeschoss gemeint sei, die Räume darüber „werden um den sechsten Teil niedriger sein".

Dann folgen längere Angaben über die Berechnung von Gewölbehöhen. Gewölbe setze man grundsätzlich im ersten Stock, also im Piano nobile, „denn so gewinnen sie [die Räume] an Schönheit und sie sind weniger feuergefährdet".

Andrea Palladio, Zeichnungen zu den „Arten der Gewölbe“ in den „Quattro libri“, 1570

DELLE MANIERE DE' VOLTI. Cap. XXIIII.

SEI ſono le maniere de' volti cioè à crociera, à faſcia, à remenato (che coſi chiamano i volti, che ſono di portione di cerchio, e non arriuano al ſemicircolo) ritondi, à lunette, & à conca: i quali hanno di frezza il terzo della larghezza della ſtanza. Le due vltime maniere ſono ſtate ritrouate da' Moderni: delle quattro prime ſi ſeruirono ancho gli Antichi. I volti tondi ſi fanno nelle ſtāze in quadro: & il modo di farli è tale. Si laſciano ne gli angoli della ſtāza alcuni ſmuſſi, che togliono ſuſo il mezo tōdo del uolto: ilquale nel mezo uiene ad eſſere à remenato; e quanto più s'approſsima à gli angoli; tāto più diuenta ritondo. Di queſta ſorte n'è vno in Roma nelle Terme di Tito, e quando io lo vidi era in parte ruinato. Ho poſto qui di ſotto le figure di tutte queſte maniere applicate alle forme delle ſtanze.

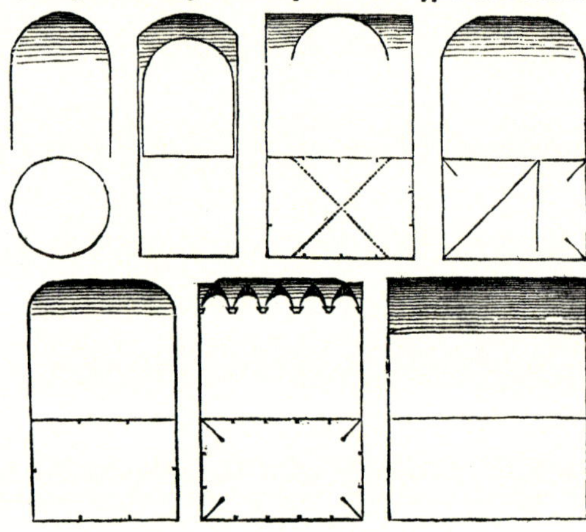

Für Räume mit quadratischem Grundriss soll gelten, dass „die Höhe des Gewölbes den drittel Teil der Raumbreite“ ausmache.

Dann folgen drei verschiedene Methoden, mit denen sich empfehlenswerte Gewölbehöhen über Räumen berechnen lassen, die länger als breit sind. Man müsse eine Gewölbehöhe aus Länge und Breite ermitteln, „die zueinander gut proportioniert sein soll“, lautet die Begründung.

Zur ersten Methode heißt es: „Man wird diese Höhe ermitteln, indem man die Breite und Länge aneinanderlegt und das Ganze in zwei gleiche Teile teilt.“ Dafür wird eine geometrisch-zeichnerische und eine arithmetische Methode erläutert.

Auch eine zweite Methode, die Höhe des Gewölbes zu finden, wird zeichnerisch-geometrisch und arithmetisch erklärt: „Wir werden sie finden, indem wir die kleinere Zahl mit der größeren multiplizieren, denn die Quadratwurzel aus dem Produkt der Multiplikation ist die gesuchte Höhe.“

Eine dritte, kompliziertere Methode, Gewölbehöhen zu berechnen, hat das Ziel, mit Gewölben über Räumen von ungleichen Grundrissverhältnissen die gleiche Höhe zu erreichen. Palladios Begründung für dieses pragmatische Vorgehen ist folgende: „Wir werden uns sodann eines jeden dieser Gewölbe bedienen und machen, dass mehrere

Andrea Palladio, Zeichnungen zu den Berechnungen der „Höhe der Zimmer“ in den „Quattro libri“, 1570

DELL'ALTEZZA DELLE STANZE. Cap. XXIII.

LE STANZE ſi fanno ò in uolto,ò in ſolaro. Se in ſolaro; l'altezza dal pauimento alla trauatura ſarà quanto la loro larghezza: e le ſtanze di ſopra ſaranno per la ſeſta parte meno alte di quelle di ſotto. Se in uolto (come ſi ſogliono fare quelle del primo ordine, perche coſi rieſcono più belle, e ſono meno eſpoſte à gli incendij) l'altezze de' volti nelle ſtanze quadre ſi faranno aggiunta la terza parte alla larghezza della ſtanza. Ma nelle più lunghe che larghe farà di biſogno dalla lunghezza, e larghezza ritrouare l'altezza, ch'inſieme habbiano proportione. Queſta altezza ſi ritrouerà ponendo la larghezza appreſſo la lunghezza, e diuidẽdo il tutto in due parti vguali: percioche vna di quelle metà ſarà l'altezza del volto, come in eſempio, ſia b, c, il luogo da inuoltarſi: aggiũgaſi la larghezza a,c, ad a,b, lunghezza, e facciaſi la linea e, b, laquale ſi diuida in due parti vguali nel punto f, diremo f,b, eſſer l'altezza, che cerchiamo: ouero ſia la ſtanza da inuoltarſi lunga piedi xij. e larga vj. congiunto il vj. al xij. ne procede xviij: la metà del quale è noue: adunque in uolto douerà eſſer alto noue piedi.

Vn'altra altezza ancora ſi trouerà c'hauerà proportione alla lunghezza, e larghezza della ſtanza in queſto modo. Poſto il luogo da inuoltarſi c,b: aggiungeremo la larghezza alla lunghezza e faremo la linea b, f: dapoi la diuideremo in due parti uguali nel punto e: ilqual fatto centro; faremo il mezo cerchio b,g,f, & allungheremo a,c, fin che tocchi la circonferenza nel punto g: & a, g, ſarà l'altezza del uolto di c,b. Ne i numeri ſi ritrouera in queſto modo. Conoſciuto quanti piedi ſia larga la ſtanza, e quanti lunga; troueremo un numero c'habbia quella proportione alla larghezza, che la lunghezza hauerà à lui: e lo ritrouueremo moltiplicando il minore eſtremo co'l maggiore: perche la radice quadrata di quello che procederà da detta moltiplicatione ſarà l'altezza che cerchiamo; come per eſempio: ſe'l luogo che uogliamo inuoltare è lungo ix. piedi, e largo iiij. l'altezza del uolto ſarà ſei piedi, e quella proportione, c'ha ix. à ſei, ha ancho ſei à iiij. cioè la ſeſquialtera. Ma è da auertire, che non ſarà ſempre poſſibile ritrouar queſt'altezza co i numeri.

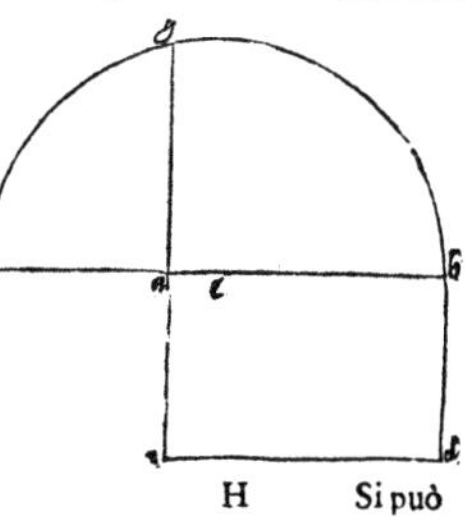

H Si può

Si può ancho ritrouare vn'altra altezza, che ſarà minore: ma nõdimeno proportionata alla ſtanza in queſto modo. Tirate le linee a,b: a,c: c,d: & b,d; che dimoſtrano la larghezza, e lunghezza della ſtãza; ſi ritrouerà l'altezza come nel primo modo, che ſarà la c,e: laquale ſi aggiũgerà alla a,c: e poi ſi farà la linea e,d,f, & ſi allungherà a,b: fin che tocchi la e,d, f, nel punto f. L'altezza del volto ſarà la b,f. Ma con i numeri ſi ritrouerà in tal maniera. Ritrouato dalla lũghezza, e larghezza della ſtãza l'altezza ſecõdo il primo modo, laquale tenendo l'eſempio ſoprapoſto è il 9; ſi collocherãno la lunghezza, la larghezza, e l'altezza, come nella figura: dipoi ſi moltiplica il 9, co'l 12, e ço'l 6, & quello, che procederà dal 12, ſi põga ſotto il 12: & quello, che dal 6, ſotto il 6, e poſcia ſi moltiplica il 6, co'l 12, e quel, che ne procederà; ſi põga ſotto il 9: e queſto ſarà il 72, e ritrouato vn numero, ilquale moltiplicato co'l 9, giũga alla ſomma del 72, che nel caſò noſtro ſarebbe l'8, diremo 8. piedi eſſer l'altezza del uolto. Stanno queſte altezze tra loro in queſto modo, che la prima è maggiore della ſeconda, e queſta è maggiore della terza: però ci ſeruiremo di ciaſcuna di queſte altezze, ſecondo che tornerà bene per far che più ſtanze di diuerſe grandezze habbiano i uolti egualmẽte alti, e nondimeno detti uolti ſiano proportionati à quelle: dalche ne riſulterà e bellezza all'occhio, e cõmodità per il ſuolo, ò pauimento che andarà loro ſopra: perche uerrà ad eſſer tutto vguale. Sono ancora altre altezze di uolti; lequali non caſcano ſotto regola: & di queſte ſi hauerà da ſeruire l'Architetto, ſecondo il ſuo giudicio, & ſecondo la neceſſità.

12	9	6
108,	72,	54
	8	

Räume unterschiedlicher Größe gleich hohe Gewölbe haben und die Gewölbe dennoch zu ihnen gut proportioniert sind." Er fügte hinzu: „Das wird das Auge als schön empfinden, und es wird auch zum Vorteil des Fußbodens oder Paviments darüber sein, weil so alles auf einem Niveau sein wird."

Um die Beliebigkeit noch auszuweiten, schloss Palladio ab: „Es gibt noch andere Gewölbehöhen, für die es keine Regeln gibt, und der Architekt wird sich ihrer nach seinem Urteil und dem, was nötig ist, bedienen." Der Architekt erhielt also freie Hand.

Die beiden Kapitel XXI und XXIII, die sich über Proportionen von Grundrissen sowie von Decken- und Gewölbehöhen äußern, geben Zeugnis von Palladios Vorstellungen von Raumproportionen.

Wenn er sich in den Beschreibungen der für die „Quattro libri" ausgewählten Villen gelegentlich zu Raumgrundrissen und Gewölbehöhen äußerte, nannte er immer eine der sieben Arten von Grundrissen aus dem Kapitel XXI, ohne dass er eine zusätzliche Begründung dafür gab, und er nannte Flachdecken oder Gewölbe, wie im Kapitel XXIII erläutert. Gleich eine Bemerkung zur ersten aufgeführten Villa Pisani in Bagnolo gibt einen Eindruck davon: „Der Saal ist eingewölbt und eineinhalbmal die Breite hoch. In dieser Höhe schließt auch das Gewölbe der Loggien an. Die Zimmer haben Flachdecken und sind so hoch wie breit. Die größeren sind einzweidrittel so lang wie breit, die übrigen eineinhalbmal so lang wie breit."[143]

Ähnliche Bemerkungen kommen vor in den Beschreibungen der Villen Badoer, Zeno, Foscari, Pisani in Montagnana, Cornaro, Mocenigo in Marocco, Saraceno, Poiana, Valmarana in Lisiera und Thiene in Cicogna. Außerdem geht Palladio noch einmal bei der Villa Mocenigo sopra la Brenta auf die Innenräume ein.

Diese wenigen grundsätzlichen Erläuterungen zum Thema Raumformen und Raumproportionen und seine gelegentlichen Bemerkungen in den Texten zu den einzelnen Villen lassen allenfalls ahnen, dass Palladio ein grundsätzlicher angelegtes System der Proportionen beschäftigt hätte. Sie wirken eher wie die Weitergabe von Regeln der Handwerkerpraxis.

Dennoch hat die Palladio-Forschung – auch durch Vermessungen von Palladio-Villen – weitergehende Theorien zu einem System der harmonischen Proportionen bei Palladio formuliert.[144] Ackerman schrieb schon 1966, „though there is no indication in his writings", obwohl es davon in seinen Schriften keine Anzeichen gäbe, habe Palladio harmonische Proportionalitäten eingesetzt.[145] Ein Freund Palladios und Mitglied der „Accademia Olimpica", der Mathematiker Sylvio Belli, habe 1573 ein Buch über Proportionen und Proportionalität veröffentlicht, das sich mit wohlbekannten arithmetrischen Prinzipien befasste, nach denen auch Palladio gearbeitet haben könnte. Belli ist wahrscheinlich derjenige, der für die Accademia

Olimpica die Grabrede auf Palladio gehalten hat.[146] Dies macht wahrscheinlich, dass Palladio die Auffassungen Bellis über die Prinzipien der harmonischen Proportionen teilte. Bellis Buch und Barbaros Kommentar zu Vitruv, an dem Palladio mitgewirkt hat, geben zeitgenössische Auskunft über die Prinzipien der harmonischen Proportionen in den Bauten Palladios. Jaacks[147] hat besonders die Parallelen der harmonischen Proportionen in der Musik herausgearbeitet.

Künstlerische Ausstattungen

Wohl hat Palladio im Titelbild seines ersten Buches der „Quattro libri" in die gezeichnete Aedikula Reliefs im Sockel, Statuen vor den Säulen, eine Statue inmitten des gesprengten Giebels und liegende, Trompete blasende Viktorien über dem Giebel gezeichnet, aber eine künstlerische Ausstattung über die Steinmetz- oder Stuckornamentik von Bauwerken hinaus – skulptural oder malerisch – wird in seinem Grundsatztext nicht erwähnt.

Die folgenden Bücher zeigen auf den Titelblättern die gleiche Aedikula mit Skulpturen. Nun wird in den Illustrationen von Bauwerken auch häufiger deren Statuenschmuck dargestellt oder angedeutet, jedoch nicht deren Ausmalung. Dadurch erhalten wir Hinweise auf den skulpturalen Schmuck palladianischer Bauten, nicht aber auf den malerischen. In den Grundsatztexten wird allerdings weder über das eine noch über das andere etwas gesagt. Nur einzelne Villenbeschreibungen enthalten gelegentlich Hinweise auf Skulpturen oder Ausmalungen.

Weniger aus dem Text als aus den Zeichnungen der „Quattro libri" erhalten wir also einen Eindruck von den Vorstellungen Palladios über die skulpturale Ausstattung von Bauwerken: Skulpturen oder Reliefs erscheinen in diesen Zeichnungen auf Treppenwangen, in Wandnischen und Aedikulen, auf Wandreliefs und Wandfriesen, über Fenstern, in Rundbogenzwickeln, in Giebelfeldern, über Giebeln, auf Balustraden, auf Dachgesimsen, auf Dachwölbungen oder Kuppeln. Die zum Teil nur skizzierten Zeichnungen von Skulpturen erscheinen besonders häufig im Buch IV der „Quattro libri", in dem antike Tempel rekonstruiert werden. Dadurch wird deutlich, dass Palladio die Orte für Skulpturenschmuck an Gebäuden vor allem nach antiken Vorbildern vorsah. Im Kapitel VIII über den „Tempel des Nerva Trajanus" schrieb er sogar ausdrücklich: „Es wird keinen wundern, dass ich eine solche Menge an Statuen an diesen Bauten anbringe, denn man liest, dass es in Rom davon so viele gab, dass sie wie eine zweite Einwohnerschaft wirkten."[148]

Für den Skulpturenschmuck von Villen sind natürlich Palladios Zeichnungen für die Auswahl in den „Quattro libri" eine direkte Quelle. Statuenschmuck über den Giebeln

Andrea Palladio, Zeichnung der Fassade des Tempels des Nerva Trajanus mit Rekonstruktion des Statuenschmucks in den „Quattro libri", 1570

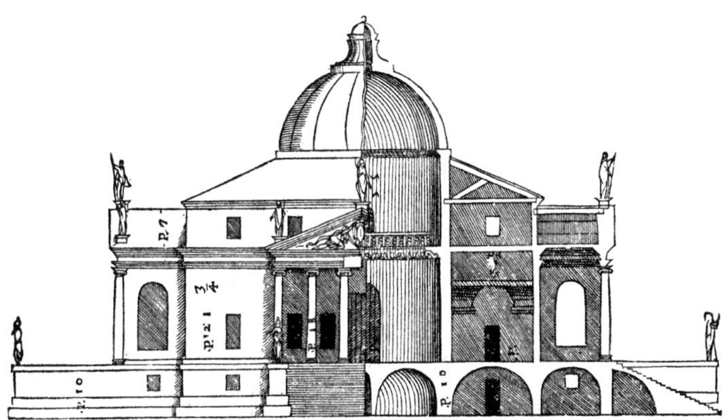

Andrea Palladio,
Villa Almerico in Vicenza,
„La Rotonda“, nach 1566,
in den „Quattro libri“,
1570, Ansicht und Schnitt

und nicht immer Reliefs in Giebelfeldern sah Palladio bei den Venezianern – in der Reihenfolge der „Quattro libri“ – für die Villen Pisani in Bagnolo, Badoer, Zeno, Foscari, Barbaro, Pisani in Montagnana, Cornaro, Mocenigo in Marocco und sopra la Brenta sowie Emo vor. Keineswegs sind diese aber überall auch so ausgeführt. Ähnlich sieht es bei den Zeichnungen für Villen der Bauherren von der Terraferma aus. Für die Villen Ragona, Godi und Sarego war allerdings gar kein Skulpturenschmuck vorgesehen. Für die Villa Rotonda zeichnete Palladio Skulpturen auf den Treppenwangen, in den Giebelfeldern und über den Giebeln.

In den Beschreibungen der Villen ging Palladio aber kaum auf Skulpturenausstattung ein. Für den Außenbau erwähnte er lediglich die Skulpturen auf den Treppenwangen der Villa Rotonda. Skulpturen im Inneren wurden bei der Villa Pisani in Montagnana und bei der Villa Poiana erwähnt.

Der gelegentlich erst später ausgeführte Skulpturenschmuck der realisierten und erhaltenen Villen Palladios – in der Reihenfolge ihrer Entstehung – ist dann aber doch zahlreicher: Die Villa Godi blieb bis auf das Wappen ohne Skulpturen. Die Villa Piovene erhielt Statuen auf dem später ausgeführten Giebel. Die Villa Valmarana blieb ohne Skulpturen. Die Villa Forni wurde nachträglich mit Wandreliefs und Wappen am Mittelrisalit ausgestattet. Auch die Villa Gazzotti hat keine Skulpturen, ebenso wenig, außer dem Wappen, die Villa Pisani in Bagnolo, die Villa Saraceno, die Villa Caldogno und die Villa Thiene in Quinto. Skulpturen an den Villenherrenhäusern Contarini und Angarano sind später entstanden, ebenso wie diejenigen auf Treppenwangen und Giebeln der Villa Poiana. Die Villa Zeno ist schmucklos geblieben. Die Villen Pisani in Montagnana und Cornaro haben außen nur Wappen, aber Skulpturen in der Sala. Die Villa Barbaro ist mit Skulpturen am Nymphaeum und in Nischen der Fassade sowie nachträglich hinzugefügten Skulpturen im Garten ausgestattet. Die Villen Chiericati Porto und Porto haben spätere Skulpturen auf dem Giebel. Die Villen Badoer und Grimani tragen nur das Wappenrelief. Die Villa Foscari ist außen schmucklos. Die Villa Emo hat ein Giebelrelief und später ausgeführte Skulpturen im Garten. Die Villa Valmarana in Lisiera hat jüngere Skulpturen über Giebel und Dach sowie im Garten. Die Villa Sarego ist nur mit Reliefschmuckfriesen versehen. Skulpturen auf den Treppenwangen und über dem Giebel weist dagegen die Villa Rotonda auf.

Palladio hat also häufiger Skulpturen vorgesehen, als dann zu seiner Zeit auch ausgeführt wurden. Die Publikation der „Quattro libri" war aber für Bauherren der Anlass, den geplanten Skulpturenschmuck danach noch ausführen zu lassen.

Über Malereien äußerte sich Palladio grundsätzlich gar nicht und deutete sie auch nicht zeichnerisch an. Aber in seinen Beschreibungen einzelner Villen wurden sie häufiger erwähnt als die Skulpturen, nämlich bei vier der neun Villen für Venezianer, der Villa Badoer, der Villa Foscari, der Villa Barbaro und der Villa Emo, sowie bei vier der zwölf Villen von Auftraggebern der Terraferma, der Villa Poiana, der Villa Repeta, der Villa Thiene in Quinto und der Villa Godi.[149]

Da solche Äußerungen zur künstlerischen Ausstattung offenbar nicht systematisch geschahen, ist es wahrscheinlich verfehlt, allein aus zu kurzen Hinweisen auf Skulpturen und Malereien der Villa Barbaro in Maser auf Animositäten zwischen Palladio und den ausschmückenden Künstlern zu schließen, wie dies geschehen ist.

Von den zum Teil mit einiger Verspätung ausgeführten Malereien in den vier Villen der Venezianer sind alle erhalten, von denen der Terraferma-Auftraggeber nicht mehr die der Villa Repeta. Es sind jedoch über diese von Palladio erwähnten hinaus weitere Malereien ausgeführt und auch erhalten geblieben, sodass wir heute eine Anschauung von teils vollständigen, teils in Relikten erhaltenen Ausmalungen in 14 Palladio-Villen haben können. Davon sind die Ausmalungen in den Villen Godi, Pisani in Bagnolo, Caldogno, Poiana, Barbaro, Grimani, Foscari, Emo sowie der Villa Rotonda in ausgezeichnetem oder gutem Zustand. Nur in Teilen erhalten, unter Übermalungen hervorgeholt oder nachgewiesen sind Malereien in den fünf Villen Valmarana in Vigardolo, Thiene in Quinto, Saraceno, Badoer und Porto (nur in Relikten).[150]

An dem langen Atem, mit dem die künstlerischen Ausstattungen realisiert worden sind, nachdem Palladio die Bauausführung beaufsichtigt hatte, lässt sich erkennen, dass es Übereinstimmung zwischen Bauherren und Architekten bei der Planung solcher Ausstattungen gegeben hat.

Waren es für die Skulpturen und Reliefs die antiken Vorbilder, die überzeugend für die Ausstattung von Villen mit skulpturalem Schmuck wirkten, so spielten für die

Ausmalungen außer den Beispielen in antiken Bauten, etwa den Grotesken in der Domus Aurea des Nero, vor allem auch die hochkarätigen Vorbilder der Renaissance eine Rolle. Die von Raffael und Giulio Romano ausgemalten Villen in Rom, die Villa Madama oder die Villa Farnesina, wurden den Romreisenden aus dem Veneto bekannt. Das näher gelegene Beispiel der Ausmalungen Giulio Romanos im Palazzo del Te bei Mantua konnte sich noch direkter auswirken und erlangte besondere Bedeutung. Hinzu kamen die Ausmalungen Falconettos in Loggia und Odeo des Cornaro zu Padua, ebenso wie die Ausmalungen von Lambert Sustris in Falconettos Villa dei Vescovi oder die nicht mehr erhaltenen von Paolo Caliari Veronese und Giambattista Zelotti in Sanmichelis Villa Soranza.

Von diesen Vorbildern stammten auch die ikonografischen Vorgaben für weitere Villenausmalungen im Veneto. Immer waren scheinarchitektonische Elemente, gemalte Architekturen, die die gebaute Architektur und einzelne in Stuck ausgeführte Elemente in ihrer Wirkung unterstützten, Struktur bildend. Sie vermehrten scheinbar die Zahl der Ebenen in den Raumbegrenzungen der Wände und der Decken oder Gewölbe; dadurch wurde die reale Begrenzung in der Vorstellung der Betrachter umspielt. Meist erschienen gemalte Architekturen aus Säulen oder Pilastern auf Sockeln, die ein System aus Gebälken, Gesimsen oder Bogen stützten. In die Wandflächen dazwischen konnten gemalte Nischen mit gemalten Skulpturen oder Wandfelder mit gemalten Reliefs treten, die die Raumgrenzen verunklärten. Aber es konnten auch gemalte Ausblicke erscheinen. Diese konnten mit Szenen aus vergangenen Zeiten oder mit Szenen aus dem zeitgenössischen Leben gefüllt sein. Es konnten auch gemalte Balkons, Fenster, Türen erscheinen, die Ausblicke in fiktive weitere Räume der Villa oder in eine landschaftliche Umgebung der Villa zeigten.

Nach dem gleichen Prinzip konnten die Raumbegrenzungen der realen Decken, Tonnengewölbe oder Spiegelgewölbe verunklärt werden durch architektonische, ornamentreiche Strukturen, Durchblicke in Illusionsräume über den Decken, in denen einfach der Himmel oder Szenen aus der Vergangenheit oder der Gegenwart erschienen. Daneben gibt es aber auch Räume, deren Wände und Gewölbe stärker von dekorativen Systemen, wie der von antiken Vorbildern angeregten Groteskenmalerei, bestimmt sind, in die gemalte Felder mit szenischen oder landschaftlichen Darstellungen eingefügt sind.

Ein immer wiederkehrendes Darstellungsthema, ein Sommerthema, für Wände und Decken waren die gemalten, durchsichtigen, meist Wein bekränzten Lauben aus Holzleisten, die seit den Darstellungen in der Villa Farnesina, im Palazzo del Te und in der Villa dei Vescovi für viele Villen übernommen wurden. Ebenso wiederkehrend war die Szenerie antiker Ruinen.

Für die ikonografische Themenwelt lässt sich sagen, dass es – außer den zeitgenössischen Darstellungen – meist antike Themen und Szenen aus der antiken Götterwelt waren. Nur selten kamen – wie in der Villa Emo – christliche Themen vor. Dies gilt auch für die Villen hoher Geistlicher in der Zeit der Gegenreformation – wie die Villa Barbaro oder die Villa Rotonda –, deren Bauherren, ein Patriarch und ein Kardinal, sich offenbar besonders für antike, heidnische Themen ausgesprochen hatten.

Neben den antiken Architekturelementen und Dekorationssystemen bestimmten Ruinen, Götter und mythologische Themen der Antike die Ausmalungen und ihre Ikonografie. Manche Themen wie die Götter im Olymp, Göttermahlzeiten, Apollo und die Musen, Liebesabenteuer des Jupiter, Amor und Psyche oder Kampf der Giganten gingen von den römischen Villen und dem Palazzo del Te in die Ausmalungen der Palladio-Villen ein.

Bei der Darstellung antiker Themen spielte weniger eine allgemeine Auswahl aus der griechisch-römischen Mythologie eine Rolle als vielmehr eine Auswahl zur Geschichte Roms, in deren Tradition die Humanisten und Bauherren als Leser römischer Schriftsteller sich sahen. Außerdem bezogen sich antike Themen zur Verherrlichung der Agrikultur und des Landlebens direkt auf die Villenkultur des Cinquecento. Immer spielten inzwischen auch Landschaften eine Rolle.

Neben den wenigen Ausflügen in die christliche Ikonografie wurde dann aber auch die Gegenwart dargestellt in Szenen, Bezugnahmen auf die Geschichte Venedigs, die gegenwärtige Agrikultur und Villenkultur. Damit waren dann auch die Villenbauherren, ihre Umgebung und ihre Familien im Spiel. In szenischen Darstellungen, Szenen mit porträtierten Personen und in Porträts der Bauherren ließen sie sich abbilden.

Entwicklungsprozess und Erhaltungszustand

Unsere Anschauung von Palladios Villen geht von den wenigen vollendeten, erhaltenen und leicht zu erreichenden Bauten aus. Meist macht die Villa Rotonda ganz in der Nähe des Zentrums von Vicenza den Anfang. Damit haben wir dann gleich eines der letzten, ausgereiften, außen und innen vollendeten und im Sinne des Palladianismus Epoche machenden Villenbauwerke vor uns. Die Rotonda ist es meistens, die ein weitergehendes Interesse an den Villenbauten Palladios anstößt. Das kann zu einer Rundreise und zu einer Übersicht über eine Auswahl von gut erhaltenen und ausgereiften Villenbauten führen, die eine Vertiefung der Anschauung bewirkt.

Kommt es aber zu einer Befassung mit allen Villenprojekten Palladios, dann bringt uns dies zu der Erkenntnis, dass die Villenbaukunst des Palladio sich erst in einem

Alessandro Vittoria und Paolo Caliari Veronese, Villa Barbaro, Stuck und Ausmalung, 1559–1661

Andrea Palladio, Villa Forni in Montecchio Prealcino, um 1541, leer stehend und verwahrlost

längeren Prozess zu ihrer Vollkommenheit und zum Vorbild des Palladianismus hat entwickeln müssen. Dieser Entwicklungsprozess lässt sich auch an zahlreichen einzelnen Villenprojekten der Frühzeit wahrnehmen.

Über ein Jahrzehnt, von 1537 bis 1552, übte Palladio sich erst einmal an Villenbauten und entwarf dafür eine Reihe von verschiedenen Formen von Gesamtanlagen und Herrenhäusern; später hat er nur einige davon in die Auswahl der „Quattro libri" aufgenommen. Anfangs erprobte er die Anlehnung an antike Vorbilder. Er formulierte Gesamtanlagen mit rechteckigen Höfen. Er setzte immer deutlicher antike Elemente und die antiken Ordnungen ein. Er formte immer kompaktere Baukörper von Herrenhäusern. Er entwickelte in über einem Jahrzehnt einen Bautyp mit einem Mittelgiebel über drei Rundbogen oder einer Serliana, der für Bauherren oder Nachahmer bereits zu einem Vorbild wurde. Aber erst danach entstand in den frühen 1550er Jahren die typisch palladianische Form einer Gesamtanlage mit halbrundem Barchessenvorhof – nach Beschreibung von Plinius dem Jüngeren – und dann einem immer präziseren Herrenhausbaukörper, der einen Mittelportikus mit Säulen ausbildete. Dieser Portikus war erst doppelgeschossig. Dann hatte er Kolossalsäulen. Er bestand erst aus vier, dann aus sechs Säulen. Damit schuf Palladio um die Mitte der 1550er Jahre den Villenbautyp, der uns als palladianisch geläufig ist und zum Vorbild für die Architektur des Palladianismus wurde. Erst am Ende der 1560er Jahre steigerte er sich zu dem Villenherrenhaus als Zentralbau, wie er in der Villa Rotonda realisiert und erhalten ist, und kombinierte einen solchen Zentralbau mit Barchessenvorhallen

Andrea Palladio, Villa Zeno in Donegal di Cessalto, nach 1554, leer stehend und verwahrlost

wie in dem unausgeführten Entwurf für die Villa Trissino in Meledo. Dies stellt sich uns 1570 in den „Quattro libri" als die Entwicklung seiner Villenbaukunst dar.
Die Befassung mit allen Villenbauten Palladios lässt uns aber außerdem erkennen, dass nicht viele Projekte zu vollkommenen Bauwerken geführt worden, sondern dass zahlreiche aus ganz verschiedenen Gründen fragmenthaft geblieben sind.
Neben den etwa 24 Villen, die vollkommen oder zu größeren Teilen ausgeführt und erhalten sind,[151] aus denen die 16 Villen Godi, Pisani in Bagnolo, Saraceno, Caldogno, Poiana, Angarano, Pisani in Montagnana, Cornaro, Chiericati Porto, Porto, Barbaro, Badoer, Foscari, Grimani, Emo und Rotonda herausragen und die unsere bevorzugten Reiseziele sind, erleben wir beim Besuch aller Orte von Villenprojekten Palladios den unterschiedlichen Fragmentcharakter seiner Bauten.
Manche sind früh ausgeführt, dann aber später noch einmal überarbeitet worden, wie die Villa Pisani in Bagnolo. Manche sind in einem erschreckend langsamen Prozess zustande gekommen, wie die Villa Chiericati Porto unter zwei aufeinander folgenden Bauherren. Manche sind im Herrenhaus vollendet, aber in der Gesamtanlage fragmentarisch geblieben, wie die Villa Saraceno. Manche sind allein im Herrenhaus vollendet, wie die Villa Caldogno oder die Villa Poiana. Manche sind nur mit Veränderungen des Herrenhausentwurfes ausgeführt, wie die Villa Pisani in Montagnana. Manche sind angefangen und beinahe vollendet, dann aber – wegen des Bankrotts ihres Bauherrn – von einem andern verändert zu Ende geführt worden, wie die Villa Gazzotti. Manche sind in der Gesamtanlage fertiggestellt worden, haben aber ein

ganz neues Herrenhaus erhalten, wie die Villa Angarano. Manche sind von Palladio begonnen und ausgeführt, aber später ganz umgebaut und ganz anders vollendet worden, wie die Villa Contarini. Manche sind in einem frühen Stadium ausgeführt, entsprachen dann aber nicht mehr den Vorstellungen der Bauherren und wurden von Palladio und späteren palladianistischen Nachfolgern ganz anders ausgeführt, wie die Villa Piovene. Manche sind früh ausgeführt und dann später noch einmal überformt worden, wie vermutlich die Villa Forni. Manche sind nur teilweise ausgeführt und dann später in geänderter Weise vollendet worden, wie die Villa Valmarana in Lisiera. Eine Reihe von ihnen sind nach antiken Vorbildern als Anlage mit mehreren Höfen entworfen und begonnen, aber niemals vollkommen ausgeführt, wie die Villa Thiene in Quinto, oder sogar ganz abgerissen worden, wie die Villa Mocenigo sopra la Brenta. Manche sind ausgeführt, aber später zerstört worden, wie die Villa Muzani, die Villa Mocenigo in Marocco oder die Villa Repeta. Manche sind in einigen Teilen begonnen worden, die dann aber Fragmente blieben, wie bei der Villa Thiene in Cicogna und einer ihrer Barchessen, bei der Villa Trissino in Meledo und einem ihrer Taubenhäuser oder bei den Villen Sarego in Miega oder Sarego alla Cucca und ihren Barchessen. Manche Projekte sind schon bald nach dem Beginn in einem frühen Stadium liegen geblieben, sodass, wie bei der Villa Arnaldi, nur noch Umbauspuren erhalten sind, oder, wie bei der Villa Porto in Molina, nur noch ein paar Säulenstümpfe davon zeugen. Manche Villen aber sind nur entworfen und dann ist ihr Bau gar nicht erst begonnen worden, wie bei den Villen Pagliarino oder Ragona, den Villen Sarego in Veronella oder in Beccacivetta. Dazu kommt, dass manche einst intakten Bauten, wie die Villen Gazzotti, Forni, Zeno oder Sarego alla Cucca, heute in einem erschreckend verwahrlosten Zustand sind.

Andrea Palladio,
Villa Porto in Molina, nur noch Säulenstümpfe erhalten

Der Palladianismus

Der „einflussreichste Architekt, den die westliche Welt je hervorgebracht hat“ (Boucher), kann Palladio genannt werden, weil seine Architektur das Vorbild für einen jahrhundertelangen „Palladianismus“ gegeben hat. Werner Oechslin spricht von einer „Kontinuität von Werk und Wirkung“. Bereits zu Palladios Lebzeiten wurden seine Entwürfe und Bauten von Auftraggebern, Architekten, Unternehmern und Bauhandwerkern als Vorbilder betrachtet. Vincenzo Scamozzi erhielt schon in dieser Zeit Aufträge für palladianistische Villenbauten. Daraus ergab sich in Norditalien eine Kontinuität, die mehrfach neue Impulse erhielt. Von seinen Bauten und seinen Publikationen gingen aber auch Einflüsse aus, die sich auf nachvollziehbaren Wegen über Europa verbreiteten. Die Reisen nach Italien, deren Route immer deutlicher Venedig und Vicenza berührte, damit dort Palladios Bauten besucht werden konnten, und die Verbreitung der „Quattro libri“ gaben die Anstöße dazu.
In England und den Niederlanden fielen Einflüsse, die von Palladios Entwürfen und Bauten ausgingen, auf besonders fruchtbaren Boden. Von dort erreichten sie aber auch Frankreich, Deutschland, Skandinavien und Osteuropa. Im Zeitalter der Aufklärung kam republikanischen Implikationen der Bauten der Antike und des Architekten der Republik Venedig eine neue Bedeutung zu. In England, Frankreich und Nordamerika wurden diese in besonderer Weise aufgegriffen. Bis zum Ende des Historismus spielte der Einfluss des Palladianismus eine Rolle.
Für die neuen „Kultur“-Bauaufgaben, für Museumsbauten, Theaterbauten, Bibliotheksbauten, wurden Formen des Palladianismus – vor allem der übergiebelte Portikus über dem Eingang – zu konstitutiven Elementen.
Aber noch in der von Historismen befreiten Architektur der Moderne und dann der Postmoderne sowie für die Architekturikonografie von Kulturbauten unserer Zeit sind Palladianismen zu beobachten.

Regionale Anfänge des Palladianismus

Frühe Formen von Palladianismus mag man bereits darin sehen, dass Bauherren ein Interesse daran hatten, demselben Baumeister Palladio einen Villenauftrag zu geben, den andere beauftragt hatten. Dies könnte schon bei dem Auftrag der Familie Piovene, um 1539, so gewesen sein, nachdem diese den Villenbau Palladios für die Nachbarn und Konkurrenten Godi gesehen hatten.
Später lassen sich konkretere Formen von Nachbauten bestimmter Villentypen beobachten:

Im Falle des frühen Bautypus für ein Villenherrenhaus, den Palladio für die Villen der verwandten Familien Saraceno und Caldogno, um 1548, entworfen hatte, ist zu vermuten, dass der eine Bau Modell für den anderen gestanden hat. Später wurde dann – neben weiteren Varianten – auch die Villa Zeno nach diesem Modell in Auftrag gegeben: ein kompakter Baukörper mit Mittelgiebel über drei Rundbogenöffnungen, der noch nicht dem später entwickelten palladianischen Modell des Baukörpers mit übergiebeltem Säulenportikus entsprach. Schon die allererste Villa Godi hatte einen Eingang aus drei Rundbogen. Auch die frühe Villa der venezianischen Familie Pisani in Bagnolo mit drei rustizierten Rundbogen in der mittleren Loggia entsprach diesem Typ. Eine Variante, etwa die Villa Poiana, um 1546, hatte unter dem Mittelgiebel die Serliana.

Die Tatsache, dass der Bauunternehmer Domenico Groppino, der häufiger mit Palladio zusammenarbeitete, eine Variante des Bautyps Saraceno-Caldogno-Zeno auch ganz ohne Palladio für die Villa Paolina Porto in Torri di Quartesolo, erst um 1570, übernommen hat, zeigt besonders, dass sich in diesem Fall schon Vorbildlichkeit eines palladianischen Villenbautyps entwickelt hatte.

Auch die beiden Villen Pisani in Montagnana und Cornaro sind einander so ähnlich, dass hier die beiden venezianischen Bauherren offenbar Varianten eines Modells bei Palladio in Auftrag gegeben haben. In diesem Fall trat schon der Säulenportikus auf, aber noch doppelgeschossig, von dem es später mehrere Varianten gab.

Den für den regionalen wie den späteren überregionalen Palladianismus vorbildhaften Bautyp entwickelte Palladio jedoch erst mit Herrenhaus-Bauten der 1550er und der 1560er Jahre. Zu Anfang dieser Entwicklung bildete die gesamte Herrenhausfassade einen Portikus mit kolossalem Säulensystem und Giebel darüber, wie etwa um 1550 im unausgeführten Entwurf für das Herrenhaus der Villa seines Gönners Angarano oder auch noch 1554 beim Herrenhaus der Villa Barbaro. Dann entstand in den Entwürfen für die Villen Chiericati Porto und Porto sowie in dem unausgeführten Entwurf der Villa Ragona in den frühen 1550er Jahren ein übergiebelter Mittelportikus mit anfangs vier Kolossalsäulen. Dieser Typus der Fassade mit Mittelportikus von Kolossalsäulen konnte in verschiedenen Ordnungen, dorisch, ionisch, korinthisch und dann auch mit verschiedenen Zahlen von Säulen ausgebildet sein. Wichtig und vorbildlich blieb das Fassadensystem von übergiebeltem Mittelportikus mit Kolossalsäulen und unterschiedlich breiten Seitenrisaliten. Eine besondere Überhöhung erhielt dieses palladianische Fassadensystem durch die Ausbildung des Baukörpers nach allen Seiten und dessen Überwölbung mit einer Kuppel, wie in der Villa Almerico, der „Rotonda“, und in dem Entwurf für die Villa Trissino in Meledo. Daraus entwickelte sich eine Vorbildlichkeit für einen jahrhundertelangen Palladianismus.

Andrea Palladio, Villa Caldogno in Caldogno, um 1548, Variante der Villa Saraceno

Schon zu Palladios Lebzeiten waren Bauunternehmer, Bauführer, Baumeister und Handwerker regelmäßig damit beschäftigt, von Palladio entworfene Bauten solcher Typen zu Ende zu führen oder nach deren Modellen neue Versionen zu realisieren. Die selbstverständliche Form war die Ausführung von Entwürfen Palladios durch Bauunternehmer und ausführende Handwerker unter der Aufsicht Palladios. Mit zunehmender Zahl von Aufträgen auch für verschiedene Orte und mit steigender Beschäftigung Palladios musste diese Aufsicht des Architekten immer flüchtiger, die Tätigkeit der ausführenden Handwerker immer selbstständiger werden. Offensichtlich hat Palladio in den 1560er Jahren nichts unternommen, um sich ein größeres Büro zu schaffen, das ihm diese Aufsichtsarbeiten abgenommen hätte.[152] Der Briefwechsel unter den Brüdern Sarego macht deutlich, dass Palladio vor der Drucklegung der „Quattro libri" den Entwurf für neue Bauprojekte und die Aufsicht darüber zurückstellte, sodass es in manchen Fällen seit den späten 1560er Jahren nicht mehr zum Neubeginn, zur Weiterführung oder auch zur Vollendung von Villenprojekten kam. Das gilt vor allem für die Villenprojekte der Familie Sarego aus Verona. Auch für das späte Projekt der Villa Porto in Molina ist zu befürchten, dass nicht nur fehlende Finanzmittel des Bauherrn Iseppo da Porto, sondern auch eine gewisse Inaktivität Palladios in deren beider letztem Lebensjahrzehnt zum Liegenbleiben des seit 1572 groß angelegten Projektes geführt haben.

Schon mit der Villa Muzani, um 1559, lässt sich ein konkreter Fall nachweisen, in dem ein Bauherr, Troilo Muzani, offenbar einen Umbau im Sinne Palladios hatte haben

Andrea Palladio, Villa Cornaro in Piombino Dese, nach 1552, Variante der Villa Pisani in Montagnana

wollen, aber nur Handwerkskräfte einsetzte, um diesen auszuführen. Palladio ist dann offenbar nur noch nachträglich einbezogen worden, um die Leistung zu begutachten und die Entlohnung für die Handwerker zu berechnen. In diesem Fall wird Giorgio di Simone genannt, der nachweislich öfter an Projekten Palladios und in seinem Sinne gearbeitet hat. Für die Villa Muzani des Bruders Claudio in Rettorgole wird der Handwerker Pietro da Nanto in ähnlicher Funktion genannt, der ebenfalls häufig an Palladios Bauten beschäftigt war. Für beide Villen wird eine konkrete „Praxis der treuhänderischen Verwendung der Modelle Palladios“ durch dessen Mitarbeiter vermutet, eine Praxis, die unter Bauherren entstanden war, die ein Interesse an palladianischer Architektur hatten.[153] Grundlage solcher Entwicklungen war natürlich das steigende Vertrauen in die Architektur Palladios. Ein Villenbau nach Art dieser Architektur wurde eine Art Markenartikel, den sich manche auch nur von dessen Handwerkern herstellen ließen. Das kann aber auch die Folge von Palladios mangelnder Aufsichtskapazität für eine Vielzahl von Villenprojekten in von Vicenza und Venedig entfernten Orten gewesen sein; das gilt für die späten 1560er und die 1570er Jahre besonders auch, weil Palladio in dieser Zeit in Venedig mit den komplexen Aufgaben seiner dortigen Kirchenbauprojekte beschäftigt war. Beide Gründe mögen zum Entstehen eines regionalen Palladianismus geführt haben, den Bauherren nun sowohl Vincenzo Scamozzi als auch anderen Architekten, Bauunternehmern und Bauhandwerkern zutrauten.

Ein konkreter Fall von solchem regionalen Palladianismus könnte der Umbau der frühen, um 1539 bis 1541 entstandenen kleinen Villa Piovene in einiger Entfernung

Andrea Palladio,
Villa Almerico,
„La Rotonda“, nach 1566,
Fassadenansicht

von Vicenza gewesen sein. Nach der Entwicklung der klassischen palladianischen Villenherrenhäuser in den 1550er Jahren mit ihrem charakteristischen Säulenportikus davor, mag den Besitzern das Aussehen des frühen Palladio-Bauwerks nicht mehr repräsentativ genug gewesen sein. Es sollte deshalb ein stärker palladianisches Aussehen erhalten. Denkbar, aber nicht belegbar ist, dass der Rat Palladios vor dessen Tod 1580 dafür eingeholt wurde. Jedenfalls ist das Herrenhaus seit den 1570er Jahren erweitert und mit Portikus und neuer Freitreppe versehen worden, nach der Jahreszahl im Giebel 1587 vollendet. Die Ausführung hat ein unbekannter Architekt geleitet oder sie ist – wie bei der Villa Muzani – von palladianischen Bauhandwerkern geleistet worden. Danach ist die Palladianisierung noch weitergegangen: Im 17. Jahrhundert wurde die Barchessa links des Herrenhauses ausgeführt, in der ersten Hälfte des 18. Jahrhunderts ergänzte Muttoni die Barchessa rechts davon.
Als Giorgio Vasari nach einer Reise ins Veneto 1566 Palladio und seine Bauten kennenlernte und von ihm Material aus Manuskripten für die „Quattro libri" erhielt, konnte er 1568 in seinen Künstler-Viten eine große Zahl von Villen Palladios rühmen, auch wenn diese noch nicht oder nicht zu Ende ausgeführt waren. Zwar blieb die Erwähnung unanschaulich, weil die Viten außer Künstlerbildnissen keine Abbildungen enthielten. Aber die Erwähnung in den Viten schuf die Grundlage für eine in Italien weit verbreitete Künstlerlegende vom Villenarchitekten Palladio und so mancher angeblich schon ausgeführten Villa.
Ein über Italien hinausgehender Palladianismus konnte sich aber erst entwickeln, nachdem Palladios „Quattro libri" 1570 erschienen waren und vor allem seine Villenbauten über ihren Standort, den Kreis ihrer Auftraggeber und die Texte Vasaris hinaus bekannt machten.[154]

Vincenzo Scamozzi und seine Villen Rocca Pisani und Molino als Monumente des Palladianismus

Für Vincenzo Scamozzi (1548–1616) ist geläufig, dass er Palladio-Bauten fortgesetzt oder zu Ende geführt habe. Von der Kuppel der Villa Rotonda ist über lange Zeit die Künstlerlegende angenommen und wiederholt worden, dass Scamozzi diese Kuppel – anders als in den „Quattro libri" von Palladio gezeichnet – fertiggestellt habe; diese Legende ist heute allerdings wohl nicht mehr zu glauben.
Im Gegensatz zur landläufigen Vorstellung von Scamozzi als Vollender von Bauten Palladios steht dessen vermeintlich reservierte Haltung gegenüber den Villenbauten Palladios. Allerdings erst 35 Jahre nach dem Tode Palladios hat Scamozzi sich 1615 in seinem Werk „L'idea della architettura universale" zum Thema Villenbau theoretisch

geäußert. Schon vor dem Tode Palladios war er aber selbst ein erfolgreicher Villenarchitekt im Sinne des Palladianismus geworden.
Im Unterschied zum Müllerssohn Palladio war Scamozzi Sohn eines Mannes vom Fach, des nach Vicenza eingewanderten Zimmermannes, Geometers und Architekten Giovanni Domenico Scamozzi (1526–1582). Der Vater, etwa 20 Jahre jünger als Palladio, und der Sohn, 40 Jahre jünger, erlebten Palladio als den in Vicenza durchgesetzten Architekten von Villen und Palästen, der bereits, gefördert von der Aristokratie, die römische Antike kennengelernt hatte und nun auch architekturtheoretische Publikationen verantwortete. Er muss ihnen als großes, wenn auch vermutlich beneidetes Vorbild erschienen sein, dem beide nachstrebten. Sie hatten nicht die direkte Förderung, wie Palladio sie durch Trissino und Barbaro erfahren hatte, erhielten dann aber beide auch Aufträge der Vicentiner Aristokratie. Auch auf Architekturtraktate richtete sich ihr Ehrgeiz, denn 1584 erschien mit dem Namen Domenico Scamozzis als Herausgeber die im Wesentlichen wohl von Vincenzo Scamozzi besorgte Gesamtausgabe der Bände Serlios, der Vincenzo weitere Arbeiten bis hin zu seiner sechsbändigen „Idea" von 1615 folgen ließ. Beide Herausgeber gelten seit diesem nach Palladios Tod herausgekommenen Gesamtwerk Serlios als Serlianisten, die dem Aufkommen des Palladianismus damit entgegenzuwirken versuchten. Es ist möglich, dass Vincenzo Scamozzi mit der Herausgabe aller greifbaren Bände Serlios kurz nach dem Tode Palladios, später mit der Abfassung eines eigenen gelehrten Traktates, vielleicht auch mit der Veräußerung der Zeichnungen Palladios nach England sowie mit der Übernahme von Villenaufträgen im Sinne des Palladianismus, als Palladios Kräfte nachließen, das Ziel verfolgt hat, die Erinnerung an den Architekten und Architekturtheoretiker Palladio zu seinen eigenen Gunsten zu marginalisieren. Erreicht hat er aber das Gegenteil.
Vincenzo Scamozzi ist sicherlich zu dem bedeutenden vicentinischen und venezianischen Architekten dadurch geworden, dass er als Theoretiker und als Architekt sich an großen Vorbildern wie Serlio, Sanmicheli, Sansovino und vor allem Palladio, auch als fertigstellender und nachvollziehender Architekt von deren Bauten, betätigt hat. Dadurch erklärt sich auch, dass Scamozzi als erster großer Palladianist in die Architekturgeschichte eingegangen ist, der nicht nur von Palladio Begonnenes, wie das Teatro Olimpico, vollendet hat, sondern auch dem wachsenden Interesse der Bauherren an Villen mit palladianistischem Charakter in eigenen Villenbauten entsprochen hat.
Eine interessante Konsequenz der Geschichte ist, dass im Namen Scamozzis und finanziert mit dessen Nachlass später ein Höhepunkt in der Geschichte des Palladianismus erreicht worden ist: Da seine Erben schon gestorben waren, brachte Scamozzi

sein Vermögen in eine Stiftung für den jeweils besten Vicentiner Architekten ein, der dafür seinen, Scamozzis Namen übernehmen sollte. Er wollte damit erreichen, dass der Name Scamozzi mit diesem besten Architekten in Erscheinung trat. Von der Stiftung wurde im 18. Jahrhundert nun aber Ottavio Bertotti Scamozzi (1719–1790) ausgezeichnet, dessen vierbändige Publikation „Le fabbriche e i disegni di Andrea Palladio raccolti ed illustrati", die Bauten und Zeichnungen des Andrea Palladio zusammengestellt und illustriert, 1776 bis 1783, Palladios Werk erneut der Öffentlichkeit vorstellte. Vorgeschlagen hatte ihn dafür der damalige Besitzer der Villa Rotonda, Mario Capra: Ottavio Bertotti wurde also als Stipendiat der Scamozzi-Stiftung und damit Träger des Namens Scamozzi Autor des einflussreichsten zeichnerischen Werkes über die Bauten Palladios.

Scamozzi befasste sich in seiner „Idea della architettura universale", auf die er – wie schon der Titel andeutet – mehr platonische Gelehrsamkeit verwendet wissen wollte als seine Vorgänger und Zeitgenossen Serlio, Vignola und Palladio auf ihre Traktate, außerordentlich intensiv mit der Bauaufgabe Villa.[155] Er hatte wie alle Vitruv Nachstrebenden sein Werk auf zehn Bücher angelegt, konnte aber nur sechs davon vollenden. Das erste befasst sich mit der Architektur als Wissenschaft und der vielseitigen Ausbildung des Architekten. Das zweite behandelt topografische Fragen, Stadtplanung und Festungsarchitektur. Die folgenden drei Bücher sollten sich mit verschiedenen Bauaufgaben befassen: Die für öffentliche und Kirchenbauten bestimmten Bücher IV und V erschienen aber nicht, das Buch III behandelte private Bauaufgaben. Dann folgten noch Buch VI über die fünf Ordnungen, Buch VII über Baumaterialien und Buch VIII über die Bauvorgänge und Bautechniken. Die Bücher IX und X über Dekoration und über Renovierung und Restaurierung erschienen dann nicht mehr.

Das Buch III über private Bauten in der Stadt und auf dem Lande behandelt nach den Stadtpalästen sehr ausführlich die Villa außerhalb der Stadt und ohne Landwirtschaft, bei den Römern „villa suburbana" genannt, sowie das Landgut, Villa mit landwirtschaftlicher Gesamtanlage, die „villa rustica". Jede der drei Bauaufgaben klassifizierte Scamozzi außerdem nach Rang und sozialem Status der Eigner.

Die Kapitel über Privatbauten beginnen mit einer Darstellung der antiken Wurzeln und Vorgänger, die Scamozzi von verschiedenen antiken Autoren übernahm, die er meist auch benannte. Dabei hielt er sogar die Reihenfolge der antiken Entwicklung ein. Besonderen Wert legte er auf die Zeit seit Augustus, die Zeit der Pax Romana, in der auch der Traktat des Vitruv entstanden war. Er beschrieb für jede Bauaufgabe Beispiele von Vitruv bis in die Spätantike, die als Vorbilder für dann folgende Beispiele der Neuzeit gelten sollten. Dann folgen Scamozzis eigene Entwürfe. Von den 30 Kapiteln des Buches III befassen sich die Kapitel 12 bis 14 mit der villa suburbana,

15 bis 17 mit der villa rustica. In den Kapiteln 18 bis 21 werden Raumtypen, Raumproportionen, Treppenhäuser und architektonische Details beschrieben, 22 bis 24 gehen auf Höfe und Gärten ein. Schließlich folgt in den letzten Kapiteln eine Behandlung aller Aspekte der Wasserleitung und Wassertechnik.
In seiner Beschreibung antiker Villenbeispiele spielte für Scamozzi die Rekonstruktion der Villa Laurentina Plinius' des Jüngeren eine besondere Rolle.
Es scheint bewusste Methode Scamozzis gewesen zu sein, Architekten, Architekturtheoretiker oder Kunstschriftsteller seiner eigenen Zeit vor oder neben ihm nicht namentlich zu nennen. Während die antiken Autoren und eine große Zahl von Auftraggebern und Bauherren von Villen der Zeit Scamozzis erwähnt werden, erscheinen die Namen etwa von Alberti, Daniele Barbaro als Vitruv-Kommentator, Bramante, Falconetto, Giulio Romano, Raffael, Serlio, Sanmicheli, Sansovino, Vasari oder Vignola im Text des Buches III von Scamozzi überhaupt nicht. Der Name Palladio kommt zwar insgesamt vier Mal vor. Aber der Schein trügt: Im Kapitel 15 bei der Beschreibung landwirtschaftlicher Anlagen werden die Namen Varro und Palladio gemeinsam als Autoren von Texten über Landwirtschaft genannt. Wenig später erscheint der Name Palladio noch einmal nach dem Plutarchs bei der Erläuterung landwirtschaftlicher Bauten. In diesen Fällen ist deutlich, dass Scamozzi mit Palladio den lateinischen Landwirtschaftsschriftsteller Palladius in italianisierter Form meinte. Dann wird der Name Palladio noch zwei weitere Male einzeln genannt, aber auch dabei als der eines Autors, der landwirtschaftliche oder Weinkellereinrichtungen beschreibt. Auch in diesen Fällen muss Scamozzi wieder den antiken Palladius meinen. Es scheint ihm offenbar eine zynische Freude gemacht zu haben, den angenommenen Namen Andrea Palladios auf jenen antiken Autor zu beziehen, der wirklich so hieß, den Zeitgenossen Palladio aber wie alle anderen Architekten der Renaissance und des Veneto nicht zu nennen.
Ein einziges Bauwerk von Palladio, immerhin die Villa Rotonda, wie es bei Scamozzi ausdrücklich heißt, im Besitze von Odoardo Capra, wird – ohne den Namen des Architekten – unter zahlreichen anderen erwähnt, die angeblich nach Plänen von Scamozzi vollendet worden seien. Dies ist der Hinweis, der zur Folge hatte, dass Scamozzi für den Vollender der Kuppel der Rotonda gehalten wurde. Der Text macht durch die Nennung des Eigners Capra aber deutlich, dass Scamozzi erst nach dem Tode Palladios, 1580, und dem des ersten Bauherrn Almerico, 1589, und nach dem Übergang der Villa an die Brüder Capra, 1591, mit der Rotonda zu tun gehabt haben könnte. Die Kuppel wurde aber noch zu Lebzeiten des Almerico vollendet.
Das Schicksal der Nichterwähnung als Architekt bei Scamozzi teilte Palladio also mit wichtigen Vorgängern und Zeitgenossen. Man kann daraus aber durchaus auch auf

eine besondere Distanz Scamozzis zu Palladio schließen, wie dies geschehen ist. Die zeichnerischen Darstellungen der beschriebenen Villenbauten Scamozzis in seiner „Idea", darunter der Villen Rocca Pisani und Molino, zeigen allerdings umso deutlicher, dass Scamozzi längst den Weg eines Palladianisten eingeschlagen und für folgende Jahrhunderte vorgezeichnet hatte.

Diese Bauten sind Vorstellungen verpflichtet, die Palladio in seiner 30-jährigen Tätigkeit als Villenarchitekt entwickelt hat. Immerhin hat Scamozzi, anfangs wohl gemeinsam mit seinem Vater, etwa 15 Villenbauten im Veneto realisiert, meist im Auftrage der gleichen Adelsfamilien, die vorher an Palladio Aufträge vergeben hatten. Grundlage solcher Aufträge muss eine bei den Bauherren entstandene ästhetische Norm gewesen sein, die sich mit der Villenbaukunst Palladios entwickelt hat. Bauherren im Veneto hatten in den 1540er bis 1570er Jahren palladianische Herrenhäuser nach Lage in der Landschaft, Gesamtanlage, Herrenhaus, Baukörper und Fassaden mit der Instrumentierung nach antiken Ordnungen, mit Freitreppe, Säulenportikus und Tempelgiebel, Raumkomposition, Raumformen und künstlerischer Dekoration kennengelernt. Auch wenn Palladio der entwerfende Architekt gewesen war, fühlten sie sich vermutlich beteiligt an dieser ästhetischen Willensbildung. Die Vorstellungen der Bauherren von einer Villa waren von nun an durch diese Willensbildung geprägt und vermittelten sich den auf Palladio folgenden Architekten.

In seinen Villenkategorien fasste Scamozzi die Villenherrenhäuser sehr viel deutlicher als Palladio auf als losgelöst von der Landwirtschaft und als Herrschaftsarchitektur für das sommerliche Landleben außerhalb der Stadt, ähnlich wie dies Palladio zuletzt für den Bauherrn Almerico mit der Villa Rotonda realisiert hatte.

Charakteristische Villenherrenhäuser, die ohne die palladianischen Vorbilder nicht denkbar sind, stellen die Bauten dar, die Scamozzi für die Familie Pisani gebaut hat, die Villa „Rocca" Pisani bei Lonigo, von Scamozzi auf 1576 datiert, oder für die Familie Molino, die Villa Molino bei La Mandria, südlich von Padua, Auftrag 1597. Beide repräsentieren den Stand eines frühen Palladianismus in der Villenbaukunst, die eine noch zu Lebzeiten Palladios, die andere etwa 20 Jahre nach seinem Tode.

Die Villa Pisani bei Lonigo, „La Rocca", ist von einem der Brüder Pisani bei Scamozzi in Auftrag gegeben worden, die von Palladio einige Zeit früher die Villa Pisani in Bagnolo hatten bauen lassen. Sie ist nur wenige Jahre, 1576, nach den prominenten Palladio-Villen, der Villa Rotonda, 1566, und der unausgeführten Villa Trissino, 1569, sowie deren Publikation in den „Quattro libri", 1570, begonnen worden. Sie liegt auch nur wenige Kilometer vom Bauplatz der Villa Trissino entfernt. Der Bauherr und der Architekt Scamozzi müssen unter dem Eindruck der Palladio-Villen Almerico und Trissino gehandelt haben.

Vincenzo Scamozzi, Villa Pisani bei Lonigo, „La Rocca", nach 1576, Ansicht

Für seine beiden Villen hatte Palladio die landschaftliche Lage auf einer Anhöhe besonders herausgestellt. Anders als viele Villen an Wasserläufen hat „La Rocca" eine besondere Lage hoch auf einem alles überragenden Hügel, wesentlich höher als die nicht weit entfernt geplante Villa Trissino, und auch höher als die Rotonda. Für die Höhe der Lage über dem Standort eines historischen Kastells gibt es nur wenige vergleichbare Villensituationen.
Wie bei der Villa Rotonda ist die Gesamtanlage der landwirtschaftlichen Bauten, die hier weiter bergab liegen, verborgen. Das Herrenhaus sieht man von Weitem oben liegen. Es steht ganz allein, und man muss auf einem langen geraden Weg hinauf zu ihm.
Der Baukörper des Herrenhauses steht wie der der Rotonda über quadratischem Grundriss. Er hat Untergeschoss, Hauptgeschoss und über einem umlaufenden Gesims das Dach in Form einer flachen Pyramide. Aus diesem erhebt sich aber ein achteckiger Kuppeltambour mit flacher Kuppel in acht Segmenten. Von Süden erreicht man über eine Freitreppe einen Mittelportikus mit Tempelgiebel über sechs ionischen Kolossalsäulen, von denen die äußeren zu einer Doppelsäulenstellung zusammengezogen sind. Links und rechts öffnen sich die Fenster von einachsigen Seitenteilen. Die Seitenfassaden und die Rückfassade sind flach und ohne Portikus. Zu den Seiten und nach hinten öffnen sich Serlianen, die aber ja inzwischen Palladio zu seinem „Palladio-Motiv" neu interpretiert hatte.
Die Grundrisskomposition wird von der durchgehenden Rotunde in der Mitte des Grundrissquadrats bestimmt, die sich im Inneren als Raum über rundem Grundriss

mit vier Kreissegmentapsiden präsentiert, der sein Oberlicht von einem Opaion erhält. Hinter dem Portikus und vor der Rotunde liegt die eingeschossige Loggia, flankiert von zwei rechteckigen Räumen. Die übrigen Räume umgeben in zwei Geschossen die Rotunde. Loggia und Eckräume haben Spiegelgewölbe, die übrigen sind flach gedeckt.
In Scamozzis Zeichnung stehen auf dem Giebel Statuen und auf dem Dach Obelisken. Aber das ausgeführte Bauwerk ist ohne skulpturalen Schmuck. Im Unterschied zur Rotonda des Palladio ist das Innere der Villa Rocca pointiert ohne jeden malerischen Schmuck, sieht man vom Altarbild der kleinen Kapelle im Obergeschoss ab.
Das Bauwerk macht klar, wie stark Bauherren und Architekten unter dem Eindruck der von Palladio seit den 1550er Jahren entwickelten Architektur von Villenherrenhäusern und besonders der Villen Rotonda und Trissino standen. Es steht wie die Rotonda auf einer Erhebung. Es übernimmt ganz den Bautyp des kompakten Baukörpers mit übergiebeltem Mittelportikus. Die Säulenstellung des Portikus entspricht der der Villa Trissino. Es bildet wie die Rotonda und die Villa Trissino eine Kuppel aus. Die Kuppel hat wie ursprünglich die Rotonda ein offenes Opaion. Das Innere erschließt sich wie bei der Rotonda durch den Portikus, die Loggia und die Rotunde. Es ist aber wie die vorherigen Palladio-Villen mit seiner Portikus-Fassade auf eine Achse ausgerichtet und nicht wie die Rotonda vieransichtig. Es vermeidet deshalb Portiken in alle vier Richtungen. Nicht nur Lage, Bautyp, Baukörper, Portikusfassade und Raumkomposition sind aus den Palladio-Vorbildern entwickelt, auch antikische Instrumentierung des Äußeren und Baumaterial, wenngleich Scamozzi noch ausdrücklicher Naturstein für Säulen und Gebälk, Tür- und Fensterrahmungen auch im Inneren einsetzte, als wollte er den antiken Charakter dadurch noch verstärken. Eine Besonderheit bleibt der Verzicht auf skulpturalen Schmuck im Äußeren und malerischen im Inneren.
Der Palladianismus, von Bauherren und Architekten getragen, stellt sich dar als eine Fortsetzung palladianischer Villenbauprinzipien. Das Bauwerk wirkt wie eine Variante in der von Palladio geschaffenen Entwicklung von Villenindividuen.
Die Villa Molino in La Mandria, wenige Kilometer südlich von Padua, wurde von Nicolò Molino, einem venezianischen Aristokraten, 1597 in Auftrag gegeben. Sie steht, wie für venezianische Familien lange wünschenswert und auch in Palladios „Quattro libri“ erklärt, an einem Kanal, dem Canale di Battaglia, der von Padua nach Monselice führt, früher Fiume di Bacchiglione, und war von Venedig über den Brenta-Kanal leicht zu Schiff zu erreichen. Sie liegt parallel zum Kanal und wendet ihm ihre Hauptfassade zu. Ein kleineres landwirtschaftliches Nebengebäude ist nach rechts abgerückt, sodass das Villenherrenhaus wie allein von Hof und Garten umgeben am

Vincenzo Scamozzi, Villa Molino in La Mandria, nach 1596, Ansicht

Wasser erscheint, ursprünglich nicht durch den späteren hohen Deich vom Wasser getrennt.

Der Baukörper des Herrenhauses erhebt sich über quadratischem Grundriss. Er hat Untergeschoss, Hauptgeschoss und Mezzanin mit flachem pyramidalem Dach. Nach vorn streckt sich ein übergiebelter Mittelportikus vor mit rustiziertem Sockel, ursprünglich der Eingang vom Wasser aus, sowie vier kolossalen ionischen Säulen, von Pilastern flankiert, dazwischen Balustraden. Links und rechts befinden sich einachsige Seitenteile. Zu den Seiten und nach hinten öffnen sich in der Mitte Serlianen, nach hinten führt eine Freitreppe in den Garten hinab. Nach oben erhebt sich über einem quadratischen Mittelsaal ein quadratischer, in Thermenfenstern sich öffnender Aufbau aus dem Dach.

Der Dachaufbau gibt zu erkennen, dass die Raumkomposition vom vorderen Portikus und einer in der Mitte liegenden quadratischen Sala bestimmt wird, die ihr Licht von oben erhält; das Raumprinzip der Villa Rotonda ist hier im Sinne einer Villa Quadrata uminterpretiert worden. Vom quadratischen Mittelraum führen, ähnlich wie bei der Rotonda, schmale Räume zu den Seiten, vorn zur Portikusvorhalle, an den anderen Seiten zu den Serlianen. Der Mittelraum ist von Nebenräumen unterschiedlicher Größe umgeben; die größeren haben Spiegelgewölbe.

Auch die Villa Molino entspricht nach Lage, Bautyp, Baukörper, Portikusfassade, Raumkomposition, antikischer Instrumentierung und Baumaterial ganz der Entwicklung, die die Villenbauten Palladios genommen haben. Der hohe quadratische

Mittelraum mit Oberlicht und Dachaufbau ist eine konsequente Variation der Innenraumrotunde Palladios. Auch dieses Bauwerk erscheint wie eine Variante in der von Palladio geschaffenen Villenentwicklung. Zusammen mit der Villa „La Rocca" ist sie charakteristisch für die Vorstellungen der Bauherren und die Villenbauten Scamozzis im Sinne des schon zu Lebzeiten Palladios einsetzenden Palladianismus.

Anfänge des überregionalen Palladianismus und seine Verbreitung

Ein Gradmesser für die überregionale Entwicklung des Palladianismus in den Jahrzehnten nach dem Erscheinen der „Quattro libri" sind zwei berühmte Reiseberichte, der von Michel Montaigne (1533–1592) und der von dem württembergischen Hofarchitekten Heinrich Schickhardt (1558–1635). Montaigne besuchte 1580 Vicenza und schilderte – wie das für seinen Reisebericht typisch ist – die nahe gelegenen Thermalbäder ausführlich. Den Verfasser der zehn Jahre vorher erschienenen „Quattro libri", der 1580 gestorben war, nannte er dagegen nicht. Er kannte diesen Palladio offenbar noch nicht und nahm seine Bauten nicht zur Kenntnis.[156] Heinrich Schickhardt dagegen besaß in seiner reich bestückten architekturtheoretischen Bibliothek, über die wir in diesem Fall einmal gut Bescheid wissen, das Buch Palladios und besuchte 1599 eine Reihe seiner Bauten, zeichnete auch den Palazzo Chiericati in Vicenza, als er die für das folgende Jahr 1600 geplante Reise mit seinem Herzog vorbereitete, während der eine kleine Hofgesellschaft Vorbilder für einen in Stuttgart geplanten Schlossbau studieren wollte.[157]

Erst im Jahrzehnt nach dem Erscheinen von Palladios Buch und dann nach seinem Tode 1580 setzte also eine überregionale Bewunderung für Palladios Bauten ein. Von Schickhardt kennen wir die Ursachen der Übertragung des „Palladianismus" auf andere: die Lektüre der „Quattro libri" sowie die Italienreise mit dem Studium der antiken Bauten und dem der Bauten Palladios vor Ort.

Um die Zeit der Reise Heinrich Schickhardts 1599 zu Bauten Palladios und der dann folgenden der Delegation unter dem Herzog von Württemberg, 1600, begannen die Italienreisen ausländischer Architekten und Künstler, die auch dem Werk Andrea Palladios galten.

Die Italienreise des süddeutschen Architekten Wolf Jacob Stromer von Reichenbach (1561–1614) muss noch vor der Schickhardts die früheste gewesen sein, die auch Palladio galt. Stromer studierte seit seinem 18. Lebensjahr in Bologna und unternahm von dort um 1579 eine Reise nach Venedig, die ihn auch nach Vicenza und Bassano geführt haben kann. Er besaß die 1577 erschienene Stichsammlung „Speculum

Romanae Magnificentiae“ des Stechers und Verlegers Antonio Lafreri mit antiken und Renaissancebauten. Er kann auch die „Quattro libri“ von Palladio erworben und dessen Bauten studiert haben. Jedenfalls hat er, als er von 1589 bis 1614 Ratsbaumeister in Nürnberg war, 1603 die Brücken Palladios für Brückenbauten in Nürnberg zum Vorbild genommen. Er besaß auch das Modell, mit dem Antonio da Ponte im Jahre 1588 den Wettbewerb für die Rialto-Brücke gewonnen hatte. Außerdem fasste er eigene Bauzeichnungen und die von Mitarbeitern zu zwölf „Baumeisterbüchern“ zusammen, hatte – wie Palladio – also auch den Ehrgeiz eines Architekturtraktatisten. Zu Schickhardt hielt er guten Kontakt.[158] Wie dieser machte er die Bekanntschaft von Bonaiuto Lorini, dem Verfasser des Befestigungsbuches „Della Fortificatione“ von 1595 und Planer der venezianischen Festung von Palmanova.

Im Jahr 1600 reiste aber auch Elias Holl (1573–1646) aus Augsburg nach Italien und besuchte nachweislich Venedig, sodass auch er Bauten Palladios studiert haben kann.

Stromer, Schickhardt und Holl haben als Baupolitiker und Architekten in Nürnberg, Stuttgart und Augsburg architektonische Spuren hinterlassen, die als Erste den Einfluss der Architektur Palladios erkennen lassen. Diese drei gehören in Deutschland allerdings offenbar zu den wenigen, die schon in dieser Zeit über Palladio informiert waren. Während des Dreißigjährigen Krieges und danach bis Ende des 17. Jahrhunderts gab es zeitweise nur wenige Kontakte von Deutschland nach Italien.

Intensiv dagegen war das Verhältnis von englischen Architekten zur Architektur Palladios. Von Inigo Jones (1573–1652) wird vermutet, dass er um 1596–1604 eine erste Italienreise unternommen hat, deren Ziele unbekannt geblieben sind. Nachdem er 1605 als Bühnenbildner und Architekt im Dienst des britischen Hofes tätig geworden war, reiste er mit Thomas Howard, Earl of Arundel, 1613 bis 1615 erneut nach Italien. John Shute (gest. 1563), der erste englische Architekturtheoretiker, konnte bei seiner Italienreise 1550 noch keinen Eindruck von Palladio und dem Vitruv-Kommentar Barbaros von 1556 haben, der in sein 1563 erschienenes Buch „The first and chief grounds of architecture“, die ersten und wichtigsten Gründe der Architektur, hätte eingehen können. Der Italienbesuch von Inigo Jones leitete dagegen den britischen Palladianismus ein. Wir wissen, dass er die „Quattro libri“ Palladios mit sich führte und mit Bemerkungen versah über die darin dargestellten Bauten, die er offenbar sämtlich aufgesucht hat. Er ist dabei auch Vincenzo Scamozzi begegnet, mit dem er sich in Vicenza über Theaterperspektive ausgetauscht hat. Dieser überließ ihm zahlreiche Zeichnungen Palladios zur Mitnahme nach England. Als Jones 1615 „Surveyor general of the King's works“, Generalintendant für die Bauten des englischen Königs, wurde, nahm er mit seinen Bauten, darunter der Villa der Königin in

Greenwich, 1616–1635, Einfluss auf das Einsetzen des britischen Palladianismus, dessen wichtige Vertreter John Webb (1611–1674), Roger Pratt (1620–1684), Colin Campbell (1676–1729), auch Verfasser des dreibändigen „Vitruvius Brittanicus", 1717 bis 1725, William Kent (1684–1748), Matthew Brettingham (1699–1769) und Richard Boyle, Earl of Burlington (1695–1753) mit seinem bekannten Chiswick House, 1729, wurden. Noch Lord Burlington konnte wie Inigo Jones in Italien Zeichnungen und Skripte Palladios erwerben, die seitdem in der Mehrzahl in England aufbewahrt wurden. Er veröffentlichte Skripte von Palladio, die dieser nicht mehr hatte für seine Publikation verwenden können.

England wurde vom 17. bis weit in das 18. Jahrhundert das Zentrum des überregionalen Palladianismus in Europa. Von zwei Wellen des Palladianismus in England im 17. und 18. Jahrhundert wird gesagt, dass die erste durch Inigo Jones, die zweite durch Richard Boyle, Lord Burlington, angeregt worden sei. Bezeichnend ist dafür, dass in diesem Zusammenhang die „Quattro libri" mit einem Vorwort von dem Italiener Giacomo Leoni (1686–1746) versehen, 1715 und 1721 in London erschienen sind: „L'architettura di Andrea Palladio in inglese, italiano e francese, con note ed osservazioni di Innico Jones, riveduta, disegnata e pubblicata", die Architektur des Andrea Palladio in Englisch, Italienisch und Französisch mit Bemerkungen und Beobachtungen von Inigo Jones, durchgesehen, gezeichnet und herausgegeben. Ein Interesse für die Publikation wurde also zuerst bei Engländern, dann aber auch bei Italienern und Franzosen vorausgesetzt.

Danach setzte auch ein niederländischer Palladianismus ein. Der Beginn lässt sich mit der Italienreise des Architekten Jacob van Campen (1595–1657) exemplifizieren, die dieser in den Jahren 1615 bis 1621 mit längerem Aufenthalt in Venedig und Vicenza unternahm. Dabei ist er vermutlich ebenfalls noch Vincenzo Scamozzi begegnet. Es heißt, er habe sich die Werke Palladios und Scamozzis zum Vorbild genommen. Danach entstanden Entwürfe für seine herausragenden Bauten, die er von anderen ausführen ließ, wie das Coymanshaus in Amsterdam, 1626, das Mauritshaus in Den Haag, 1634–1644, das Amsterdamer Rathaus, 1642–1648, die sich weitreichend auf die mittel- und nordeuropäische Architektur auswirkten.[159] Bezeichnend ist, dass van Campen die Schouwburg an der Amsterdamer Keisersgracht, 1638 eröffnet, nach dem Vorbild des Teatro Olimpico errichtet hat. Dadurch, dass er seine Entwürfe von ihm zuarbeitenden Baumeistern wie Pieter Post, Arent van 's Gravesande, Bartholomeus Dryffhout, Willem de Keyser und Daniel Stalpaert ausführen ließ, entstand für diesen niederländischen Palladianismus eine schulmäßige Verbreitung.

So wenig Vincenzo Scamozzi sich in seinem Traktat zur Architektur Palladios geäußert hat, so sehr hat er mit der Vermittlung von dessen Zeichnungen an Jones und bei seinen Begegnungen mit Jones und van Campen, aber auch mit seinen Bauten zur Verbreitung der Bewunderung der Architektur Palladios nach England und den Niederlanden beigetragen.

Anders war die Situation im Frankreich des 16. und 17. Jahrhunderts. Der französische Hof hatte schon früh Italiener am Schlossbau in Frankreich beteiligt, von Fra Giocondo (1433–1515) am Schloss Amboise über Domenico Bernabei da Cortona (gestorben 1549 in Paris) in Blois und Chambord bis Rosso Fiorentino (1494–1540) in Fontainebleau und Francesco Primaticcio (1532–1570) ebenfalls in Fontainebleau und dann als künstlerischer Oberleiter aller königlichen Bauten. In Frankreich war also eine Architektur anderer italienischer Architekten wirksam.

Der französische Hof hatte auch den Theoretiker Sebastiano Serlio nach Frankreich gezogen. Aber die Franzosen hatten früh durch viele Italienreisen einen eigenen Zugang zu den Antiken in Rom gewonnen und ein eigenes architekturtheoretisches Schrifttum hervorgebracht. Das fing mit Guillaume Philandrier (1505–1563) an, der bereits 1544 in Rom seine „Annotationes“ zu Vitruvs Traktat schrieb. Es setzte sich mit Jean Martins (um 1500–um 1550) französischen Übersetzungen von Serlio, 1545 und 1547, von Vitruv, 1547, und von Alberti, 1553, fort. 1565 verfasste Jean Bullant (1515/1520–1578) ein dem Vignolas vergleichbares Säulenbuch. Philibert de l'Orme (1514–1570) legte 1567 einen ersten französischen Architekturtraktat vor, der denen Palladios und Scamozzis ähnlich war. Ihm folgten etwa gleichzeitig die Traktate des Jacques Androuet du Cerceau (um 1520–1586). In Frankreich gab es also eine eigene Architektur und Architekturtheorie der Renaissance. Aber wie in England und den Niederlanden war Palladios Buch auch in Frankreich verbreitet. Zu Zeiten der Baukunst der Renaissance und des klassizistischen Barock in Frankreich kann aber weniger von einem direkten Palladianismus gesprochen werden.

Erst seit der Hamburger Ausstellung mit dem Untertitel „Die Erben Palladios in Nordeuropa“ und ihrem Katalog von 1997 ist es unternommen worden, die Verbreitung des Palladianismus in West-, Mittel- und Nordeuropa und – am Rande – auch in Nordamerika über das 16. bis 18. Jahrhundert systematisiert vorzustellen. Dabei wurden aber leider das Frankreich des 18. und 19. Jahrhunderts und die Vereinigten Staaten des 19. Jahrhunderts kaum behandelt. Betrachtet wurden auch eher die formalen Erscheinungen des Palladianismus als ein stilgeschichtliches Phänomen, die gesellschaftspolitischen, das heißt republikanischen, Implikationen, aber vernachlässigt, die besonders im Frankreich des späten 18. und in den Vereinigten Staaten des 19. Jahrhunderts eine wichtige Rolle gespielt haben. Auch hat sich unter den Verfassern verschiedener nationaler Herkunft keine Einigkeit über die Bezeichnung des stilgeschichtlichen Phänomens herstellen lassen, sodass unterschiedliche Begriffe, wie Vitruvianismus, Klassizismus, Palladianismus und Neopalladianismus, den Eindruck entstehen lassen, dass verschiedene Erscheinungen dargestellt werden und als Varianten wohl auch gemeint sind.[160]

Der Engländer Giles Worsley behandelte in seinem Aufsatz den „Palladianismus im England des 17. und 18. Jahrhunderts" unter den Stichworten „Inigo Jones und die Einführung des Palladianismus", „Der Durchbruch des säulenlosen Palladianismus" und „Die Glanzzeit des Neopalladianismus". In einem weiteren Aufsatz von ihm mit dem Titel „Der Palladianismus der britischen Peripherie: Schottland, Irland und Amerika" wird aber deutlich, dass er aus seiner Sicht unter „Amerika" in erster Linie die englischen Kolonien in Nordamerika verstand, auch wenn er dann das Wirken Thomas Jeffersons als Architekt nach dem Unabhängigkeitskrieg beschrieb. Für Worsley war die nordamerikanische Architektur ein Ausläufer des englischen Neopalladianismus, der wegen des Mangels an qualifizierten Architekten unter den Auswanderern von Zeichnungen und Druckwerken beeinflusst wurde und daher den Charakter von „papiernen" Anleihen hätte. Immerhin konstatierte Worsley aber, dass die Amerikaner stärker direkt auf Palladios Vorbilder zurückgriffen, und bemerkte, dass Jeffersons nicht ausgeführter Wettbewerbsentwurf für den Washingtoner Sitz des Präsidenten 1803 direkt auf die Villa Rotonda Palladios zurückging und seine Bibliothek der University of Virginia sich das Pantheon zum Vorbild nahm.[161] Die republikanischen Vorstellungen, die hinter solchen Bezugnahmen auf den Architekten der Republik Venedig steckten, artikuliert Worsley aber nicht.

Konrad Ottenheym beschrieb den „Klassizismus in den nördlichen Niederlanden des 17. Jahrhunderts" unter den sprechenden Stichworten: „Die Einführung Vitruvs in den Niederlanden im 16. Jahrhundert", „Palladio und Scamozzi in Holland", nannte die Namen „Jacob van Campen (1596–1657)", „Pieter Post (1608–1669)", „Philips Vingboons (1607–1678)", erwähnte auch die Aufträge, die Post und Vingboons in Deutschland, Schweden und Polen erhielten, und behandelte zudem eine „zweite Generation der Klassizisten" des 17. Jahrhunderts.[162]

Wolfgang von Stromer stellte unter dem Titel „Palladio nördlich der Alpen" für Deutschland exemplarisch die Nürnberger Aktivitäten unter dem Italienreisenden Wolf Jacob Stromer (1561–1614) dar, der 1589–1614 Ratsbaumeister der Stadt war.[163]

Jörgen Bracker widmete sich „Renaissance und Palladianismus in Hamburg und Norddeutschland" und behandelte die kommunale und private Architektur der Stadt unter dem Stichwort „Palladianismen im kommunalen Bauwesen" allerdings nur des 17. Jahrhunderts.[164] Bracker wies auch darauf hin, dass schon im 16. Jahrhundert von Holland aus Hans Vredeman de Vries (1527–1606) durch seine theoretischen

Schriften und seine Aktivitäten in Danzig und 1598 bis 1606 in Hamburg Palladianismen nach Deutschland vermittelt hat.[165]
Ein kleiner Beitrag von Silke Grosser erwähnte den „Einfluss Palladios" auf die Berliner und Potsdamer Baukunst unter Friedrich II. im 18. Jahrhundert.[166]
Thomas Weiss ging dann aber weiter ins 18. Jahrhundert hinein und behandelte „Das Gartenreich Dessau-Wörlitz und Andrea Palladio" mit dem Architekten Friedrich Wilhelm von Erdmannsdorff (1736–1800) und einem Verweis darauf, dass im Schloss Wörlitz in einer Wandmalerei von 1783 ausdrücklich ein Bildnis Palladios präsentiert wurde.[167]
Hakon Lund beschrieb unter „Palladianismus zwischen Nord- und Ostsee" die Baukunst in Dänemark des 16., 17. und 18. Jahrhunderts. Er erwähnte, dass König Frederik IV. als Kronprinz und als König um 1695 und 1708–1709 zwei Italienreisen gemacht hatte und 1709 den Palladianisten Francesco Muttoni in Vicenza mit Schlossbauentwürfen beauftragt hatte. Er befasste sich aber auch mit drei klassizistischen Architekten, die alle in Italien gewesen waren und dort Palladio-Bauten gesehen hatten, Lambert van Haven (1630–1695), Caspar Frederik Harsdorff (1735–1799) und Christian Frederik Hansen (1756–1845).[168]
Lars Olof Larsson schrieb unter dem Titel „Palladios Erben in Schweden", dass die „in Schweden tätigen Architekten und Baumeister des 16. und 17. Jahrhunderts nur in sehr eingeschränktem Maße als Erben Palladios bezeichnet werden" könnten, kam dann aber doch zu dem Ergebnis, dass „ein palladianischer Klassizismus holländischer Prägung der beherrschende Architekturstil in Schweden" war. Für den Architekten Erik Palmstedt (1741–1803) sei Palladio „le prince des architectes modernes" gewesen, dessen Teatro Olimpico er nach einer Italienreise mit seinem Schlosstheater in Gripsholm, 1781–1784, seine Bewunderung ausgedrückt habe.[169]
Schließlich behandelte Stanislaw Mossakowski noch die „Palladianische Architektur in Polen (17. und 18. Jahrhundert)" und präsentierte eindrucksvolle Beispiele für die Palais des späten 18. Jahrhunderts, die sich als Gesamtanlagen wie in ihren Herrenhäusern an die klassischen palladianischen Villen anlehnten.[170]
Die verschiedenen Aufsätze lassen ein Bild des Weges im Kopf des Lesers entstehen, den die Formen und Gedanken palladianischer Architektur in Europa des 16. bis 18. Jahrhunderts genommen haben, wenngleich französische Architektur der Revolutionszeit und ihre Folgen sowie die nordamerikanische Architektur nach dem Unabhängigkeitskrieg mit ihrem jeweiligen politischen Hintergrund noch nicht ausreichend behandelt worden sind. Das ist aber inzwischen in weiteren Publikationen geschehen.[171] Immerhin ließ sich aber ein Aufsatz von Renate Paczkowski auch auf „Funktionale und politische Aspekte öffentlicher Architektur" ein.[172]

Der zeitgenössische Architekt Volkwin Marg verwies schließlich auf einen bis dahin nicht genügend reflektierten Umstand: „Palladios Spuren führen in die Gegenwart.“ Marg nannte dazu auch Namen: „Peter Behrens, Fritz Schumacher, Tessenow, Asplund, Terragni, Mies van der Rohe sind unter anderen in diesem Zusammenhang [...] als Bewahrer der vergangenheitsbewußten sprachlichen Kontinuität in der Architektur der zwanziger Jahre zu nennen.“[173] Auf einen Palladianismus in der Moderne ist ebenfalls sowohl im jüngsten Katalog zum 500. Geburtstagsjubiläum wie in der neuen Gesamtdarstellung des Palladianismus von Werner Oechslin hingewiesen worden. Der Jubiläumskatalog behandelt als letztes Beispiel eines Palladianisten Le Corbusier (1887–1965) und illustriert den Text mit Skizzen des Le Corbusier aus dem Album La Roche von 1921–1922, in denen Architekturen von Palladio in Vicenza festgehalten sind.[174]

Muttoni, 1740–1743, Bertotti Scamozzi, 1776–1783, und Magrini, 1845, als palladianistische Autoren in Italien

Im Veneto standen im 16. und 17. Jahrhundert die Villenbauten Palladios vor aller Augen und blieben seine Zeichnungen im Vitruv-Kommentar von Barbaro, 1556, vor allem aber seine „Quattro libri“ von 1570 jederzeit greifbar. Seine Villenbauten, die von Vater und Sohn Scamozzi und zahlreichen, zum Teil unbekannten Architekten errichteten Villen sowie die Vorstellungen der Bauherren des Veneto führten zu einer zum Teil offenen, zum Teil verborgenen Kontinuität des regionalen Palladianismus. Auch als Architekten dilettierende Bauherren trugen dazu bei. Aber erst im 18. Jahrhundert und nach dem Londoner Palladio-Buch des Leoni von 1715 fand der regionale Palladianismus in der zeitgenössischen italienischen Literatur seinen Ausdruck.

Francesco Muttoni (1668–1747), der Architekt aus Porlezza, der sich seit etwa 1701 ein Feld als Architekt in Vicenza und Umgebung schuf,[175] war der Erste, der sich für seine Bücher ausführlich mit Andrea Palladios Architektur vor Ort befasste. Er selbst führte ähnliche Bauaufgaben wie Palladio und nach diesem Scamozzi in der heutigen Provinz Vicenza aus. Unter den Palazzi in Vicenza sind der Palazzo Repeta, der Palazzo Velo oder der Palazzo Brenta hervorzuheben, unter den Villen in der Umgebung die Villa da Porto „La Favorita“, 1714–1715, in Monticello di Fara[176] sowie die Villa Valmarana Morosini in Altavilla Vicentina, 1724.[177] Ein besonderes Bauwerk, die „Portici di Monte Berico“, 1746, ein Bogengang von 700 Meter Länge von Vicenza aus hinauf zur Wallfahrtskirche auf dem Monte Berico, schafft Muttoni bis heute besondere Aufmerksamkeit.[178]

Sein vierbändiges Werk über Palladio erschien von 1740 bis 1743 in Venedig: „Architettura di Andrea Palladio Vicentino con le osservazioni dell'architetto", Architektur des Vicentiners Andrea Palladio mit den Beobachtungen des Architekten. Nach dem Tode von Muttoni wurden seine Bücher von Giorgio Fossati (1706–1778) bis 1760 zu einem neunbändigen Werk fortgesetzt. Es ist einerseits ein erstes schriftliches Dokument des Palladianismus in Italien, andererseits auch der Ausdruck des regionalen Stolzes auf den „Vicentiner" Palladio. Nach den „Quattro libri" hat Muttoni die Bauwerke Palladios oder ihre Relikte vor Ort untersucht. Seine Bücher wurden die Grundlage für die palladianistischen Architekturen von Villenbauten des 18. Jahrhunderts vor allem im Veneto.
Das Anwachsen des Interesses an Palladio wurde 1762 dadurch bestätigt, dass Tommaso Temanza nun in Venedig die erste gedruckte Biografie erscheinen ließ: „Vita di Andrea Palladio", das Leben des Palladio.
Dann aber kam in den 1770er Jahren einer der Architektennachfolger von Muttoni, Ottavio Bertotti, genannt Ottavio Bertotti Scamozzi, mit einem ebenfalls mehrbändigen Werk und signalisierte damit einen Höhepunkt des Palladianismus. Ottavio Bertotti (1719–1790) wurde dank der Protektion des damaligen Besitzers der Villa Rotonda, Mario Capra, mit dem Stipendium aus der Nutznießung des Scamozzi-Vermögens und der Übernahme von dessen Namen ausgezeichnet. Wie Palladio, dann Scamozzi und auch Muttoni entwarf er vor allem Palazzi in Vicenza sowie Villen in der Umgebung. Unter den Palazzi sind der Palazzo Franceschini bei San Marco, der Palazzo Braghetta am Corso, die Casa Milana bei Santa Lucia, in Vicenza, unter den Villen die Villa Franceschini in Arcugnano, 1770–1779, hervorzuheben.[179] Wie im Falle der Villenbauten von Muttoni sind auch die von Bertotti in der Umgebung von Vicenza an ihrem palladianistischen Charakter sofort zu erkennen.[180] Wie Muttoni 1701 eine Karte von Vicenza herausgegeben hat, so wurde Bertotti 1760 und 1780 Verfasser eines Kunstführers in Vicenza in Dialogform. Solche Karten und Führer voller Regionalstolz hatten ihr Publikum unter den im 18. Jahrhundert zahlreicheren Palladio-Reisenden, die, wie 1786 auch Johann Wolfgang von Goethe, nach Vicenza kamen. Ähnlich wie Muttoni ist auch Bertotti in erster Linie durch sein vierbändiges Folio-Werk „Le fabbriche e i disegni di A. Palladio" aus den Jahren 1776 bis 1783 bekannt geworden, zu dessen Lesern und Bewunderern Goethe gehörte, der in Vicenza Bertotti Scamozzi begegnet ist. Wie das Druckwerk Muttonis hat das von Bertotti seine Hauptverdienste in der Autorschaft eines palladianistischen Architekten. Das heutige aktuelle Kennzeichnungssystem der Bauten Palladios in Vicenza bedient sich der Zeichnungen Bertottis von den Bauten Palladios.

David Rossi, gestochenes Büsten-Monument für Andrea Palladio, Frontispiz zu Bertottis Palladio-Bänden von 1776–1783

Beide Verfasser, Muttoni und Bertotti, haben in einigen Fällen Bauten Palladios ergänzt: Von Muttoni stammen eine der Barchessen der Villa Piovene in Lonedo oder der Umbau der Villa Thiene in Quinto, Bertotti erbaute eine Barchessa der Villa Chiericati Porto.

Während Vincenzo Scamozzi sich als Architekt also in den Bauaufgabenfeldern des Palladio bewegte und in Vicenza Palazzi und in der Umgebung Villen baute, es aber vermied, etwas über seinen Konkurrenten Palladio zu schreiben, huldigten die Nachfolger Muttoni und Bertotti Scamozzi, ebenfalls Erbauer von Palazzi und Villen, ihrem Vorbild in ganz neuer Weise und widmeten ihm und seiner Architektur ihre Publikationen. Bertotti stellt seinem Werk sogar ein kleines gestochenes Büsten-Monument voran.

Zu den frühen Büchern der Würdigung Andrea Palladios, nun der Zeit des Klassizismus im 19. Jahrhundert, gehört auch der 1810 in Venedig erschienene „Elogio di Andrea Palladio", die Lobpreisung Andrea Palladios, von Leopoldo Cicognara.

Ein für die damit einsetzende architekturhistorische Forschung wichtiges philologisches Werk ist dann noch das Buch des Klerikers Antonio Magrini. Es wurde 1845 in Padua gedruckt und offenbart nun auch den Regionalstolz der Geburtsstadt Padua auf den Initiator des damals noch immer aktuellen Palladianismus. Es kam aber heraus aus Anlass der Einweihung des Palladio-Denkmals in Vicenza: „Memorie intorno la vita e le opere di Andrea Palladio pubblicate nell'inaugurazione del suo monumento in Vicenza, lì, 19 agosto 1845", Erinnerungen an das Leben und die Werke des Andrea Palladio, veröffentlicht zur Einweihung seines Monumentes in Vicenza, hier, am 19. August 1845. Das skulpturale Monument von Vincenzo Gaiassi, das Palladio in antiker Toga mit dem Gerät des Architekten auf hohem Sockel darstellt, den Blick auf die Piazza gerichtet, an der seine Bauten der Basilica und der Loggia del Capitaniato stehen, ist allerdings erst 1859 fertig geworden. Für die Publikation wurde das als historisch gesichert geltende Datum seines Todestages am 19. August 1580 gewählt.

Klassizismus und Palladianismus in Europa und Nordamerika

In den Zeiten der aristokratischen Barockbaukunst weitete sich der Palladianismus über England und die Niederlande auf Mittel-, Nord- und Osteuropa aus. Im Laufe der zweiten Hälfte des 18. Jahrhunderts, im Zeitalter der Aufklärung, entstand dann ein erhöhtes Interesse für die Baukunst der Antike. Dabei trat in den Vordergrund, dass diese, die griechische und die römische, vermeintlich eine republikanische Baukunst gewesen sei. Das schuf ihr mit den republikanischen Strömungen in England,

Das Weiße Haus in Washington, 1792–1800, von James Hoban

Frankreich und dann Nordamerika eine neue Aura. Stärker spielte dies bei großbürgerlichen Bauten in England, Frankreich und Nordamerika sowie auch in den Stadtrepubliken Hamburg und Bremen eine Rolle: Die „Farmhouses" in England und Nordamerika, Herrenhäuser auf Landgütern mit „englischem" Park, wurden klassizistisch im Sinne einer republikanischen Antike. Bei ihnen konnte sich auch das Vorbild palladianischer Herrenhäuser wieder auswirken. Palladio hatte das römische Pantheon in seinen „Quattro libri" für einen republikanischen Bau erklärt, der Vorbild für seine Rotonda war. Er selbst war Architekt in der Republik Venedig gewesen. Seine Bauten auf dem Gebiet der Republik Venedig konnten also als republikanisch gelten.

Das Frankreich der Revolutionszeit baute dann klassizistisch ausdrücklich im Sinne der griechischen und römischen Republik.

Die klassizistischen und palladianistischen Bauten in England und Nordamerika und die Bauten in Frankreich beeinflussten nun die Architektur im übrigen Europa, auch wenn diese noch aristokratisch war.[181]

Alles dieses aber stellte der Palladianismus des neuen Staates in Nordamerika in den Schatten.[182] Sein dritter Präsident, Thomas Jefferson (1743–1826), war selbst ein Architekt und errichtete renommierte Bauten des Palladianismus in Nordamerika. Sein erstes öffentliches Gebäude war das Virginia State Capitol, 1785–1789, das Parlamentsgebäude in Virginia, mit übergiebeltem sechssäuligem Portikus. Das Land war bestrebt, seine neuen Staatsbauten als republikanische Architektur erscheinen zu lassen. Die „Capitols", die Parlamentsbauten, wurden eindrucksvolle bauliche Inszenierungen des Palladianismus. Das Haus des Präsidenten aber, das „Weiße Haus", 1792–1800 von dem irischen Architekten James Hoban (1762–1831) errichtet, wurde ein groß angelegter Nachfolger der Villenherrenhäuser des Palladio. Der Entwurf des Thomas Jefferson, selbst 1801 bis 1809 zum Präsidenten gewählt, wurde nicht realisiert: Er hätte als direktes Vorbild die Villa Rotonda genommen. Der ausgeführte Entwurf von Hoban bildet nach vorn einen übergiebelten Portikus mit vier ionischen Kolossalsäulen aus, zur Gartenseite eine konvexe Stellung mit sechs ebenfalls kolossalen ionischen Säulen.[183]

Goethes „Römisches Haus" in Weimar, die Bauten des „Gartenreiches" in Wörlitz und die palladianistischen Architekturen in den Stadtrepubliken Hamburg und Bremen

Auf zwei Erscheinungen, die in der zeitgenössischen deutschen Kulturdiskussion literarisch reflektiert worden sind und in der stadtrepublikanischen Tradition der Städte Hamburg und Bremen eine Rolle gespielt haben, ist der Hamburger Ausstellungskatalog von 1997 noch nicht angemessen eingegangen: Goethes Bemühungen um das „Römische Haus" in Weimar und die Landhäuser von Bürgern in der Umgebung der beiden Stadtrepubliken.

In Weimar war seit 1778 unter dem Einfluss Goethes ein englischer Landschaftsgarten im Tal der Ilm entstanden. Goethe beschäftigte sich während seines Italienaufenthaltes 1786 bis 1788 bei seinem Besuch in Vicenza mit den Villenbauten des Palladio und mit deren Darstellungen durch Bertotti Scamozzi, den er 1786 in Vicenza aufsuchte. Davon waren seine Vorstellungen von römischen Häusern bestimmt, als er nach Rom kam. In Rom lernte er den Architekten Johann August Arens kennen, der auf seiner Italienreise ebenfalls Palladios Bauten studiert hatte. Arens war 1778 bis 1783 an der Kunstakademie in Kopenhagen durch Caspar Frederik Harsdorff ausgebildet worden, der auch der Lehrer von Christian Frederik Hansen war. Ein Stipendium der „Patriotischen Gesellschaft" in Hamburg ermöglichte ihm 1784–1787 nach dem Vorbild von Harsdorff Reisen nach Frankreich, England und Italien, wo die klassizistischen und palladianistischen Bauten standen. Im Jahre 1787 begegneten Arens und Goethe einander in Rom. Goethe berief Arens darauf nach Weimar, wo er 1791 Baurat wurde. Nach Arbeiten am Wiederaufbau des Weimarer Schlosses und am „Römischen Haus" kehrte er jedoch nach Hamburg zurück und entfaltete dort seine Tätigkeit als Architekt von Landhäusern.[184]

In einem Brief Goethes an Herzog Carl August aus Italien hieß es am 27. Mai 1787: „Gartenhäuser und Brunnen bringe ich mit."[185] Damit reagierte Goethe auf

Das „Römische Haus“ in Weimar, 1792–1797, nach Entwurf von Johann August Arens

Vorstellungen Carl Augusts von einem „Römischen Haus“ im Park an der Ilm. Von Goethe selbst stammen Aquarellentwürfe für dieses „Römische Haus“. Ein Brief Carl Augusts vom 27. Dezember 1792 übertrug Goethe dann die Verantwortung für die Realisierung des Hauses.

Das Projekt entsprach den Planungen des Fürsten Franz von Anhalt-Dessau (1740–1817) und seines Architekten Friedrich Wilhelm von Erdmannsdorff (1736–1800), die nach zahlreichen Reisen nach Italien und England in der gleichen Zeit das Projekt des „Gartenreiches“ in Wörlitz und die dortigen palladianistischen Bauten betrieben. Unter deutschen Duodezfürsten waren die Vorstellungen Palladios von antiken Landhäusern und die Gartenarchitektur des englischen Palladianismus also geläufig. Goethe und Arens gehörten – wie Erdmannsdorff – zu denen, die solche Vorstellungen auf Italienreisen aufnahmen und in Deutschland verwirklichten. Goethe war der einflussreiche Schriftsteller, der sie verbreitete.

Für das „Römische Haus“ spielten Landhausgesamtanlagen keine Rolle. Es war ein den Weimarer Verhältnissen entsprechendes sehr bescheidenes Einzelgebäude, das sich allenfalls an einem Herrenhaus orientierte. Es erhielt vor dem Hauptgeschoss einen Portikus von vier ionischen Säulen mit Tempelgiebel. Im Giebel stellt ein Relief einen Genius zwischen Land- und Gartenbau, Wissenschaft und Kunst dar. Am Abhang vor dem Erdgeschoss befand sich ein Durchgang, dessen Gewölbe von Johann Heinrich

Das Landhaus Johann Heinrich Baur in Hamburg, 1804–1806, nach Entwurf von Christian Frederik Hansen

Meyer 1798 mit einem Fresko „Apollo und die neun Musen" ausgemalt wurde. Im Erdgeschoss lagen Küche, Keller und Bedienstetenräume. Das Hauptgeschoss enthielt wie ein Villenherrenhaus die Sommerwohnung des Herzogs. Ein kleiner Salon war mit dem Porträt Anna Amalias, der Herzoginmutter,[186] nach Angelika Kauffmann, der Goethe ebenfalls in Rom begegnet war, ausgemalt. Die Stuckdekoration entstand nach dem Vorbild der Stanzen des Raffael im Vatikan. Das Bildprogramm entsprach durchaus dem eines palladianischen Villenherrenhauses.

Waren es im Falle des „Gartenreiches" von Wörlitz mit seinen Bauten und des Landschaftsparks von Weimar mit seinem „Römischen Haus" Fürsten, die sich durch ihre Berater und Architekten von Bauten der Antike und des Palladio sowie englischen Vorbildern überzeugen ließen, so waren es in der Umgebung von Hamburg und Bremen die Bürger einer Stadtrepublik.

Mit den hamburgischen Landhäusern von Architekten wie Johann August Arens und Christian Frederik Hansen kam es zu einem Höhepunkt des Palladianismus in Deutschland. Hinter der Architektur dieser sommerlichen Landhäuser in nahe der Stadt gelegenem Land- oder Gartenbesitz standen die Aufträge von Stadtbürgern und Kaufleuten, die auf Reisen den englischen und amerikanischen Palladianismus von „Farmhouses" ebenso wie in Italien die palladianischen Villen im Veneto kennengelernt hatten. Ihre Architekten waren auf der Kopenhagener Akademie ausgebildet worden und hatten auf Italienreisen die Antike in Rom und die Bauten Palladios im Veneto kennengelernt. Hansen hatte wie Arens in Kopenhagen studiert und war dabei mit einem Stipendium für eine Italienreise ausgezeichnet worden, die er 1782 bis 1784 unternahm. Allerdings spielten für die hamburgischen Landhäuser kaum die Gesamtanlagen Palladios eine Rolle, denn es handelte sich meist nicht um

Das Schauspielhaus am Ostertorwall in Bremen, 1792

landwirtschaftliche Betriebe, mit Ausnahme der Anlage von Caspar Voght. Vielmehr nahmen sie sich – ähnlich wie Goethes „Römisches Haus" – allein an den Herrenhäusern ein Vorbild.[187] Arens baute unter anderen Landhäusern das erste „Farmhouse" des Caspar Voght, 1794–1797, für dessen „ornamented farm" im englischen Garten des späteren „Jenisch-Parkes". Hansen hat zahlreiche weitere solcher Villenherrenhäuser hinterlassen. Ein typisches Beispiel dieser republikanischen Bauten ist das Landhaus Johann Heinrich Baur, 1804–1806, eine Variante der Villa Rotonda Palladios mit dem römischen Pantheon in der Ahnenreihe.[188]

Das kaufmännische bremische Bürgertum hatte wie das hamburgische Kenntnis des holländischen und englischen Palladianismus und der palladianistischen Landhäuser in englischen Gärten. Wie in der hamburgischen entstanden auch in der bremischen Umgebung Landhäuser in englischen Gärten, wie etwa das Herrenhaus Tenever, um 1755, oder das Gut Landruhe Am Rüten, nach 1795.[189]

Charakteristisch für Bremen wurde jedoch die frühe Entfestigung und der Entwurf von ersten städtischen Wallanlagen im Sinne einer englischen Gartenanlage, um 1802, durch die Gartenarchitekten Christian Ludwig Bosse (1771–1832) und Isaak Hermann Albert Altmann (1777–1837), der später auch in Hamburg tätig war. Der spätere Bürgermeister Johann Smidt (1773–1857) war einer der ersten, die sich 1808 außerhalb der Stadt an der Contrescarpe ein palladianistisches Landhaus mit Blick auf die Wallanlagen anlegten und es dauerhaft bewohnten, nachdem 1849 die Bewohner der Vorstadt den Altstadtbewohnern rechtlich gleichgestellt worden waren.[190]

Opernhaus
Unter den Linden in Berlin, 1741–1743, von Georg Wenzeslaus von Knobelsdorff

Bremen erhielt im Zuge der Umgestaltung der Wallanlagen Prototypen palladianistischer Wachen, wie sie darauf in Deutschland typisch wurden; erhalten sind die charakteristischen Ostertorwachen, 1825, von Friedrich Moritz Stamm (1794–1843).[191] Früh entstanden in Bremen auch zwei palladianistische Kulturbauten, das Schauspielhaus, 1792, am Ostertorwall, 1843 abgerissen, und das erste Haus des Clubs „Museum", 1806, von Hinrich Averdieck, dazu das mit einer palladianistischen Fassade, 1816, von Nicolaus Blohm (1779–1855) zum „Stadthaus" umgebaute „Alte Palatium", an dessen Stelle heute das Neue Rathaus von 1910 steht.[192] Im Gegensatz zum Stadthaus mit einem Portikus aus vier ionischen Pilastern und den Kulturbauten mit vier ionischen Säulen hatten die Wachen einen Portikus mit sechs dorischen Säulen. Die Bremer Altstadt erhielt damit charakteristische Akzente des Palladianismus.

„Theater", „Museum" und „Bibliothek" als neue „Kultur"-Bauaufgaben

Stärker noch ins allgemeine Bewusstsein gedrungen sind die architektonischen Entwürfe für die neuen „Kultur"-Bauaufgaben, die sich um 1800 in der kulturhistorischen und architektonischen Entwicklung stellten.
Die ersten Museumsbauten nach der römischen Villa des Kardinals Albani, 1746–1763, mit Johann Joachim Winckelmann als Direktor, und dem Museo Pio-Clementino, 1773–1778, am Orte der päpstlichen Skulpturensammlung, dem Belvedere des Vatikans in Rom, wurden in Deutschland errichtet: das Museum Fridericianum in

Glyptothek in München, 1813–1830, von Leo Klenze

Rotunde mit der Bibliothek der Virginia University, 1817–1826, von Thomas Jefferson

Kassel, 1769–1779, von Simon Louis du Ry, die Glyptothek in München, 1813–1830, von Leo Klenze, das Alte Museum in Berlin, 1823–1830, von Karl Friedrich Schinkel. Sie sind sämtlich entfernte Verwandte des römischen Pantheons in den Formen des Palladianismus. Die Rotunde im Inneren und vor allem der palladianistische Portikus sind charakteristisch für sie.[193]

Das Opernhaus Unter den Linden in Berlin, 1741–1743, von Georg Wenzeslaus von Knobelsdorff war der erste Theaterbau, der auch außen als öffentliches Theater gekennzeichnet war, indem er – wie die frühen Museen – eine palladianistische Fassade mit übergiebeltem Portikus präsentierte. Er wurde damit typisch für Theaterbauten.[194]

Ein charakteristisches Beispiel für einen frühen Bibliotheksbau hat als Gründer und als Architekt jener große amerikanische Präsident Thomas Jefferson beigesteuert: die Rotunde mit der Bibliothek der Virginia University in Charlottesville, 1817–1826.[195]

Bis heute bestimmt der vom Pantheon stammende übergiebelte Portikus in der Gebäudemitte, mit dem Palladio seine klassischen Villen ausgestattet hatte, unser Bewusstsein von der Architektur für Kulturbauten. In Museumsbauten der Moderne und der Postmoderne erscheinen immer noch die Motive der Rotunde mit Oberlicht wie der Stützenstellungen vor dem Außenbau als Motive museumsarchitektonischer Ikonografie.

Neue Interpretationsweisen der palladianischen Villen

Außer den Auswirkungen der Architektur Palladios auf die Geschichte der architektonischen Praxis gehört natürlich auch die Wirkung dieser Architektur auf die wissenschaftliche Beschäftigung mit ihr und besonders auf herausgehobene Interpretationsweisen in gewisser Weise in den Zusammenhang des Palladianismus.

Die „Villa als Herrschaftsarchitektur"

Der aufmerken lassende Titel „Die Villa als Herrschaftsarchitektur" der Autoren Reinhard Bentmann und Michael Müller[196] ist mit einem Sonderkapitel „Traum vom Lande in der Moderne" auf dem Kunsthistorikertag 1970 in der Sektion „Kunst 1871–1918"[197] erstmals öffentlich vorgestellt worden. Im gleichen Jahr erschien dann das vollständige Buch.

Die Autoren hätten ihre Absicht, einer affirmativ denkenden und euphemistisch argumentierenden Kunstwissenschaft den Spiegel vorzuhalten, auch mit einer anderen Bauaufgabe, dem Tempel, der Kirche, der Burg, dem Schloss, dem Palast, als Herrschaftsarchitekturen entsprechen können. Denn natürlich hätte die Herrschaft der Theologie sich am Tempelbau, die Herrschaft von Kirche, Papsttum und Priesterschaft sich am Kirchenbau, die feudale Herrschaft sich an Burg, Schloss oder Palast exemplifizieren lassen. Vermutlich hat ein antikapitalistisches Engagement die Autoren aber dazu geführt, das venezianische Handelskapital, das sich im 16. Jahrhundert auf die Landwirtschaft umorientierte, und den dabei entstehenden Villenbau als Ziel ihrer antiherrschaftlichen Analyse in den Blick zu nehmen.

Das Buch, in seiner letzten Auflage von 1992, ist bis heute lesenswert. Dies aber besonders, wenn Leser sich die damalige wissenschaftsgeschichtliche Phase innerhalb einer angepassten Kunst- und Architekturwissenschaft vorstellen, in der der Titel aufrütteln sollte.

Die Autoren stellen griffig die „venezianische Stadtflucht im 16. Jahrhundert" dar und erläutern dabei die Absichten ihres Buches. In den älteren Publikationen, etwa von Fritz Burger,[198] sei die venezianische Villa unter rein ästhetischen Kriterien behandelt worden. Dann sei von Mazzotti,[199] Fiocco,[200] Muraro,[201] und Ackerman[202] der Versuch unternommen worden, ihr „durch sozialökonomische Begründungen über die reine Kunsthistorie und Kunstkritik hinaus auch in ihrer gesellschaftlichen Dimension gerecht zu werden". Die Autoren stellen darauf, eine gewisse Überheblichkeit nicht verbergend, fest: „Bei einseitiger Deutung der wirtschaftsgeschichtlichen Fakten scheint diese sozio-ökonomische Interpretation auch vollauf zu genügen, um das Kulturphänomen der Villeggiatura gesellschaftlich zu erklären, freilich nicht, seine Komplexität zu erfassen." Dann formulieren sie ihre eigene Interpretation: Es gehe nicht darum, zu der von jenen Autoren angedeuteten „ökonomischen nun noch eine sozialpolitische Interpretation der Villa als einen zusätzlichen hermeneutischen Weg zu addieren, sondern die Vermittlung von beidem aufzuzeigen". „Aus dem Kräfteparallelogramm von Ästhetik, Ökonomie, Politik und Philosophie in der Villa ergibt sich schließlich die Frage, die über dieser Untersuchung steht: die übergreifende Frage nach der ‚Villa als Ideologie'."

Das Buch ist eine gut lesbare Sammlung von Aufsätzen der beiden Autoren zu locker aneinander gereihten Themen, die meist deduktiv angegangen werden, denen aber eine reiche Faktensammlung und die Kenntnis der zeitgenössischen Schriften zugrunde liegen. Der „ökonomische Hintergrund der Stadtflucht", die „politische Grundlage der Villeggiatura", die „Neubewertung des Landes und die Verherrlichung der Agrikultur" sind nirgends so kritisch beschrieben worden. Auch „Die Villa als ‚irdisches Paradies'" von Petrarca bis Doni und dann die Kapitel, die in das 19. und 20. Jahrhundert hineinreichen, sind interessant zu lesen. Aber Gründliches zur Architekturgeschichte der Villa des 15. bis 17. Jahrhunderts, abgesehen von Deutungen der Ausmalung der Villa Barbaro in Maser, über die Reinhard Bentmann dann promoviert hat, vermisst man leider. Insofern ist das Buch, das uns die als „irdisches Paradies" erträumte Villa als Herrschaftsarchitektur entlarven will, nur eine Zusatzlektüre.

„Magnificenza" in der venezianischen Villenkultur

Paul Holberton brachte 1990 in seinem Buch „Palladios villas" als Erster diese in Zusammenhang mit den herrschaftlichen Tugenden „Splendour and Magnificence", Glanz und Großartigkeit.[203] Er verwies auf die aristotelische Wurzel der Vorstellung von der Tugend der Großartigkeit und auf die Praxis der römischen Antike. Er nannte den florentinischen Chronisten Giovanni Villani (gest. 1348) und Leon Battista Albertis „Della famiglia" sowie den neapolitanischen Humanisten Giovanni Pontano mit den Traktaten „On Magnificence" und „On Splendour" als Quellen aus dem Trecento und Quattrocento für die Tugend der Großartigkeit von Bauherrn.[204] Vor allem zitierte er noch einmal Francesco Donis „Le ville" von 1557 mit seiner Aufteilung der Villen in fünf Klassen. Für Palladios „Quattro libri" nannte er nur das Kapitel III „De i disegni delle case della città", vom Entwurf von Stadthäusern, des 2. Buches, in dem Paläste von Edelleuten aus Udine, Vicenza und Verona beschrieben werden. Dabei wies er auf die Bemerkung zum Palast des Giulio Capra hin, den dieser nämlich „per ornamento della sua patria più tosto che per proprio bisogno", mehr zum Schmuck seiner Vaterstadt als zum eigenen Bedarf, begonnen habe und damit eine „casa molto honorata, e magnifica, come merita il suo nobil'animo", ein schmuckes und großartiges Haus haben werde, ganz wie sein hochherziges Wesen es verdient.[205] Holberton schloss daraus, dass Palladio im Sinne dieser verbreiteten Auffassung von Großartigkeit gedacht habe.

Wohl angeregt von der rigiden pejorativen Kategorisierung der „Villa als Herrschaftsarchitektur" durch Bentmann/Müller 1970 hat Kornelia Imesch 2002 dann der „Magnificenza als architektonische Kategorie" eine ganze Habilitationsschrift gewidmet und diese ausdrücklich auf die venezianischen Villen Palladios und Scamozzis bezogen.[206]

Die Schrift ist in den ersten Kapiteln von großem Erkenntnisgewinn. Dies gilt schon für das Kapitel I „Venedig als Verwirklichung des mythischen Anspruches in der ‚realisierten Utopie'", in dem Realität und Interpretation der Entstehung Venedigs erstmals in einer deutschsprachigen Abhandlung zusammenfassend beschrieben werden: Die Unterkapitel „Venedig wandelt sich: Der römische Markus verdrängt den byzantinischen Theodor", „Venedigs Schöpfungsmythos" und „Venezia ‚sacratissima'" stellen eine die alte und neue Literatur integrierende Gesamtschau dar, die für die Entstehungsgeschichte der Stadt, ihre Orientierung auf die Terraferma, aber auch für die Villengeschichte grundlegend ist. Sie dient der Verfasserin als Grundlage für ihre späteren Einlassungen zu den Villen bei Palladio und Scamozzi.

Kernstück der Arbeit ist dann aber das Kapitel II „Magnificenza in philosophischen Traktaten des Quattro- und Cinquecento: Die Sicht dreier Humanisten aus Bologna, Neapel und Venedig". Darin stellt die Verfasserin die von ihr neu ins Bewusstsein gehobene Begrifflichkeit „Magnificenza" und die Schriften vor, in denen sie diese wahrgenommen hat, aus denen sie sie herleitet, um dann Schlussfolgerungen für Palladio und speziell seine Villenbauten daraus zu ziehen. Es sind zwei Schriften aus dem späten Quattrocento, Giovanni Sabadino degli Arienti: „De triumphis religionis", vom Triumph der Religion, eine Handschrift von 1497, die erst 1972 publiziert wurde,[207] sowie der schon von Holberton genannte Giovanni Pontano: „I trattati delle virtù sociali", die Traktate über die sozialen Tugenden, bereits 1498 in Neapel publiziert,[208] schließlich als dritte Paolo Paruta (geb. in Venedig 1540): „Della perfezione della vita politica libri tre", drei Bücher über die Perfektion des politischen Lebens, Venedig 1579.[209] Die letzte stammt also aus der Zeit Palladios und wurde auch in Venedig publiziert.

Solche Bewusstmachung und Verfolgung der „Magnificenza" als „Tugend" von Bauherrren und deren Ausdruck in von Architekten geschaffenen Bauwerken, als „architektonische Kategorie", ist das wesentliche Ergebnis der Arbeit.
Die „Sicht dreier Humanisten" auf die „Magnificenza" wird vergleichsweise kurz behandelt, aber schon in der Einleitung und den folgenden Kapiteln führt sie zu deduktiven Schlüssen. „Magnificenza" wird als Königs-, Fürsten- und Aristokratentugend in der Renaissance-Zeit und auch als aus der Antike hergeleitete Tugend von antiken Autoritäten, darunter römischen Kaisern, als Tugend der „Großartigkeit" dargestellt, eine scheinbar selbstverständlich bekannte „Kategorie", die sich auch auf das Bauherrentum und auf die Bauwerke von Trägern der „Magnificenza", der „Großartigkeit", ausgewirkt hat.
Die drei „Quellen" der Begrifflichkeit haben sehr unterschiedlichen Charakter.
Die Schrift von Giovanni Sabadino degli Arienti wird als ein Traktat zu den zehn größten Tugenden dargestellt, der für Herzog Ercole I. d'Este von Ferrara verfasst worden ist. Sie wird als „eine Mischung aus traditionellem Fürstenlob, Schilderung des höfischen Alltags und Beschreibung der Bauwerke der Este" bezeichnet, die zwar handschriftlich geblieben ist, als Quelle für die Kultur-, Kunst- und Architekturgeschichte von Ferrara aber von Bedeutung sei. Darin ist das fünfte Buch der „Magnificenza" gewidmet, die als „eigentliche Haupttugend" dargestellt werde und die andere fürstliche Tugenden mit einschlösse. „Magnificenza, so der Humanist, zeige sich in prachtvollen, großen und erhabenen Dingen, die [...] der Vorrangstellung des Magnifico entsprechen." Nicht ohne ironischen Unterton heißt es: „In diesem Zusammenhang wird Ercole I. d'Este, ‚magnificentissimo principe', als Ausbund an Großartigkeit schlechthin dargestellt [...]" und damit als Verkörperung jener Magnificenza, die sich „in le cose pubbliche e le spese grandi", in öffentlichen Dingen und hohen Kosten, äußere. Zwar gehe es hier um „Magnificenza" von Fürsten, aber charakteristisch sei, dass diese sich „in den Bauwerken der Este, in ihren Palästen, Festungen und Villen" manifestiere. „Von ihrer Pracht und Großartigkeit spreche deshalb, so Sabadino pathetisch, die gesamte Welt. Alle fürstlichen Bauten habe Ercole mit der ihm eigenen ‚grande arte'", großen Kunst, erbauen lassen. Dieses setze „Klugheit und Verstand, Vortrefflichkeit und Seelengröße, eben ‚magnificenza de animo'", Größe des Gemüts, voraus.[210]
Sabadinos Schilderung der Auswirkungen von „Magnificenza" behandele das Äußere von Gebäuden, deren Einzelteile, die Säulenreihen, Loggien und Höfe und ihre kostbaren Materialien, aber auch die Anlage des Inneren und dessen Ausstattung und Ausmalung sowie die Anlage und die Bepflanzung der Gärten. Die Darstellung des Hoflebens in Ferrara durch Sabadino als Äußerung von „Magnificenza" gehe späteren

Darstellungen wie der Pietro Bembos vom Hof der Caterina Cornaro in deren „Barco della Regina" in seinem Buch „Gli Asolani", 1505, sowie der des Baldassare Castiglione in „Il libro del cortigiano", 1528, voraus.[211] Charakteristisch sei aber vor allem das Eingehen auf Bauwerke.

Der dann behandelte Text des Giovanni Pontano ist etwa gleichzeitig entstanden. Er besteht aus fünf Abhandlungen, in denen die Tugenden Liberalità, Freigebigkeit, Beneficenza, Wohltätigkeit, Magnificenza, Großartigkeit, Splendore, Glanz, und Convivenza, Gastfreundschaft, dargestellt werden. Im Sinne Bentmanns und Müllers könnte man sie als „Herrschaftstugenden" bezeichnen. Ponzano bezöge sich dabei auf die Nikomachische Ethik des Aristoteles und entwerfe „das Leitbild einer [...] ethisch vertretbaren Verwendung von Geld und Reichtum". Der Text komme aus der Umgebung des luxuriösen Neapolitaner Königshofes, entspreche aber nicht mehr nur dem traditionellen Fürstenlob, sondern wolle auch ein „humanistisch gebildetes aristokratisches und patrizisches Publikum ansprechen".[212] Genauer dargestellt würden als Herrschaftstugenden „Magnificenza" und „Splendore".

„Magnificenza" werde von „fare grandi cose", große Dinge tun, und „grandi spese", große Ausgaben machen, abgeleitet. „Magnificenza" als „frutto del danaro", Frucht des Geldes, könne sich nur der Reiche leisten. Doch gehe es dabei darum, dass die Ausgaben mit der „giusta misura", dem richtigen Maß, getätigt würden. Aber es heiße auch, dass nicht nur der Aristokrat, „sondern jeder Mann von Reichtum und Ansehen sich in der Tugend der Großartigkeit üben" könne.[213]

Bei den Werken der Großartigkeit ständen die für das Gemeinwohl im Vordergrund, im Sinne der Orientierung an der Antike würden dafür „Portiken, Tempel, Straßen, Theater, Brücken" genannt. Paläste und Villen dagegen würden als Beispiele privater Magnificenza genommen. Sie erfüllten aber auch eine öffentliche Funktion, „indem sie vom ‚uomo magnifico' ebenso zur Zierde der Stadt wie zu seinem eigenen Vergnügen und Ansehen erbaut werden".[214] Im Übrigen eröffne Pontano ein weites Feld der Werke der Magnificenza. Da die Magnificenza eine antike Tugend sei, spielten als Leitbilder große Gestalten der griechischen und römischen Antike auch im Sinne einer Wiederherstellung und gezielten Erneuerung der Antike eine Rolle. Als vorbildliche Figur der neueren Zeit werde Cosimo de' Medici der Alte genannt, „als neuer Aristoteles dargestellt" und „sein Mäzenatentum mit jenem von Kaiser Augustus verglichen".[215]

Der Begriff der Magnificenza beziehe sich „auf die großen Bauten und Werke, die ihrem Stifter Glanz, Ehre und Ruhm einbringen". „Ein Werk der Magnificenza soll gemäß der Convenienza das richtige Maß besitzen, aus kostbarem Material bestehen, über Würde, Ornament, solide Dauerhaftigkeit, Schönheit, Pracht und Anstand verfügen, sodass es Staunen und Bewunderung erregt, die auch seinem Urheber zuteil wird."[216]

Der Traktat zum „Splendore" richte sich vor allem auf Haus- und Ausstattungs-Gegenstände, Kleidung oder Schmuck. Insofern würden in ihm auch die Einrichtung, Statuen und Gemälde, das gesellschaftliche Leben, die Fest- und Alltagskultur in Palästen und Villen abgehandelt. Die Villen und ihre Dekoration würden abgehoben von bloßen Landwirtschaftsbetrieben.[217]

Der erste, der Text von Sabadino degli Arienti, konzentrierte sich als Auftragswerk zum Fürstenlob ganz auf die Schilderung der Magnificenza eines kleinen Fürsten in Ferrara. Der zweite, der Text von Pontano, entwickelte sich aus dem königlichen Hofleben in Neapel und hatte außer der königlichen Magnificenza allenfalls neofeudale Träger der Magnificenza, wie Cosimo de' Medici, im Auge. Beide Traktate artikulierten Vorstellungen des Quattrocento. Beide konnten nicht im Sinn haben, ihre Magnificenza-Vorstellungen auch auf venezianische Aristokraten des Cinquecento zu beziehen. Der dann behandelte Traktat von Paolo Paruta ist dagegen der eines gebürtigen Venezianers. Er ging ausdrücklich auf die Verhältnisse Venedigs und des Veneto ein und stammte direkt aus der Zeit der Villenkultur des Cinquecento. Mit dem Titel „Della perfezione della vita politica", von der Perfektion des politischen Lebens, bezog er sich auf das Leben der venezianischen Aristokratie und ließ in der Form des Gesprächs unter verschiedenen Personen namhafte Vertreter dieser Aristokratie zu Worte kommen, die zugleich zum Teil Auftraggeber bedeutender Villenbauten Palladios waren oder aus deren Familien stammten.

Als Teilnehmer des fiktiven Gespräches im Traktat werden aufgezählt die Herren Giovanni da Legge, Michele Suriano, Niccolò da Ponte, Matteo Dandolo, Giovanni Grimani, Daniele Barbaro, Filippo Mocenigo, Domenico Bollani, Michele della Torre, Giovanni Delfino, Agostino Valier, Jacopo und Luigi Contarini, Gasparo Contarini, Francesco Molino, Francesco Foglietta und Francesco Contarini. Allesamt kamen sie aus meist berühmten Familien, die dem „Großen Rat" angehörten.

Diese Quelle berührte also ausdrücklich das Thema „Magnificenza in der venezianischen Villenkultur" direkt bezogen auf die venezianischen Aristokraten als Landbesitzer auf der Terraferma des Veneto und Träger der Villenkultur.

Paruta behandele verschiedene Themen und Meinungen im Zusammenhang von Magnificenza dialektisch, stellt Imesch dar, und er verteile diese auf die Gesprächsteilnehmer. Dabei setze er die allgemeine Kenntnis der Magnificenza auf der Grundlage der traditionellen aristotelischen Auffassung des Begriffs voraus und lasse nur bestimmte Aspekte in neuer Gewichtung erörtern. „Paruta definiert Magnificenza – zusammen mit der Liberalità – als jene Tugend, die sich mit Geld verwirklichen lasse.

Freizügigkeit sei durch das Geben, Großartigkeit hingegen durch die Größe der Ausgabe gekennzeichnet. Ihre Schwestertugend sei der Großmut, die Magnanimità."[218] Ausgerechnet Daniele Barbaro, der mit Palladio am Vitruv-Kommentar zusammengearbeitet und der Palladio seinen Villenbau in Maser anvertraut hat, lege Paruta in den Mund, dass die Großartigkeit zu ihrer Artikulation der Kunst bedürfe und diese den vernunftbestimmten Gebrauch der Kunstmittel vorschreibe. Die Großartigkeit sei auch ein Element von Kunst als Wissenschaft. Die Tugend werde im traditionellen Sinn in der Verwirklichung großer Vorhaben gesehen. „Magnificenza wird als Kategorie bezeichnet, die der Person, die dem Werk und der finanziellen Ausgabe Glanz, Größe sowie Würde verleiht und Lob, Staunen und Bewunderung zeitigt." Diese fiktiven Einlassungen des Daniele Barbaro, Patriarchen von Aquileia, lassen sich direkt auf ihn selbst als Auftraggeber der Villa Barbaro, den zum Studium der Antiken Rom Bereisenden, den gemeinsam mit Palladio Vitruvs Schrift Erforschenden, den Verfasser des Vitruv-Kommentars und eines Buches über die Perspektive beziehen.

„Wie die Mäßigkeit bezeichnet Paruta auch die Großartigkeit als eine Tugend, die allen anderen sittlichen Eigenschaften eines Menschen inhärent ist, weil jede tugendhafte Handlung Größe und Großartigkeit besitze, was er durch seine Figur des Matteo Dandolo wiederum mit dem historischen Ehrentitel Magnifico begründen lässt." Dieser Titel wird in Palladios „Quattro libri" mehrfach für venezianische Bauherren verwandt. „Magnificenza ist die Tugend, die laut Aristoteles der Seele der Adligen und Großen, der reich Geborenen, innewohnt. Sie werden als jene bezeichnet, die vom Schicksal dazu ausersehen sind, große Ausgaben zu tätigen, allerdings nur für die ‚cose somme e più perfette'", die höchsten und perfektesten Dinge, „da sich allein darin der Glanz der Großartigkeit zu entfalten vermag".

Magnificenza sei nur aus bestimmten Anlässen zu zeigen, etwa im Zusammenhang mit „Gastfreundschaft, Gastmählern, Hochzeiten, öffentlichen Spielen", aber auch beim „Bau von Tempeln, Palästen und Villen".[219]

Paruta bezeichne Magnificenza im Sinne von Pontano als eine Kategorie, die in der Antike von besonderer Bedeutung gewesen sei, und lasse Niccolò da Ponte bedauern, dass sie in der Gegenwart eine geringere Rolle spiele. Als Beispiele für Magnificenza bei den Römern würden öffentliche Bauten und Monumente, Triumphbogen, Theater, Thermen, Wasserleitungen und prächtige Gebäude genannt. Den Verlust der antiken ‚vera magnificenza' erkläre Francesco Foglietta damit, dass die Anlässe dafür nicht mehr gegeben seien. Für die Großartigkeit der eigenen Zeit verweise Michele Suriano unter anderem aber auf die „prächtigen Paläste der italienischen Städte und auf die Villen mit ihren herrlichen Gärten". Dabei führe er an: „Großartig sind sie,

wenn sie dem Vergnügen, nicht dem Nutzen, der Familienehre und nicht der Notwendigkeit dienen." Zuriano erkläre dazu zusammenfassend: „Wahre magnificenza – im Sinne von Aristoteles und Pontano – zeichne sich immer durch das richtige Maß und die Beachtung der Schicklichkeit aus."[220]
Magnificenza, die Fürstentugend, werde in Parutas Traktat als Eigenschaft und Tugend auf den venezianischen Adel der Mitglieder des Großen Rates bezogen. In der Errichtung von Palästen und Villen mit Gärten zeige sich die Magnificenza der neuen Zeit. Aber sie werde „in Parutas Traktat aus der engen und konstitutiven Bindung an Reichtum entlassen und stärker in Bezug gesetzt zu Geistesgröße und Großmut".[221]
Mit der Einführung in die Traktate des Quattrocento, die Magnificenza aus der Auffassung des traditionellen Fürstenlobes herleiten, und in deren Umformulierung im Traktat des Venezianers Paruta der Palladiozeit gelingt Kornelia Imesch ein wesentlicher Beitrag zur Neuinterpretation der Magnificenza als einer Tugend des venezianischen Adels, für die Paruta auch den Zusammenhang mit dem Villenbau darstellt. Offenbar sind die Gedanken über Magnificenza in der ferraresischen Handschrift von 1497 und in der neapolitanischen Druckschrift von 1498 weiter verbreitet gewesen und in besonderer Weise auch in Venedig. Jedenfalls erschienen sie schon 1464 in lateinischen Traktaten des venezianischen Autors Giovanni Caldiera (Venedig um 1400–1474), der an der Universität Padua lehrte: „De virtutibus", von den Tugenden, und „De oeconomia veneta", über die venezianische Ökonomie. Auch Caldiera erörterte den Begriff der Magnificenza im Rahmen eines Tugend-Konzeptes, das sich aber, so Imesch, ganz auf das venezianische Staatswesen beziehe und allein von der venezianischen Aristokratie, den Mitgliedern des Großen Rates, praktiziert werden könne.[222]
Das das Hofleben der Caterina Cornaro beschreibende Buch „Gli Asolani" des Pietro Bembo (1470–1547) von 1505 ging ebenfalls auf Verhältnisse im Veneto ein. „Il libro del cortegiano" des aus Mantua stammenden Baldassare Castiglione (1478–1529) von 1528 verbreitete diese Vorstellungen vom Hofleben in ganz Europa.
Wenig vor Parutas Traktat erschien in zwei Auflagen 1563 und 1564 ein staatsphilosophischer „Dialogo" von Giovanni Maria Memmo (Venedig um 1503–1579) ebenfalls als venezianisches Druckwerk, das Tugend-Konzepte auf Venedig bezieht. Ihr Verfasser war Mitglied des Großen Rates, studierte und lehrte in Padua. Sein Traktat befasst sich mit der „Schaffung des vollkommenen Staates, des unfehlbaren Regenten und der vollendeten Gesellschaft". „Einige der Gesprächsteilnehmer gehören später auch zu Parutas fiktiver Gesprächsrunde."[223]
Diese Hinweise machen deutlich, dass der Dialog-Traktat des Paolo Paruta von 1579 als venezianisches Zeugnis nicht allein steht. Das Besondere an ihm ist, dass hier

nun genau der Kreis als Dialogpartner in Erscheinung tritt, der Auftraggeber palladianischer Villen stellte, und dass es Daniele Barbaro war, der sich dabei über die Rolle der Kunst im Aufgabenfeld der Magnificenza des Bauherrn äußerte.[224] Das Thema Magnificenza kann und muss deshalb seitdem auch zur Interpretation des Villenbaus der Palladio-Zeit herangezogen werden.

Der Untertitel „Individuelle Selbstdarstellung versus ästhetische Verwirklichung von Gemeinschaft in den venezianischen Villen Palladios und Scamozzis" der Schrift von Imesch weckt allerdings auch die Erwartung, dass darin Magnificenza als architektonische Kategorie für die Villen Palladios aus dessen Schriften hergeleitet und dann auf dessen Villenbauten angewendet und exemplifiziert wird. Diese Erwartung wird vor allem durch das Kapitel III mit dem Titel „Palladios Magnificenza" angeregt und mit den vielversprechenden Untertiteln „Magnificenza in Palladios Wohnbauten: Theorie und Praxis", „Magnificenza und das Prinzip der Genera dicendi", „Palladios Economica magnificenza" und zum Schluss „Die Mediocrità der Magnificenza in Venedig" noch gesteigert im Hinblick auf ins Einzelne gehende neue Erkenntnisse. Sosehr in der Tat darin neue Interpretationen formuliert werden, die Hoffnung auf Erkenntnisse, die sich direkt aus Palladios Texten und Bauten ergeben, wird dann aber enttäuscht.

Denn – sosehr Parutas Traktat Magnificenza im Bewusstsein venezianischer Aristokraten vorführt – in Palladios „Quattro libri" wird Magnificenza als Tugend von Bauherren nicht ausdrücklich behandelt oder erwähnt. Das Wort „Magnificenza" kommt darin gar nicht vor.

Dennoch ist es nach den fiktiven Einlassungen, die Paruta diese venezianischen Aristokraten machen lässt, die zum Auftraggeberkreis des Andrea Palladio gehören, und die er ausgerechnet 1579, nach Palladios architektonischen Aktivitäten und nach dem Erscheinen der „Quattro libri" veröffentlicht hat, überaus wichtig, nach den Spuren der „Magnificenza" von Auftraggebern Palladios in dessen Schrift und in seinen Bauten zu suchen.[225]

Palladios „Quattro libri" enthalten zwei Widmungen, vor dem 1. Buch an den „Conte Giacomo Angaranno" aus Vicenza und vor dem 3. Buch an den Fürsten Emanuel Philibert, Herzog von Savoyen. Wenn es in den „Quattro libri" allgemeine Bemerkungen über die Magnificenza als Tugend von Bauherren gäbe, müssten diese hier zu finden sein. Dem Conte Angarano machte Palladio die „beiden ersten meiner Bücher zum Geschenk, in denen von den Privatbauten die Rede ist", also gerade die, in denen Paläste und Villen behandelt werden. Für Angarano als Bauherrn hatte Palladio auch eine Villenanlage errichtet. Wohl nannte Palladio die „unermesslichen Verdienste Eurer unendlichen Güte" und „an Zahl wie an Größe" „einzigartige Wohltaten" des Conte. Auch werden dessen „Tugend", „Gunst" und „Großmut" gewürdigt. Schließlich gipfelt die Widmung allgemein darin, „dass einzig Euer Zeugnis, der Ihr kraft großen Ingeniums, durch Glanz und Ruhm höchster Tugenden erlaucht und berühmt seid, diesen meinen Büchern [...] zu Größe und Autorität verhelfen wird".[226] Aber die Tugenden des Conte als Bauherrn werden nicht genannt und das Wort „Magnificenza" fällt nicht. Allenfalls die Anrede enthält mit „magnifico" einen Anklang daran: „Al molto magnifico mio signore", meinem sehr großartigen Herrn.

In der Widmung an den Herzog von Savoyen erscheint Magnificenza ebenfalls nicht. Dieser wird nicht mit „magnifico" angeredet, sondern mit „al serenissimo e magnanimo principe", dem erlauchtesten und hochherzigen Fürsten. Dieser wird ebenfalls mit lauter Vokabeln des herkömmlichen Fürstenlobs gerühmt, aber seine Tugenden als Bauherr werden nicht erwähnt.[227]

Auch das „Vorwort an die Leser" vor dem 1. und 2. Buch, die die privaten Bauten von Palästen und Villen enthalten, geht auf eine „Magnificenza" von Bauherren solcher Privatbauten nicht ein. Palladio nannte Vitruv, Alberti, Vasari und andere Fachschriftsteller und hob Venedig und Vicenza als Orte heraus.

„Denn man sieht nicht nur in Venedig, wo alle die guten Künste florieren und welches das einzige Beispiel der Größe und Herrlichkeit der Römer geblieben ist, jetzt Gebäude, die Gutes an sich haben, seit Meister Giacomo Sansovino [...] als Erster begann, die schöne Manier bekannt zu machen, wie die Neuen Prokuratien zeigen [...]." Bauherren aus Venedig nannte Palladio an dieser Stelle nicht.

Von Vicenza heißt es dagegen, die Stadt sei „voll von edelsten Geistern und Reichtümern im Überfluss", und dort sähe „man die schönsten Bauwerke und trifft viele in dieser Kunst höchst versierte Edelleute". Hier nannte er Namen, angeführt von „Giovan Giorgio Trissino", und sprach von jenen, „die schon in ein besseres Leben eingegangen sind und sich mit schönen und prächtigen Bauten ein ewiges Andenken gesetzt haben". Wie Palladio Sansovinos Bauten für Venedig nannte, meinte er in Bezug auf Vicenza seine eigenen.

Palladio erklärte in diesem Vorwort, warum er seine Ausführungen mit Privatbauten begann: „[...] dachte ich, es sei angemessen, mit den Privatbauten zu beginnen, denn man kann annehmen, dass sie die Voraussetzung für die öffentlichen Bauten bildeten." Dann ging er erstmals auf die Zuordnung der Bauten ein und erklärte, dass er die Qualität von Bauwerken behandle, „die den verschiedenen Ständen (diversi gradi d'huomini) angemessen sind, zuerst von jenen in der Stadt, dann von jenen Plätzen, die einer Villa günstig und angemessen sind, und wie man sie einteilen soll".[228]

Im darauffolgenden Kapitel „Was man bedenken und vorbereiten muss, bevor man sich ans Werk macht", sind nicht nur die Leser oder Architekten und Bauleute, sondern auch die Auftraggeber und Bauherren angesprochen. Hier werden in zwei Formulierungen allgemeine Grundsätze für jene Privatbauten vorgetragen: „Drei Dinge müssen, wie Vitruv sagt, bei jedem Bau berücksichtigt werden, ohne die kein Bauwerk gelobt zu werden verdient, und zwar der Nutzen (utile) oder die Annehmlichkeit (commodità), die Dauerhaftigkeit (perpetuità) und die Schönheit (bellezza)." „Die Schönheit ergibt sich aus der schönen Form und aus der Entsprechung des Ganzen zu den Teilen, der Teile untereinander und dieser zum Ganzen, sodass ein Bau wie ein ganzer, wohlgestalter Körper erscheint, in dem ein Glied dem anderen entspricht und alle Glieder notwendig dem entsprechen, was man vorhat."[229] Danach folgen die Kapitel über die Baumaterialien, über die fünf Säulenordnungen sowie über die Bauteile, Raumfunktionen, Räume, Ornamente und Proportionen, in denen die allgemeinen Grundsätze detaillierter ausgeführt werden. Das Kapitel „Von den Loggien, den Eingängen, den Sälen und Zimmern und von deren Form" ist dabci ein Grundsatzkapitel zu den Raumfunktionen. Im Kapitel „Von der Höhe der Zimmer" wird Grundsätzliches zu den Proportionen gesagt. Alle Ausführungen an dieser Stelle gelten später für Paläste wie für Villen.

Im Kapitel „Von den Maßen der Türen und Fenster" wird dann einmal eine Formulierung gebraucht, die vorwegnimmt, was später bei den Palästen und Villen etwas näher ausgeführt wird: Diese hätten sich zu richten „nach der Größe (grandezza) des Gebäudes" und „nach der Stellung (qualità) des Bauherrn".

Im 2. Buch im Kapitel I „Vom Schmuck (decoro) oder der Schicklichkeit (convenienza), die man bei Privatbauten beachten soll", ging Palladio dann nochmals auf die Bemerkung über die Stellung des Bauherrn ein: ein Haus – Palast oder Villa – sei schicklich zu nennen, „das dem Rang (qualità) seines künftigen Bewohners angemessen (conveniente)" sei. Dabei berief er sich auf Vitruv: Der Architekt müsse „vor allem daran denken, dass (wie Vitruv im ersten und sechsten Buch sagt) Edelleute hohen Ranges (Gentil'huomini grandi), vor allem im Staat (e massimamente di Republica), Häuser mit Loggien und großen und schmucken Sälen brauchen, um in solchen Räumen mit Vergnügen jene empfangen zu können, die dort auf den Herrn warten, um ihn zu begrüßen oder um Hilfe oder einen Gefallen zu bitten, und dass dem Adel kleineren Ranges auch kleinere Häuser mit weniger Schmuck gemäß sind. Auch wird man in den Häusern von Richtern und Anwälten zum Auf-und-ab-Gehen der Klienten so schöne und schmucke Räume bauen, damit sie dort unbeschwert verweilen können. Die Häuser der Kaufleute werden Lagerräume für die Waren haben."[230] Palladio ließ also für die Qualität der Privatbauten, Paläste und Villen – mit Berufung auf Vitruv – den gesellschaftlichen Rang in der Republik Venedig und die berufliche Funktion der Bauherren gelten. Das Thema Magnificenza wird dabei aber nirgends aus- oder angesprochen.

In den Kapiteln über Paläste wird dann erkennbar, dass Palladio offenbar venezianische Aristokraten, die Mitglieder des Großen Rates waren, meist als „Magnifici" bezeichnet,[231] die Aristokraten aus Vicenza oder Verona werden dagegen als „Conti", Grafen, oder „Gentil'huomini", Edelleute, tituliert. Das wird in den Kapiteln über Villen insofern noch deutlicher, als es hier eines über Villen von „nobili Veneziani", die einzeln als „Magnifico" bezeichnet werden, und eines über Villen von „Genti'huomini di terraferma", Edelleuten der Terraferma, gibt. Architekten, Künstler und Bauleute heißen übrigens „Messer", Herr oder Meister.

Trotz der Unterteilung nach adeligen Venezianern, Mitgliedern des „Großen Rates", und Adeligen von der Terraferma, die eine nach dem Rang innerhalb der Republik ist, lassen sich bei Untersuchung aller Villenprojekte und der Texte in den „Quattro libri" allerdings keineswegs Unterschiede in der architektonischen Ausführung der Villen feststellen.[232]

Die Magnificenza von Bauherren ist in Palladios Texten und Bauten also nirgends auszumachen. Dennoch bleibt der Hinweis auf die fiktiven Äußerungen des Daniele Barbaro zur „Magnificenza" bei Paolo Paruta eindrucksvoll als Hinweis auf die Rolle der Bauherren bei Palladios Villenbauten: Die Großartigkeit bedürfe zu ihrer Artikulation der Kunst.

Kornelia Imesch schränkt in ihrer Zusammenfassung der Palladio behandelnden Kapitel ihrer Arbeit ein: „Ob Palladio die Schriften der Theoretiker der Magnificenza gelesen hat, wissen wir nicht." Dazu lässt sich aber genauer vermuten: Dass Palladio den handschriftlich gebliebenen Auftragstext für Ercole I. von Ferrara mit dem Titel „De triumphis religionis" aus dem Jahre 1497, der ihn nicht unmittelbar ansprechen musste, gekannt haben kann, der zu seinen Lebzeiten längst in den ferraresischen Akten archiviert war, ist gänzlich unmöglich. Auch dass Palladio sich für den vor seinen Lebzeiten in Neapel 1498 erschienenen Text mit dem tugendphilosophischen Titel von Giovanni Pontano interessiert haben könnte, ist sehr unwahrscheinlich. Für die Texte von venezianischen Autoren, die lateinischen Traktate des Giovanni Caldiera von 1464, und den Dialog-Traktat von Giovanni Maria Memmo von 1563 und 1564 muss gelten, dass sie mit ihren philosophischen Themenstellungen ebenso wenig wie die anderen im Interessensgebiet des Architekten lagen, als dass er sie gezielt hätte zur Kenntnis nehmen müssen. Schließlich müssen wir vermuten, dass Palladio in seinem letzten Lebensjahr den Text von Paolo Paruta über das politische Leben in Venedig, auch wenn er in Venedig 1579 erschienen ist, nicht mehr in die Hand genommen haben wird. Jedenfalls hätte dies sich weder auf seine vorherige Architektur noch auf seine „Quattro libri" von 1570 auswirken können.

Deshalb ist Kornelia Imesch allenfalls zuzustimmen, wenn sie vermutet: „Mit Sicherheit anzunehmen ist lediglich die Vermittlung der aristotelisch-pontanischen Lehre über den Gelehrten und Kleriker Daniele Barbaro, der eng mit Palladio zusammenarbeitete und ihm höchste Achtung entgegenbrachte."[233] Wenn Paruta seinen Dialogpartner Daniele Barbaro auftreten und argumentieren ließ, so ist natürlich wahrscheinlich, dass der reale Daniele Barbaro gegenüber Palladio – etwa bei ihren Diskussionen zum Vitruv-Kommentar – ähnliche Auffassungen vertreten haben könnte und dieser zu ähnlichen Überzeugungen gekommen ist, auch wenn sie nicht ausdrücklich in seinen Texten formuliert werden. Palladio mag also, indem er verbreitete Auffassungen übernahm oder von Barbaro ausdrücklich davon überzeugt wurde, seine Villenprojekte im Sinne einer „Magnificenza als architektonische Kategorie" für seine Bauherren entworfen haben. Die philosophische Literatur zu diesem Thema muss er deshalb aber nicht verarbeitet haben.

Bei Palladio spielt in seinen Zeichnungen, Bauten und den „Quattro libri" Magnificenza also weder als Tugend von Bauherren noch als Begriff bezogen auf Architektur eine Rolle. Dennoch ist es aber interessant, dass im Hinblick auf Sanmichelis Architektur der Villa Soranza in einer späteren Beschreibung von 1832 ausdrücklich deren „robustezza commista a magnificenza", Robustheit gemischt mit Großartigkeit, bewundert wird. Magnificenza scheint dabei als eine Charakteristik von Architektur in einem sehr allgemeinen Sinne vielleicht seit Sanmichelis Zeiten, jedenfalls aber im Text des 19. Jahrhunderts durchaus gebräuchlich gewesen zu sein.

Anders ist die Situation bei Vincenzo Scamozzi einzuschätzen, der zeitlich in der Lage gewesen wäre, zumindest die venezianischen Schriften von Memmo 1563 und 1564 sowie die von Paruta von 1579, die zu seinen Lebzeiten erschienen sind, zu rezipieren und in seinem Traktat von 1615 darauf zu reagieren.

„Theatralität" der Villen Palladios

Aus der Sprache der Theaterwissenschaftler und shakespearebezogenen Anglisten stammen der Begriff der Theatralität und seine Anwendung auf Leben und Theater des 16. Jahrhunderts sowie auf die Architektur und die Villen im Cinquecento.[234]

In der frühen Neuzeit machte das gesellschaftliche Leben eine Entwicklung durch hin zu einer neuen „Theatralität" in der Gesellschaft. Das in alle europäischen Sprachen übersetzte, viel gelesene und befolgte Buch des Diplomaten Baldassare

Castiglione „Il libro del cortegiano“, das Buch vom Hofmann, beschreibt 1528 diese neue Situation im Cinquecento am allerdeutlichsten: Den Vertretern des Adels wird darin dargelegt, wie sie sich zu bewegen, zu kleiden, sich zu äußern und miteinander zu verkehren, wie sie sich als schauspielerische Artefakte vor der Öffentlichkeit zu präsentieren hätten. Shakespeare hielt am Ende des Jahrhunderts solche Verhaltensweisen für durchgesetzt und stellte in „As you like it“, wie es euch gefällt, 1599, lakonisch fest: „All the world's a stage and all the men and women merely players“, die ganze Welt ist eine Bühne und alle Männer und Frauen Schauspieler darin. Solche Theatralisierung des gesellschaftlichen Lebens spielte sich während der Lebenszeit des Andrea Palladio ab und hat Spuren in seiner Architektur hinterlassen.

In der gleichen Zeit, in der sich die Hinwendung zu einer neuen aus der Antike übernommenen Kultur des sommerlichen Lebens auf dem Lande in der Villa vollzog, entfaltete sich auch das Interesse für das antike Theater. Theaterbauten der Antike wurden freigelegt und rekonstruiert. Die römische „frons scenae“, der Bühnenhintergrund, wurde bekannt. Eigene neue Theaterbauten und Theaterkulissen entstanden. Charakteristisch war der Versuch Alvise Cornaros, 1524 im Hinterhof seines Villenbaus in Padua durch Falconetto zuerst die sogenannte Loggia als Hintergrund einer Theaterbühne und später dann das Odeo als kleines Konzerthaus zu errichten. Palladio hat seinen frühen Umbau der Fassade der Villa Trissino von eben dieser Loggia, diesem Bühnenhintergrund Falconettos übernommen. Später hat er selbst mehrere Theaterbauten errichtet, von denen das Teatro Olimpico mit den 1583–1585 von Scamozzi vollendeten Bühnenausbauten vollständig erhalten ist. Wie Cornaro in Padua betrieb der vicentinische Adel mit der Accademia Olimpica diese Theatereinrichtung in Vicenza. Vincenzo Scamozzi wurde 1588 mit dem Teatro dell'Antica der Idealstadt Sabbioneta beauftragt. Giovanni Battista Aleotti (1546–1536) errichtete 1606 ein nicht erhaltenes Theater in Ferrara und 1618–1619 das Teatro Farnese in Parma. Die Villa und das Theater entwickelten sich in der gleichen Zeit als neue Renaissance-Bauaufgaben. Palladio und seine Zeitgenossen waren als Architekten daran beteiligt.

Es ist deshalb nicht verwunderlich, dass die Architektur dieser Zeit ganz allgemein darauf angelegt war, die Theatralität des gesellschaftlichen Lebens zu ermöglichen, und dies in besonderer Weise in den Bauten des Adels. Die „frons scenae“ antiker Theater, die Bühnenarchitektur der Loggia des Falconetto, die Proszenien-Anlagen der Theaterbühnen von Palladio, Scamozzi oder Aleotti nahmen Einfluss auf die Bauaufgabe der Villenherrenhäuser, in denen der Adel des Veneto sich darstellen wollte. Palladio ging in den „Quattro libri“ nicht ausdrücklich auf die Anlage der Villenherrenhäuser zur Ermöglichung von Theatralität ein. Aber einige Formulierungen, vor allem im Kapitel „Von den Loggien, den Eingängen, den Sälen und Zimmern und von deren Form" des ersten Buches, weisen darauf hin.[235] Die Loggien an der Vorder- oder Rückfront des Hauses werden als Erste erwähnt. Sie „dienen vielerlei Zwecken: zur Unterhaltung, zum Essen und anderen Vergnügen". Dann werden die „Eingangshalle" und der „Saal" hervorgehoben. „Sie sind wie öffentliche Plätze. Die Eingangshallen sind der Ort, wo man darauf wartet, den Hausherrn, wenn er herauskommt, zu begrüßen und mit ihm zu sprechen [...]." „Die Säle sind da für Feste, Gastmähler, für Einrichtungen zur Vorführung von Komödien, für Hochzeiten und ähnliche Vergnügen, und darum müssen diese Räume viel größer als die anderen und sehr geräumig sein, damit eine große Menge Menschen sich dort bequem aufhalten und sehen kann, was sich ihr zeigt." Komödien, die in der Sala aufgeführt werden, nannte Palladio also ausdrücklich. Im übrigen Text wird zudem deutlich, dass sich in den Loggien, der Eingangshalle und der Sala Orte auftaten, in denen Hausherren und Gäste sich als Darsteller wie als Publikum eines gesellschaftlichen Welttheaters bewegen und zuschauen konnten.

Je mehr Palladio für die Fassaden der Villenherrenhäuser, die er immerhin begonnen hatte mit der Nachahmung von Falconettos Bühnenhintergrund der Loggia in Padua in seinem Umbau der Villa Trissino in Cricoli, um 1537, seit den 1550er Jahren den Mittelportikus mit Freitreppe, Kolossalsäulen mit übergiebelter Loggia einsetzte, umso mehr übernahm er Züge der „frons scenae" des antiken Theaters, die er ähnlich auch für seine Bühnenhintergründe anlegte. Sie ermöglichten heraustretenden Hausherren und hinzutretenden Gästen einen bühnenmäßigen Auftritt.

Eine Fortsetzung der Entwicklung des gesellschaftlichen Lebens zur Welt der Selbstdarstellungen kann in der Entwicklung der Festkultur des Karnevals in der gleichen Zeit gesehen werden. Karnevalsgesellschaften, deren Mitglieder venezianische Aristokraten waren, förderten die Kultur der Karnevalsfeste und der Schauspiele, in der Aristokraten zu Schauspielern wurden. In der Villa Badoer ist die Loggia hinter dem Portikus mit Schauspielszenen ausgemalt, und das Portal wird flankiert von Darstellungen in die Villa einladender Narren. Vertreter der Bauherrenfamilien Badoer und Loredan waren Mitglieder in der Karnevalsgesellschaft „Compagnia della Calza degli Accesi"; für diese Gesellschaft vollendete Palladio 1565 in Venedig ein hölzernes Theater. Venezianische Aristokraten interpretierten mit diesen Darstellungen den Aufenthalt im Herrenhaus der Villa als eine Bewegung in die Welt des Schauspiels und des Karnevals.

Die Ermöglichung von Theatralität kann einer der Gründe für die Übernahme palladianischer Fassaden- und Vorhallenstrukturen über die Jahrhunderte des Palladianismus gewesen sein.

Auch die Übernahme dieser Fassadenstrukturen für die späteren öffentlich zu betretenden Bauten des Theaters, des Museums, der Bibliothek könnte damit begründet werden.
Villen waren schon im 16. Jahrhundert häufig Orte von Schauspielthemen. Auch Shakespeare verwendete sie mehrfach als Orte der Handlung. Sie eigneten sich als Schauplätze von Schauspielen. Bezeichnend ist, dass Palladio-Villen für die Verfilmung von neueren Operninszenierungen genutzt worden sind. Das betont, wie gut sich ihre Theatralität für das Theater, die Oper, den Film einsetzen lässt.

MARIVS CAPRA
GABRIELIS F

Palladios Villenprojekte in historischer Folge

Ein Portikus der Villa Rotonda, nach 1566, wie er uns für eine Palladio-Villa typisch erscheint. Aber dahin musste sich Palladios Villenbaukunst erst entwickeln.

Die aktuellen Literaturangaben bei den einzelnen Villen konzentrieren sich – über die historischen Autoren von Vasari 1568, Palladios „Quattro libri" 1570, Muttoni 1740–1743, Bertotti Scamozzi 1776–1783, Magrini 1845 hinaus – auf fünf der neueren Publikationen: Burger 1909 stellt die erste Befassung der neueren wissenschaftlichen Literatur mit Palladio-Villen dar. Ackerman 1967 gibt den Stand der angloamerikanischen Forschung seiner Zeit wieder. Donata Battilotti 1990 führt für jede Villa die Vorgängerliteratur von Vasari 1568 bis 1990 auf. Puppi 2000 referiert ausführlich die Positionen vor allem der italienischen Vorgängerliteratur, in den Ergänzungen von Battilotti auch die neuesten Positionen; außerdem bietet er neben seinem kompletten Werkverzeichnis das ausführlichste Verzeichnis jemals erschienener Palladio-Literatur. Beltraminis italienischsprachiger Führer zu den Villen von 2008 enthält trotz seiner Kürze die jüngsten und präzisesten Angaben über die aktuelle Erreichbarkeit der Villen.
Außerdem werden hier die Texte bei Cevese 1971 und Battilotti 2005 sowie wichtige monografische Literatur angegeben.

Villa Trissino in Cricoli

Vor 1538

An einem älteren Bauwerk aus dem Quattrocento mit Ecktürmen sind eine neue Gliederung der Südfassade, Wanddurchbrüche und Loggia hinter drei Rundbogenöffnungen aus der Zeit um 1537 erhalten.

Würdigung

Ein kastellartiges Herrenhaus in Cricoli, heute Vicenza, aus dem Quattrocento gehörte erst der Familie Valmarana, dann 1468 der der Badoer. 1482 übernahm es der Vater des Giangiorgio Trissino. Letzterer bewohnte es seit 1530 und beauftragte die Pedemuro-Werkstatt mit einem Umbau. Offenbar überließen die beiden Meister der Werkstatt dem Steinmetzgesellen Andrea di Giorgio della Gondola dic Durchführung der Maßnahmen. Es war kein Neubau einer Villengesamtanlage oder eines Herrenhauses, sondern die teilweise Veränderung eines älteren Gebäudes geplant.
Für den damit betrauten Gesellen wurde es dessen erstes Villenprojekt, eine Art Meisterstück, an dem er nach erkennbaren Vorbildern eine Renaissancefassadengliederung, ein Portal aus drei Rundbogen und eine dahinter liegende Loggia realisierte, nicht die übrige Innenraumgliederung, die aus dem Quattrocento beibehalten wurde.
Vermutlich waren dem Bauherrn, der lange in Rom gewesen war, Villenbauten unter der Leitung von Raffael und Giulio Romano in Rom bekannt, denen er nachstreben wollte. Für die Gliederung des Mittelteils der Fassade gab es zwei direkte Vorbilder: Raffaels unvollendete sogenannte Villa Madama auf dem Monte Mario in Rom, vor 1520, in einer Zeichnung, die Sebastiano Serlio später als Fassadenplanung für die Villa auf dem Monte Mario ausgegeben und veröffentlicht hat, sowie die sogenannte Loggia, die Gian Maria Falconetto hinter dem Haus des Alvise Cornaro in Padua errichtete. Die Loggia war 1524 fertiggestellt worden.
Andrea selbst hatte den Bau der Loggia in seiner Geburtsstadt Padua beobachten können. Serlios Darstellung dagegen erschien erst 1540 im Buch III seines Architekturtraktates, aber Trissino und Andrea könnten sie schon vorher direkt bei Serlio in Venedig kennengelernt haben. Beide Vorbilder haben im Detail ihre Spuren in der Ausführung der Fassade der Villa Trissino hinterlassen.
Während der Baumaßnahmen hatten sich Bauherr Trissino und Steinmetzgeselle Andrea offenbar so kennen- und schätzen gelernt, dass Trissino Andrea in einen

Kreis von Vicentiner Villenbauherren einführte und der Steinmetzgeselle unter Trissinos Einfluss sich so in der Architektur und Architekturtheorie weiterbildete, dass er darin eine neue Tätigkeitsperspektive erblickte und die Chance erhielt, Bauaufträge aus Trissinos Freundeskreis auszuführen. Mit diesem kleineren Villenumbauprojekt fing alles an, und Aufträge für weitere Villenprojekte waren die Folge.[236]

Geschichte

Es ist wenig bekannt über die einzelnen Vorgänge bei der Planung und Ausführung des Umbaus. Der Auftrag ging noch an die Pedemuro-Werkstatt. Andrea hatte dort bis dahin als Steinmetzgeselle wohl in erster Linie unter dem Steinmetz der beiden Meister, Girolamo Pittoni, gearbeitet, war als Mitarbeiter der Werkstatt noch nicht hervorgetreten und trug auch noch nicht seinen späteren Namen „Palladio". Der Umbauauftrag Trissinos muss um 1535 an die Werkstatt herangetragen worden sein. Offenbar ist Andrea von dem Baumeister der beiden Werkstattleiter, Giovanni da Porlezza, für diesen Auftrag ausgewählt worden und hat bis 1538 mit dem Bauherrn den Umbau geplant und ausgeführt.

Beschreibung

Der spätere Palladio hat den Umbau der Villa Trissino offenbar selbst als eine Etüde des Gesellen der Pedemuro-Werkstatt betrachtet und sie deshalb auch nicht 1570 in seine „Quattro libri" aufgenommen.
Das Herrenhaus des Quattrocento steht allein. Links daneben ist ein späteres Barchessengebäude etwas abgerückt. Das alte Außenmauerwerk der Seitenwände der Ecktürme sowie vor allem auch die Innenraumaufteilung mit Deckengewölben der Seitenteile des Herrenhauses blieben unverändert erhalten. Spätere Veränderungen, wie die Skulpturen der Eingangsfassade und die Nordfassade, stammen aus dem Ende des Settecento und dem Beginn des Ottocento.
Die veränderte Fassade ist – wie beide Vorbilder – in fünf Achsen und zwei Geschosse aufgeteilt. Wie die Serlio-Vorlage sind die äußeren Achsen allerdings weniger breit. Wie dort enthalten nur die mittleren Achsen wirkliche Öffnungen. Die Stützen selbst sind flach und haben unten ionische, oben korinthische Kapitelle. Aber wie bei der Falconetto-Loggia stehen die gliedernden Säulen in beiden Geschossen auf höheren Sockeln. Beim Vergleich der beiden Vorbilder und der Fassade der Trissino-Villa wird den Betrachtern klar, dass es sich bei allen dreien um Variationen eines von Raffael

Folgende Doppelseite:
Andrea Palladio,
Villa Trissino in Cricoli,
nach 1537

vor 1520 vorgegebenen Themas handelt. Dies wird Cornaro und Falconetto, den Erbauern der Loggia, wie Serlio und natürlich auch Trissino und Andrea bei der Planung der Fassade bewusst gewesen sein.
Unübersehbar ist, dass Andrea seine vorgeblendete Fassade mit einem aus drei Rundbogen bestehenden Portal als Durchgang zur Loggia öffnete. Ein solches Portal aus drei Rundbogen setzte der sich nun als Villenarchitekt – noch ohne Romerfahrung – versuchende Steinmetz in seinen frühen Villenbauten noch mehrfach ein, bei den Villen Godi, Gazzotti, Pisani in Bagnolo, Saraceno, Caldogno und Zeno. Die Portalöffnung in drei Rundbogen bestimmte sein Jugendwerk von Villenbauten.

Literatur

Nicht in den „Quattro libri". Kein Hinweis in der palladianistischen Literatur außer bei Magrini 1845. Nicht bei Burger 1909 und Ackerman 1967. Cevese 1971, Bd. 1, S. 71–79; Battilotti 1990, S. 7; Muraro 1996, S. 154–157; Puppi 2000, S. 10f.; Battilotti 2005, VI 622, S. 580f.; Beltramini 2008, S. 18f.

Erreichbarkeit

Cricoli (Stadtteil von Vicenza), Strada Marosticana 248, Tel. 0039/0444/32 30 14
Nicht regelmäßig zu besichtigen, aber von der Straße aus zu sehen; für Gruppen gelegentlich auf vorherige Anfrage beim Hausherrn zu begehen

2

Villa Godi

Nach 1537

Das von Palladio erbaute Herrenhaus ist gut erhalten.

Würdigung

Die Villa ist seit Langem bekannt als die Anlage einer Erstlingsvilla des jungen Andrea della Gondola. Sie hat auf den ersten Blick nur wenig von dem, was wir uns unter einer Palladio-Villa vorstellen. Und dennoch ist vor allem in der Vorgehensweise von Bauherren und Architekten hier viel von dem angelegt, was sich später ähnlich bei anderen Villenprojekten abgespielt hat: Es gab offenbar einen intensiven und länger anhaltenden Kontakt zwischen der Familie Godi und Palladio. Sie haben sich vermutlich von vornherein auf eine umfängliche Gesamtanlage geeinigt, die weiterverfolgt worden ist, aber nie ganz vervollständigt wurde. Palladio hat über längere Zeit das Fortschreiten des Projektes begleitet und noch nach Jahren zusätzliche Baumaßnahmen entworfen. Bildkünstlerischer Schmuck war offenbar von Anfang an vorgesehen und ist – als es so weit war – von Palladio vorbereitet worden.[237] Aber die äußere Erscheinungsweise der Anlage ist noch weit von einer „klassischen" palladianischen Villa entfernt, wie sie sich erst in den 1550er Jahren entwickelt hat.
Bereits bei diesem ersten Villenbau kam es Palladio nach seiner Beschreibung in den „Quattro libri" allerdings auf die Lage in der Landschaft, auf die Position des Standortes, auf die Form der Gesamtanlage, auf den Baukörper des Herrenhauses, auf dessen Raumkomposition sowie auf die künstlerische Ausstattung an. Das mögen die Vorsätze für diesen ersten Villenbau gewesen sein, das mag sich daraus im Laufe der Entwicklung des Villenarchitekten als Programm für die Planung von Villen ergeben haben. Sowohl in den Bauten von Villen wie in deren Beschreibungen in den „Quattro libri" finden sich die Gesichtspunkte wieder, die Palladio für diesen ersten Villenbau nennt.
Palladios Schilderung der Ausmalung dieser ersten Villa lässt darauf schließen, dass er selbst malerischen Schmuck von Villenbauten propagiert hat, wie er es von Giulio Romanos Palazzo del Te, von Falconettos Architekturen und von Sanmichelis Villa Soranza erfahren hatte. Seine Vorbereitungen der Ausmalung der Villa Godi konzentrierten sich vermutlich auf die Scheinarchitekturen der Ausmalung, die dazu beitrugen, seine Architektur zu interpretieren. Insbesondere Giambattista Zelotti hat in seinen Ausmalungen von Palladio-Villen stets mit gemalten Scheinarchitekturen

Andrea Palladio, Villa Godi in Lonedo di Lugo, nach 1537, Grundriss und Ansicht in den „Quattro libri“, 1570

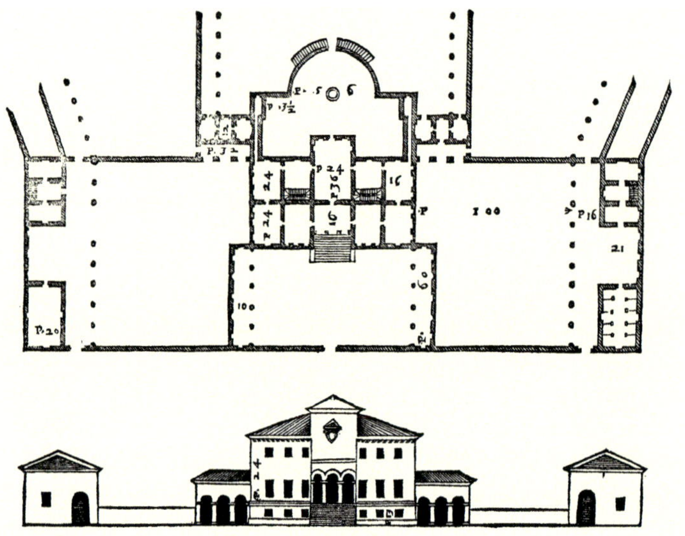

den Eindruck von deren Architektur unterstützt. Dieses Prinzip setzte sich seit dieser Zeit bei den meisten Palladio-Villen fort.

Geschichte

Auftraggeber für Neubauten auf ihrem Landbesitz in Lonedo war die reiche und mächtige Vicentiner Adelsfamilie Godi, die dort seit alters im Besitz des Castello „Lugo“ gewesen war. Sie hatte schon ein Portal der Kirche dei Servi und eine Grabkapelle San Michele in Vicenza von der Pedemuro-Werkstatt ausführen lassen. 1533 entstand in Lonedo als Erstes das landwirtschaftliche Gebäude einer Barchessa mit dorischer Vorhalle auf Veranlassung von Enrico Antonio Godi. Seine Söhne Pietro, Girolamo und Marcantonio gaben 1537, eventuell schon ein Jahr früher, nach Enricos Tod den Neubau einer Villa in Auftrag. Dabei spielten Maßnahmen, die den Standort in dem hügeligen Gelände verbessern sollten, eine besondere Rolle. Ausgeführt hat Andrea den Bau noch als Mitarbeiter der Pedemuro-Werkstatt; aber er hatte über Giangiorgio Trissino bereits die Bauherrnfamilie Godi kennengelernt. In den „Quattro libri“ nannte Palladio Girolamo Godi als den Bauherrn, der auch in einer Inschrift mit dem Datum 1542 über dem mittleren Rundbogen der Loggia erscheint. Eine Zeichnung Andreas lässt die Vorstellungen des Architekten zur Entwurfszeit erkennen.

Die Darstellung des Projektes in den „Quattro libri", über 30 Jahre später, stellt den Bau des Herrenhauses in den systematisierten Zusammenhang des landwirtschaftlichen Betriebes. Dies macht deutlich, dass es mit dem Vater Enrico und dann mit dem Sohn Girolamo Gespräche über eine einheitliche Gesamtanlage gegeben haben könnte. Über die frühe Barchessa und das Herrenhaus hinaus sind diese Vorstellungen aber nicht ausgeführt worden, sondern wurden von Palladio 1570 nur noch einmal beschworen.

Nachdem das Herrenhaus 1542 baulich vollendet war, bereitete Palladio, der inzwischen diesen Namen angenommen hatte, zwischen 1549 und 1552 auch die Ausmalungen vor. Es gibt dafür eine Zeichnung von 1550, in der Palladio außer Themenangaben sogar scheinarchitektonische Details, wie „festoni", Girlanden, oder „cornise con modiglioni", Gesims mit Medaillons, eingetragen hat. Sie ist von besonderer Bedeutung, weil sie zeigt, wie Palladio sich beteiligte an solchen Elementen der Ausstattung. In den „Quattro libri" nennt Palladio selbst die Maler Gualtiero Padovano, Giambattista Zelotti und Battista del Moro, die also vor 1570 an den Ausmalungen beteiligt waren. Bauherr und Baumeister müssen in den Grundfragen der Ausmalung, ihrer Struktur und Themenwahl und bei der Auswahl der Maler einer Meinung gewesen sein. Hier lässt sich beobachten, wie im längeren Entstehungsprozess der Villa der anfangs noch junge Baumeister weiter zu Rate gezogen worden ist. In diesem Entstehungsprozess sind auch noch bauliche Veränderungen vorgenommen worden: Palladio hat das ursprünglich an der Rückfront vorgesehene Thermenfenster in eine Serliana verwandelt; das mag – nach Beschlussfassung über den „Basilica"-Entwurf, an dem Godi beteiligt war – ein vicentinisches Lieblingsmotiv geworden sein, aber es harmonierte auch mit dem ausgeführten Wandschmuck der Sala.

Gualtiero Padovano begann seine Arbeit an der Villa Godi 1550, starb aber 1552 und hinterließ die Ausmalung unfertig. Erst Ende der 1550er Jahre setzte Giambattista Zelotti (1526–1578) mit Battista del Moro die Arbeit fort, 1561 nachgewiesen. Er hat – offensichtlich im Einvernehmen mit dem Architekten – zahlreiche andere Palladio-Villen ausgemalt.

Ein nachweisbarer architektonischer Eingriff Palladios ist noch 1555 entstanden: Er hat den halbkreisförmigen Hof hinter der Sala des Herrenhauses angelegt und in dessen Mitte einen Brunnen mit der Jahreszahl 1555 gestellt.

In späterer Zeit der 1570er Jahre wurde noch ein weiterer rechter Flügel ergänzt, im 17. Jahrhundert entstanden hintere Wirtschaftsgebäude. Diese entsprechen nicht der Darstellung Palladios in den „Quattro libri". Davon abgesehen ist der Zusammenhang der im 16. Jahrhundert ausgeführten Bauteile der Villa aber unverändert erhalten.

Folgende Doppelseite:
Villa Godi,
Vorderansicht mit
späteren Gartenanlagen

Giambattista Zelotti, Saal des Olymp in der Villa Godi, um 1570

Beschreibung

Palladio selbst schreibt über seinen Villen-Erstling: „In Lonedo, einem Ort im Vicentino, steht die folgende Anlage des Herrn Girolamo de' Godi. Sie ist angelegt auf einem Hügel mit wunderschönem Ausblick und an einem Fluss, den man zum Fischen nutzt. Um diesen Platz den Bedürfnissen einer Villa anzupassen, hat man mit nicht geringen Kosten Höfe und Straßen auf Gewölbe gesetzt. Der Bau in der Mitte dient der Wohnung des Hausherrn und seiner Familie. Der Fußboden der Zimmer des Padrone liegt dreizehn Fuß über dem Bodenniveau. Die Zimmer haben Flachdecken. Darüber liegen die Kornspeicher. Unter den Zimmern, die dreizehn Fuß hoch liegen, befinden sich die Keller, die Räume zur Weinbereitung, die Küche und ähnliche Räume. Der Saal ist bis unter das Dach hoch und hat zwei Fensterreihen. Zu den Seiten des Baukörpers befinden sich Höfe und überdachte Plätze für den Betrieb der Villa. Das Gebäude schmücken Malereien schönster Erfindung von Meister Gualtiero Padovano, von Meister Battista del Moro aus Verona und von Meister Battista Veneziano, denn dieser Edelmann mit hervorragendem Urteil hat, um das Haus so besonders und vollkommen wie möglich zu machen, keine Kosten gescheut und die ungewöhnlichsten und hervorragendsten Maler unserer Zeit ausgesucht.“[238]

Die Villa liegt etwa 20 Kilometer nördlich von Vicenza vor dem bergigen Voralpenland des Altopiano dei sette comuni. Gleich diese erste eigenständige Villa Palladios sollte am Ort eines historischen Kastells stehen. Nicht ohne Grund betonte Palladio „den wunderschönen Ausblick“. Besitzer und Besucher nähern sich auf einer von Süden kommenden niedrigen Straße und erblicken ein Rustikaportal, über dem sich das Gelände erhebt. Auf dem Portal steht die lateinische Inschrift „Ingredere et laetaberis“, betritt es und du wirst dich freuen. Erst nach einer Biegung der ansteigenden Straße wird dann das Herrenhaus sichtbar. Von diesem aus blickt man auf das Gelände hinab.

Wie selbstverständlich wird in den „Quattro libri“ darauf hingewiesen, dass „mit nicht geringen Kosten Höfe und Straßen auf Gewölbe gesetzt“ worden seien. Solche Möglichkeiten, den Standort zu verbessern, waren offenbar den Bauherren wie Palladio geläufig, ohne dass Palladio zu dieser Zeit schon ähnliche Methoden der antiken Bauten in Rom auf Reisen kennengelernt hatte.

Die Darstellung in den „Quattro libri“ stellt die Gesamtfiguration der Villenanlage heraus, als wolle Palladio darauf hinweisen, dass er schon bei seinem ersten Bau eine solche Gesamtanlage im Sinn gehabt habe. Zugleich propagiert er damit solche Gesamtfigurationen. Im Grundriss setzte er vor das Herrenhaus links und rechts zwei fünfachsige Vorhallen, die einen Vorhof flankieren. Das ganze Areal sollte links und

rechts von zwei Barchessen mit neunachsigen Vorhallen flankiert werden. In der Ansicht werden links und rechts des Herrenhauses Barchessen mit dreiachsigen Rundbogen sichtbar, die auch ausgeführt worden sind. Im Grundriss sind auch nach hinten Vorhallen und Barchessen in symmetrischer Anordnung erkennbar. Ausgeführt ist von dieser Gesamtplanung nur wenig. Charakteristisch ist für diese frühe Phase jedoch die Vorliebe für rechteckige, von Vorhallen flankierte Höfe.

In der Form der Baukörper seiner Villenherrenhäuser sollte Palladio sich später meist auf einen geometrisch begrenzten Solitär konzentrieren. Der Baukörper des Herrenhauses Godi entsprach noch nicht in dieser Weise einem einheitlichen Bauwerk. Nach vorn streckt er zwei Seitenrisalitflügel mit eigenem Dach vor, zwischen denen Freitreppe und die drei Rundbogen der mittleren Vorhalle liegen. Nach hinten ragt ein Mittelrisalitflügel ebenfalls mit eigenem Dach. Architektonische Besonderheiten sind vorn die Dreiheit von Rundbogen in der Mitte des Erd- und Obergeschosses, hinten die Serliana im Mittelrisalit. Es fehlt ganz ein Giebel, obwohl Palladio ihn in den „Quattro libri" angab. Die Instrumentierung mit übergiebeltem Säulenportikus, wie sie später typisch wurde, war Palladio zu dieser Zeit noch fremd. Die Mauerfläche ist wie später bei zahlreichen Palladio-Villen mit einer feinen gemalten Quaderung, bugnato gentile, versehen.

Der realisierte und erhaltene Zustand der baulichen Anlage weicht von der Zeichnung und Beschreibung in den „Quattro libri" in Einigem ab: Statt der Barchessen zuseiten des Hofes liegen dort heute Gartenanlagen. Die dreibogige Barchessa links des Herrenhauses ist so, allerdings zweigeschossig, erhalten, rechts des Herrenhauses ist sie mit weiteren Bogen verlängert worden. Der terrassenartige Hof mit Halbkreisabschluss und Brunnen hinter dem Herrenhaus ist so erhalten. Die übrigen Anlagen sind jedoch anders ausgeführt.

Auch die Ausführung des Herrenhauses weicht von Palladios Zeichnung ab. Das Erdgeschoss ist höher angelegt, öffnet sich im Mittelteil in drei Bogen, in den Seitenteilen mit großen Fenstern und erhält so mehr Bedeutung als nur ein Keller- oder Sockelgeschoss. Die Freitreppe zum Hauptgeschoss ist schmaler und führt nur in der Mittelachse nach oben zu zwei links und rechts liegenden Terrassen. Über den drei Rundbogen der Loggia dahinter liegt noch ein Mezzanin, darüber aber kein Giebel. Der Mittelteil weicht gegenüber den Seitenteilen zurück. Diese sind nicht dreiachsig, sondern präsentieren in beiden Hauptgeschossen und im Mezzanin rhythmisch angeordnete Fenster in vier Achsen. Eine Inschrift lautet: „HIERONYMUS GODUS HENRICI ANTONII FILIUS FECIT ANNO MDXLII" und weist damit auf den Erbauer Girolamo Godi, Sohn des Enrico Antonio, und das Jahr 1542 hin.

Die Raumkomposition des Herrenhauses dieser ersten Villa Palladios hatte bereits den Charakter eines Unikats. Dies sollte zukünftig für alle Villenbauten Palladios gelten. Palladio hat für jedes seiner Villenherrenhäuser, für jeden Bauherrn, eine individuelle Raumkomposition geschaffen. Offensichtlich hat Palladio diesen Vorsatz schon frühzeitig in Gesprächen mit Bauherren gewonnen und ihn dann auch in solchen Gesprächen den Bauherren gegenüber dargestellt. Mit den „Quattro libri" konnte er an den Herrenhauskomplexen zeigen, dass keine Raumkomposition einer anderen gleicht. In seinen Beschreibungen geht er nicht auf die Grundrisskonstellation ein, die ja aus den Zeichnungen ersichtlich ist, wohl aber auf Raumproportionen, Raumformen, Decken- und Gewölbekonstruktionen und -höhen. Immer ging es um die Nebenräume im Erd- und im Obergeschoss sowie hauptsächlich um die Räume im Hauptgeschoss und deren Erreichbarkeit über Freitreppen und innere Treppen. Im Hauptgeschoss mussten Vorhalle, Sala, größere und kleinere Räume mit Kaminen untergebracht und durch Türverbindungen erschlossen werden. Für das Herrenhaus Godi beschreibt Palladio im Erdgeschoss Keller, Räume zur Weinbereitung, Küche und Ähnliches, auf dem Boden die Kornspeicher. Die Schlafräume im Mezzanin erwähnt er nicht.

Die künstlerischen Ausstattungen nannte Palladio nicht immer. Es wäre aber ein Fehlschluss, daraus auf sein Desinteresse zu schließen. Meist blieb es bei dem Hinweis auf die Ausstattung und der Nennung von Meistern. Palladio rühmte den „Edelmann mit hervorragendem Urteil", der „keine Kosten gescheut und die ungewöhnlichsten und hervorragendsten Maler unserer Zeit ausgesucht" habe. Er konnte dies umso mehr hervorheben, als die Godi nach dem Tode Gualtiero Padovanos mit Zelotti und del Moro Künstler beauftragten, die vorher Sanmichelis Villa Soranza ausgemalt hatten. Palladio sah seine Villa und deren Ausmalung in der renommiertesten künstlerischen Gesellschaft. Er selbst war beteiligt an der malerischen Interpretation seiner Architektur und kannte genau die Ausführung von gemalten Sockeln, Säulen, Kapitellen, Gesimsen, Nischen oder Festons und deren Funktion für die Erscheinung von Innenarchitektur. Weniger war es sein Metier, den Einsatz von Skulptur und Malerei im Sinne der Zusammenstellung eines Bildprogramms mit gelehrter und komplizierter Ikonografie zu konzipieren und zu beschreiben.

Die etwas später ausgeführte malerische Ausstattung dieser ersten Villa Palladios gehört gleich zu den renommiertesten und besterhaltenen unter denen der Palladio-Villen.

Quellen und Literatur

Erwähnung bei Vasari 1568, in den „Quattro libri" 1570, bei Muttoni 1740, Bertotti Scamozzi 1778, Magrini 1845.

Burger 1909, S. 16–25; Ackerman 1967, S. 50–52; Hofer, Paul: Palladios Erstling. Die Villa Godi Valmarana in Lonedo bei Vicenza, Basel, Stuttgart 1969; Cevese 1971, Bd. 1, S. 80–97; Battilotti 1990, S. 27–31; Puppi 2000, S. 238–239, 446–447; Battilotti 2005, VI 285, S. 261–263; Beltramini 2008, S. 7; Malinverni, Christian Giovanni (Hg.): Villa Godi Malinverni (Führer in Italienisch und Englisch), Vicenza 2008.

Erreichbarkeit

Lonedo di Lugo Vicentino (Provinz Vicenza), Via Andrea Palladio 44
Staatsstraße 349 von Vicenza nach Thiene, über Zugliano und Lugo nach Lonedo
Tel. 0039/0445/86 05 61, Fax 0039/0445/86 08 06, www.villagodi.com, info@villagodi.com
Di, Sa, So + Feiertage, 1. März–31. Mai, 1. Okt.–30. Nov. 14–18 Uhr, 1. Juni–30. Sept. 15–19 Uhr, Gruppen nach Vereinbarung

Villa Piovene

Nach 1539

Im Gebäude Teile von Palladio erhalten, später mehrfach im Sinne des Palladianismus verändert und erweitert.

Würdigung

Mit der Villa Piovene beginnt eine Reihe von frühen Villen, die Palladio selbst nicht in die Auswahl der „Quattro libri" aufgenommen hat, die aber schon bei Muttoni 1740 oder Bertotti Scamozzi 1778 als Palladio-Bauten erwähnt und von der neueren Forschung als Projekte Palladios vermutet und ihm zugeschrieben worden sind. Mit ihnen lassen sich die frühen Aktivitäten und die Entwicklung des jungen Architekten verfolgen. Alles, was auf den ersten Blick an dieser Villa palladianisch erscheint, übergiebelter Portikus mit sechs ionischen Säulen, dahinter liegende Loggia und hinaufführende zweiläufige Freitreppe mit Balustraden, neben dem Haupthaus zu beiden Seiten angelegte Barchessen mit dorischen Säulen und geradem Gebälk, ist aber nicht zu Lebzeiten Palladios entstanden. Auch die Gartenanlagen, die zentrale Treppe und das Eingangsportal nicht.

Der erste, vermutlich nach 1539 entstandene muss ein sehr schlichter kleinerer Bau gewesen sein, der dem Charakter der Villa Godi ähnlich war. Er hatte einen dreiachsigen Mittelteil, der sich entweder in drei Rundbogen wie bei der Villa Godi oder schon in einer Serliana wie bei der Villa Valmarana öffnete. Zu den Rundbogen oder der Serliana führte vermutlich eine kleine gerade Freitreppe hinauf. Der Bau hatte Erd-, Hauptgeschoss und Mezzanin.

Im Interesse der späteren Bauherren stand dann offenbar die „Palladianisierung" der früheren von Palladio selbst errichteten Villa durch Portikus und Freitreppe in der zweiten Phase, durch Barchessen-Systematisierung, Gartenanlage und zentralen Treppenaufgang mit Skulpturen in der dritten Phase. Damit wurde zugleich eine Steigerung der Wirkung in der Landschaft erreicht.

Geschichte

Folgende Doppelseite: Andrea Palladio, Villa Piovene in Lonedo di Lugo, Fassade, nach 1539, mit vorgesetztem Portikus, um 1587

Die auftraggebende vicentinische Adelsfamilie Piovene stand in engem Kontakt und in einem Konkurrenzverhältnis zur Familie Godi. Von älteren Bauten auf ihrem Landbesitz in Lonedo ist die – rechts von der Villa gelegene – San-Girolamo-Kapelle

ANNO DNI M D L XXXVII

Villa Piovene, Baukörper, nach 1539, mit vorgesetztem Portikus, um 1587, und Barchessen, 18. Jahrhundert

erhalten, die mit der Jahreszahl 1496 versehen ist. Dass ein Auftrag für das Herrenhaus von Battista Piovene, der 1539 starb, an den damals noch in der Pedemuro-Werkstatt arbeitenden Andrea gegangen sein könnte, als dieser an der Villa Godi nebenan arbeitete, ist nur zu vermuten. 1541 wird ein Herrenhaus als vollendet erwähnt. Aus einer Nachricht von 1567 lässt sich erschließen, dass es mit 21 Meter schmaler als das heute erhaltene von 35 Meter Breite gewesen ist. Bis Ende des 18. Jahrhunderts war im Inneren eine von Bertotti Scamozzi erwähnte Inschrift „Andreas Palladius Architectus" erhalten, auf der die Zuschreibung an Palladio beruht. Die strenge Gliederung der Fassaden des Herrenhauses – zwei Geschosse, ein Mezzanin –, vorn und hinten, entspricht der der Villa Godi; dies ist an der Rückfassade noch erkennbar. Bis 1567 war dieser vermutlich frühpalladianische Zustand des Herrenhauses, inmitten von nicht einheitlich strukturierten landwirtschaftlichen Nebenbauten und der Kirche, erhalten.

Palladio selbst hatte die Villa Piovene nicht für wert gehalten, in seiner Auswahl von wenigen Villen in den „Quattro libri" von 1570 erwähnt zu werden. Davon unabhängig könnte seine Befassung mit weiteren Planungen gewesen sein.

Unter dem Einfluss des frühen Palladianismus ist das Herrenhaus dann jedenfalls vermutlich seit den 1570er Jahren erweitert worden. Es wurde an beiden Seiten verbreitert. Es erhielt den sechssäuligen Portikus mit einer Loggia auf der Ebene des Obergeschosses sowie die hinaufführenden Freitreppenflügel. Damit war eine neue Organisation des Inneren verbunden. Mit dem Datum 1587 im Giebel wurde die Fertigstellung dieses Umbaus nach dem Tode Palladios angezeigt. Der Architekt der Veränderungen ist nicht bekannt. Sie stammen aber aus einer späteren, schon palladianistischen Phase.

Eine Karte aus der ersten Hälfte des 17. Jahrhunderts zeigt das so veränderte Herrenhaus der Villa noch umgeben von der älteren Kapelle und einer Reihe von unregelmäßigen landwirtschaftlichen Gebäuden und Wohnhäusern. Auf der linken Seite des Herrenhauses ist jedoch bereits eine Barchessa mit einer Vorhalle von dorischen Säulen und waagerechtem Gebälk fertiggestellt, deren Architekt ebenfalls nicht bekannt ist. In der ersten Hälfte des 18. Jahrhunderts ergänzte Francesco Muttoni einen diesem nicht ganz entsprechenden rechten Flügel. Bis dahin waren die älteren landwirtschaftlichen Gebäude beseitigt worden. Zugleich wurde der Garten vor der Villa angelegt. Die vorgelagerte barocke Portalanlage mit geschmiedetem Tor ist 1703 errichtet worden.

Beschreibung

Von dem frühen Bau der nahe der Villa Godi, etwa 20 Kilometer nördlich von Vicenza gelegenen Villa ist wenig erhalten. Auf jeden Fall haben die Bauherrenfamilie und

der Architekt Palladio auch hier, für den anfänglich kleineren Bau, der Lage in der Landschaft – höher noch als die Villa Godi – und dem Ausblick vom Herrenhaus aus große Bedeutung beigemessen. Die späteren Maßnahmen des Herrenhausausbaus und der Gartenanlage haben dies noch besonders betont. Die Villa lag danach hoch über der Villa Godi, sodass man von dem neuen Portikus und der Freitreppe auf die Villa Godi und in die Landschaft hinabblicken kann. Vom frühen Bauwerk sind noch Teile der Wand- und Fenstergliederung der Gartenfassade nachvollziehbar sowie ganz die der Rückfassade erhalten, die der der Villa Godi ähnlich ist. Bei der Verbreiterung ist diese Gliederung beibehalten worden.

Auf der Rückfassade ist die Verbreiterung erkennbar. Deutlicher noch tritt in Erscheinung, dass zum Garten hin Portikus, Loggia auf der Höhe des Hauptgeschosses und Freitreppenanlage später davorgesetzt worden sind. Sie entsprechen Vorstellungen des späteren Palladio. Aber selbst wenn sie auf einen Entwurf von Palladio zurückgehen, so müssen sie doch ohne sein Zutun ausgeführt worden sein. Die Barchessen links und rechts ergänzen das palladianistische Gesamtmuster. Der heutige eklektische Gesamteindruck ist weder der einer frühpalladianischen noch der einer spätpalladianischen Architektur, sondern ein zwar imponierender, aber palladianistischer. Er ist von der Familie Piovene in Konkurrenz zur Villa Godi offenbar bewusst herbeigeführt worden.

Quellen und Literatur

Erwähnung bei Muttoni 1740, bei Bertotti Scamozzi 1778, bei Magrini 1845.
Im 20. Jahrhundert in Teilen Palladio zugeschrieben worden.
Nicht bei Burger 1909; Ackerman 1967, S. 52–53; Cevese 1971, Bd. 2, S. 459f.; Battilotti 1990, S. 32–33; Puppi 2000, S. 240–241, 448; Battilotti 2005, VI 286, S. 263f.; Beltramini 2008, S. 8.

Erreichbarkeit

Lonedo di Lugo Vicentino (Provinz Vicenza), Via Andrea Palladio 51
Staatsstraße 349 von Vicenza nach Thiene, über Zugliano und Lugo nach Lonedo, nahe der Villa Godi
Tel. 0039/0445/86 06 13
1. März–31. Mai, 1. Okt.–30. Nov. täglich 14–17 Uhr
1. Juni–30. Sept. täglich 14.30–19 Uhr. Nur Park und Außenbau

Villa Valmarana in Vigardolo

Nach 1541

Das Herrenhaus des Palladio-Baus ist erhalten.

Würdigung

Eine frühe Vorzeichnung Palladios zeigt im Grundriss, wie stark der junge Architekt noch von seiner Beschäftigung mit dem Umbau der Villa Trissino beeinflusst war. Er übernahm nämlich für die Proportionen der seitlichen Räume diejenigen, die er aus dem Quattrocento in der Villa Trissino vorgefunden und belassen hatte; die Palladio-Forschung hat das nicht bemerkt, wohl aber der derzeitige Eigentümer der Villa Trissino. Auch die Staffelung von offener Loggia, Einengung und Sala nach hinten für den Mittelteil ist, wenn auch anders proportioniert, von der Villa Trissino übernommen. Die Villa Valmarana hat zwar Untergeschoss, Hauptgeschoss und Mezzanin, aber mit ihr beginnt eine Reihe von Villen, die niedriger erscheinen. Eindrucksvoll ist der streng geometrisch konzipierte Baukörper. In der Fassade fällt die Serliana des Mittelportals ins Auge; in der Vorzeichnung ist sie noch ohne Oculi dargestellt, in der Ausführung sind ihr die Oculi zugefügt, die Palladio dann durch die Basilica propagiert hat. Erstmals erscheint hier über den gesamten Bau gespannt – in der Vorzeichnung noch deutlicher als in der Ausführung – der Tempelgiebel, der in der Antike sakralen Bauten vorbehalten war und hier von Palladio für den Profanbau eingesetzt wurde. Mit Serliana und Giebel vollzieht der unscheinbar wirkende Bau bereits zwei Schritte in der Entwicklung Palladios.

Geschichte

Die Villa Valmarana ist erst, als eine in England befindliche Zeichnung als Vorzeichnung identifiziert werden konnte, sowie aufgrund gewisser formaler Eigenheiten der Zeichnung und des erhaltenen Bauwerks als von Palladio stammend erkannt worden. Auftraggeber war Giuseppe Valmarana aus einer Nebenlinie dieser aristokratischen Vicentiner Familie. Miteigentümer war sein Vetter Antonio Valmarana. Da Palladio von der Familie später weitere Aufträge erhalten hat, ist ein solcher früherer Kontakt, vermutlich vermittelt im Kreis von Trissino, nicht unwahrscheinlich. Der Beginn der Bauarbeiten wird für das Jahr 1541 angenommen, für das vom Anfang eines neuen

Folgende Doppelseite:
Andrea Palladio,
Villa Valmarana,
Vorderfassade

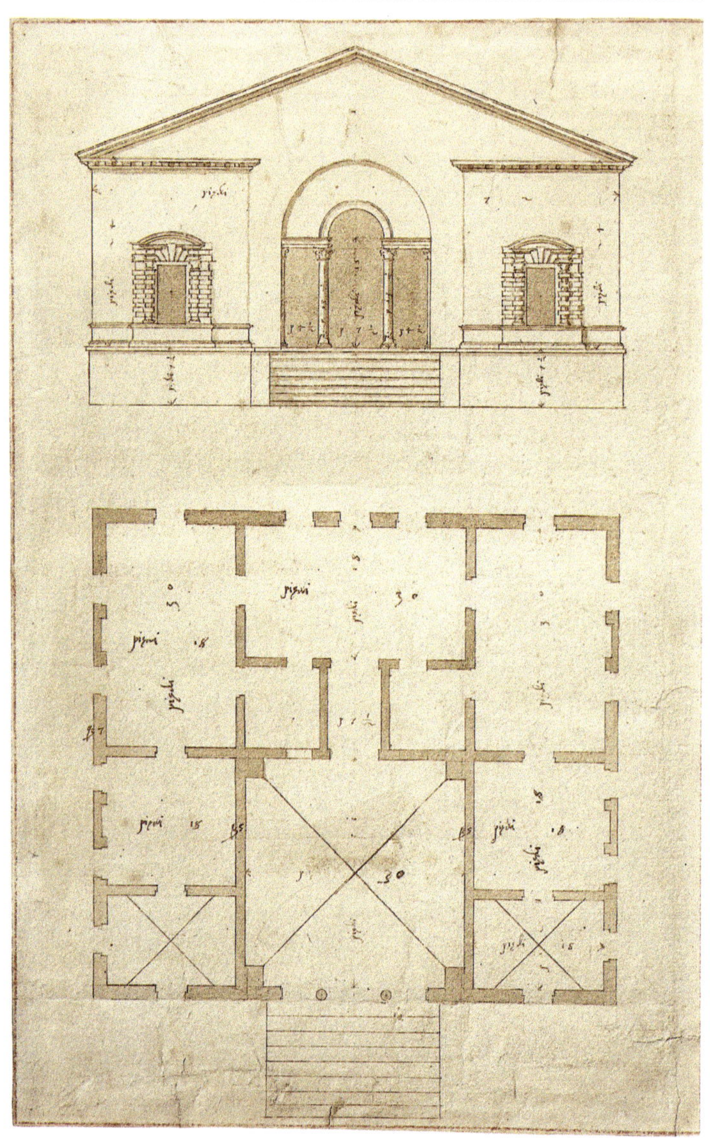

Andrea Palladio, Villa Valmarana in Vigardolo, um 1541, Zeichnung mit Ansicht und Grundriss, undatiert

Hauses die Rede ist. Aber Palladio hat dieses kleine Projekt später nicht für die Auswahl in den „Quattro libri" 1570 berücksichtigt. Muttoni 1740 und Bertotti Scamozzi 1778, haben es nicht als Palladio-Bau erkannt oder berücksichtigt.
Eine Darstellung von 1608 weist auf heute nicht mehr erhaltene Bau- und Gartenanlagen hin, mit denen die Villa weiter ergänzt wurde. Das Herrenhaus hat also eine systematische bauliche Erweiterung als Landgut erhalten; dazu könnte Palladio befragt worden sein.
Im Inneren ist die Villa Valmarana noch im 16. Jahrhundert mit Fresken ausgemalt worden, von denen nur zwei Medaillons mit einer Darstellung Jesu im Tempel und einer Allegorie der Aurora erhalten sind. Sie werden Alessandro Maganza (1556–1630) aus Vicenza zugeschrieben. Von späteren Ausstattungsmaßnahmen stammen Figuren in der Vorhalle aus dem 18. Jahrhundert sowie in der Sala Malereien der Josephslegende von Costantino Pasqualotto (um 1700).

Beschreibung

Die Lage der Villa in Vigardolo, wenige Kilometer nordöstlich von Vicenza, im flachen Talgebiet der Tesina ist nicht herausragend und konnte nicht besonders gestaltet werden. Es hat nicht den Anschein, dass ursprünglich vorhandene Nebengebäude zu einer gemeinsam konzipierten Gesamtanlage gehört hätten. Heute liegt das Herrenhaus mit ein paar unscheinbaren späteren Nebengebäuden allein auf flachem Terrain mit der Fassade parallel zur Straße. Es hat einen – erstmalig in dieser Art – geometrisch umrissenen Baukörper, der bewusst über quadratischem Grundriss errichtet worden ist. Ein Hauptgeschoss erhebt sich über niedrigem Sockel. Unter dem flachen Giebel erscheinen noch Mezzaninfenster. Gliedernde Elemente treten an der Fassade mit der niedrigen Freitreppe und der Serliana mit Oculi in einem durch einen Rücksprung gekennzeichneten Mittelrisalit in Erscheinung. Die Seitenteile haben nur eine Achse mit gerahmten Fenstern, an deren Stelle im Entwurf Rustikafenster vorgesehen waren.

Literatur

Vorzeichnung von Palladio in London, RIBA Library Drawings and Archives Collections, XVII/2r. Der Bau ist dann aber nicht mehr für Palladio bezeugt, sondern ihm erst im 20. Jahrhundert zugeschrieben worden.
Nicht bei Burger 1909; Ackerman 1967, S. 49–50; Cevese 1971, Bd. 2, S. 506–508; Battilotti 1990, S. 34–36; Puppi 2000, S. 245–248, 451–452; Beltramini 2008, S. 8.

Erreichbarkeit

Vigardolo di Monticello Conte Otto (Provinz Vicenza), Via Vigardoletto 33
Staatsstraße 53 von Vicenza Richtung Treviso, links ab nach Monticello und Vigardolo
Tel. 0039/0444/59 62 42, Fax 0039/0444/59 50 96
Sa + So 9–12, 14–18 Uhr

Villa Forni

Um 1541

Herrenhaus erhalten, gekennzeichnet, leer stehend und verwahrlost.

Würdigung

Keine Villa fügt sich so wenig in eine Entwicklung der Palladio-Villen ein wie der – wegen seiner geringen Größe „villino" genannte und auch deshalb besondere – Bau der Villa Forni; sie hat eine ungewöhnliche Meinungsverschiedenheit unter den Experten ausgelöst. Große Villenkenner wie Renato Cevese oder Palladio-Forscher wie Giangiorgio Zorzi glauben nicht an die Urheberschaft von Palladio, da es für sie keine Beweise gibt. Zorzi schlägt sogar einen ganz anderen Künstler, den Bildhauer Alessandro Vittoria, als Autor der Villa Forni vor. Auch über den Bauherrn ist man sich nicht im Klaren. War es bei einer früheren Entstehungszeit ein nicht belegbarer Vorgänger des Vicentiner Kaufmanns Girolamo Forni (1530–1610), oder war Forni bei späterer Entstehungszeit der ursprüngliche Auftraggeber? Für die Einordnung in das frühe Werk von Palladio haben sich entschieden James S. Ackerman 1967, Lionello Puppi 1974, Donata Battilotti 1990 und Manfred Wundram 1988 ausgesprochen. Für die frühe Entstehungszeit lassen sich aber auch überzeugende stilgeschichtliche Argumente anführen, wie dies Lionello Puppi getan hat. Von einer späteren Entstehungszeit sind dagegen – ohne Palladio – Giangiorgio Zorzi 1966, – mit Palladio – Howard Burns 1975, Bruce Boucher 1994 oder Guido Beltramini 2008 überzeugt.[239]

Der Baukörper hat eine prägnante Gestalt über rechteckigem Grundriss. Das Vortreten des übergiebelten Mittelteils der Villa erscheint hier das erste Mal bei einem palladianischen Villenbau. Außerdem treten die Serliana des Eingangs, anders ausgeführt als bei der Villa Valmarana, und der Tempelgiebel, hier nun nur über dem Mittelrisalit, ins Auge. Die damit kombinierte gerade Freitreppe, wie bei den Villen Godi und Piovene und niedriger bei der Villa Valmarana, ist nun schon charakteristisch. Mit der Villa Forni scheint die frühe Entwicklung der Villenarchitektur Palladios einen konsequenten Lauf zu nehmen.

Geschichte

Es gibt keine schriftlichen Quellen zu diesem Gebäude. Der Name Palladios ist für den Bau archivalisch nicht verbürgt.

Folgende Doppelseite:
Andrea Palladio,
Villa Forni in Montecchio Precalcino, nach 1541

Palladio hat die Villa auch nicht in seine Auswahl von Villen in die „Quattro libri" 1570 aufgenommen. Dafür kann es allerdings die verschiedensten Gründe geben. Die Palladianisten Muttoni 1740 und Bertotti Scamozzi 1778 haben sie als Palladio-Bauwerk anerkannt. Bertotti Scamozzi gab – wie von allen Palladio-Bauten – sorgfältige Grundriss-, Aufriss- und Detailzeichnungen.
Wenn die Villa ein Frühwerk Palladios sein sollte, kann nicht Girolamo Forni der erste Auftraggeber gewesen sein, denn er ist erst 1530 geboren. Es bleibt unklar, wer die Villa in Auftrag gegeben hat. Vorgeschlagen wird, dass es ein Vicentiner Aristokrat, Antonio Brandizio, gewesen sein könnte, der um 1540 Landbesitz am Standort der Villa erworben hatte. Brandizio hat Palladio gut gekannt und war mit dessen Förderern befreundet. Auftrag und Ausführung werden deshalb für den Anfang der 1540er Jahren vermutet.[240] Eine Reihe von formalen Eigenheiten und deren Verwandtschaft mit anderen frühen Palladio-Villen sprechen ebenfalls dafür.
Sicher ist, dass ein reicher, aber nichtaristokratischer Kaufmann und Antikensammler aus Vicenza, Girolamo Forni, die Villa 1610 der Familie Cerato testamentarisch vermacht hat. Unsicher aber bleibt, ob er die Villa eines anderen früheren Auftraggebers übernommen hatte und wann das geschehen sein könnte. Da es keine Informationen darüber mehr gibt, muss das nicht heißen, dass Forni, von dessen Eigentümerschaft wir einzig wissen, auch der Auftraggeber war.
War er aber der Auftraggeber, dann kann das nicht lange vor etwa 1560 gewesen sein, wenn er erst 1530 geboren ist. Dies führt bei manchen zu der Annahme, dass Palladio erst um 1560 oder später mit dem Projekt befasst wurde. Gegen eine so späte Entstehungszeit spricht die Anlage von Baukörper und Fassade.
Die Zuschreibung des skulpturalen Schmucks der Fassade an Alessandro Vittoria (1525–1608), der ein „cordialissimo amico", herzlicher Freund, Fornis gewesen sei, führte zu der Annahme, dass dieser im Auftrage Fornis eine Neudekoration der Fassade, die von einem anderen, Palladio, stammte, vorgenommen habe.
Im gleichen Zusammenhang wurde die These aufgestellt, dass es Alessandro Vittoria selbst gewesen sein könnte, der die Villa im Auftrage Fornis entworfen, erbaut und dekoriert hätte.
Beides könnte um 1576–1577 geschehen sein, als Vittoria sich in Vicenza aufhielt. Im Inneren werden Stuckbüsten über den drei Türen der Sala dem Bildhauer Bartolomeo Ridolfi (gestorben vor 1572) zugeschrieben. Einer der beiden Kamine aus den Zimmern des Obergeschosses befindet sich heute im Erdgeschoss. Sie stammten ebenfalls aus der zweiten Hälfte des 16. Jahrhunderts, der Zeit der Eigentümerschaft von Forni. Dies könnte bestätigen, dass Forni einer früheren Villa im Äußeren wie im Inneren ein neues Gesicht gegeben hat.

Wegen der Spärlichkeit der Quellen für die Entstehung schon um 1541 steht daneben die andere wissenschaftliche Auffassung, nach der erst Forni der Auftraggeber des Villenbaus an Palladio gewesen sei. Immerhin habe Forni mit Portalen von Palladio-Bauten, angefangen bei denen des Palazzo Chiericati, gehandelt. Dann allerdings hätte der Bau frühestens in den späten 1550er Jahren entstanden sein können.[241] Bei der stilistischen Entwicklung der Palladio-Villen müsste zu dieser Zeit aber schon ein Mittelportikus mit kolossalen Säulen entstanden sein. Auch würde eine solche Entstehungszeit nicht mit den späteren Veränderungen und skulpturalen Dekorationen des Außen- und Innenbaus harmonieren. Umso deutlicher wird von den Vertretern der frühen Datierung darauf hingewiesen, dass die Grundzüge der Villenarchitektur nicht mit den Veränderungen und Neudekorationen der Fassade und des Inneren zusammengehen.

Beschreibung

Die kleine Villa liegt 12 Kilometer nördlich von Vicenza vor den sich erhebenden Hügeln der Voralpenlandschaft. Sie steht auf einem Grundstück in der Ortschaft Montecchio Precalcino in flachem Gelände direkt an der Straße. Es ist also keine Villa auf umfänglichem Gelände, deren Standort in die umgebende Landschaft eingebettet werden konnte.

Von einer ausgedehnten Gesamtanlage fehlen die Spuren, auch davon, ob Palladio eine solche entworfen hat. Heute ist nur noch das Äußere des leeren, verwahrlosten Hauptgebäudes zu betrachten. Der Baukörper des Herrenhauses erhebt sich kompakt über querrechteckigem Grundriss, hat Sockelgeschoss, Hauptgeschoss und Mezzanin unter umlaufendem Kranzgesims, ein erster typisch palladianischer Herrenhausbaukörper.

Eindrucksvoll tritt der Mittelrisalit vor. Das Hauptgeschoss ist über eine schmale Freitreppe zu erreichen, die zum Rundbogen einer Serliana führt, hinter der eine Loggia liegt, die sich außerdem durch Rechtecke nach vorn und zur Seite öffnet. Der Mittelrisalit dominiert zwei Seitenflügel, die Fenster in einer einzigen Achse enthalten. Die Fassade bietet also noch keinen Mittelportikus, aber die übrigen Grundzüge einer palladianischen Herrenhausfassade sind hier bereits vorhanden. Breite Treppe und Serliana entwickeln sich aus Vorläufern der Villa Godi und der Villa Valmarana. Die Serliana hatte sich ursprünglich an der Rückfassade wiederholt; sie trat hier als das Motiv des frühen Palladio auf. Die Serliana vorn wandelte die der Villa Valmarana ab, die ursprüngliche hintere Serliana entsprach der der Sala in der Villa Godi.

Ein gutes Argument für eine frühere Entstehung der Villa ist auch der Hinweis auf ihre einfache Raumkomposition. Sie übernimmt von der Casa Veneziana die Dreiteilung. In der Mitte liegen hintereinander Vorhalle und Sala, links und rechts sind die anderen Räume, in diesem Fall nur je zwei, angeordnet. Im Prinzip entspricht diese Raumkomposition derjenigen anderer früher Palladio-Villen, der Villa Trissino in Cricoli, der Villa Godi, der Villa Valmarana, nur dass hier die geringe Größe und Einfachheit noch größere Klarheit herbeiführt.
Die Reliefs der Fassade könnten in der Tat eine spätere Ergänzung von Alessandro Vittoria sein. Sie stellten ursprünglich ein von zwei Viktorien gehaltenes Wappen im Giebel sowie zwei Darstellungen der Jahreszeiten über den rechteckigen Öffnungen der Serliana dar. Außerdem gibt es im Inneren die Büsten des Ridolfi. Von einer Ausmalung findet sich keine Spur. Die bildnerische Ausstattung ist nur die skulpturale.

Literatur

Erwähnung bei Muttoni 1740 und Bertotti Scamozzi 1778. Im 20. Jahrhundert Palladio zugeschrieben.
Nicht bei Burger 1909; Ackerman 1967, S. 59–60; Cevese 1971, Bd. 2, S. 486–488; Battilotti 1990, S. 37–38; Puppi 2000, S. 248, 491; Battilotti 2005, VI 331, S. 310f.; Beltramini 2008, S. 56–57.

Erreichbarkeit

Montecchio Precalcino (Provinz Vicenza), Via Venezia 4
Staatsstraße 248 von Vicenza Richtung Bassano, in Passo di Riva vor dem Astico links ab nach Montecchio Precalcino
Nur von der Straße aus zu betrachten

Villa Gazzotti

Um 1542

Das Herrenhaus ist erhalten, aber in schlechtem Zustand. Es ist durch eine Tafel gekennzeichnet.

Würdigung

Das Villenprojekt des Vicentiner Salzhändlers Taddeo Gazzotti stellte keinen Villengesamtkomplex, sondern nur ein einzelnes Herrenhaus dar. Die Notwendigkeit der Einbeziehung von Vorgängerbauten führte dazu, dass es nicht einen kompakten Baukörper erhielt, sondern über dem Grundriss eines längeren Querrechtecks ausgeführt wurde. Palladios Erfahrungen an antiken und Renaissance-Bauten in Rom führten zu einer neueren Gestaltung und Instrumentierung mit Renaissance-Gliederungselementen. Die Anlage als eingeschossiger Bau über Sockelgeschoss, der übergiebelte Mittelrisalit mit drei Rundbogen und die durchgehende Pilasterordnung der Fassade sind deren Ausdruck. Die Dreibogenöffnung ist eine Wiederholung von der Villa Godi, die dann in einigen weiteren Villen charakteristisch für die mittlere Öffnung blieb. Die mangelhafte Ausführung und der schlechte Zustand der Villa beeinträchtigen die Würdigung seines eindrucksvollen architektonischen Entwurfes.

Geschichte

Auftraggeber der Villa war Taddeo Gazzotti, ein nichtaristokratischer Salzhändler aus Vicenza. Der junge Steinmetz Andrea hatte bereits 1534 Kontakt zu ihm, hatte ihn also schon vor seiner Förderung durch Trissino kennengelernt, als Gazzotti offenbar das Gelände mit Vorgängerbauten in Bertesina, nahe Vicenza, gekauft hatte. Das Villenprojekt mag also schon länger zwischen Bauherrn und Architekten besprochen worden sein. In den Villenneubau sollte ein älteres Haus mit Turm einbezogen werden, das in Zeichnungen und im erhaltenen Bau zu erkennen ist. Gazzotti war nach 1540 auf dem Höhepunkt seiner finanziellen Möglichkeiten und ließ den Bau ausführen. 1542 gab er in einer Steuererklärung Landbesitz mit einem von zwei Häusern „per lo patron“ an, in dem der begonnene Neubau erkannt werden kann. An in England befindlichen Zeichnungen lässt sich die frühe Entwicklung der Ideen Palladios zu dieser Villa nachträglich verfolgen. Offenbar ging er dabei Anregungen nach, die er auf seiner ersten Romreise 1541 erhalten hatte.

Dann geriet Gazzotti in finanzielle Schwierigkeiten, die anfangs dazu führten, dass der Bau nur schleppend vorankam und bestimmte Maßnahmen nicht durchgeführt wurden oder unvollständig blieben. Danach kam es aber 1549 zum Bankrott und zur Einziehung der unvollendeten Villa durch die Republik Venedig. Der Venezianer Girolamo Grimani übernahm den Bau um 1550 und ließ ihn verändert weiterführen. Nach der Übernahme durch den Venezianer scheint der damals in Venedig noch nicht durchgesetzte Palladio nicht mehr hinzugezogen worden zu sein.
Die geringe Grundstücksgröße hätte einen landwirtschaftlichen Betrieb nicht zugelassen. Eine Villengesamtplanung dafür hat es unter Gazzotti und Palladio offenbar nicht gegeben. Dies und die Nichtvollendung werden die Gründe dafür gewesen sein, dass Palladio die Villa nicht in die Auswahl der „Quattro libri" 1570 aufgenommen hat. Bertotti Scamozzi hat 1778 bereits auf Unterschiede in der Planung Gazzottis und Palladios und der Ausführung zu den Zeiten Grimanis hingewiesen.

Beschreibung

Die Lage der Villa wenige Kilometer westlich von Vicenza im flachen Tal der Tesina gleich neben der Kirche von Bertesina ermöglichte keine Inszenierung in eindrucksvoller Landschaft. Eine Villengesamtanlage wurde von vornherein nicht geplant. Auch der lang gestreckte querrechteckige Baukörper der Villa ließ wegen der Einbeziehung von Vorgängerbauten eine Vervollkommnung der Vorstellung vom kompakten Herrenhaus-Baukörper nicht zu. Aber die Gliederung und Instrumentierung der Fassade, der übergiebelte Mittelrisalit mit drei Rundbogen und die durchgehende Pilasterordnung, lassen Anregungen aus Rom spüren und zeigen eine Vervollkommnung Palladios als Renaissance-Architekt. Die Raumkomposition lässt noch die Dreiteilung der Casa Veneziana erkennen sowie die Planung von Vorhalle und Sala im Mittelteil. Die Breite des Gebäudes ermöglichte die Anlage von mehreren Raumschichten in den Seitenteilen. Beide Seitenfassaden haben unregelmäßige Öffnungen und lassen die fehlende Durchführung erkennen. Über die Planung von skulpturalen und malerischen Ausstattungen lässt sich heute nichts mehr sagen.

Literatur

Erwähnung bei Bertotti Scamozzi 1778 und Magrini 1845. Im 20. Jahrhundert Palladio zugeschrieben.
Nicht bei Burger 1909; Ackerman 1967, S. 40–41; Cevese 1971, Bd. 2, S. 635; Battilotti 1990, S. 39–41; Puppi 2000, S. 252–251, 449–450; Battilotti 2005, VI 588, S. 552f.;

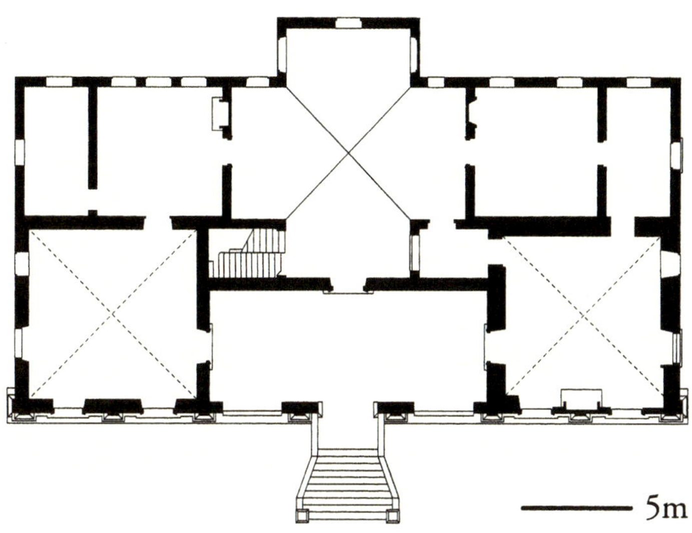

Andrea Palladio, Villa Gazzotti in Bertesina, um 1542, Grundrissschema

Burns, Howard: Progettare una villa, in: Ausst.-Kat. Vicenza 2008, S. 100–107; Beltramini 2008, S. 12.

Erreichbarkeit

In Bertesina (Provinz Vicenza), Via San Cristoforo 23
Staatsstraße 53 von Vicenza Richtung Treviso, schon vor der A31 rechts ab nach Bertesina, links neben der Pfarrkirche
Tel. 0039/0444/50 46 74, Fax 0039/0444/54 23 60
Nach Voranmeldung täglich 9–12, 14.30–18.30 Uhr
Nur von außen zu besichtigen

Folgende Doppelseite: Villa Gazzotti, Eingang und Mittelrisalit

Villa Pisani in Bagnolo

Um 1540

Das Herrenhaus der Villa ist erhalten und in gut restauriertem Zustand.

Würdigung

Die Villa war der erste Auftrag an Palladio durch eine venezianische Familie. Er stellte den Bau deshalb stolz an die erste Stelle der in den „Quattro libri" vorgeführten Villen für Venezianer. Die Familie Pisani stellte schon 1525 den Podestà der Stadt Vicenza und behielt ein enges Verhältnis zur Stadt. Damit erklärt sich ihr Kontakt zu einem Architekten aus Vicenza. Der Auftrag war insofern ein größerer, als er in ausgedehnten Ländereien – weitab von Venedig – an die Stelle von Vorgängeranlagen treten sollte. Die Villa sollte einen repräsentativen Platz erhalten und am Fluss Guà stehen. Palladio hatte von vornherein eine Gesamtanlage zu entwerfen, die Zug um Zug ausgeführt wurde. Anspruchsvoll sollte auch die Ausstattung und Ausmalung ausfallen.

Geschichte

Die Villa wurde inmitten von ausgedehnten Ländereien errichtet, die dem Grafen von Nogarola gehört hatten, aber von der Republik Venedig eingezogen worden waren, weil dieser sich auf die Seite der Sieger von Cambrai geschlagen hatte. 1523 hatte der Venezianer Aristokrat Giovanni Pisani sie von der Republik erworben und Landverbesserungsmaßnahmen durchgeführt. Auf dem Gelände standen der „Palazzo del Patron", Bauernhäuser und zwei Mühlen, deren genaue Lagen nicht bekannt sind. Ein Neubau des Herrenhauses wurde von den Brüdern Vittore, Marco und Daniele Pisani bei Palladio in Auftrag gegeben. Wahrscheinlich war der Anlass die für 1542 vorgesehene Hochzeit des Vittore Pisani. 1540 wird der Bau als begonnen bezeugt, 1545 als teilweise fertiggestellt. Bis ins 19. Jahrhundert war das Datum 1544 in einer Ausmalung erhalten. Vermutlich wurden für den Bau Grundmauern von Vorgängerbauten genutzt, denn im Inneren des begehbaren Untergeschosses scheinen die Mauern auf älteres Mauerwerk gesetzt.
Für die Villa sind vier Entwurfszeichnungen erhalten, die eine Entwicklung zeigen, die dann in der ausgeführten Version nicht mehr erkennbar ist.[242]
In einer zweiten Phase wurde auch ein landwirtschaftlicher Trakt mit Säulenvorhalle errichtet. Er erscheint auf einer Karte von 1562 gegenüber dem Herrenhaus. Weitere

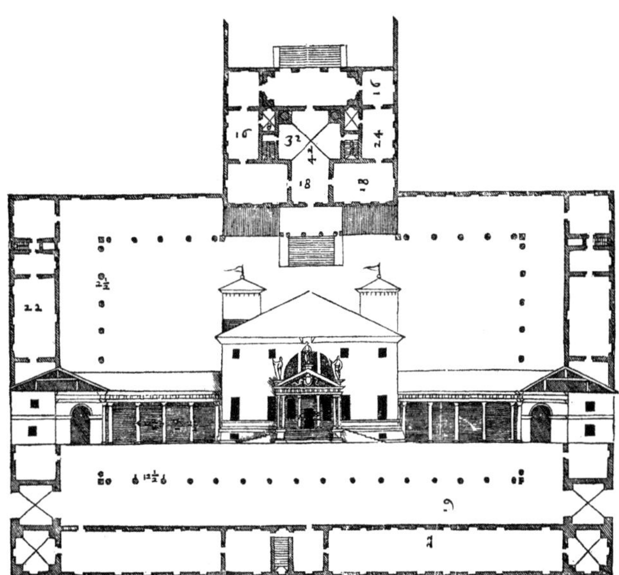

Andrea Palladio,
Villa Pisani in Bagnolo,
um 1540, Grundriss und
Ansicht in den „Quattro
libri", 1570

Trakte auf drei Seiten eines Rechtecks wurden kurze Zeit später errichtet und auf einer Karte von 1569 wiedergegeben. Vasari, der 1566 das Veneto bereist hatte, sprach 1568 von einem Hof mit dorischen Säulen. Beide Gebäude hätten die Planung der systematischen Anlage eines landwirtschaftlichen Betriebes von Palladio bezeugen können, wenn sie nicht im 19. und 20. Jahrhundert durch Brände zerstört worden wären.

Erhalten ist ein Eingangsportal zum Hof mit Rustikapfeilern, in das auch vier dorische Säulen der zerstörten Barchessen eingefügt sind. Ein im frühen 19. Jahrhundert neu aufgeführtes lang gestrecktes Nebengebäude mit regelmäßiger Fassadenstruktur, das an die monumentale Anlage auch der landwirtschaftlichen Bauten in den Planungen Palladios erinnert, scheint auf deren Grundmauern errichtet.

Palladio selbst hat einen Plan der Villa und der landwirtschaftlichen Gebäude in den „Quattro libri" von 1570 veröffentlicht und beschrieben. Obwohl das Herrenhaus weder in den Zeichnungen noch in der Ausführung zum Innenhof hin einen Säulenportikus gehabt hatte, gab Palladio 1570 an dieser Stelle einen Portikus wieder, den er um 1540 noch nicht konzipiert haben konnte. Die Fassade zum Fluss mit dem Giebel über der Rustika-Loggia mit drei Rundbogen dagegen machte er nicht anschaulich.

Auch die Ausmalung erwähnte er nicht.

Folgende Doppelseite:
Villa Pisani,
Fassade der Loggia

Villa Pisani, rechts die Fassade zum Hof

Die Fresken der Gewölbe der Sala werden dem Veroneser Maler Bernardino India (um 1528–1590) zugeschrieben, die Ausmalungen der Nebenräume mit Szenen aus den Metamorphosen des Ovid Francesco Torbido (1482/1484–1562).

Beschreibung

Palladio schreibt selbst in den „Quattro libri": „Das folgende Gebäude steht in Bagnolo, einem Ort, der zwei Meilen von Lonigo entfernt liegt, einem Kastell im Vicentino. Es gehört drei Brüdern, den Conti Vittore, Marco und Daniele de' Pisani. Zu beiden Seiten des Hofes befinden sich die Stallungen, die Keller, Kornspeicher und Ähnliches zum Nutzen der Villa. Die Säulen der Loggien sind von dorischer Ordnung. Die Mitte dieses Gebäudes dient als Wohnung des Hausherrn. Der Fußboden der Zimmer liegt sieben Fuß über der Erde, darunter liegen die Küchen und andere Plätze für die Familie. Der Saal ist eingewölbt und eineinhalb mal die Breite hoch. In dieser Höhe schließt auch das Gewölbe der Loggien an. Die Zimmer haben Flachdecken und sind so hoch wie breit. Es ist zu vermerken, dass man nicht viel Mühe darauf verwandt hat, die kleineren Treppen so zu platzieren, dass sie Tageslicht haben [...], denn sie dienen lediglich den Keller- oder Obergeschossen wie den Kornspeichern oder Bodenräumen. Stattdessen hat man vor allem Wert darauf gelegt, den mittleren Teil zu gestalten, der dem Hausherrn und den Gästen als Wohnung dient. Die Treppen, die zu diesem Geschoss führen, sind hervorragend platziert, wie auf den Zeichnungen zu sehen ist. Dies sei auch gesagt zur Ermahnung des klugen Lesers im Hinblick auf alle folgenden Bauten mit nur einem Geschoss. Bei denen, die zwei schöne und schmucke Geschosse haben, habe ich Sorge getragen, dass die Treppen hell und zweckmäßig untergebracht sind. Ich rede von zwei Geschossen, weil ich das, was unten liegt und als Keller und dergleichen dient, und das, was oben liegt, wie die Kornspeicher und Bodenräume, nicht als Hauptgeschosse bezeichne, da sie nicht zur Wohnung der Edelleute gehören."

Die Villa liegt etwa 25 Kilometer südsüdwestlich von Vicenza und etwa 70 Kilometer westlich von Venedig in flachem Gelände am Fluss Guà. Palladio geht nach Nennung des Standortes und der Auftraggeber nicht auf die Lage der Villa im Hinblick auf die Landschaft und in Bezug zu den Ländereien ein, weil der Standort bereits von dem der Vorgängerbauten vorgegeben war. Für die venezianischen Bauherren war die Lage am schiffbaren Fluss Guà wichtig. Aus der Loggia blickt man nach Westen über den Fluss eine darauf ausgerichtete Straße entlang auf einen der charakteristischen Gipfel der Euganeischen Hügel.

Palladio nennt als Erstes die Struktur der Gesamtanlage, die hier in der Darstellung der ersten Villa für venezianische Bauherren in den „Quattro libri" für ihn von Bedeutung war.

Die Darstellung in den „Quattro libri" gibt den landwirtschaftlichen Nebengebäuden den für Palladios frühe Gesamtanlagen typischen Charakter eines rechteckigen Hofes, der von Vorhallen umgeben ist, hier mit dorischen Säulen und geradem Gebälk.

Das Herrenhaus hat nun deutlich einen kompakten Baukörper über beinahe quadratischem Grundriss unter zum Hof hin einheitlichem Dach. Zum Fluss hin bildet der Baukörper aber noch einmal zwei seitliche Türme aus, die – wie etwa bei der Villa Trissino – an einen Vorgängerbau mit Kastellcharakter erinnern soll, den es so vermutlich auch gegeben hat.

Das Herrenhaus wendet zum ehemaligen Hof eine andere als die gezeichnete Fassade. Sie ist mit Untergeschoss, Hauptgeschoss und Mezzanin viel breiter gelagert und weist weder den viersäuligen Portikus noch die Freitreppenanlage auf. Eine schmale gerade Treppe führt zum Eingang in der Mitte der breiteren Mittelachse, neben der zwei rechteckige Fenster und über der ein Thermenfenster zur Beleuchtung der hohen gewölbten Sala angeordnet sind.

Die zum Fluss gewandte Hauptfassade hat eine Loggia mit drei Rundbogen. Dies Dreirundbogenmotiv klang schon in der Villa Godi an. Es bestimmte – mit Ausnahme der Villen Valmarana, Forni und Poiana mit ihrer Serliana – die Hauptfassaden der Palladio-Villen in den 1540er und manchmal noch 1550er Jahren, bei den Villen Gazzotti, Pisani, Caldogno, Saraceno oder Zeno.

Die Fassade der Villa Pisani erhielt jedoch einen anderen baulichen Charakter: an den Flanken die beiden Türme, dazwischen ein Mittelteil aus drei kräftig rustizierten

Villa Pisani, Bernardino India, Sala mit ausgemaltem Tonnengewölbe und Thermenfenster

Rundbogen mit vorgelegten Pilastern vor einer Loggia, zu der eine halbrunde Treppe führt. Die Loggia wird von dorischem Triglyphenfries und Tempelgiebel bekrönt, sodass die gesamte Fassade wesentlich niedriger wirkt als ihr Gegenstück zum Hof. Die Rustizierung ist kräftiger als die der Villa Caldogno ausgebildet.

Die Raumkomposition ist komplizierter als die bisherigen mit der Dreiteilung der Casa Veneziana. Zwar folgt – von der Flussseite betrachtet – auch hier auf eine offene Vorhalle die große Sala. Aber diese hat nicht mehr die gleiche Breite wie die Vorhalle, sondern kreuzförmigen Grundriss und das Gewölbe zweier sich durchdringender Tonnen. Die T-förmige tonnengewölbte Sala mit dem Thermenfenster ist Folge der Eindrücke von antiken Bauten, die Palladio auf seiner ersten Romreise 1541 empfangen hat. Neben die mittleren Räume von Vorhalle, Sala und Treppenhäusern gruppierte Palladio an jeder Seite unterschiedlich große Nebenräume.

Palladio machte im Text zu diesem Gebäude – weil er als erster den anderen Villenbeschreibungen voransteht – grundsätzliche Bemerkungen zu den Treppen und unterscheidet dabei die inneren Treppen von den Freitreppen zum Hauptgeschoss.

Auf die künstlerische Ausstattung, vor allem die Ausmalung, der Villa geht er in seinem Text zwar nicht ein. Diese war sicherlich aber von vornherein vorgesehen.

Literatur

Erwähnung bei Vasari 1568, in den „Quattro libri“ 1570, bei Muttoni 1740, Bertotti Scamozzi 1778, Magrini 1845.

Burger 1909, S. 40–47; Ackerman 1967, S. 38–40; Cevese 1971, Bd. 1, S. 98–109; Battilotti 1990, S. 42–45; Beltramini, Guido: Die Villa Pisani in Lonedo bei Vicenza (irreführender Titel: es geht um die Villa in Bagnolo), in: Ausst.-Kat. Hamburg 1997, S. 78–82; Puppi 2000, S. 254–257, 451; Battilotti 2005, VI 281, S. 255–257; Burns, Howard: Villa Pisani in Bagnolo, in: Ausst.-Kat. Vicenza 2008, S. 64–71; Beltramini 2008, S. 10–11.

Erreichbarkeit

Bagnolo di Lonigo (Provinz Vicenza), Via Risaie 1

Staatsstraße 11 von Vicenza nach Verona, bei Alte Ceccato links, Staatsstraße 500 über Lonigo bis Bagnolo

Tel. 0039/0444/83 11 04, Fax 0039/0444/83 55 17, villapisanibonetti@alice.it

Besichtigung nach Voranmeldung. Die Villa dient zur Ausstellung aktueller Kunst.

Villa Pagliarino

Entwurf vor 1545

Der Entwurf ist nie ausgeführt worden.

Würdigung

Die Bedeutung dieser ungebauten Villa liegt darin, dass eine Grundrisszeichnung den Blick in eine sehr frühe Planungsphase und auch auf das Verhältnis zwischen Bauherrn und Architekten zulässt. Der Bauherr aus dem Kreis der Vicentiner Aristokraten um Trissino hat offenbar Palladio mit der Planung einer Villa auf einem Landbesitz ohne Vorgängeranlagen beauftragt. Dabei muss unter beiden die Planung einer Gesamtanlage verabredet worden sein. Denn die für den Bauherrn bestimmte Kopie der ersten Planungsskizze stellt nichts als den Grundriss einer solchen umfangreichen Gesamtanlage dar. Schon die Bauherren um Trissino und der noch junge Palladio haben also die ästhetische Vereinheitlichung der gesamten Villenanlage im Sinn gehabt. Hier ist einmal eine solche, sicherlich auch in andern Fällen diskutierte einheitliche Gesamtplanung erhalten.
Charakteristisch ist, dass sie in die konkrete Landschaft eingepasst ist. Bemerkenswert ist die insgesamt etwa rechteckige Anlage von Wirtschaftshof, Gartenfläche, Herrenhaus und seitlichen Nebenhöfen. Dies entspricht den Vorstellungen von Petrus Crescentius. Ausdrücklich wurde der Wirtschaftshof mit symmetrischen Nebengebäuden gestaltet, die ihm eindrucksvolle Barchessenvorhallen zuwenden.
Palladio kam es also in diesem frühen Stadium und nicht erst in dem der „Quattro libri“ auf solche regelmäßigen Gesamtanlagen für Villenbauten an.
Das Herrenhaus hat im Grundriss Verwandtschaft mit der Villa Poiana. Wenngleich der Grundriss für die Villa Poiana nicht die T-förmige Sala vorsieht, haben die Treppenhäuser und die übrigen Räume des dortigen Baus ähnlichen Zuschnitt. Vermutlich hat Palladio diesen Plan – nachdem sich abzeichnete, dass er nicht ausgeführt würde – dort weiterverarbeitet.

Geschichte

Der Auftraggeber aus der Vicentiner Aristokratie, Bartolomeo Pagliarino, hatte Kontakt zu anderen Auftraggebern Palladios aus dem Kreis um Trissino, darunter Girolamo Godi, und war mit einer Cousine des Iseppo da Porto verheiratet. Er hatte bei

Palladio den Entwurf für eine Villa in Auftrag gegeben, die auf seinem Landbesitz in Lanzè errichtet werden sollte. Palladio hatte für ihn eine Grundrisszeichnung mit Herrenhaus und umgebenden landwirtschaftlichen Anlagen angefertig, von der die handschriftliche Kopie eines Mitarbeiters erhalten ist. Sie war für Pagliarino bestimmt, der sich damals in Venedig aufhielt. Da der Grundriss des Herrenhauses demjenigen der Villa Poiana sehr ähnlich ist, wurde die Zeichnung bisher damit in Verbindung gebracht. Erst eine Publikation des Howard Burns von 1979 hat sie identifiziert als einen eigenen Villenentwurf.

Die Ermordung Pagliarinos im Jahr 1545 war der Grund dafür, dass das Villenprojekt nicht ausgeführt werden konnte; in diesen Mord war vermutlich Paolo Almerico, der spätere Bauherr der Villa Rotonda, verwickelt, jedenfalls ist er deswegen in Venedig festgenommen worden, bevor er nach Rom ging und im Vatikan als Kardinal Karriere machte. Das Todesdatum liefert zugleich einen Anhalt für die Entstehungszeit des Entwurfes in den Jahren vor 1545.

Der Entwurf hat weder Aufnahme in die „Quattro libri“ gefunden, noch war er den Vertretern des Palladianismus später bekannt.

Beschreibung

Der ehemalige Grundbesitz des Pagliarino liegt etwa 10 Kilometer nordöstlich von Vicenza in der flachen Landschaft von Lanzè zwischen den Flüssen Tesina und Brenta. Weniger die Komposition innerhalb der Landschaft als die Einpassung in die Gegebenheiten bestimmt die Situierung. Palladio hatte Bezug genommen auf zwei Straßen, zwischen denen die Villenanlage zu liegen kommen, und auf einen kleinen Fluss Ceserone, der quer zu diesen Straßen die Anlage passieren sollte. Das Herrenhaus und eine Reihe von offenbar ummauerten Höfen mit Nebengebäuden sind in gleichem Konkretionsgrad angelegt. Die Anlage konnte von der einen Straße in der Achse des Herrenhauses zwischen zwei Nebengebäuden durch einen quadratischen Wirtschaftshof betreten werden, dessen Eingangsseite von durchgehenden Barchessenvorhallen, dessen Nebenseiten von je einer Barchessenvorhalle eingenommen wurden. Dann folgte ein Garten mit dem Herrenhaus im Hintergrund. Dieses war wieder von Höfen flankiert und wandte seine Vorderfassade der anderen Straße zu. Einer der flankierenden Höfe reichte bis an den Fluss.

Das Herrenhaus sollte einen kompakten Baukörper über querrechteckigem Grundriss haben. Aus ihm hätte zum Garten hin eine Vorhallenloggia als übergiebelter Mittelrisalit hinausgeragt, die sich vermutlich als Serliana geöffnet hätte und auf seitlichen Freitreppen zu erreichen gewesen wäre. Die Raumkomposition sah im Mittelteil

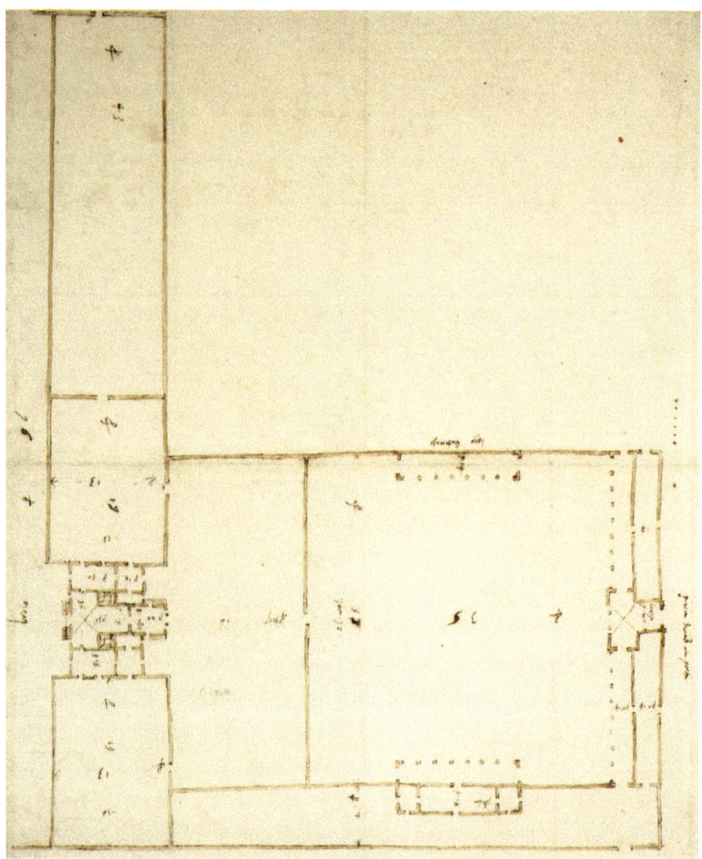

Andrea Palladio, Villa Pagliarino in Lanzè, vor 1545, Kopie eines Mitarbeiters nach einer Entwurfszeichnung von Palladio, nicht ausgeführte Gesamtanlage

hinter der Vorhalle eine T-förmige Sala sowie Treppenhäuser vor, die links und rechts von drei verschieden großen Nebenräumen umlagert waren. Auch die Sala wäre von vorn über zwei Treppenläufe zu erreichen gewesen.

Literatur

Kopie einer Grundrisszeichnung von Palladio. Erst im 20. Jahrhundert entdeckt: London, RIBA Library Drawings and Archives Collections, XVI/3r.

Nicht bei Burger 1909; nicht bei Ackerman 1967; Battilotti 1990, S. 47; Puppi 2000, S. 452–453; Burns, Howard: Progettare una villa, in: Ausst.-Kat. Vicenza 2008, S. 100–107; nicht bei Beltramini 2008.

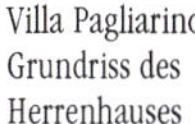

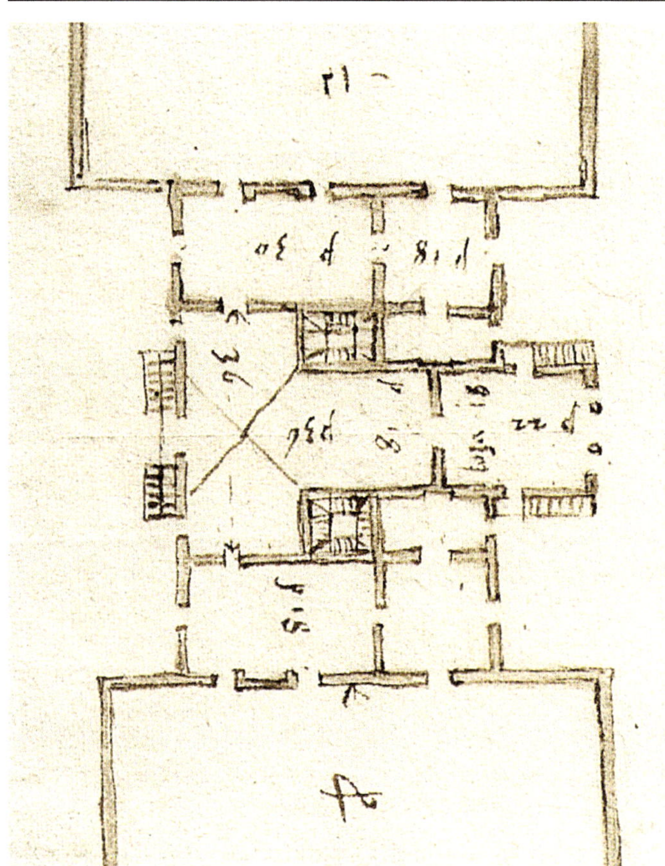

Villa Pagliarino, Grundriss des Herrenhauses

Erreichbarkeit

Lanzè (Provinz Vicenza)
Staatsstraße 53 von Vicenza Richtung Treviso, hinter Lisiera rechts ab nach Lanzè
Der geplante Standort lässt sich nicht mehr genau nachvollziehen.

9

Villa Thiene in Quinto

Nach 1545

Ein errichteter Teil des geplanten Bauwerks, im 18. Jahrhundert von Muttoni umgebaut, heute als Rathaus der Gemeinde Quinto genutzt, ist erhalten.

Würdigung

Das erhaltene Gebäude entspricht in Teilen dem auf einer frühen Zeichnung dargestellten geplanten Herrenhaus. Es ist zu Palladios Zeit als Teil eines größeren Projektes begonnen und in manchen fertiggestellten Räumen sogar ausgemalt worden. Francesco Muttoni hat im 18. Jahrhundert daran gearbeitet und es teilweise vollendet. Dabei hat er nicht Fantasieplanungen der „Quattro libri" ausgeführt. Als Palladianist hat er aber die formalen Eigenheiten des von Palladio angelegten Gebäudes geachtet.

Dem erhaltenen Bau der Villa Thiene sieht man an, dass es bei ihm um einen gegenüber den vorangegangenen Villen neueren großen Wurf ging. Zu Recht wird vermutet, dass es sich dabei um einen Entwurf handelt, in den die Romerfahrungen der jüngsten Reise Palladios von 1545 bis 1546 eingeflossen sind. Die größeren Dimensionen, die dorische Ordnung der zwei Geschosse übergreifenden Kolossalpilaster und die antiken Details schlagen einen neuen Ton an und müssen Eindruck gemacht haben. Vielleicht hat dies Palladio dazu gebracht, in den „Quattro libri" 1570 noch einmal eine neue große Planung dafür vorzulegen. Sie wirkt in ihrer Ausdehnung irrational, aber hinter ihr steht die Absicht, einer antiken Gebäudeanlage nachzueifern.

Der in den „Quattro libri" publizierte Gesamtentwurf kann mit weiteren umfänglichen Villenentwürfen zusammen gesehen werden, die meist ebenfalls nicht als Ganzes ausgeführt worden sind: der Villa Mocenigo sopra la Brenta und der Villa Sarego in Santa Sofia. Auch die Anlage der zerstörten Villa Repeta ist vergleichbar. Bei allen Projekten wird nicht ein kompaktes Herrenhaus ins Zentrum gesetzt, sondern mehrere Gebäude oder Trakte um einen Hof herum komponiert. In allen Fällen haben vermutlich die Bauherren besondere antiquarische Interessen gehabt und Palladio zu Projekten angeregt, die auch den Charakter von Rekonstruktionen antiker Villenanlagen hatten.

Mit deren Veröffentlichung hat Palladio vermutlich auf ein bei Bauherren weiter verbreitetes Interesse an solchen Projekten reagiert. Palladio könnte bei den unausgeführten Projekten die Veröffentlichung als Instrument gesehen haben, die Realisierung dieser Projekte doch noch durchzusetzen.

Geschichte

Palladio stellt selbst in den „Quattro libri" dar, dass die Brüder Marc' Antonio und Adriano Thiene, Vicentiner Aristokraten, die Villa in Auftrag gegeben und begonnen hätten. Adriano ist 1550 am französischen Königshof gestorben; sein Tod stellte bisher einen terminus ante quem für den Baubeginn dar. Neuerdings kennt man Verhandlungen mit Handwerkern und Lieferungen von Baumaterial in den Jahren 1545 und 1546. Eine frühere Palladio-Zeichnung, die um 1542, also noch vor jener Romreise datiert wird, gibt eine erste Gesamtplanung der Villenanlage wieder, die anders ist als der von Palladio später veröffentlichte Gesamtentwurf. Ein weiteres Mal bezeugt sie aber, dass Palladio und seine Auftraggeber sich über solche Gesamtanlagen von vornherein klar werden wollten.

An dem Fluss Tesina sollte nach dieser Zeichnung ein Herrenhaus angelegt werden, das nach vorn und nach hinten Höfe ausbildete, die von seitlichen Armen mit Vorhallen begrenzt wurden. Links und rechts dieser Hauptanlage sollten große Wirtschaftshöfe angelegt werden, die ebenfalls von Vorhallen begrenzt wurden. Von diesen großen seitlichen Anlagen ist nichts realisiert worden. Aber die Grundzüge des Herrenhauses ohne die Höfe wurden offenbar angelegt. Die Ausführung ist aber nicht über eine bestimmte Partie des Herrenhauses hinausgekommen. Anstelle des Nordwestflügels scheint ein Vorgängerbau stehen geblieben zu sein.

Palladio gab in den „Quattro libri" Conte Ottavio Thiene, den Sohn Marc' Antonios, als Besitzer des Bauwerks an, das er als „Palagio", Palast, bezeichnete. Seine Beschreibung in den „Quattro libri" bezieht sich auf die dort dargestellte, von der ersten Zeichnung abweichende nicht ausgeführte Fantasiearchitektur, die offenbar erst nach der Romreise entstanden ist. Sie geht aber an einer Stelle realistisch auf das inzwischen teilweise fertige Gebäude ein, wenn die „Zimmer der Wohnungen" angesprochen werden. Von ihnen heißt es: „Einige davon schmücken Gemälde des Herrn Giovanni Indemio aus Vicenza [...]." Zu Palladios Zeiten existierten also dieser „Palagio" und seine nutzbaren Räume, deren Ausmalung von Giovanni de Mio, auch Fratino genannt (geb. 1510), in den 1550er Jahren ausgeführt worden ist. Danach verlässt Palladios Beschreibung aber die existierenden Räume mit Malereien wieder und schildert die nicht ausgeführten umfänglicheren Pläne der „Quattro libri".

Tatsächlich hat Ottavio Thiene das Herrenhaus darüber hinaus nicht vollenden lassen. Nach seiner Heirat mit Laura Bojardo und nach der Übernahme des Titels eines

Andrea Palladio, Villa Thiene in Quinto, um 1542, frühe Zeichnung einer Gesamtanlage

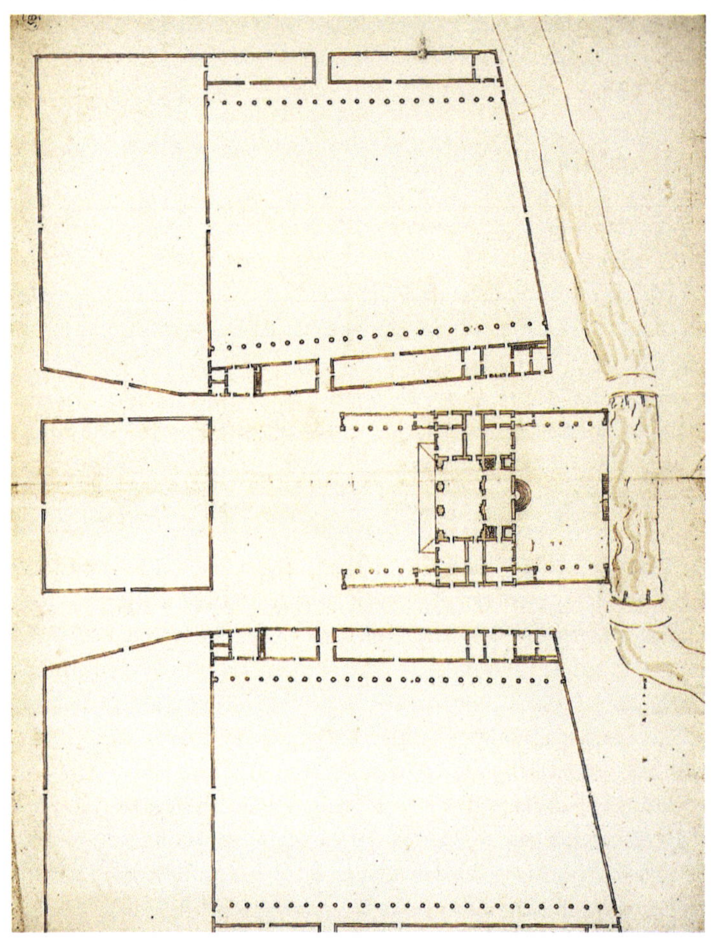

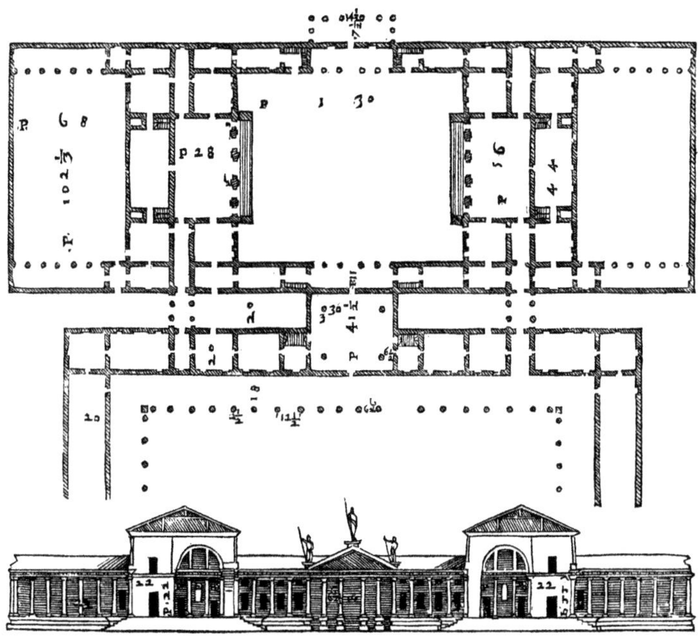

Villa Thiene, Grundriss und Ansicht einer späteren Fantasieplanung in den „Quattro libri", 1570

Marchese di Scandiano wandte er sich neuen Besitzungen zu und ließ den angefangenen Baukomplex unvollendet.

Die in den „Quattro libri" veröffentlichte, niemals weiterverfolgte Planung stellte ein davon abweichendes Konzept dar. Es verdoppelte das Herrenhausgebäude mit den Höfen am Fluss und legte zwischen beide einen weiteren Hof. An diesen schloss sich ein zusätzliches Gebäude mit überdimensioniertem Hof an. Der lakonische Text schafft keine Klarheit über die hinter der hypertrophen Anlage stehenden Absichten. Eine Zeichnung des englischen Architekten Inigo Jones, der 1614 Quinto besuchte, in seinem Exemplar der „Quattro libri" überliefert einen Eindruck vom Bauzustand des Villenherrenhauses zu seiner Zeit: Es existierten der Mittelteil und der nordwestliche Flügel, in dem sich die Fresken befinden.

Francesco Muttoni gab nach Vermessungen 1740 eine Beschreibung des Zustandes des unvollendeten Gebäudes, bevor er sich daranmachte, im Auftrage der neuen Besitzer das Herrenhaus fertigzustellen. Er errichtete den noch fehlenden Flügel anstelle des Vorgängerbaus, den Palladio vorgefunden und noch nicht beseitigt hatte, und veränderte den Mittelteil der südöstlichen Fassade dadurch, dass er auf die vier Kolossalpilaster – im Sinne des Palladianismus – einen Tempelgiebel setzte.

Folgende Doppelseite: Villa Thiene, ausgeführter Bau, Nordwestfront

MUNICIPIO

Beschreibung

Palladios Text in den „Quattro libri" bezieht sich auf die beigefügten gezeichneten Planungen: „Die folgenden Bilder zeigen den Bau des Conte Ottavio Thiene in Quinto. Er wurde begonnen von dessen Vater Conte Marc' Antonio und Conte Adriano, seinem Onkel seligen Angedenkens. Die Lage ist sehr schön, fließt doch auf einer Seite die Tesina und auf der anderen ein Arm dieses großen Flusses. Der Palast hat vor dem Portal eine Loggia dorischer Ordnung. Durch sie betritt man eine andere Loggia und durch diese einen Hof mit zwei Loggien zu den Seiten. Hinter ihnen befinden sich die Zimmer der Wohnungen. Einige davon schmücken Gemälde des Herrn Giovanni Indemio aus Vicenza, einem Mann von schönstem Talent. Dem Eingang gegenüber befindet sich eine Loggia, die der Ersteren gleicht. Durch sie betritt man ein viersäuliges Atrium und danach den Hof, dessen Säulengänge dorischer Ordnung sind und der dem Betrieb der Villa dient. Eine Haupttreppe zum Verbund des ganzen Hauses gibt es nicht, denn das Obergeschoss dient zu nichts anderem als zum Aufbewahren von Dingen und zum Unterbringen der Dienerschaft."[243]

Außer den beiden Sätzen über die Lage und über die Räume mit Ausmalungen betrifft dies das teilweise ausgeführte und erhaltene Bauwerk nicht.

Der Satz über die Lage belegt noch einmal, wie wichtig Palladio immer auch dieser Aspekt war. Aber außer dem Vorbeifluss eines Armes der Tesina ist diese bei der heutigen Lage an der Straße in dem kleinen Ort Quinto, etwa 5 Kilometer nordöstlich von Vicenza, nicht mehr zu würdigen.

Im Übrigen stellt sich das Bauwerk heute als ein über rechteckigem Grundriss errichteter blockartiger Bau aus Ziegeln dar. Vermutlich war das Geländeniveau ursprünglich etwas niedriger, sodass das Gebäude zu Zeiten von Inigo Jones und Francesco Muttoni noch einen umlaufenden Sockel hatte, der auf beiden Eingangsseiten breite Freitreppen mit wenigen Stufen notwendig machte. Auf dem Sockel stehen die Basen von dorischen Kolossalpilastern, die an allen Seiten das aufgehende Mauerwerk gliedern. Ihre Kapitelle tragen ein ebenfalls umlaufendes dorisches Gebälk mit Triglyphenfries, auf das heute das Dach aufsetzt. Die zur Straße gelegene Nordwestfront und die zum Fluss gewandte Südostfront sind als Vorder- und Gartenfassade besonders ausgebildet. Auf der Vorderfront sind die acht Kolossalpilaster zu vier Doppelpilastern mit schmalen Nischen dazwischen zusammengerückt und machen Platz für den Mitteleingang und zwei Fenster ähnlichen Zuschnitts. Die Wand ist hier als eineinhalbgeschossig interpretiert. Über dem Gebälk erhebt sich in der ganzen Breite der Fassade ein Tempelgiebel. Dies ist offenbar die Fassade, die noch ganz auf Palladio

Villa Thiene, ausgeführter Bau, Südostfassade, von Francesco Muttoni überarbeitet

zurückgeht. In dieser Vorderfront hat Palladio Eindrücke von antiken Bauten während seiner Romreise von 1545 in seine eigene Architektur umgesetzt. Anders die Gartenfront: Dort bilden vier Kolossalpilaster einen Mittelrisalit mit drei Rundbogen dazwischen, der von einem schmaleren Tempelgiebel mit Thermenfenster abgeschlossen wird.

Glaubt man der Skizze von Jones und der Zeichnung von Muttoni, so hatte Palladio an der Gartenfassade über dem Gebälk noch ein weiteres Geschoss geplant. Muttoni hat es aber nicht ausgeführt. Er war es und nicht schon Palladio, der hier eine Art Portikus aus vier Kolossalpiastern und Tempelgiebel geschaffen hat, denn Palladio hatte einen solchen Portikus in der Zeit der 1540er Jahre noch nicht entwickelt. Die durch Muttoni angeglichenen Seitenteile der Gartenfassade öffnen sich in zwei Geschossen in Rechteckfenstern. Palladio hatte hinter den drei Rundbogen des Mittelrisalits eine tonnengewölbte Loggia geplant; so von Jones skizziert. Von Muttoni stammt offenbar die Einziehung einer Wand in zwei Geschossen, in der sich unten Mitteltür und Fenster, darüber Bogen mit Balustraden öffnen.

Die Innenaufteilung des Gebäudes ist heute für die Zwecke des Rathauses verändert. Aber die erhaltenen originalen Räume sind zugänglich zur Besichtigung der Fresken und für Wechselausstellungen.

Abgesehen von der Realität des Rathauses von Quinto sind Palladios Grundriss und Querschnitt in den „Quattro libri" eine Betrachtung und seine Beschreibung des Betretens der geplanten Anlage eine gesonderte Lektüre wert.

Hinter dieser Gebäudeanlage mögen zahlreiche konkrete Anregungen von untersuchten antiken Ruinen stehen. Letztlich ist es aber eine Fantasieanlage all'antica, die Palladio seinen Bauherren und den Lesern der „Quattro libri" hier präsentiert: ein Villenkomplex, der statt eines kompakten Herrenhauses ein Bauwerk um einen Hof herum gruppiert. Die realisierte Architektur vor allem der Rathausvorderfassade macht deutlich, wie stark der neue Antikenbezug nach der letzten Romreise Palladios geworden war. Aber einen aus der Fassade heraustretenden übergiebelten Säulenportikus, wie ihn Palladio in seiner Darstellung in den „Quattro libri" einsetzte, kannte er in der Zeit vor den 1550er Jahren noch nicht; erst recht keinen mit sechs Säulen, wie er erst in den 1560er Jahren auftritt. Palladio hat also offenbar seine Planung erst nach den 1550er Jahren für die Veröffentlichung 1570 in dieser Weise vervollständigt.

Literatur

Vorzeichnung von Palladio in Oxford, The Provost and Fellows of Worcester College, H&T 128r. Erwähnung bei Vasari 1568, in den „Quattro libri" 1570, bei Muttoni 1740, Bertotti Scamozzi 1778, Magrini 1845.

Burger 1909, S. 68–75; Ackerman 1967, S. 64–65; Cevese 1971, Bd. 2, S. 538–540; Battilotti 1990, S. 51–54; Puppi 2000, S. 261–265, 452; Battilotti 2005, VI 417, S. 389f.; Burns, Howard, in: Ausst.-Kat. Vicenza 2008, Nr. 23, S. 52f.; Beltramini 2008, S. 14–15; Comune di Quinto Vicentino (Hg.): Villa Thiene. Andrea Palladio, Quinto o. J. (Faltblatt).

Erreichbarkeit

Quinto Vicentino (Provinz Vicenza), Via Martiri della Libertà 1, Rathaus
Staatsstraße 53 von Vicenza nach Treviso, nach Lisiera rechts ab nach Quinto
Tel. 0039/0444/58 42 35, Fax 0039/0444/35 73 88
Mo–Do 9.30–12.30, 17.30–19 Uhr, Fr 9.30–12.30 Uhr, Sa nach Rücksprache

Villa Contarini

Nach 1546

Der Eindruck des Ortes Piazzola als eines nach dem 16. Jahrhundert weiträumig angelegten Landwirtschaftsbetriebes um ein Villenherrenhaus herum lenkt die Aufmerksamkeit zunächst auf die barocke Weiterentwicklung. Aber hinter späteren Umformungen lassen sich für Herrenhaus und Gesamtanlage Spuren der Palladio-Zeit wahrnehmen.

Würdigung

Die Villa Contarini gehört nicht zu den für Palladio gesicherten Villen, doch ist seine anfängliche Autorschaft kaum zu bezweifeln. Die von ihm geschaffene Gesamtanlage mit Herrenhaus ist von späteren Umbauten und der Weiterentwicklung des Ortes Piazzola stark verändert, aber Palladios Anlage hat diese Weiterentwicklung angestoßen. Die Villa erweitert unser Wissen über Aufträge von Venezianern, und sie zeigt, welchen Umfang diese in den 1540er und 1550er Jahren bereits annehmen konnten. Das originale Aussehen der Villa Contarini ist zwar zu rekonstruieren und auch vor Ort nachzuvollziehen, aber nicht mehr am unveränderten Original.

Geschichte

Die Baugeschichte des 16. Jahrhunderts stützt sich nur auf Indizien in historischen Quellen und im Baubefund.

Francesco Contarini, Angehöriger der venezianischen Aristokratie, war 1536 Podestà von Vicenza. Ein Marcantonio Contarini hat 1543 das Testament des Giangiorgio Trissino unterschrieben. Vertreter der Familie standen danach vermutlich in Kontakt mit den Palladio-Anhängern im Trissino-Kreis. Deshalb wäre es nicht ungewöhnlich, dass Palladio in diesem wie im Fall der Villa Pisani schon in den 1540er Jahren einen Villen-Auftrag von einer reichen venezianischen Familie, der der Contarini, erhalten hätte, die auf der Terraferma großen Landbesitz hatte.

Die Grundannahme muss lauten, dass Palladio im Jahre 1546 eine Villa für Francesco und Paolo Contarini entworfen habe und dass diese im 17. Jahrhundert erweitert worden sei. In einem Stein des heutigen Herrenhauses der Villa Contarini ist eine Inschrift mit der Jahreszahl 1546 gefunden worden. Diese Zahl verweist auf das Jahr

Folgende Doppelseite:
Andrea Palladio, Villa Contarini in Piazzola, nach 1546, Herrenhaus mit seitlichen Anbauten, Ursprungsbau nach 1546, Veränderungen im 16. und 17. Jahrhundert

zwischen den Romreisen von 1545 und 1547 und auf das Jahr der Vorlage des Entwurfes für die Basilica in Vicenza.

Eine Serie von Karten aus den Jahren 1556, 1558, 1608 und 1672 zeigt das Aussehen der Villa vor dem Umbau. Das Herrenhaus war zweistöckig, präsentierte mehrfach das Palladio-Motiv und hatte – wie die Villa Pisani in Bagnolo – seitliche Türmchen. Links und rechts schlossen sich Anbauten und Barchessen an. Ein Flügelbau rechts sowie Barrieren links und vorn davor schlossen einen rechteckigen Hof ein. Das Herrenhaus gehörte also bereits in den realisierten Zusammenhang einer Gesamtanlage. Quellenmäßig belegt ist außerdem die Mitarbeit von Handwerkern, mit denen Palladio mehrfach zusammengearbeitet hat, deren Anwesenheit bis um 1560 nachweisbar ist. Noch heute sind am später, um 1676, umgeformten Gebäude erkennbare bauliche Details erhalten, die Palladios Urheberschaft vermuten lassen. Das sind vor allem die Serlianen der Fassade. Skizzen des „Palladio-Motivs" erscheinen auf Palladio-Zeichnungen dieser Zeit. Vor allem bestand der Entwurf für die Ummantelung des Palazzo della Ragione in Vicenza, der Basilica, ganz aus solchen Motiven. Sie müssen spätestens nach dem Beschluss zur Ausführung des Entwurfes, 1549, als vicentinisches Motiv erschienen sein, dessen ein ehemaliger Podestà der Stadt Vicenza sich bewusst hätte bedienen können.

Es ist zu vermuten, dass Palladio für das Projekt nicht nur das Herrenhaus, sondern auch die Gesamtanlage entworfen hat. Ein solcher Entwurf hätte Platz finden können unter den Villenanlagen für Venezianer in den „Quattro libri", aber dafür hat Palladio ihn nicht ausgewählt.

Die um 1676 umgebaute Anlage des Herrenhauses der Villa Contarini mit sieben Achsen im Hauptbau und zwei dreiachsigen Nebenbauten erinnert an das, was Dilettanten-Zeichnungen vom zerstörten Hauptschloss des Barco della Regina in Altivole überliefern. Auch der Umfang der späteren Ausbauten des Ortes Piazzola lässt an die Opulenz dieses Vorgängerprojektes denken. Aber dass etwas von diesem Umfang bereits auf Palladios Mitwirken zurückgeht, ist nicht belegbar. Bauten hinter den barocken Loggienanlagen um den großen Platz vor der Villa scheinen aber durchaus bereits im 16. Jahrhundert angelegt worden zu sein.

Beschreibung

Die Lage 15 Kilometer westlich von Vicenza im flachen Gelände des Brentatales schrieben die Landbesitzungen der Contarini vor. Die Villa war für ihre venezianischen Besitzer von Venedig aus zu Schiff auf der Brenta zu erreichen. Die Villa wurde bestimmend für die Anlage des Ortes Piazzola. Von einer Ausrichtung in der Landschaft spricht bis heute der Ausblick nach hinten entlang des Brentatales in die Anhöhen des Voralpenlandes. Die Gesamtanlage ist nach den alten Karten des 16. und 17. Jahrhunderts nachzuvollziehen: ein für Palladios Anlagen der 1540er Jahre typischer ummauerter querrechteckiger Hof vor dem Herrenhaus, seinen Anbauten und den sie flankierenden Barchessen mit Vorhallen. Die Dimensionen dieses Hofes, die Breite des Hauptgebäudes, der Anbauten und der flankierenden Barchessen lassen sich auch nach den Umbauten noch heute nachvollziehen; es war bereits eine umfängliche Anlage. Das Herrenhaus hatte einen kompakten Baukörper, vermutlich über quadratischem Grundriss. Die ursprünglich zweigeschossige Fassade bildete als Seitenrisalite zwei Türmchen aus, wie die Villa der anderen venezianischen Auftraggeber Pisani. Sie hatte einen fünfachsigen Mittelteil. Ähnlich wie der Barco della Regina und später die Planung für die Villen Pisani und Cornaro wurde das Herrenhaus von zwei Anbauten flankiert. Von der ursprünglichen Fassade sind einige Elemente noch erkennbar: Die Serlianen lagen ursprünglich im Erdgeschoss der Türmchen und im zweiten Geschoss der Mittelachse. Von der Raumformation lässt sich nur noch sagen, dass eine Freitreppe in eine Vorhalle führte, hinter der mit Blick nach hinten die Sala lag. Es ist zu vermuten, dass die Contarini es sich auch bei der ursprünglichen Ausstattung nicht nehmen ließen, namhafte Künstler einzusetzen.

Literatur

Hinweise auf eine Autorschaft Palladios seit dem 17. Jahrhundert, aber keine Erwähnung in den „Quattro libri" 1570 und in der palladianistischen Palladio-Literatur. Zuschreibung an Palladio erst im 20. Jahrhundert.
Nicht bei Burger 1909; nicht bei Ackerman 1967; Battilotti 1990, S. 55–56; Puppi 2000, S. 265, 454–455; Beltramini 2008, S. 14–15.

Erreichbarkeit

Piazzola sul Brenta (Provinz Padua), Via Camerini 1
Staatsstraße 11 von Vicenza nach Padua, bei Torri di Quartesolo links nach Camisano Vicentino und Piazzola
Tel. 0039/049/55 90 347-238, Fax 0039/049/96 19 182, www.villacontarini.com, contar@tin.it
Dez.–Feb. 9–12, 14–17 Uhr,
März + Nov. 9–12, 14–18 Uhr,
April + Okt. 9–12, 14.30–18.30 Uhr,
Mai–Sept. 9–12, 15–19 Uhr

Villa Saraceno

Um 1548

Das Äußere des Herrenhauses, der rechten Barchessa und einiger Nebengebäude auf einem ummauerten Gelände sind nach neuerer Restaurierung gut erhalten.

Würdigung

Von der Villa Saraceno kennen wir aus den „Quattro libri“ die geplante, aber nicht ausgeführte Gesamtanlage. Sie entspricht der von Palladio in den 1540er Jahren meist vorgeschlagenen Form eines rechteckigen, von Barchessen mit Vorhallen umgebenen Hofes. In einen der geplanten Barchessenflügel sollte mittig der ausgeführte kompakte Baukörper des Herrenhauses hineingesetzt werden, der zum Hof die Eingangsfassade ausbildet. Baukörper und Fassade entsprechen hier einem nun deutlicher ausgeprägten Typ der Palladio-Villen der 1540er Jahre, der durch einen übergiebelten Mittelrisalit mit Dreirundbogenöffnung und Freitreppe gekennzeichnet ist, einer Vorform des übergiebelten Säulenportikus der 1550er Jahre. Die Dreirundbogenöffnung kam schon bei der Villa Godi, der Villa Gazzotti oder der Villa Pisani vor. Zum neuen Bautyp gehört sie bei den Herrenhäusern der Villen Saraceno, Caldogno und Zeno, abgewandelt zur Serliana bei der Villa Poiana. Das Zustandekommen dieses Typs kann aus der Entwicklung Palladios erklärt werden. Zusätzlich können aber auch die nahen Kontakte der Familien Saraceno und Caldogno zum ausdrücklichen Wunsch der Bauherren nach architektonischer Ähnlichkeit geführt haben.
Lionello Puppi weist darauf hin, dass dieser frühe Villen-Bautyp Palladios bereits zu dessen Lebzeiten Nachahmung fand, obwohl er nicht den geläufigen Modellen des Palladianismus entsprach: Die Villa Paolina Porto in Torri di Quartesolo ist 1570 mit leicht abgewandelter Fassade des Typs der Villen Saraceno und Caldogno von dem Bauunternehmer Dominico Groppino errichtet worden, der sowohl Zeichnungen wie die ausgeführten Bauten gekannt haben muss; Groppino war auch an anderen Palladio-Bauten, wie etwa dem Palazzo Chiericati und der Villa Chiericati, beteiligt. Schon mit diesem Bautyp ist offenbar eine Art früher Palladianismus betrieben worden.[244]

Geschichte

Der Vicentiner Aristokrat Pietro Saraceno, der Vater des Bauherrn, hatte bereits die Gebäude auf dem Landsitz der Familie in Finale erneuern wollen. 1525 wurde das

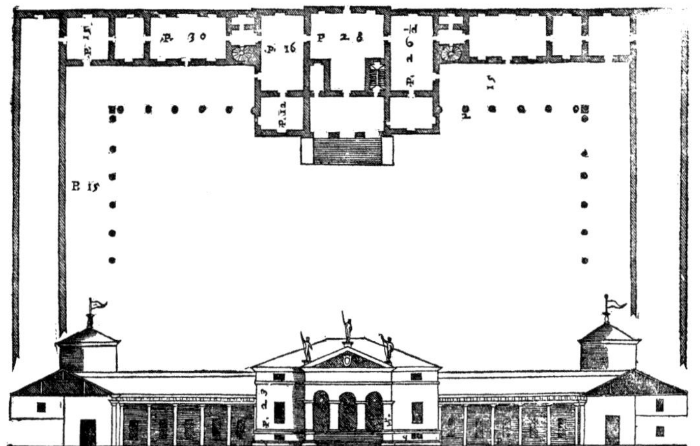

Andrea Palladio, Villa Saraceno in Finale di Agugliaro, um 1548, Grundriss und Ansicht in den „Quattro libri", 1570

Erbe unter zwei Brüdern, Biagio und Giacomo, aufgeteilt, darunter das schon im Hof lagernde Baumaterial. Biagio Saraceno erwarb 1537 und 1540 Grundstücke hinzu und verfolgte wahrscheinlich seit dieser Zeit ein Neubauprojekt. Seit 1548 hatte er in Vicenza wichtige Ämter inne. Dort gehörte er dem Kreis der Auftraggeber Palladios an und wohnte wie dieser in der Vorstadt S. Vito.

Für 1546 wird in einer Besitzangabe ein Neubau noch nicht erwähnt. 1555 wird dann aber eine „casa nova nondum finita", ein noch nicht vollendetes neues Haus, genannt. Nach der Biografie Saracenos und diesen konkreten Angaben wird ein Neubau zwischen 1546 und 1555 mit Höhepunkt um 1548 angenommen, der sich in den 1550er Jahren noch weiterentwickelte. Ausgeführt wurde anfangs nur das Herrenhaus. Das realisierte Gebäude lässt sich aufgrund der formalen Verwandtschaft mit anderen frühen Palladio-Bauten, vor allem der Villa Caldogno, zu einer Gruppe von Palladio-Villen aus der zweiten Hälfte der 1540er Jahre rechnen. Die Familien Saraceno und Caldogno waren so miteinander verschwägert, dass das Gebäude zu Beginn des 17. Jahrhunderts durch Erbschaft an die Familie Caldogno fiel.

Palladio hat für die Villenanlage in den „Quattro libri" 1570 einen Gesamtplan dargestellt. Es ist nicht ausgeschlossen, dass ein solcher Plan vorgesehen war; immerhin weist Palladio in der Beschreibung auf außerhalb des Herrenhauses gelegene Küchen hin. Realisiert wurde die vorhandene Barchessa im Osten mit Nebengebäuden und einer dorischen Vorhalle mit geradem Gebälk über vier Säulen allerdings erst im 19. Jahrhundert nach einem Vorgängerbau und der Zeichnung in den „Quattro libri". An sie schließt sich ein Nebengebäude aus der Zeit vorher an, das nicht in den „Quattro libri" dargestellt wird. Die übrigen dort vorgeführten Flügel mit gleichmäßigen

Folgende Doppelseite:
Villa Saraceno von Süden mit Herrenhaus, rechter Barchessa als Nachbau des 19. Jahrhunderts und älterem Nebengebäude

Vorhallen um einen rechteckigen Hof herum sind nie realisiert worden. Das Herrenhaus ist nach mehreren Umbauten heute im Äußeren wieder in die ursprüngliche Form gebracht worden.
Die Ausmalungen sind nur teilweise erhalten. Auftraggeber für die Malereien war jedoch nun der Sohn Pietro Saraceno. Die Ausmalungen werden Dominico Brusasorzi (um 1516–1567) zugeschrieben.

Beschreibung

Palladio schrieb selbst in den „Quattro libri": „In Finale, einem Ort im Vicentinischen, steht die folgende Anlage des Herrn Biagio Saraceno. Das Niveau der Wohnräume liegt fünf Fuß über dem Boden. Die größeren Räume haben Flachdecken, sind ein Quadrat und fünf Achtel lang und so hoch wie breit. Auch der Saal hat diese Höhe. Die Kammern neben der Loggia sind eingewölbt. Die Höhe der Gewölbe entspricht der der Zimmer. Unten liegen die Keller, oben, über dem ganzen Grundriss des Hauses, der Getreidespeicher. Die Küchen liegen außerhalb des Hauses, sind aber sehr bequem zu erreichen. Auf der einen wie der anderen Seite finden sich die für den Betrieb der Villa nötigen Gebäude."[245]
Die Villa liegt bei Finale im flachen Land der Ebene zwischen den Monti Berici und den Colli Euganei nahe dem Liona-Kanal, etwa 25 Kilometer südlich von Vicenza. Der Landbesitz der Saraceno schrieb diese Lage vor, die den Vorzug des Blicks – nach vorn wie nach hinten – auf die malerischen Erhebungen der beiden Hügellandschaften hat. Palladio erwähnt in diesem Fall die Lage allerdings nicht. In den „Quattro libri" stellt er eine Gesamtanlage dar, die den für die 1540er Jahre typischen Grundriss eines rechteckigen, von Barchessenvorhallen umgebenen Hofes hat. Auch diesen benennt Palladio nicht, denn er mag geplant gewesen sein, wurde aber nur in Form einer rechteckigen ummauerten Fläche ausgeführt. Der spätere Barchessenflügel rechts vom Herrenhaus gibt einen Eindruck von den vorgesehenen toskanischen Säulen mit geradem Gebälk. Das kompakte Herrenhaus über einem Querrechteck mit Sockelgeschoss, Hauptgeschoss und Mezzanin ist der textlichen und zeichnerischen Darstellung in den „Quattro libri" ähnlich ausgeführt. Dieses Herrenhaus hat einen leicht vorspringenden Mittelteil mit drei Rundbogen und Tempelgiebel, zu dem eine breite gerade Freitreppe zwischen Treppenwangen hinaufführt. Die Fassadenstruktur wird hier in glatter Putzausführung präsentiert. Die Raumkomposition ist einfach. Sie entspricht der Dreiteilung der Casa Veneziana. Hinter der Vorhalle folgt die Sala, deren T-förmiger Grundriss Platz für Treppenhäuser lässt. In den Seitenteilen folgen je zwei hintereinander liegende Nebenräume.

Die von der bildnerischen Ausstattung erhaltenen beschädigten Fresken in der Loggia, in der Sala und in einem der westlichen Räume zeigen unter anderem das Porträt des Auftraggebers Biagio Saraceno.

Literatur

Erwähnung bei Vasari 1568, in den „Quattro libri" 1570, bei Muttoni 1740, Bertotti Scamozzi 1778, Magrini 1845.
Burger 1909, S. 49–52; Ackerman 1967, S. 46–47; Cevese 1971, Bd. 1, S. 122–131; Battilotti 1990, S. 59–61; Puppi 2000, S. 258–259, 458–459; Battilotti 2005, VI 006, S. 7f.; Beltramini 2008, S. 16.

Erreichbarkeit

Finale di Agugliaro (Provinz Vicenza), Via Finale 8
Staatsstraße 247 von Vicenza Richtung Este, nach links über Agugliaro nach Finale
Tel. und Fax 0039/0444/89 13 71
Nov.–März 10–13 Uhr, April–Okt. 14–16 Uhr

Villa Caldogno

Um 1548

Das Herrenhaus ist gut erhalten, aber an der Rückfront im 18. Jahrhundert verändert.

Würdigung

Die Vorderfront der Villa Caldogno fügt sich sicher in die Entwicklung der frühen Villenfassaden der 1540er Jahre ein: im Mittelteil drei Rundbogen unter Tempelgiebel. Die gesamte Fassadenstruktur scheint darüber hinaus eine Variante der Villa Saraceno zu sein. Beide Villen gehören einem Typ an, den Palladio in den 1540er Jahren mehrfach variiert hat.

Geschichte

Das Fehlen von Belegen für die Autorschaft Palladios und für den Ablauf der Baugeschichte hat dazu geführt, dass die Zuschreibung und die Entstehungsgeschichte der Villa widersprüchlich eingeschätzt und nur mehrheitlich akzeptiert worden sind. Inzwischen haben genauere Untersuchungen aber mehr Klarheit geschaffen.[246]
Dem Vicentiner Aristokraten und Seidenhändler Losco Caldogno war nach Erbteilungen 1541 ein Landgut mit einigen Ländereien, allerdings ohne angemessene Gebäude, in Caldogno zugefallen. Er stand in gutem Einvernehmen mit anderen Palladio-Auftraggebern aus dem Kreis von Trissino, darunter den Saraceno, Pietro und Girolamo Godi sowie Troilo Muzani, dessen Schwester er 1538 geheiratet hatte. Es ist deshalb wahrscheinlich, dass er Palladio in den 1540er Jahren mit einem umfassenden Umbau des Herrenhauses auf seinem Landgut in Caldogno beauftragt hat. Wie viel dabei durch den Vorgängerbau beeinflusst und wie stark der Neubau davon unabhängig war, ist unsicher. Eine Datierung um 1548 lässt sich mit der Verwandtschaft mit Palladio-Villen dieser Zeit, darunter vor allem die Villen Saraceno und Poiana, und wegen des Einflusses der Architektur von Giulio Romano begründen. Die Initialen „LC“ in der Pflasterung einer früher auf die Villa zuführenden Straße weisen auf Losco Caldogno als Bauherrn hin.
Im Widerspruch zu dieser Datierung steht die Inschrift auf der Fassade, die den Namen Angelo di Losco Caldogno und das Jahr 1570 angibt: „ANGELUS CALDONIUS LOSCHI FILIUS MDLXX“. Diese bezieht sich aber auf Angelo Caldogno, der nach dem Tod Loscos 1565 seit 1569 im Zusammenhang mit der Villa genannt wird, und auf

die Ausmalungen der Villa. Die Malereien dieser Zeit werden Giovanni Antonio Fasolo (gestorben 1572) und Giambattista Zelotti (1526–1578) mit Werkstatt vor dem Jahr 1570 zugeschrieben. Die Kamine der Villa werden der Vicentiner Bildhauerfamilie Rubini aus dem 16. Jahrhundert zugeschrieben, die auch Palladio an anderer Stelle erwähnt hat.

Zwar sind heute in der Umgebung der Villa landwirtschaftliche Bauten erhalten, die aus dem 17. Jahrhundert stammen, sie stehen aber in keinem näheren und systematischen Zusammenhang mit dem Herrenhaus, das offenbar allein von Palladio ausgeführt wurde. Dies könnte auch dazu geführt haben, dass Palladio das Gebäude nicht in seine Auswahl für die „Quattro libri" einbezogen hat.

Im 17. und 18. Jahrhundert ist die Ausstattung der Villa noch fortgesetzt worden: An den Malereien sollen Giulio Carpioni (1611–1674) und Costantino Pasqualotto (um 1700) mitgearbeitet haben.

Das Aussehen des Herrenhauses ist im 18. Jahrhundert durch den Anbau von Ecktürmchen an der Rückfront und die Anlage einer größeren Terrasse davor stark verändert worden.

Beschreibung

Die Villa steht – abhängig von der Lage des Vorgängerbaus – in dem wenige Kilometer nördlich von Vicenza gelegenen Caldogno, und zwar mitten im Ort nahe der Kirche, sodass in diesem Fall eine Einbettung in die Landschaft keine Rolle gespielt hat. Ursprünglich führte auf die Ostseite der Villa eine neuerdings zum Teil freigelegte Straße zu, die aus der Zeit der Villa stammt: Vor der Villa enthält sie in der Pflasterung die Initialen „LC" des Losco Caldogno; der nahe Campanile der Kirche des 17. Jahrhunderts wurde auf dem Gelände der Straße errichtet, nachdem diese aufgegeben worden war.

Offenbar hat Palladio auch keinen Zusammenhang mit einer Villengesamtanlage vorgesehen; vermutlich lagen in der Umgebung ältere landwirtschaftliche Gebäude, die später unter anderem durch eine Barchessa des Palladianismus im 17. Jahrhundert in losem Zusammenhang mit dem Herrenhaus ersetzt wurden. Es ist hier also nur das – im 18. Jahrhundert leicht veränderte – Herrenhaus zu betrachten: ein kompakter Baukörper mit Sockelgeschoss, Hauptgeschoss und Mezzanin. Gesamtfassade und übergiebelter Mittelrisalit mit Dreirundbogenöffnung entsprechen der Villa Saraceno, mit dem Unterschied, dass die Rundbogen sowie die dahinter liegende Loggia kräftig rustiziert sind. Auch die Raumformation ist nicht unähnlich: Dreiteilung der Casa Veneziana und hinter der Vorhalle die Sala. Die Ausmalungen mögen

Folgende Doppelseite:
Andrea Palladio, Villa Caldogno in Caldogno, um 1548, Herrenhaus

ANGELVS CALIDONIVS · LVSCHI · FILIVS MDLXX

Villa Caldogno, Rückfassade des Herrenhauses mit Türmchen und Terrasse des 18. Jahrhunderts sowie ergrabener alter Straßenanlage von Norden

später und nicht im Kontakt mit Palladio entstanden sein. Aber wie immer, wenn Zelotti beteiligt ist, leisten sie einen Beitrag zur illusionistischen Interpretation der Architektur. In der hohen, mit flacher Balkendecke versehenen Sala geschieht dies durch riesige, eine Scheinarchitektur tragende Atlantenfiguren.

Literatur

Nicht in den „Quattro libri", aber Erwähnung bei Muttoni 1740 und bei Magrini 1845. Von Bertotti Scamozzi 1778 nicht als Palladio-Villa akzeptiert. Im 20. Jahrhundert Palladio zugeschrieben.
Nicht bei Burger 1909; Ackerman 1967, S. 41–43; Cevese 1971, Bd. 1, S. 132–147; Battilotti 1990, S. 48–50; Puppi 2000, S. 259–260, 459–460; Battilotti 2005, VI 150, S. 132–134; Beltramini 2008, S. 12.

Erreichbarkeit

Caldogno (Provinz Vicenza), Via Zanella 3
Staatsstraße 46 von Vicenza Richtung Schio, nach Motta rechts ab nach Caldogno, Ortsmitte
Tel. 0039/0444/90 50 54 (Biblioteca Comunale), Fax 0039/0444/58 53 85,
www.comune.caldogno.vi.it, biblioteca@comune.caldogno.vi.it,
cultura@comune.caldogna.vi.it
März–Okt. Fr 15–18 Uhr, Sa 9–12 Uhr. Gruppen nach Voranmeldung

Villa Poiana

Nach 1546

Erhalten sind das Herrenhaus mit Skulpturen am Außenbau und Malereien im Innern sowie links davon Nebengebäude aus dem 18. Jahrhundert innerhalb eines ummauerten Hofes.

Würdigung

Mit der Villa Poiana realisierte Palladio ein weiteres Mal einen Villentyp, den er in den 1540er Jahren verfolgt und vervollkommnet hat. In rechteckige Höfe meist mit Barchessenvorhallen, die durch dorische Säulen und gerades Gebälk ihren Charakter erhielten, stellte er mittig den kompakten Baukörper des Herrenhauses, der einen übergiebelten Mittelrisalit hatte und sich in drei Rundbogen oder einer Serliana über einer Freitreppe öffnete. In der Villa Poiana trat noch einmal die Serliana auf, die Palladio mit seiner Basilica zu einem vicentinischen Motiv gemacht hatte. Die Raumformation variierte die Dreiteilung der Casa Veneziana: Vorhalle und Sala im Mittelteil, seitlich kleinere Räume unterschiedlicher Größe in immer neuen Gruppierungen.

Geschichte

Der Auftraggeber Bonifacio Pogliana gehörte zu den Vicentiner Aristokraten, die gegen die Liga von Cambrai auf der Seite der Venezianer geblieben waren. Er besaß und bewirtschaftete schon im Jahre 1547 Ländereien in Poiana. Wann er Palladio mit dem Entwurf für einen Villenbau beauftragt hat, ist nicht genau bekannt.
Der Grundriss für die Gesamtanlage der Villa Pagliarino, vor 1545, der nach dem Tod des Pagliarino 1545 nicht ausgeführt wurde, ist lange für einen Entwurf für die Villa Poiana gehalten worden. Vermutlich hat Palladio ihn bei seinen Entwürfen für die Villa Poiana wieder aufgenommen. Dadurch ist der Tod Pagliarinos zu einem terminus post quem für die Planung der Villa Poiana geworden. Es ist danach wahrscheinlich, dass Pogliana und Palladio in den 1540er Jahren über die Planung der Villa in Kontakt kamen. Die Grundrisszeichnung nimmt für den Kern des Herrenhauses jedenfalls deutlich die Herrenhausanlage der Villa Pagliarino zum Vorbild. Sie ist für den ausgeführten Bau in Poiana und dessen Wiedergabe in den „Quattro libri" dann jedoch noch abgewandelt worden. Eine weitere Zeichnung enthält auch eine Skizze der Fassade des Herrenhauses, die bereits die Serliana oder das Palladio-Motiv des Eingangs darstellt.

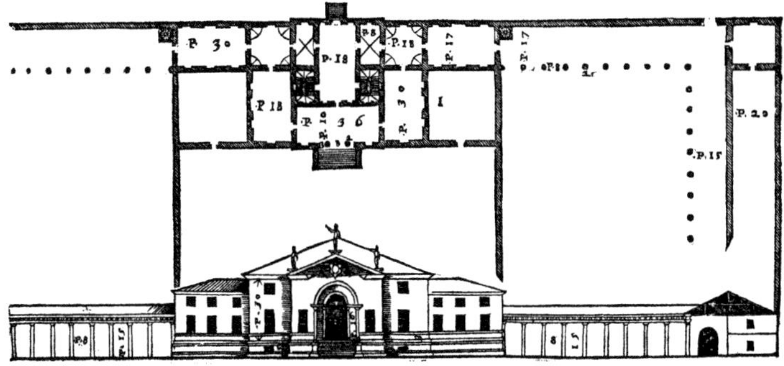

Andrea Palladio, Villa Poiana in Poiana Maggiore, Grundriss und Ansicht in den „Quattro libri", 1570

Die Serliana, die Palladio für das Portal der Villa einsetzte, wie schon 1541 für die Villa Valmarana und später auch an den Fassaden der Villa Forni, der Villa Contarini, 1546, der Villa Angarano 1548 und – nachträglich eingebaut – der Villa Godi, 1550, spricht dafür, dass sein Entwurf in zeitlicher Nähe der Serliana für die Basilica 1546 entstanden ist. Die spezielle Form mit den Oculi über dem mittleren Rundbogen mag er auf seinen Romreisen 1545 oder 1547 in den antiken Thermen und bei Bauten von Bramante beobachtet haben.

Der Bau kann erst nach 1546 begonnen worden sein. 1555 hieß es, dass er noch nicht vollendet sei. 1563 waren dann aber Fußböden gelegt und die Malereien ausgeführt. Im Jahre 1563 war auch der Wirtschaftshof mit Umfassungsmauer und dem linken Wirtschaftstrakt fertiggestellt; der Wirtschaftstrakt ist später verändert worden. Das vollständige Programm der Nebenbauten wurde allerdings nie ausgeführt.

Für die Malereien nannte Palladio 1570 selbst die aus Verona stammenden Maler Bernardino India (um 1528–1590) und Anselmo Canera (erwähnt 1566) sowie für die Skulpturen den Veroneser Bartolomeo Ridolfi (gestorben vor 1572). Von ihnen ist bekannt, dass sie nach 1550 in Vicenza gearbeitet haben. 1648 hat Girolamo Albanese (gestorben 1660) die Statuen für die Freitreppe ausgeführt.

Beschreibung

Palladio schrieb selbst in den „Quattro libri": „Im vicentinischen Pogliana liegt der unten vorgestellte Bau des Cavaliere Pogliana. [...] Die großen Räume sind ein Quadrat und zwei Drittel lang und eingewölbt. Die Räume über dem Quadrat haben Pendentifs in den Ecken. Über den Kammern befinden sich Mezzanine. Der Saal ist um die Hälfte seiner Breite hoch und erreicht damit die Höhe der Loggia. Er hat ein Tonnengewölbe, die Loggia ein Kreuzgewölbe. Über all diesen Räumen liegt der

Folgende Doppelseite: Villa Poiana, Vorderfassade

Kornspeicher. Unter ihnen befinden sich Keller und Küche, und deshalb liegt der Fußboden der Zimmer fünf Fuß über dem Niveau des Terrains. Auf einer Seite liegen der Hof und andere Plätze für den Betrieb der Villa, auf der anderen ein Garten in Korrespondenz mit dem Hof, im Teil dahinter der Küchengarten und ein Fischteich. Dabei hat dieser illustre Edelmann von vornehmster Gesinnung nichts versäumt, um all jenen Schmuck und die Bequemlichkeiten zu schaffen, die diesen seinen Platz schön, vergnüglich und zweckdienlich machen."[247]

Die Lage im flachen Gelände nahe des Ortes Poiana Maggiore, etwa 25 Kilometer südlich von Vicenza, war durch die der Ländereien Poglianas vorgegeben. Offenbar war das Gegenüber des Kastells aus dem Quattrocento auf der anderen Straßenseite, des Castello Paltinieri Poiana, bewusst vom Auftraggeber gewählt. Palladio hat aber dazu den Ausblick auf die malerischen Erhebungen der Monti Berici und der Colli Euganei gesucht.

Auch für die Villa Poiana war von vornherein eine größere Anlage vorgesehen, die sie in die Landschaft eingepasst und ihr eine architektonische Gesamtform gegeben hätte. Palladio hat sie in den „Quattro libri" wenigstens angedeutet. Es erscheinen zuseiten des Herrenhauses wieder rechteckige Höfe mit Barchessen, deren Vorhallen toskanische oder dorische Säulen mit geradem Gebälk haben.

Aber auch hier ist nur der Kernbau des Herrenhauses ausgeführt worden, nicht die in den „Quattro libri" danebengestellten dreiachsigen Nebenbauten. Er gehört zu den Villenbauten, die einen übergiebelten Mittelrisalit ausbilden, unter dem sich drei Rundbogen oder eine Serliana in eine Loggia öffnen, Villa Caldogno oder Villa Saraceno vergleichbar. Schon in der Villa Forni erschien die Serliana – wie hier – in der Vorder- und Rückfassade. Die Serliana hat hier eine besondere Form, die sich an der Rückfassade wiederholt: Über dem Rundbogen sind fünf Oculi angebracht. Diese Form hat Palladio in den „Quattro libri" und auch sonst in seinem Werk nicht wiederholt. Die Wandflächen der Villa sind wie bei der Villa Godi mit einer feinen gezeichneten Quaderung überzogen.

Für die Raumfolge der Villa hat Palladio eine neue Variante vorgelegt, die er aus dem Grundriss für die Villa Pagliarino entwickelt hat. Spätestens seit diesem Grundriss hat er die stete Variation der Grundrisszuschnitte der Villenherrenhäuser zum Prinzip erhoben; die verschiedenen Herrenhausgrundrisse lassen sich in den „Quattro libri" beobachten.

Der Außenbau der Villa Poiana ist über dem Giebel und auf den Treppenwangen mit Skulpturen ausgestattet; auf den Wangen finden sich die antiken Gottheiten Jupiter und Neptun. Eine Büste in der Loggia über dem Eingang stellt den Auftraggeber Bonifacio Pogliana dar. Die Decken der Loggia und der Sala sowie die Wände der Nebenräume sind mit Fresken ausgemalt. Das Prinzip der Malereien ist, die Wände mit einer Scheinarchitektur zu überziehen, unter einem Gesims Säulen und Pilaster, zwischen denen die realen Türen und gemalte Nischen mit gemalten Skulpturen erscheinen. In den großen Räumen sind außerdem Arkaden gemalt, durch die vermeintliche Ausblicke in gemalte Landschaften möglich sind. Über den Gesimsen erscheinen Groteskenrahmen mit gemalten Szenen. Die Malerei steht also im Dienst der Interpretation der Architektur und bietet dabei ein kompliziertes Bildprogramm.

Literatur

Erwähnung bei Vasari 1568, in den „Quattro libri“ 1570, bei Muttoni 1740, Bertotti Scamozzi 1778, Magrini 1845.
Burger 1909, S. 98–102; Ackerman 1967, S. 62–64; Cevese 1971, Bd. 1, S. 22, 111–121; Battilotti 1990, S. 64–66; Puppi 2000, S. 273–276, 462 463; Battilotti 2005, VI 404, S. 379–381; Burns, Howard: Progettare una villa, in Ausst.-Kat. Vicenza 2008, S. 100–107; Beltramini 2008, S. 20–23; Monicelli, Francesco: Andrea Palladio. Villa Poiana. Guida, Venezia 2009.

Erreichbarkeit

Poiana Maggiore (Provinz Vicenza), Via Castello 21
Staatsstraße 247 von Vicenza bis Noventa Vicentina, rechts ab nach Poiana Maggiore
Tel. 0039/0444/32 30 14, Fax 0039/0444/32 28 69
Von Ostern bis Okt. Mi–Fr 10–13, 14–18 Uhr, Sa + So 10–18 Uhr
Im Winter nach Voranmeldung (Tel./Fax 0039/0444/89 85 54)

14

Villa Arnaldi

1547, 1565

In einem unübersichtlichen und unregelmäßigen Komplex mit älteren und neueren Bauten sind Resultate von Baumaßnahmen aus dem 16. Jahrhundert kaum wahrzunehmen.

Würdigung

Zwar werden Umbauskizzen für einen Vorgängerkomplex Palladio zugeschrieben. Die Mitwirkung Palladios an Umbaumaßnahmen in den 1540er Jahren ist aber strittig. Umbauvorschläge Palladios von 1565 wurden nicht ausgeführt. Es gibt also kaum so etwas wie eine palladiobezogene Identität des Projektes.

Geschichte

Der Vicentiner Aristokrat Vincenzo Arnaldi hatte 1533 einen älteren Landsitz mit unregelmäßigen Bauten – ein älteres Herrenhaus, eine Kirche, Wirtschaftsbauten – aus dem Quattrocento in Meledo di Sarego, etwa 15 Kilometer südwestlich von Vicenza, erworben. Ein Testament Arnaldis von 1546 beschreibt diesen Besitz.
Bekannt ist, dass Arnaldi bereits vor den Umbaumaßnahmen Kontakte zur Pedemuro-Werkstatt und Palladio hatte. 1547 äußerte Arnaldi sich über Umgestaltungsabsichten. Damit müssen die erhaltenen Zeichnungen zusammenhängen, die Palladio zugeschrieben werden: eine Planimetrie und zwei Loggienentwürfe. 1550 war eine Zeit lang eine Baustelle in Betrieb. Es sind auch Spuren der Baumaßnahmen wahrzunehmen. Aber diese wurden offenbar nicht fortgesetzt.
Später, 1565, richtete Palladio einen Brief aus Venedig an Arnaldi und schickte eine Skizze für die Umwandlung von Flachdecken in zwei Zimmern des Herrenhauses in Gewölbe, die ein örtlicher Maurer ausführen sollte. Arnaldi befolgte diese Vorschläge aber nicht, denn die beiden Räume haben heute noch Holzbalkendecken. Vielmehr vermietete er das Haus, ohne sich weiter um Baumaßnahmen zu kümmern.
Ein so geringfügiges Projekt fand natürlich nicht Eingang in die „Quattro libri“ oder in palladianistische Literatur.

Literatur

Erwähnung bei Magrini 1845. Zuschreibung im 20. Jahrhundert.
Nicht bei Burger 1909; nicht bei Ackerman 1967; Cevese 1971, Bd. 2, S. 585f.; Battilotti 1990, S. 57–58; Puppi 2000, S. 457–458; Battilotti 2005, VI 490, S. 458f.; Beltramini 2008, S. 16f.

Erreichbarkeit

Meledo di Sarego (Provinz Vicenza), Via Meledo Alto 8
Staatsstraße 11 von Vicenza Richtung Verona, bei Alte Ceccato nach links die Staatsstraße 500 bis Meledo Basso, links nach Meledo Alto
Der ehemalige Landbesitz Arnaldi, auf halber Höhe, ist nicht offiziell zu erreichen.
Besichtigung nur von außen

Villa Angarano

1548

Von dieser Villa ist eine umfangreiche Gesamtanlage erhalten, jedoch nicht das zentrale Herrenhaus. An seiner Stelle steht ein Bau des 18. Jahrhunderts.

Würdigung

Die vollendete und erhaltene Gesamtanlage der Villa Angarano ist die umfangreichste dieser Art im Werk Palladios. Das Herrenhaus, wäre es nicht nur angelegt, sondern auch errichtet worden und erhalten geblieben, wäre das erste gewesen, das zur Gartenfront hin die Formen eines palladianischen Tempelpronaos ausgebildet hätte. Es wäre im Villenbau mithin das erste „palladianische" Bauwerk Palladios geworden, das allen Palladio-Villen mit Portikus, seit den 1550er Jahren, vorangegangen wäre. Damit hätte die Widmung der ersten beiden Bände der „Quattro libri" an Angarano auch in der umfangreichen Gesamtanlage und dem auffallenden Herrenhaus eine Entsprechung gehabt.

Geschichte

Andrea Palladio hat die ersten beiden seiner „Quattro libri" dem vicentinischen Conte Giacomo Angarano gewidmet. Der Text der Widmung preist Großzügigkeit und Wohltaten Angaranos gegenüber Palladio, ohne dass daraus konkrete Informationen über diese Wohltaten zu beziehen wären, und zeigt die Dankbarkeit, die dieser dafür empfand: „Meinem allergnädigsten und ehrwürdigsten Herrn, dem Conte Giacomo Angaranno. Die unermesslichen Verdienste Eurer unendlichen Güte (mein allergnädigster Herr) sind sowohl an Zahl wie an Größe durch die vielen einzigartigen Wohltaten, die ihr mir seit vielen Jahren in immerwährender Großzügigkeit habt angedeihen lassen, so angewachsen, dass ich, würde ich mich derer nicht dankbar zu erweisen suchen – wenigstens, indem ich stets meine Erinnerung daran zum Ausdruck brächte –, ganz sicher bin, Gefahr zu laufen, von allen für unhöflich und undankbar gehalten zu werden." So lautet der Beginn der Widmung.[248] Palladio hob Angarano damit in besonderer Weise aus dem Kreis all derer heraus, die ihn und seine geistige und wirtschaftliche Entwicklung gefördert haben. Nicht einer der Venezianer war es, sondern einer aus dem großen Kreis von Vicentiner Aristokraten, denen Palladio als Förderern und Auftraggebern begegnet war. Das muss vermuten lassen, dass dem Auftrag Angaranos zu

AL MOLTO MAGNIFICO MIO SIGNOR OSSERVANDISSIMO, IL SIGNOR CONTE GIACOMO ANGARANNO.

MERITI ampliſſimi della uoſtra infinita corteſia (molto Magnifico Signor mio) ſono per li molti ſingolariſſimi beneficij, che con perpetua liberalità già tanti, e tanti anni m'hauete fatto continuamente; in tal modo creſciuti, & di numero, & di grandezza: che s'io non cercaſſi di rendermiui grato, almeno co'l dimoſtrarmene ſempre ricordeuole; ſon certiſſimo, che porterei pericolo di eſſer notato, e tenuto da tutti per diſcorteſe, e per ingrato. E perche fin dalla mia giouanezza mi ſon grandemente dilettato delle coſe di Architettura, onde non ſolamente ho riuolto con faticoſo ſtudio di molt'anni i libri di coloro, che con abbondante felicità d'ingegno hanno arricchito d'eccellentiſſimi precetti queſta ſcientia nobiliſſima: ma mi ſon trasferito ancora ſpeſſe uolte in Roma, & in altri luoghi d'Italia, e fuori; doue con gli occhi proprij ho ueduto, & con le proprie mani miſurato i fragmenti di molti edificij antichi: iquali ſendo reſtati in piedi fino à noſtri tempi con marauiglioſo ſpettacolo di Barbara crudeltà; rendono anco nelle grandiſſime ruine loro chiaro, & illuſtre teſtimonio della virtù, & della grandezza Romana: in modo che ritrouandomi io grandemente eſercitato, & infiammato ne gli ottimi ſtudij di queſta qualità di Virtù, & hauendo con gran ſperanza meſſo in lei tutti i miei penſieri; mi poſi anco all'impreſa di ſcriuer gli auertimenti neceſſarij, che ſi deuono oſſeruare da tutti i belli ingegni, che ſono deſideroſi di edificar bene, & leggiadramente; & oltra di ciò di moſtrar in diſegno molte di quelle fabriche, che da me ſono ſtate in diuerſi luoghi ordinate; & tutti quelli antichi edificij, c'ho fin'hora ueduti: Però (non già per pagar alcuno de gli oblighi infiniti, c'ho contratto con la uoſtra gentilezza, per laquale uoi ſete ſopra ogn'altro amato celebrato, & reputato degno d'ogni altiſſimo grado d'honore; ma per dimoſtrarui ſolamente con honorato teſtimonio delle fatiche mie alcun ſegno del mio animo grato, & ricordeuole della grandezza del uoſtro ualore) ui faccio hora un dono di queſti due miei primi libri, oue io tratto delle caſe priuate; ne' quali confeſſo hauer hauuto i Cieli tanto fauoreuoli, che hauendoli io in molte grandi mie occupationi, che quaſi del continuo mi tengono il corpo, e l'animo oppreſſo, & dopo alcune mie non picciole infirmità, finalmente ridotti à quella perfettione, che per me s'è potuta; & hauendo approuato quel tanto, che in lor ſi contiene con lunga eſperienza, ardiſco di dire, d'hauer forſe dato tanto di lume alle coſe di Architettura in queſta parte, che coloro, che dopo me uerranno; potranno con l'eſempio mio, eſercitando l'acutezza de i lor chiari ingegni; ridurre con molta facilità la magnificenza de gli edificij loro alla uera bellezza, e leggiadria de gli antichi. Pregoui dunque Illuſtre mio Signore, che uoi, facendo un'atto degno della uoſtra virtù; uogliate in premio dell'affettion, ch'io ui porto, degnarui di riceuere in dono, & con allegro uolto fauorire queſta prima parte dell'opera mia, che fu già con nobil penſiero incominciata ſotto i feliciſſimi auſpicij uoſtri; laquale, come primitie del mio ingegno, ui dedico; & di eſſer contento, che hora, che con tanto fauor della uoſtra liberalità ella ſi ritroua finita; poſſa anco andare con lieto augurio nella luce del Mondo, da ogni parte illuſtrata dal chiariſſimo lume del nome uoſtro; poi che io ſon ſicuro, che'l teſtimonio ſolo di uoi, che per altezza d'ingegno, è per ſplendore, e fama di nobiliſſime virtù ſete grandemente chiaro, & illuſtre; porterà tanta grandezza, e tanta auttorità a queſti miei libri che meritamente ſi ſono già fatti uoſtri, ch'io ſolamente per queſto potrò ſperare di uiuer lungamente, & con perpetua lode famoſo, & honorato nella memoria di coloro, che dopo noi uerranno: e con queſta ſperanza, pregandoui felice, e lieta uita; faccio fine.

In Venetia il Primo di Nouembre. Del M. D. L X X.

Di V. S.

Deuotiſs. Seruitore.

Andrea Palladio.

Andrea Palladio, Widmung an den Conte Giacomo Angarano in den „Quattro libri", 1570

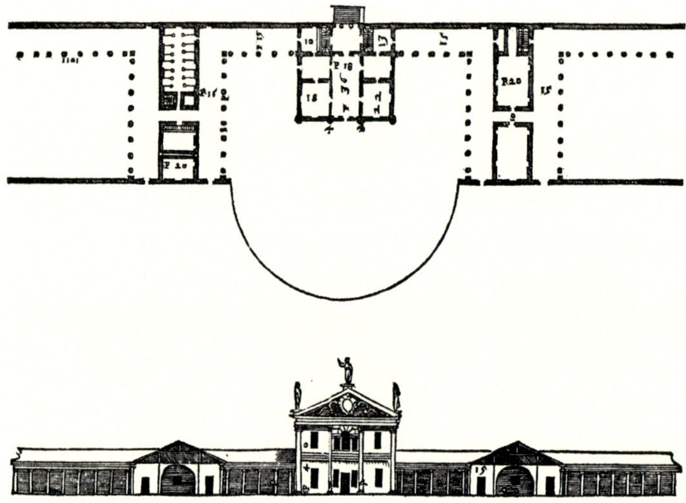

Andrea Palladio, Villa Angarano in Angarano, nach 1548, Grundriss und Ansicht in den „Quattro libri“, 1570

einer Villa und Palladios Entwurf und ausgeführtem Bau eine besondere Bedeutung zukommen sollte.

Die Gesamtanlage und das Herrenhaus sind in den „Quattro libri“ beschrieben und zeichnerisch dargestellt. Ein Schlusssatz der Beschreibung geht dort noch einmal kurz auf die Lobpreisung der Widmung ein.

Für Auftrag und Entwurf gibt es keine genauen Daten. Es ist aber zu vermuten, dass die Villa nach der Einreichung des Entwurfes für die Basilica, 1546, und nach der dritten Romreise, 1547, in Auftrag gegeben und entworfen worden ist, in einer Zeit, in der Palladio unter Vicentinern bereits Anerkennung erreicht hatte und nach seinen ersten drei Romaufenthalten nun einer neuen Vervollkommnung seiner Bauwerke entgegensehen konnte. Es ist anzunehmen, dass den Baumaßnahmen der komplette Entwurf der Anlage vorausgegangen ist. Für die Sommermonate 1548 ist Palladios Anwesenheit auf der Baustelle der Villa dann mehrfach bezeugt. Offenbar gingen die Arbeiten zügig voran. Die Tatsache, dass Vasari, der 1566 das Veneto bereist hatte, nach Informationen durch Palladio 1568 schrieb, „in Ugarano“ sei für den „Grafen Jacopo Angarano“ eine Villa erbaut worden, und die Tatsache, dass Palladio 1570 diese Villa publizierte und seine Bücher dem Auftraggeber widmete, lassen die These, dass das Herrenhaus etwa nie gebaut worden sei, zunächst unwahrscheinlich erscheinen.

Eine Zeichnung des 17. Jahrhunderts zeigt dann allerdings nur die Wirtschaftsflügel und nicht das Herrenhaus, sondern an seiner Stelle einen älteren Bau. Muttoni berichtete danach 1740, dass die Villenanlage sich im Besitz des Vincenzo Gradenigo befinde, dass das Herrenhaus in dessen Zeit „umgebaut" worden sei, während die Wirtschaftsflügel im Zustand der Darstellung in den „Quattro libri" erhalten seien. Temanza berichtete 1778, dass von dem Palladio-Projekt nur die Wirtschaftsflügel ausgeführt, das Herrenhaus und die Kirche aber von Gradenigo erbaut worden seien. Bertotti Scamozzi 1778 bestätigte dies. Erst Burger 1909 behauptete, dass das Gebäude des 18. Jahrhunderts auf den Fundamenten der Palladio-Villa stünde.

Es ist wahrscheinlich, dass die Bauarbeiten um 1548 tatsächlich mit der Errichtung der landwirtschaftlichen Flügelbauten begannen und als Wohnhaus zunächst ein älterer Bau weitergenutzt wurde. Unklar bleibt, wann das Herrenhaus ausgeführt werden sollte, ob es dem in den „Quattro libri" veröffentlichten Entwurf entsprechen sollte, ob es zu Fundamenten im Sinne des Entwurfes von Palladio gekommen ist und ob der Bau über die Fundamente hinaus weitergeführt wurde und erst später verändert oder umgebaut worden ist.

In der Vita Angaranos sprechen einige Entwicklungen für folgende Interpretation der Baugeschichte: Danach hatte er 1554 eine große Erbschaft gemacht und einige Jahre später wichtige Ämter in Vicenza übernommen, sodass die Vollendung der Gesamtanlage nach Beginn 1548 in den 1550er Jahren zügig fortgesetzt und vollendet worden sein könnte. Die Ausführung des Herrenhauses könnte jedoch ausgesetzt worden, aber nach Vorstellungen von Bauherrn und Architekt weiter geplant gewesen sein, wie in den „Quattro libri" dargestellt. Später – nachdem die „Quattro libri" inzwischen erschienen waren – hatte Angarano dann jedoch ein großes Vermögen der Familie seiner Schwiegertochter zu übereignen, was zu einem finanziellen Niedergang führte, der ihn zwang, die Villa – nach Palladios Tod 1580 – 1588 an den venezianischen Aristokraten Giovanni Formenti zu verkaufen. Cornelia Formenti, eine Erbin der Villa, hat dann um 1669 einen Umbau in Auftrag gegeben. In der Zeit des Besitzers Gradenigo kann es dann einen Umbau des 18. Jahrhunderts gegeben haben. In dieser Interpretation hätte eine vorläufige Ausführung der Herrenhausfundamente Palladios keinen Platz. Das Herrenhaus würde in der Planung der „Quattro libri" nur eine zeichnerische Gestalt erhalten haben.

Beschreibung

Folgende Doppelseite: Villa Angarano, in der Mitte das Herrenhaus, 1669 umgebaut, rechts davon die Säulen des Innenhofes, nach 1548, ganz rechts der Kirchenbau, 17. Jahrhundert

Palladio schrieb selbst über die Anlage: „Der folgende Bau gehört dem Conte Giacomo Angaranno, der ihn auf seinem Landsitz Angaranno im Vicentino errichtete. In den Seitentrakten des Hofes befinden sich die Keller, die Kornspeicher, Plätze zur Herstellung des Weines, Plätze für den Verwalter, Ställe, der Taubenschlag und, weiter

draußen, auf der einen Seite der Hof für den Wirtschaftsbetrieb, auf der anderen ein Garten. Das Herrenhaus in der Mitte der Anlage ist im Erdgeschoss eingewölbt, das Obergeschoss hat Flachdecken. Die unteren wie die oberen Kammern haben ein Mezzanin. Neben dieser Anlage fließt die Brenta, ein Fluss reich an köstlichem Fisch. Dieser Platz ist berühmt für seine köstlichen Weine aus eigener Produktion, für seine Früchte und vor allem für die Freundlichkeit des Hausherrn."[249]

Der Ort Angarano liegt etwa 25 Kilometer nordnordöstlich von Vicenza am Bassano gegenüberliegenden Ufer der Brenta. Vor dem Standort blickt man nach Norden in das Brentatal hinauf und in das ansteigende Voralpengelände. Aus dem Herrenhaus hätte man nach Süden in das Tal geblickt. Es ist verwunderlich, dass Palladio in diesem Fall die besonders malerische Lage nicht erwähnt, denn er hat sie für die Villengesamtanlage in besonders herausragender Weise genutzt.

In diesem Falle ist die systematische Anlage der Wirtschaftsbauten einer großen Villa einmal zuerst ausgeführt und in großem Umfang vollendet worden. Während sonst meist die Herrenhäuser begonnen, aber die übrigen Bauten teilweise oder gar nicht realisiert wurden, ist hier offenbar erst später die Ausführung des palladianischen Herrenhauses vorgesehen worden.

Die Anlage erhebt sich hinter flachem Weinbaugelände, ist aber vor einer hügeligen Landschaft so angeordnet, dass diese einen malerischen Hintergrund bildet. Es gibt keine Villenanlage Palladios, die sich in so großer Ausdehnung in der Landschaft präsentiert.

Sie entspricht der in den „Quattro libri" publizierten Zeichnung. Das Herrenhaus wäre der höchste Bau im Zentrum geworden. Links und rechts erstrecken sich Vorhallen von Wirtschaftsgebäuden mit je fünf dorischen Säulen und geradem Gebälk. Davon im rechten Winkel ausgehende Flügelbauten mit Vorhallen von zehn dorischen Säulen und geradem Gebälk bilden einen rechteckigen Hof. Zuseiten dieser Flügelbauten setzen sich die dorischen Vorhallen fort. Hier ist einmal vollendet, was Palladio für mehrere Gesamtanlagen in den 1540er Jahren entworfen hatte.

Das in den „Quattro libri" dargestellte Herrenhaus hat gegenüber vorherigen Villen eine neue Form, wie sie die Palladio-Villen dann über Jahrhunderte im Bewusstsein der Architekturliebhaber haben sollten: Es hätte über quadratischem Grundriss mit einem ebenerdigen Portikus aus vier kolossalen Halbsäulen mit Tempelgiebel in den Barchessen-Hof hineingeragt. Hier wäre erstmals der Tempelpronaos mit Kolossalsäulen als Villenfassade aufgetreten, hätte sich also eine der Grundformen des Palladianismus gezeigt. Zwischen den Halbsäulen des Portikus – mehr als doppelt so hoch wie die Säulen der Barchessen – wären unter dem Gebälk zwei Geschosse mit drei Achsen erschienen. In der Mitte hätten sich der Haupteingang, von zwei Fenstern

flankiert, und darüber – wie bei der Villa Contarini – eine Serliana gezeigt, in den Seitenachsen je ein Fenster in jedem Geschoss.
Im Inneren hätte sich in zwei Geschossen eine Variante der bisherigen Raumformationen mit der Dreiteilung der Casa Veneziana entfaltet. Hinter Freitreppe und Vorhalle von Norden hätten im Mittelteil eine Sala, daneben je drei verschieden proportionierte Räume gelegen. Das Erdgeschoss hätte sich zum Hof ebenerdig geöffnet, das Obergeschoss mit der Serliana, von der aus man nach Süden in die Ebene des Brentatals geblickt hätte.
Nur die Darstellung in den „Quattro libri" vermittelt die besondere Bedeutung des Projektes für den Grafen Angarano, im ausgeführten Bestand ist es eine Gesamtanlage ohne Herrenhaus.

Literatur

Erwähnung bei Vasari 1568, in den „Quattro libri" 1570, bei Muttoni 1740, Bertotti Scamozzi 1778, Magrini 1845.
Burger 1909, S. 26–30; Ackerman 1967, S. 74; Cevese 1971, Bd. 2, S. 325f.; Battilotti 1990, S. 64–66; Puppi 2000, S. 273–276, 460–461; Battilotti 2005, VI 49, S. 49f.; Beltramini 2008, S. 18f.

Erreichbarkeit

Angarano di Bassano del Grappa (Provinz Vicenza), Via Corte 41
Staatsstraße 248 von Vicenza Richtung Bassano, kurz vor Bassano und dem Übergang über die Brenta links nach Angarano
Die Villa ist nicht offiziell telefonisch erreichbar. Besichtigung nur von außen

Villa Pisani in Montagnana

1552

Das Herrenhaus ist erhalten, aber ungepflegt.

Würdigung

Die Herrenhäuser der beiden von venezianischen Aristokraten errichteten Villen Pisani und Cornaro liegen nicht in landwirtschaftlichen Gesamtanlagen, sondern in städtischer Umgebung.

Nach dem nicht realisierten Herrenhaus der Villa Angarano begann Palladio mit diesen beiden Herrenhäusern im Villenbau seinen reifen Stil zu entwickeln, für den der antikische Portikus mit Giebel im Mittelrisalit typisch wird. In beiden Villen ist er noch zweistöckig, denn im Inneren haben beide Geschosse die Funktion von Hauptgeschossen. Bei der Villa Pisani tritt er allerdings noch nicht aus dem Baukörper heraus.

Der Beginn der Planung um 1552, die gleichzeitige Ausführung und die formale Verwandtschaft der beiden Bauwerke trotz größerer Entfernung lassen vermuten, dass es in Venedig eine Verständigung unter den Bauherren Francesco Pisani und Giorgio Cornaro sowie Palladio gegeben hat. Ein belegbares Treffen zwischen einem Maurer und Palladio im Jahr 1554 in Venedig wird vermutlich am Wohnsitz eines der Auftraggeber stattgefunden haben. Darüber hinaus gab es seit um 1550 die Kontakte Palladios zu Daniele Barbaro in Venedig. Daraus lässt sich entnehmen, dass das Verhältnis Palladios zu venezianischen Architekturinteressierten und Auftraggebern in dieser Zeit eine größere Intensität und Formalität erreicht hatte. Die Verwandtschaft zweier gleichzeitig entstehender Villenbauten venezianischer Bauherren an unterschiedlichen Orten der Terraferma ist jedenfalls nicht dem Zufall zuzuschreiben.

Geschichte

Auftraggeber der Villa Pisani war der venezianische Aristokrat Francesco Pisani, dessen Vater Giovanni Pisani schon 1516 damit begonnen hatte, Ländereien bei Montagnana aufzukaufen. 1552 erwarb Francesco das Gelände vor dem östlichen Tor von Montagnana, auf dem die Villa steht. Pisani hatte durch den Bau der Villa seiner Familie in Bagnolo – unweit von Montagnana – Kontakt zu Palladio und lud diesen zur Orientierung nach Montagnana ein. Danach begann 1552 die Planungsarbeit.

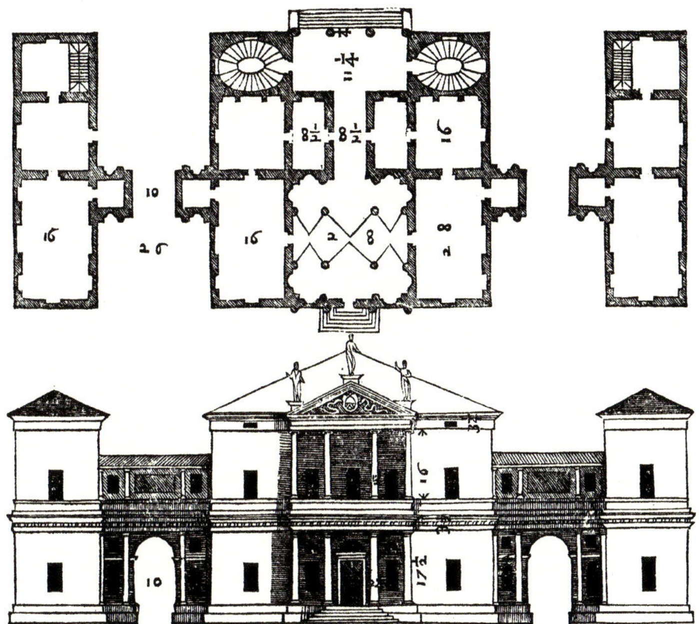

Andrea Palladio, Villa Pisani in Montagnana, nach 1552, Grundriss und Ansicht von der Gartenseite in den „Quattro libri", 1570. Die seitlichen Anbauten sind nicht ausgeführt.

Nach den Aufträgen für die Pisani in Bagnolo und die Contarini in Piazzola war Palladio spätestens damit endgültig von der venezianischen Aristokratie als Villenarchitekt akzeptiert. 1553 wurde der Neubau, ausgeführt von Palladio, notariell beurkundet. Seine Anwesenheit zur Beaufsichtigung der Bauarbeiten ist für 1553 belegt. Im Juni 1555 heißt es, dass die Arbeiten abgeschlossen seien. In einem Testament Pisanis von 1556 werden auch die Skulpturen von Alessandro Vittoria erwähnt. Während der Planung scheint sich ein freundschaftliches Verhältnis zwischen Architekt und Bauherrn entwickelt zu haben. Dies kommt in gemeinsamen unausgeführten Planungen für die Kirche von Montagnana zum Ausdruck sowie in der Anwesenheit Palladios 1567 beim Tode Pisanis.

Palladio publizierte den Bau 1570 in den „Quattro libri" mit Zeichnung und Beschreibung von seitlichen Anbauten, die nicht ausgeführt wurden. Darauf bezieht sich die Formulierung, dass Francesco Pisani den Bau nicht habe vollenden können. Deutlich ist an Palladios Darstellung, dass er in diesem Fall von vornherein keine Villengesamtanlage mit landwirtschaftlichen Gebäuden und Höfen geplant hat.

Nördlich der Villa, jenseits des Gartens befindet sich eine kleine Kapelle, die 1567 von Francesco Pisani in Auftrag gegeben wurde. Sie wird ebenfalls Palladio zugeschrieben.

Außerdem steht heute rechts neben dem Herrenhaus an der Straße eine Kapelle auf dem ursprünglich für einen der Anbauten vorgesehenen Grundstück, die aus dem 17. Jahrhundert stammt. Durch diesen Bau wird bestätigt, dass die von Palladio vorgestellten Anbauten tatsächlich vorgesehen waren, aber seit dem 17. Jahrhundert nicht weiterverfolgt wurden.

Villa Pisani, Ansicht von der Gartenseite

Beschreibung

Palladio beschrieb das Bauwerk selbst: „Der folgende Bau liegt beim Tor von Montagnana, einem Kastell im Padovano. Er wurde gebaut von dem edlen Herrn Francesco Pisani, der es aber nicht vollenden konnte, weil er in ein besseres Leben gewechselt ist. Die größeren Räume sind eindreiviertel Quadrat lang und mit einem Spiegelgewölbe gedeckt, dessen Höhe der zweiten Art der Gewölbehöhe [...] entspricht. Die mittleren Räume sind quadratisch und mit einem Kreuzgratgewölbe gedeckt. Die Kammern und der Korridor haben ein und dieselbe Breite, ihre Gewölbe sind zwei Quadrate hoch. Die Eingangshalle hat vier Säulen, um ein Fünftel dünner als die an der Außenseite, welche den Fußboden des Saales [darüber] tragen und das hohe Gewölbe schön und sicher machen. In vier Nischen, die man hier sieht, stehen Statuen der vier Jahreszeiten, Werke des hervorragenden Bildhauers Meister Alessandro Vittoria. Die erste Säulenordnung ist dorisch, die zweite ionisch. Die oberen Räume haben Flachdecken, die Höhe des Saales reicht bis unter das Dach. Zu den Seiten des Baus verlaufen Wege. Sie führen durch Torbogen, über denen Korridore liegen, die zur Küche und den Räumen für die Bediensteten führen.“[250]

Die Villa liegt an der östlichen Ausfallstraße so nahe am Tor des befestigten Städtchens Montagnana, etwa 30 Kilometer südlich von Vicenza, dass sie nicht in einen Landbesitz und die umgebende Landschaft eingepasst ist, sondern eher ein städtisches Gebäude darstellt. Palladio hat ganz auf die Gesamtanlage einer landwirtschaftlichen Villa verzichtet.

Der Bau steht mit zwei Seiten hart an den Kanten zweier viel befahrener Straßen direkt vor dem Tor. Nach rechts setzt sich hinter der kleinen Kapelle eine Straßenrandbebauung fort. Der westliche Teil des Gebäudes wird zur sommerlichen Kühlung von einem Flüsschen unterflossen. Das Flüsschen bildet dann neben der Straße die Grenze eines zusätzlich ummauerten Gartens hinter der Villa. Die Pisani betrieben weiter unterhalb Mühlen mit der Wasserkraft.

Die Villa hat einen kompakten Baukörper über quadratischem Grundriss. Die Fassaden werden durch einen umlaufenden dorischen Triglyphenfries in zwei Stockwerke getrennt; niedrige Mezzaninfenster erscheinen im oberen ionischen Fries unter dem

Dach. Die beiden Hauptfassaden bilden zwischen Seitenteilen einen zweistöckigen übergiebelten Portikus aus, zur Straße aus vier Halbsäulen vor der geschlossenen Wand, zum Garten Vollsäulen vor Loggien. Unten steht die dorische Ordnung, oben die ionische. Beide Portiken treten zwar nur unmerklich vor. Aber die Struktur der Hauptfassaden erhält erstmals die charakteristische „palladianische" Form.

Villa Pisani, Alessandro Vittoria, Skulptur in der Sala, vor 1570

Durchaus interessant sind die in den „Quattro libri" dargestellten unausgeführten Anbauten: Über Triumphbogen ähnlichen Zwischentrakten sollten schmale Bauten errichtet werden, die die Wirkung von Ecktürmchen gehabt hätten. Vergleichbare Bauten sind im 19. Jahrhundert bei der Villa Porto in Vigardolo realisiert worden.

Die Innenraumkomposition aus Vorhalle, Sala und sechs Nebenräumen in beiden Geschossen ist bei diesem Bau weiter verfeinert: Es gibt noch Anklänge an die Dreiteilung der Casa Veneziana. Die offene Vorhalle geht nach hinten in den Garten. Ein enger Durchgang zwischen zwei kleinen Nebenräumen führt in die Sala an der Straße, in Palladios Beschreibung „Eingangshalle", „la entrata", genannt. Palladio setzt hier erstmals die von ihm an anderer Stelle beschriebene „Sala a quattro colonne", den Saal mit vier Säulen, in einer Villa ein, die in diesem Fall im Schnitt eine Serliana bildet. Die Sala darüber bedarf der Säulen nicht mehr. In den Seitenteilen liegen durch Fenster erleuchtete ovale Treppenhäuser und zwei weitere Nebenräume.

Künstlerische Ausstattung von Alessandro Vittoria sind – außer dem Giebelrelief mit geflügelten Göttinnen und dem Wappen zur Straße hin – in dieser Villa lediglich die Statuen der Jahreszeiten in den Nischen der Sala a quattro colonne.

Literatur

Erwähnung bei Vasari 1568, in den „Quattro libri" 1570, bei Muttoni 1740, Bertotti Scamozzi 1778, Magrini 1845.

Nicht bei Burger 1909; Ackerman 1967, S. 58–59; Battilotti 1990, S. 70–72; Puppi 2000, S. 288–289, 464; Beltramini 2008, S. 26–27.

Erreichbarkeit

Montagnana (Provinz Padova), Via Borgo Eniano 1

Staatsstraße 247 von Vicenza bis Noventa Vicentina, nach rechts über Poiana Maggiore nach Montagnana

Besichtigung nur von außen

Villa Cornaro

1552

Herrenhaus und Garten sind erhalten und im Äußeren und Inneren wohlgepflegt.

Würdigung

Die Herrenhäuser der beiden von venezianischen Aristokraten errichteten Villen Pisani und Cornaro liegen in städtischer Umgebung. Sie präsentieren sich erstmals in der „palladianischen" Grundform späterer Villen Palladios, wenngleich die zweistöckigen mittleren Portiken noch keine Kolossalordnung aufweisen.
Die Ähnlichkeiten zwischen der Villa Pisani und der Villa Cornaro beruhen auf der Lage in städtischem Zusammenhang, auf quadratischem Grundriss, Zweistöckigkeit, zweistöckigen antikischen Portiken nach vorn und hinten – in beiden Fällen mit breiterem Mittelinterkolumnium –, seitlichen Anbauten, im Inneren auf einer Sala a quattro colonne mit Nischen für Statuen und ovalen Treppen. Die feinen Unterschiede bestehen im Äußeren darin, dass die Portiken der Villa Cornaro sechs Säulen haben mit ionischen und korinthischen Kapitellen, dass sie nach vorn und hinten vor Loggien stehen und dass der vordere Portikus deutlich vor die Fassade vortritt, sodass er an der Seite durch Wände mit Rundbogen abgeschlossen wird; dies erstmals im Villenbau Palladios.

Geschichte

Dank neuerer Archivdokumentation ist die Geschichte der Villa Cornaro gut bekannt. Seit 1539 besaß Girolamo Cornaro Ländereien mit Gebäuden in Piombino Dese, die er in den folgenden Jahren ergänzte. Zwischen 1539 und 1549 fanden Umbaumaßnahmen statt. Als Girolamo 1539 bis 1542 Capitano von Padua war, hatte er Kontakt zu Michele Sanmicheli als Festungsingenieur. Diesem wurde vermutlich – wie schon Vasari 1568 berichtete – die Umgestaltung eines Villenhauptgebäudes angetragen, das jedoch in der zweiten Hälfte des 18. Jahrhunderts zerstört wurde. Hier fand also wahrscheinlich eine Tätigkeit Sanmichelis am gleichen Ort statt, an dem dann auch Palladio wirkte.
1551 gab es eine Güterteilung unter Girolamos Söhnen Andrea und Giorgio. Andrea erhielt den Sanmicheli-Umbau. Der Auftraggeber und Bauherr des Palladio-Bauwerks wurde Giorgio Cornaro. 1553 hatten die Arbeiten bereits zur Errichtung des Haupt-

Andrea Palladio, Villa Cornaro in Piombino Dese, nach 1552, Grundriss und Ansicht der Straßenseite in den „Quattro libri", 1570

gebäudes geführt. 1554 waren sie noch im Gange. 1554 wurde ein Maurermeister für ein Treffen mit Andrea Palladio in Venedig bezahlt. Danach konnten die Arbeiten 1554 erst einmal abgeschlossen werden, als das Herrenhaus schon nutzbar, aber noch nicht vollendet war.

Die weiteren Arbeiten an der Villa Cornaro zogen sich dann offenbar länger hin: 1569 entstanden abseits gelegene Wirtschaftsgebäude. 1582 erklärten die Erben Giorgio Cornaros die Villa für noch nicht fertiggestellt. 1588 ist von einer Steinlieferung die Rede. Auch die Statuen der Sala von Camillo Mariani (1556–1611) – Skulpturen von Mitgliedern der Familie Cornaro, darunter Caterina Cornaro – sollen erst Ende des 16. Jahrhunderts ausgeführt worden sein. 1596 hielt sich Vincenzo Scamozzi in der Villa Cornaro auf; daraus wird geschlossen, dass er außer dem Bau

Folgende Doppelseite: Villa Cornaro, Gartenfassade

eines Wirtschaftsgebäudes auch die Vollendung der Villa Cornaro beaufsichtigt hat. 1613 wurde die vollendete Form der Villa Cornaro in einem Lageplan von R. Griffo abgebildet.

Beschreibung

Palladio beschrieb selbst die Villa: „Der folgende Bau, in Piombino, einem Ort bei Castel Franco, ist im Besitz des erlauchten Herrn Giorgio Cornaro. Die erste Ordnung der Loggien ist ionisch. Der Saal liegt etwas weiter im Inneren des Hauses, um vor großer Hitze und Kälte besser geschützt zu sein. Die Flügel, in denen man die Nischen sieht, sind ein Drittel so tief wie breit, die Säulen [des Saales] liegen in einer Flucht mit jeder vorletzten [...] Säule der Loggien [davor]. Ihr Abstand zueinander entspricht ihrer Höhe. Die größeren Räume sind eindreiviertel Quadrat lang, und die Gewölbehöhe entspricht der ersten Art [...]. Die mittleren haben einen quadratischen Grundriss und sind um ein Drittel höher als breit; die Gewölbe sind Muldengewölbe. Über den Kammern liegen Mezzanine. Die oberen Loggien haben korinthische Säulen, die um ein Fünftel schlanker sind als die unteren. Die Zimmer haben Flachdecken und darüber einige Bodenräume. Auf der einen Seite liegen die Küche und Vorratskammern, auf der anderen die Räume für die Bediensteten."[251]

Von Montagnana, 30 Kilometer südlich von Vicenza, ist Piombino Dese, 30 Kilometer westlich von Vicenza, etwa 50 Kilometer entfernt. Die formale Verwandtschaft der beiden Bauten erklärt sich außer mit dem Entwurf Palladios in erster Linie durch die Herkunft der Bauherren aus Venedig und ihre dortigen Kontakte.

Auch bei der Villa Cornaro äußerte Palladio sich nicht über die Einpassung in die Landschaft. Sie stellt eher ein städtisches Gebäude an einer Ausfallstraße von Piombino dar.

Der kompakte Baukörper ist über einem Quadrat errichtet. Nach vorn tritt der doppelstöckige Portikus im Mittelteil deutlich vor. Hier haben die Säulen unten die ionische, oben die korinthische Ordnung. Seitlich sind zwei nicht so tiefe und nicht so hohe dreiachsige Nebenbauten angefügt. Ein umlaufendes ionisches Gesims trennt die beiden Geschosse.

Die Innenraumformation erfährt noch wieder eine Veränderung. Zwar ist die alte Dreiteilung der Casa Veneziana angedeutet. Beide Vorhallen vorn und hinten haben die Breite des Mittelteils. Die quadratische Sala – unten als Sala a quattro colonne angelegt – hat die Breite des Mittelteils und ist in die Mitte des Gebäudes gerückt. Um sie herum gruppieren sich drei unterschiedliche Nebenräume. Ergänzt werden diese Nebenräume in den seitlichen Anbauten.

Auch in der Villa Cornaro ist der Hauptschmuck ein skulpturaler: sechs Skulpturen in den Nischen der Sala a quattro colonne, die Figuren der Familie Cornaro.

Literatur

Erwähnung bei Vasari 1568, in den „Quattro libri" 1570, bei Muttoni 1740, Bertotti Scamozzi 1778, Magrini 1845.
Burger 1909, S. 95–98; Ackerman 1967, S. 60–62; Battilotti 1990, S. 73–76; Puppi 2000, S. 292–297, 464–465; Mitrovic, Branko/Wassell, Stephen R.: Andrea Palladio's Villa Cornaro in Piombino Dese, New York 2006; Beltramini 2008, S. 28–29.

Erreichbarkeit

Piombino Dese (Provinz Padova). Via Roma 104
Staatsstraße 53 von Vicenza Richtung Treviso, in Castelfranco rechts auf der Staatsstraße 307, bei Resana links nach Piombino
Voranmeldung im Caffè Palladio gegenüber der Villa: Tel. 0039/049/93 65 017
Mai–Sept. Sa 15.30–18 Uhr
Gruppen über zehn Personen nach Voranmeldung das ganze Jahr über

Villa Schio

Um 1552

Das Gebäude ist zerstört.

Würdigung

Die erhaltene Zeichnung von Bertotti Scamozzi stellt nichts dar, das mit einem Villenentwurf oder -bau von Palladio in den 1550er Jahren vergleichbar wäre, sodass eine Mitwirkung Palladios zweifelhaft bleibt.

Geschichte

Das Aussehen der nicht mehr existierenden Villa Schio, wegen ihrer geringen Größe auch villino genannt, ist in einer Aufrisszeichnung von Ottavio Bertotti Scamozzi von 1778 überliefert. Von diesem stammt auch der Hinweis auf Palladio, dessen Entwurf hinter dem Umbau eines älteren Gebäudes stehe.
Aus einem Inventar von 1566 geht hervor, dass das Gebäude nach einer Erbteilung von 1556 im Besitz des Bernardo Schio war. Dessen Vater Sebastiano Schio hatte 1552 den Maurermeister Pietro da Nanto beauftragt, ein bereits bestehendes Gebäude umzubauen. Dass aber Palladio zu diesem Entwurf beigetragen habe, ist lediglich eine Vermutung. Sie geht auf den Hinweis von Bertotti Scamozzi zurück. Außerdem stützt sie sich darauf, dass die Schio zu den architekturinteressierten Vicentiner Aristokraten gehörten und dass Pietro da Nanto auch in anderen Fällen im Umkreis von Palladio gearbeitet hat. Aber eine Zeichnung von Palladio existiert nicht und auch keine sichere Nachricht darüber. Das Bauwerk auf der Zeichnung von Bertotti Scamozzi lässt eine Mitwirkung Palladios nicht erkennen. Die theoretische Frage, ob Palladio an diesem nicht mehr vorhandenen Gebäude mitgewirkt habe, ist also kaum stichhaltig zu beantworten.

Beschreibung

Die Zeichnung Bertotti Scamozzis von der nicht erhaltenen Villa Schio in Preara, etwa 12 Kilometer nördlich von Vicenza, zeigt eine dreiteilige Fassade, deren Struktur grundsätzlich der Dreiteiligkeit der frühen Villa Trissino entspricht: Links und rechts erscheinen zwei Ecktürme mit je einer Fensterachse, die von dem Vorgängerbau stammen könnten. Dazwischen spannt sich ein leicht zurückgesetzter Mittelteil mit Mittelportal, zu dem eine schmale Freitreppe führt. Ähnlichkeiten mit Palladio-Villen der Zeit um 1550 sind nicht erkennbar.

Literatur

Erwähnung bei Bertotti Scamozzi 1778. Mitwirkung Palladios bei einem Umbau vermutet. Nicht bei Burger 1909; nicht bei Ackerman 1967; Battilotti 1990, S. 69; Puppi 2000, S. 288, 485; Battilotti 2005, VI 330, S. 309f.; nicht bei Beltramini 2008.

Erreichbarkeit

Ehemals in Preara, Ortsteil von Montecchio Precalcino (Provinz Vicenza), Via Preara 23
Staatsstraße 248 von Vicenza Richtung Bassano, bei Passo di Riva links über Montecchio nach Preara

Villa Zeno

Nach 1554

Das Herrenhaus mit späteren Anbauten ist erhalten, aber in verwahrlostem Zustand.

Würdigung

Die Villa gehört zum Typ der Villa Saraceno und Caldogno mit übergiebeltem Mittelrisalit und drei Rundbogenöffnungen, den Palladio in den 1540er Jahren mehrfach realisiert hat. Sie ist nach diesen beiden entworfen und ausgeführt worden.

Geschichte

Für die Geschichte der Villa Zeno gibt es nur wenige klare und belastbare Datenangaben, sodass für die Einschätzung der Entstehung auch der stilgeschichtliche Vergleich mit anderen Villen herhalten muss.

1554 kam das Gelände mit einem älteren Herrenhaus über eine Erbschaft seiner Frau in den Besitz des venezianischen Aristokraten Marco Zeno. 1556 wurde Zeno Podestà des nahe gelegenen Motta und hatte ein Interesse, in dieser Zeit die Villa in Donegal zu bewohnen. Palladio selbst weist in seinem Text in den „Quattro libri" auf die Nähe von Motta hin.

1566 erscheint die Villa mit ihrem Landbesitz dann in einer Vermögenserklärung des Marco Zeno. Zu dieser Zeit war die Villa längst fertig. Außerdem ist bekannt, dass Zeno 1558 bis 1559 Podestà von Vicenza war und dort Kontakt mit Palladio gehabt haben muss, auch weil dieser an zwei Brückenprojekten von 1559 beteiligt war. Für diese Zeit kann aber nicht mehr gelten, was für die 1540er Jahre galt, dass nämlich Venezianer den damals noch auf Vicenza beschränkten Architekten erst kennenlernten, wenn sie in einer offiziellen Position in Vicenza tätig waren. Inzwischen hatte Palladio längst zahlreiche Villen im Veneto geplant, darunter mehrere Villen für Venezianer, von der Villa Pisani 1542 bis zur Villa Foscari 1559, hatte mit dem Venezianer Barbaro den Vitruv-Kommentar 1556 verfasst und sich selbst in Venedig an Bauprojekten beteiligt. Zeno wird ihn als Villen-Architekten schon seit den 1540er Jahren gekannt haben. Die Villa kann deshalb durchaus vor der Zeit, in der Zeno Podestà von Vicenza war, entstanden sein.

1570 veröffentlichte Palladio selbst die Villa Zeno in den „Quattro libri" unter den Villen, die er für Venezianer gebaut hat. Vielleicht kann die genaue Betrachtung des

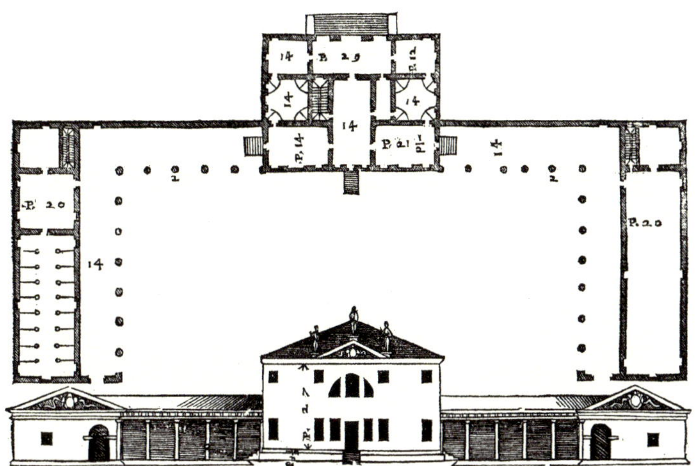

Andrea Palladio, Villa Zeno in Donegal di Cessalto, nach 1554, Grundriss und Ansicht der zum Kanal gerichteten Fassade in den „Quattro libri", 1570

Textes in den „Quattro libri" weitere Hinweise geben. Zwar sind die ausgewählten Beispiele dort nicht grundsätzlich chronologisch geordnet. Sie beginnen aber mit dem in der Tat frühesten Bau für Venezianer, nämlich der Villa Pisani in Bagnolo, dann folgt die Villa Badoer, die später entstanden ist, und als dritte erscheint die Villa Zeno, vor den Villen Foscari, Barbaro, Pisani in Montagnana, Cornaro, Mocenigo und Emo. Dies könnte ein Hinweis darauf sein, dass die Villa Zeno unter den Villen für Venezianer womöglich doch eine besonders früh entstandene wäre. Aus dem Text selbst lässt sich dazu nichts Weiteres erschließen.

Bei einem Vergleich mit allen in den „Quattro libri" vorgestellten Villen ergibt sich, dass die Gesamtanlage der Villa Zeno innerhalb eines rechteckigen Barchessen-Hofes denjenigen der Villa Pisani, der Villa Saraceno, der Villa Poiana und der Villa Angarano verwandt ist, also Anlagen, die aus den 1540er Jahren stammen.

Deutlicher noch fällt das beim Vergleich der Formen des Herrenhauses auf. Die Villa Zeno hat keinen antikischen Portikus mit Tempelgiebel, wie er seit etwa 1550 für Palladio-Villen üblich wurde. Sie gehört vielmehr zu den Villen, die einen leicht vortretenden Mittelrisalit aufweisen, der sich in drei Rundbogen öffnet und übergiebelt ist. Dies erscheint besonders typisch bei den Villen Saraceno und Caldogno aus den 1540er Jahren. Danach spricht vieles dafür, dass die Villa Zeno noch zu den früheren Villenprojekten Palladios gehört. Es ist wahrscheinlich, dass Zeno unmittelbar nach der Übernahme des Landbesitzes 1554 von Palladio die Villa im Sinne seines älteren und bewährten Typs entwerfen und für die Amtszeit in Motta 1556 bis 1558 schnell errichten ließ. Später, während seiner Tätigkeit im weit abgelegenen Vicenza,

scheint an eine Ausstattung für weitere Nutzung nicht mehr gedacht worden zu sein.

Villa Zeno, Mittelrisalit der nach hinten gerichteten Fassade

Von den geplanten Nebengebäuden ist vermutlich nichts realisiert worden, jedenfalls nichts mehr erhalten.

Beschreibung

Palladio selbst schreibt in den „Quattro libri“: „Der erlauchte Herr Marco Zeno hat nach dem nun folgenden Plan in Cesalto gebaut, einem Ort unweit Motta, einem Kastell im Trevigiano. Auf einem Sockel, der das ganze Gebäude umging, liegt der Fußboden der Zimmer, die alle eingewölbt sind. Die Gewölbehöhe der großen Räume richtet sich nach der zweiten Art, in der man die Gewölbehöhe bestimmt [...]. Die Räume über quadratischem Grundriss haben ihre Pendentifs (lunette) in den Ecken, auf der Linie der Fenster. Die kleinen Räume neben der Loggia haben Tonnengewölbe, ebenso der Saal. Das Gewölbe der Loggia ist so hoch wie das des Saales, und beide überragen die Höhe der Zimmer. Zum Gebäude gehören Gärten, Höfe, Taubenhaus und alles, was einer Villa von Nutzen ist.“[252]

Die Villa liegt unweit der Lagune, etwa 30 Kilometer nordöstlich von Mestre, an einem Kanal, über den sie zu Schiff zu erreichen war. Motta, der Ort, an dem Zeno 1556 Podestà wurde, liegt etwa 10 Kilometer nördlich davon. In der Nähe der flachen Lagune hat Palladio keine Einpassung in eine nennenswerte Landschaft vornehmen müssen.

Nach Palladios in den „Quattro libri“ veröffentlichter Planung sollte sich der Barchessenhof zum Kanal und zur heutigen Straße hin öffnen, hierher sollte sich die Neben- oder Rückfassade wenden, während die Vorderfassade mit Freitreppe und Öffnungen rückwärts ins Land hineinragen sollte. So präsentiert sich auch heute noch das verwahrloste Bauwerk inmitten von einigen späteren Nebengebäuden und verwilderten Hof- und Gartenflächen.

Das Gebäude hat einen kompakten Baukörper über etwa quadratischem Grundriss. Das Bodenniveau scheint aufgehöht zu sein, sodass ein ehemaliger umlaufender Sockel und nach hinten die Stufen einer Freitreppe nicht mehr in Erscheinung treten. Die in den „Quattro libri“ dargestellte Rückfassade hatte ursprünglich einen übergiebelten Mittelteil mit einfachem rechteckigen Eingang, flankiert von Fenstern, sowie darüber ein Thermenfenster; dies ist aber zugemauert und durch rechteckige Fenster ersetzt. Die nach hinten gerichtete Hauptfassade weist einen leicht vorspringenden übergiebelten Mittelrisalit auf, von dem drei Rundbogenöffnungen in eine Loggia führen.

Folgende Doppelseite: Villa Zeno, zum Kanal gerichtete Fassade. Das Thermenfenster ist zugesetzt.

Die Raumkomposition umspielt die Dreiteilung der Casa Veneziana. Zwar gibt es noch die Folge von Vorhalle und Sala. Aber die Sala ist wesentlich schmaler als die Vorhalle, sodass die Nebenräume in den Seitenteilen unterschiedliche Grundrisse erhalten konnten.
Von Skulpturenschmuck oder Ausmalungen ist nichts bekannt, jedenfalls nichts erhalten.

Literatur

Erwähnung bei Vasari 1568, in den „Quattro libri" 1570, bei Muttoni 1740, Bertotti Scamozzi 1781, Magrini 1845.
Burger 1909, S. 47–49; Ackerman 1967, S. 43; Battilotti 1990, S. 67–68; Puppi 2000, S. 373–375, 472; Beltramini 2008, S. 30–31.

Erreichbarkeit

In Donegal di Cessalto (Provinz Treviso), Via Donegal
Autobahn A4 von Vicenza über Venedig bis Ausfahrt Cessalto, Richtung Céggia, am Kanal Piavon
Fax 0039/0422/75 26 88, liasora@doge.it, www.liasora.com
Besichtigung nur nach Voranmeldung: Gruppen unter zehn Personen Mai–Sept. Sa 15.30–18.30 Uhr. Gruppen über zehn Personen nach Voranmeldung das ganze Jahr über

Villa Mocenigo in Marocco

Entworfen um 1554, teilweise Ausführung erst nach 1560, Abriss Anfang des 19. Jahrhunderts

Von den Resten der ausgeführten Bauteile ist nichts erhalten.

Würdigung

Die Wertschätzung Palladios durch den venezianischen Aristokraten Leonardo Mocenigo seit den 1550er Jahren und dessen Bemühungen um eine organisatorische und bauliche Neuordnung des Landbesitzes der Familie machen es wahrscheinlich, dass Palladio schon früh mit den architektonischen Planungen für dessen beide Villen in Marocco wie an der Brenta befasst war und seine ersten Entwürfe aus dieser Zeit stammen, vermutlich in den 1550er Jahren vor Mocenigos diplomatischer Tätigkeit in Deutschland 1557 bis 1559.

Im Falle der Villa in Marocco spricht dafür auch deren stilgeschichtliche Verwandtschaft mit den Villen für zwei andere Venezianer, die Villa Pisani in Montagnana, nach 1552, und die Villa Cornaro, nach 1552. Mit diesen hätte sie den zweistöckigen Portikus, seitliche Anbauten und auch den Hauptsaal mit vier Säulen gemeinsam gehabt, sodass ihr Entwurf sich zu einer Gruppe zusammenschließt. Ausgeführt wurden die Arbeiten wie bei der Villa Mocenigo sopra la Brenta erst nach der Rückkehr Mocenigos aus Deutschland ab 1560. Bei beiden Villen waren offenbar Sparmaßnahmen sowohl für den verzögerten Beginn als auch für die reduzierte und geänderte Ausführung die Ursache. Die Unvollkommenheit der Ausführung hat letztlich in beiden Fällen zur späteren Beseitigung der Reste geführt. Für die Villa in Marocco hat Palladio aber 1570 in den „Quattro libri“ offenbar seinen ursprünglichen Plan veröffentlicht.

Geschichte

Die Hochschätzung Palladios geht aus der Fülle von Aufträgen hervor, die dieser von Leonardo Mocenigo erhielt: der Entwurf der Villa in Marocco, der Entwurf der Villa an der Brenta, der Umbau eines Hauses in Padua, der Bau einer Familienkapelle in der für den Bau des Bahnhofs im 19. Jahrhundert abgerissenen Kirche Santa Lucia in Venedig sowie der Entwurf einer Holzschatulle in der Form des Konstantinsbogens

Andrea Palladio, Villa Mocenigo in Marocco, um 1554, Grundriss und Ansicht in den „Quattro libri“, 1570

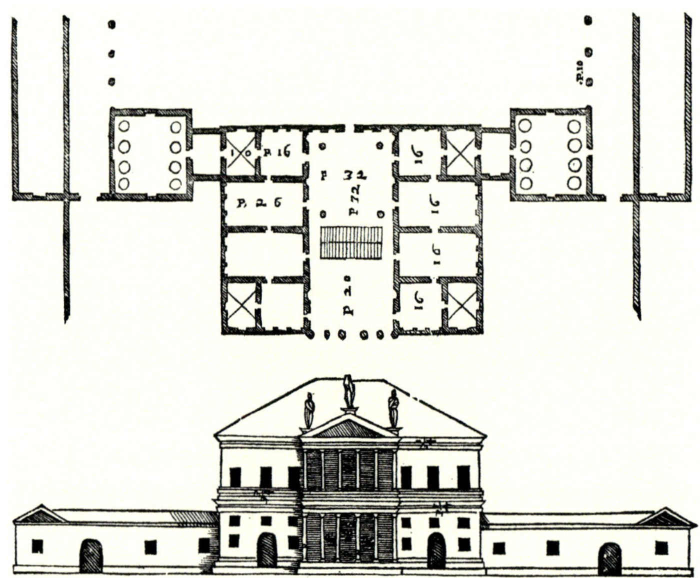

in Rom für seine Münzsammlung. Keines von diesen Objekten ist heute noch erhalten. Dennoch belegen sie den Ehrgeiz des antiquarisch Gelehrten, der sich im Kreis der anderen gebildeten venezianischen Aristokraten bewegte und in seinen späten Jahren auch – wenngleich vergeblich – das Amt des Dogen anstrebte.

Über die Anfänge der Planungen Mocenigos und Palladios ist nichts Konkretes bekannt. Wie bei der Villa an der Brenta scheint Mocenigo schon um 1554 mit Palladio deshalb Kontakt gehabt zu haben. Seit um 1550 hatte Palladio mit dem Venezianer Daniele Barbaro am Vitruv-Kommentar gearbeitet. Seit 1552 hatte er mit den Venezianern Pisani und Cornaro deren Villen in Montagnana und Piombino geplant. Palladio war als Villenarchitekt der Venezianer akzeptiert. So wie die Arbeiten an der Villa sopra la Brenta schon 1554 begannen, aber erst nach der Rückkehr Leonardos aus Deutschland fortgesetzt wurden, scheinen auch die an der Villa in Marocco erst danach ausgeführt worden zu sein. „MDLXII construxit“, 1562 ausgeführt, hat Magrini 1845 auf einer Inschrift gelesen. In einer Handschrift der „Quattro libri“ erscheint die Villa in den 1560er Jahren. Vasari erwähnt sie 1568 – nach Einsicht dieses Manuskripts – als vollendet.

Palladio stellte die Villa Mocenigo 1570 in den „Quattro libri“ im Kapitel der Villen von Venezianern dar, direkt folgend auf die Villen Pisani, nach 1552, und Cornaro, nach 1552, und ließ dabei auch die formalen Verwandtschaften mit diesen erkennen,

sodass sich die zeitliche und stilistische Nähe der drei Entwürfe geradezu aufdrängt. Er beschrieb die Villa als existentes Gebäude.
Von Muttoni 1740 und Bertotti Scamozzi 1781 erfahren wir allerdings, dass von der Villa nur ein Teil, angeblich „ein Drittel", wohl im Vergleich mit der Darstellung in den „Quattro libri", realisiert worden sei. Muttoni berichtet von einer Verlegung der Haupttreppe, Bertotti Scamozzi von Maßstabveränderungen der Räume, von Balkendecken anstelle der Gewölbe und von der Hinzufügung eines Mezzaningeschosses.

Beschreibung

Palladio präsentierte die Villa im Text der „Quattro libri" in der üblichen Weise: „Der unten gezeigte Bau gehört dem erlauchtesten Herrn Leonardo Mocenico, auf einem Landsitz (villa) mit Namen Marocco, der am Wege von Venedig nach Treviso liegt. Die Keller liegen im Erdgeschoss und über ihnen auf der einen Seite die Kornspeicher, auf der anderen die Räume für den Bedarf der Familie, darüber die Räume des Hausherrn, in vier Wohnungen unterteilt. Die größeren haben Gewölbe, die einundzwanzig Fuß hoch und aus Rohr gefertigt sind wegen seines geringeren Gewichts. Die Gewölbe der mittleren Räume haben dieselbe Höhe wie die größeren. Die kleinen, also die Kammern, haben Kreuzgratgewölbe, die siebzehn Fuß hoch sind. Die Säulen der unteren Loggia sind ionischer Ordnung. Der Saal im Erdgeschoss hat vier Säulen, welche die Höhe zur Breite proportionieren. Die obere Loggia hat korinthische Säulen und eine Brüstung, die zweidreiviertel Fuß hoch ist. Die Treppen liegen in der Mitte; sie trennen den Saal von der Loggia und laufen im Gegensinn zueinander, sodass man sowohl links wie rechts hinauf- und hinabsteigen kann. Sie sind sehr bequem, schön und ausreichend hell. In den Flügeln sind Räume für die Weinbereitung untergebracht, die Ställe, die Säulengänge und andere Einrichtungen zum Nutzen der Villa."[253]
Marocco liegt unweit von Venedig, etwa 5 Kilometer nördlich von Mestre, im flachen Lagunengebiet und war leicht zu Schiff oder auf der Straße nach Treviso zu erreichen. Die Einpassung in eine besondere Landschaft oder in ein größeres Landgebiet hat offenbar keine Rolle gespielt.
Wie Palladios Darstellung der Villen Pisani und Cornaro zeigt auch die der Villa Mocenigo in Marocco keine gestaltete Gesamtanlage. Wie dort sind nur zwei seitliche Nebengebäude entworfen, eine Fortsetzung von Anbauten dagegen ist nur angedeutet. Als Gemeinsamkeit mit den beiden anderen Villen fallen der kompakte Baukörper und der zweistöckige Portikus ins Auge. Der Portikus ist nicht wie bei der Villa Cornaro nach vorn gerückt, sondern steht in der Fassadenebene, hat aber wie bei dieser sechs Säulen mit weiterem Mittelinterkolumnium.

Die Innenraumkomposition war jedoch anders gedacht. Deutlicher war hier die Dreiteilung der Casa Veneziana beibehalten. Im Mittelteil folgten dem Portikus eine quadratische Loggia, ein Treppenhaus und dann wieder eine quadratische Sala a quattro colonne. In beiden gleich breiten, dreiachsigen Seitenteilen waren je zwei größere und vier kleinere Nebenräume angeordnet. Eine Öffnung nach hinten, ebenfalls mit einem Portikus, war hier nicht vorgesehen.
Es gibt keinen Hinweis auf bildkünstlerische Ausstattung. Auch dies spricht für eine finanziell prekäre Situation der Auftraggeber.

Literatur

Erwähnt bei Vasari 1568, in den „Quattro libri" 1570, bei Muttoni 1740, Bertotti Scamozzi 1781, Magrini 1845.
Burger 1909, S. 118–120 (verwechselt mit der Villa sopra la Brenta); Ackerman 1967, S. 76–77; Battilotti 1990, S. 111–112; Puppi 2000, S. 330–331, 472–473; nicht bei Beltramini.

Erreichbarkeit

Ehemals in Marocco di Mogliano (Provinz Treviso), an der Staatsstraße 13 von Venedig nach Treviso nahe der Dese-Brücke. Dort ist nichts mehr vorfindlich.

Villa Ragona

Um 1555

Die Pläne zur Villa Ragona wurden vermutlich niemals ausgeführt.

Würdigung

Die Baukörper der Villen Ragona, Chiericati Porto und Porto, alle mit übergiebeltem Portikus von vier Kolossalsäulen, leiten einen neuen „palladianischen" Typ des Villenherrenhauses ein.
Die Villa Ragona, wäre sie ausgeführt worden, hätte zwei Geschosse gehabt, die Villen Chiericati Porto und Porto haben ein Hauptgeschoss und ein Mezzanin.
Die Gesamtanlage der Villa Ragona mit Barchessen um einen rechteckigen Hof sowie einem Herrenhaus mit übergiebeltem viersäuligen Portikus und Freitreppe ist für die Entwicklung von Palladios Villen in den 1550er Jahren so charakteristisch, dass er sie wohl aus diesem Grund in den „Quattro libri" den Lesern vorgeführt hat. Der rechteckige Hof sollte noch den Anlagen der 1540er Jahre entsprechen. Aber die Freitreppen, die in die Barchessenvorhallen führen sollten, und der übergiebelte Portikus aus Kolossalsäulen waren die wichtigen neuen Schritte. Die Palladianisten schenkten der Villa offenbar deshalb eine besondere Aufmerksamkeit.
Es muss etwas bedeuten, dass Palladio den Entwurf der Villa Ragona, der zeitlich in die Nähe der Entwürfe der Villen Chiericati Porto und Porto gehört, publiziert hat, jene aber nicht. Der Entwurf für die Villa Ragona war vermutlich der erste der drei Entwürfe dieses neuen Gebäudetyps.[254]

Geschichte

Die Archivalien lassen darauf schließen, dass es in Ghizzole, dem Familienbesitz der Vicentiner Aristokratenfamilie Ragona 1554, Land- und Hausbesitz eines Giovanni Paolo Ragona und seines Bruders Pietro gegeben hat. Für 1563 wird auch noch der Besitz des Girolamo Ragona mit einer ausführlicheren Beschreibung der Gebäude genannt, die zu dieser Zeit schon standen; es muss eine größere Anlage gewesen sein, zu der ein Gebäude mit drei Geschossen gehört hat. Nähere Beschreibungen oder einen Hinweis auf Palladio gibt es aber nicht.
1570 schrieb Palladio selbst in den „Quattro libri", dass Girolamo Ragona in Ghizzole, seinem Landsitz, eine von Palladio dargestellte Villenanlage neu habe errichten

Andrea Palladio, Villa Ragona in Ghizzole di Montegaldella, um 1555, Grundriss und Ansicht des Herrenhauses mit Hof in den „Quattro libri", 1570

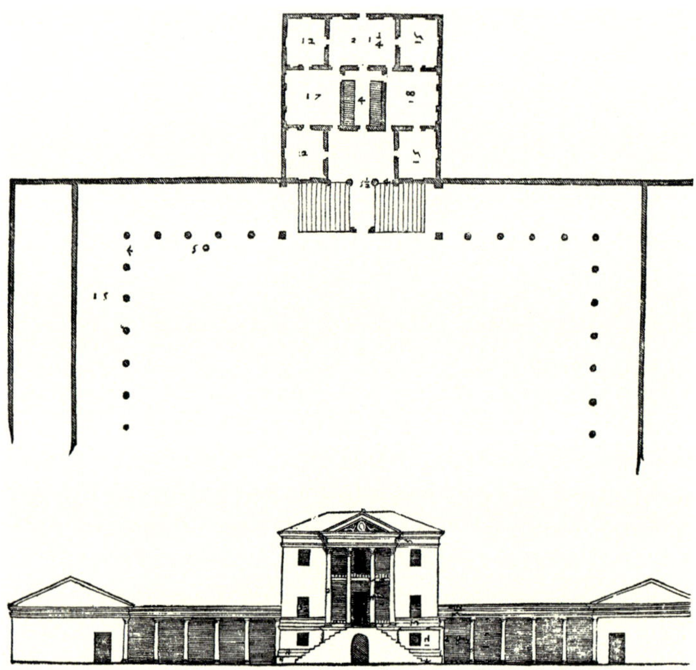

lassen. Von dieser Anlage zeugen heute aber nur noch Wirtschaftsgebäude mit „vorwiegend horizontaler Erstreckung",[255] die aus dem späten 16. Jahrhundert stammen. Schon Muttoni hat die palladianische Anlage 1740 vergeblich gesucht. Bertotti Scamozzi vermutete den teilweisen Umbau eines älteren Gebäudes. Und auch Magrini erkannte nur einen älteren Bau, an dem Umbaumaßnahmen vorgenommen worden sein könnten. Deshalb muss angenommen werden, dass es zu einem Entwurf gekommen ist, dass dieser aber nicht ausgeführt wurde. Eine Datierung für den Entwurf gibt es nicht. Deshalb ist nur eine stilgeschichtliche Einordnung möglich.

Cevese stellt von der Gruppe von alten Gebäuden in Ghizzole fest, dass alle unabhängig voneinander seien: eine kleine Frührenaissance-Kapelle, ein Villenherrenhaus aus dem 16. Jahrhundert, eine lange Barchessa des 17. Jahrhunderts und ein unscheinbares Gebäude, das aus gotischer Zeit stamme. Bei Battilotti 2005 wird dieser Komplex beschrieben ohne einen Hinweis auf Palladio. Bei einem anderen Gebäude in Ghizzole, dem der heutigen Azienda Agrituristica La Sophora, sind am Tor dorische Säulenstümpfe verarbeitet.

Als Architekten des Herrenhauses vermutet Cevese einen Dilettanten aus der Bauherrenfamilie, Alfonso Ragona, der von Leonardo Trissino erwähnt worden sei. Dieser ausgeführte Bau eines Herrenhauses aus dem 16. Jahrhundert hat keine Verwandtschaft mit dem von Palladio veröffentlichten Entwurf. Es ist ein Bau, der nach dem Erscheinen der „Quattro libri" entstanden sein muss.
Das ältere Gebäude des Quattrocento könnte nach Meinung Ceveses aber dasjenige sein, für das ein Umbau oder Neubau zu Zeiten Palladios geplant wurde.[256] Die vorhandenen dorischen Säulenstümpfe könnten Überreste von nicht benutztem Baumaterial für Barchessen sein.

Beschreibung

Palladio gab selbst eine kurze Beschreibung: „Die folgenden Bilder zeigen die Anlage des Herrn Girolamo Ragona, eines Vicentiner Edelmannes, die er in Ghizzole, seinem Landsitz, gebaut hat. Dieser Bau bietet eine oben schon erwähnte nützliche Einrichtung: Alle Wege sind überdacht. Der Fußboden der Zimmer des Hausherrn liegt zwölf Fuß über dem Terrain. Unter diesen Zimmern liegen die Räume für den täglichen Bedarf der Familie. Ganz oben befinden sich Räume, die als Getreidespeicher dienen, aber auch als Wohnräume genutzt werden können, je nach Bedarf. Die Haupttreppen liegen in der Fassade vor dem Haus und sind in die Säulengänge des Hofes eingegliedert."[257]
Der Standort der geplanten Villa befindet sich im Tal des Bacchiglione etwa 12 Kilometer südöstlich von Vicenza zwischen den Erhebungen der Monti Berici und der Colli Euganei. Eine Einpassung in die Landschaft, etwa mit Blick in die Hügel, erwähnte Palladio nicht, aber die Lage inmitten des Landgutes.
Seine Zeichnung deutet eine rechtwinklige, den rechteckigen Hof umgebende Gesamtanlage an mit Vorhallen von toskanischen oder dorischen Säulen und geradem Gebälk an jeder Seite des Herrenhauses. Im Hintergrund des Hofes sollte in der Mitte das Herrenhaus stehen; nach dem Grundriss und der Beschreibung – denen die Ansicht nicht ganz entspricht – sollten die Barchessenvorhallen von der zweiläufigen Freitreppe aus erreicht werden können. Die Anlage des Hofes hat ungefähre Entsprechungen in den Darstellungen für die Villa Pisani in Bagnolo, die Villa Zeno, die Villa Saraceno und die Villa Angarano, die eine frühe Datierung nahelegen. Die Fassade des Herrenhauses weist aber bereits den viersäuligen Portikus mit Kolossalordnung als Mittelrisalit mit hoher doppelläufiger Freitreppe inmitten von einachsigen Seitenteilen auf, eine klassische palladianische Fassade, wie sie erst seit den 1550er Jahren auftritt. Sie müsste um 1555 entworfen sein.

Der kompakte Baukörper hätte quadratischen Grundriss und beinahe Würfelform gehabt. Die Innenraumkomposition sah eine Variante der Dreiteilung der Casa Veneziana – wie bei der Villa Zeno – vor: Auf eine tiefe Vorhalle folgte ein belichtetes Treppenhaus in der Mitte des Gebäudes. Um das Treppenhaus gruppierten sich verschieden große Räume, unter denen eine Sala sich nicht ausdrücklich hervorgehoben hätte.
Von künstlerischer Ausstattung gibt es natürlich keine Erwähnung.

Literatur

Erwähnung in den „Quattro libri" 1570, bei Muttoni 1740, Bertotti Scamozzi 1778, Magrini 1845.
Burger 1909, S. 135; Ackerman 1967, S. 75–76; Cevese 1971, S. 498–500; Battilotti 1990, S. 77; Puppi 2000, S. 295, 467; Battilotti 2005, VI 350, S. 328f.; nicht bei Beltramini 2008.

Erreichbarkeit

In Ghizzole di Montegaldella (Provinz Vicenza), Strada Comunale delle Ghizzole
Staatsstraße 11 von Vicenza Richtung Padua, bei Grisignano di Zocca rechts über Montegalda und Montegaldella Richtung Villaganzerla, Straße nach Ghizzole rechts ab. Die Lage des geplanten Gebäudes lässt sich nicht ermitteln.

Villa Chiericati Porto

Nach 1554

Das Herrenhaus sowie spätere Barchessengebäude rechts davon sind in angemessenem Zustand.

Würdigung

Trotz Veränderungen während längerer Ausführungszeit ist ein Bau mit palladianischer Fassade und Portikus entstanden, der bereits eine Kolossalordnung hat: Der offenbar frühestentworfene, dann auch ausgeführte und noch erhaltene Bau dieses Typs, der mit den Entwürfen für die Villa Ragona und die Villa Porto zusammen gesehen werden muss.

Geschichte

Palladio hat das Bauwerk dennoch nicht in die Auswahl für die „Quattro libri“ 1570 aufgenommen. Muttoni nannte 1740 aber Palladio als Urheber, während Bertotti Scamozzi dies 1781 verneinte. Erst seit Burger 1909 wird die Villa von einer Mehrheit Palladio zugeschrieben.

Eine undatierte Grundrisszeichnung Palladios kommt dem ursprünglichen Bau des Herrenhauses sehr nahe, sodass angenommen werden kann, dass es einen Auftrag an Palladio gegeben hat. Auf der Rückseite der Vorzeichnung erscheint die Skizze des Grundrisses eines anderen Villenherrenhauses, das noch keinen vorgezogenen Portikus aufweist, aber im Übrigen der Skizze des Grundrisses der Villa Porto in Vivaro di Dueville gleicht. Offenbar hat Palladio sich etwa gleichzeitig mit Grundrissentwürfen der Villen Chiericati Porto und Porto beschäftigt.[258]

Immerhin kam der Auftraggeber aus der Familie der Vicentiner Aristokraten Chiericati, die Palladio bei der Durchsetzung der Basilica unterstützt hatte. Es war Giovanni Chiericati, ein Bruder von Girolamo Chiericati, für den Palladio ab 1550 den Palazzo Chiericati in Vicenza ausführte. Die Zuschreibung an Palladio erscheint danach wohl begründet.

1554 waren noch die Vorgängerbauten vorhanden. Deshalb wird vermutet, dass Palladios erste Zeichnungen nach seiner Romreise von 1554 enstanden sind. Nach dem Entwurf und Baubeginn scheinen sich die Arbeiten aber in die Länge gezogen zu haben. 1557 berichtete ein Testament Giovanni Chiericatis, dass die Villa noch im

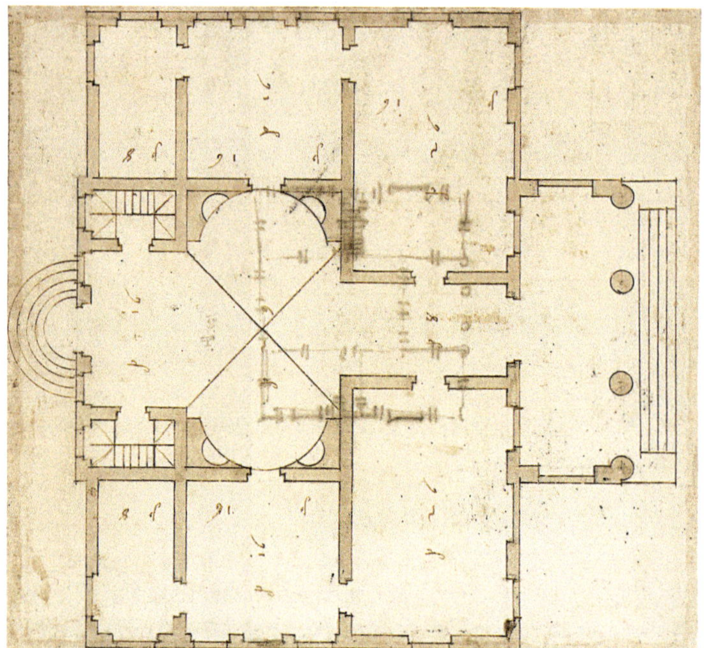

Andrea Palladio, Villa Chiericati Porto in Vancimuglio di Grumolo, nach 1554, Grundrisszeichnung mit breiter Freitreppe. Die durchscheinende Zeichnung eines Grundrisses auf der Rückseite entspricht dem der Villa Porto.

Bau sei. In diesem Testament bat Chiericati, gestorben 1558, seine Erben, den Bau bis zur Vollendung fortzuführen. 1562 wurden in einer Karte Rohbauten verzeichnet. 1564 gab Lionello Chiericati, der Sohn Giovannis, den Besitz eines unbewohnten Gebäudes ohne Dachboden und Fenster an. Ein neuer Besitzer, ebenfalls aus einer Familie, für die Palladio viel gebaut hat, Ludovico Porto, der das Haus 1574 erwarb, ließ die Villa dann fertigstellen. 1584 wird sie als „palazzo novo“ bezeichnet; das Wort „palazzo“ weist auch darauf hin, dass es noch keine landwirtschaftliche Anlage war.

Offensichtliche Abänderungen erfuhr im Laufe der Arbeiten die Sala, deren Gewölbe – ähnlich wie bei der Sala in der Villa Pisani in Bagnolo – ursprünglich durch ein Thermenfenster in der Hinterfront erleuchtet werden sollte. Sie wurde flach gedeckt und das Thermenfenster zugesetzt. Vergleicht man die Vorzeichnung mit der Ausführung, dann ist auch die ursprünglich breite Freitreppe mit einem schmaleren Lauf ausgeführt worden.

Im 18. Jahrhundert erst wurde der rechts des Herrenhauses liegende Wirtschaftstrakt mit Vorhalle ausgeführt; für den Entwurf 1768 wird bei Magrini 1845 immerhin Bertotti Scamozzi genannt.

Villa Chiericati Porto, Ansicht von Baukörper und Portikus

Beschreibung

Die Villa Chiericati Porto liegt etwa 10 Kilometer südöstlich von Vicenza im flachen Land in Vancimuglio di Grumolo zwischen den Flüssen Bacchiglione und Ceresone an der Straße nach Padua. Aus dem Portikus blickt man auf die Erhebungen der Monti Berici und der Colli Euganei, aus der Sala das Brentatal hinauf in die Voralpenlandschaft.

Von einer geplanten Gesamtanlage um das Herrenhaus herum gibt es keine Spur. Vielleicht sind das Fehlen einer Gesamtanlage und die späte Vollendung Grund dafür, dass es nicht in den „Quattro libri" erscheint.

Das Äußere des Herrenhauses hat dagegen die Form einer klassischen Palladio-Villa der 1550er Jahre. Vor die eineinhalbgeschossige Fassade tritt ein viersäuliger übergiebelter Portikus mit ionischer Kolossalordnung vor eine Loggia nach vorn, die von einer schmalen Freitreppe betreten und seitlich von einer Wand mit Rundbogen geschlossen wird. Im Unterschied zum Palazzo Chiericati und den Villen Pisani und Cornaro ist der Portikus nicht mehr zweigeschossig.

Die Villa hat eine neue Variante der Innenraumkomposition erhalten. Auf den breiten Portikus mit Vorhalle folgt ein schmaler Durchgang in die Sala, die wieder breit ist. Links und rechts gruppieren sich unterschiedliche Nebenräume.

Von einer skulpturalen Ausstattung zeugen spätere Statuen auf Giebel und Gebäudeecken.

Folgende Doppelseite: Villa Chiericati Porto, Ansicht der Fassade

Ein spätes Bemühen um eine monumentale Form auch der Wirtschaftsbauten kommt im rechten Wirtschaftstrakt zum Ausdruck, den Bertotti Scamozzi durchaus kongenial palladianistisch ausgeführt hat.

Literatur

Ähnliche von Palladio ausgeführte Zeichnung: London, RIBA Library Drawings and Archives Collections, XVI/20Ar. Erwähnt bei Muttoni 1740, Bertotti Scamozzi 1781, Magrini 1845. Im 20. Jahrhundert Palladio zugeschrieben.

Burger 1909, S. 52; Ackerman 1967, S. 72–73; Cevese 1971, Bd. 2, S. 428–431; Battilotti 1990, S. 92–93; Puppi 2000, S. 296–297, 467; Battilotti 2005, VI 245, S. 216–217; Burns, Howard: Villa Chiericati a Vancimuglio, in: Ausst.-Kat. Vicenza 2008, S. 108–113; Beltramini 2008, S. 24–25.

Erreichbarkeit

In Vancimuglio di Grumolo delle Abbadesse (Provinz Vicenza), Via Nazionale 1
Staatsstraße 11 von Vicenza Richtung Padua bis Vancimuglio, Portal in den Garten links an der Straße. Besichtigung nur von außen

Villa Porto in Vivaro

Nach 1554

Die Villa ist nach einer Palladianisierung im 19. Jahrhundert gut erhalten, aber stark ergänzt.

Würdigung

Die Villa Porto – von der bisher nicht beweisbar war, dass sie von Palladio stammt – stellt einen weiteren klassischen Palladio-Villenbau der 1550er Jahre mit Portikus von vier Kolossalsäulen dar und gehört damit zur Gruppe der Villenherrenhäuser Ragona, Chiericati Porto und Porto.

Geschichte

Es gab bisher weder eine auf dieses Gebäude bezogene Zeichnung Palladios noch eine Erwähnung bei späteren Palladianisten. Aber die Zeichnung des Grundrisses der Villa Chiericati Porto enthält auf der Rückseite die Zeichnung eines Grundrisses, der in der Raumaufteilung dem der Villa Porto sehr nahekommt. Allerdings ist darin der Schritt zum vorgezogenen Säulenportikus noch nicht vollzogen, der auf dem Grundriss der Villa Chiericati schon geschehen ist. Wenn denn beide Villen gleichzeitig auf einem Skizzenblatt nach 1554 entworfen wurden, wäre dies ein Hinweis auf den Prozess der Entwicklung des palladianischen Typus der Villen Ragona, Chiericati Porto und Porto.[259]

Andere Quellen zur Baugeschichte sind kaum entdeckt worden. Allerdings ist bekannt, dass schon der Vicentiner Aristokrat Leonardo Porto sich seit 1542 in Vivaro aufgehalten und Baumaßnahmen unternommen hat. Nach seinem Tode 1545 hatten fünf Söhne das Erbe aufzuteilen. Dies geschah aber endgültig erst 1554. Der Sohn Paolo erhielt einen Teil der Ländereien ohne angemessene Gebäude und vergab deshalb schon 1554 einen Bauauftrag. Die Erbaufteilung und die Angabe des hochrangigen, romerfahrenen Geistlichen Paolo Porto von 1554, er sei im Besitz einer Villa auf seinem Grundanteil, geben einen Datierungshinweis. 1569 nahm Paolo Porto dann in seinem Testament noch einmal für sich in Anspruch, der Erbauer der Villa zu sein. Leider wird nirgends auf einen Urheber Palladio verwiesen; dies kann jetzt mit dem Hinweis auf die Grundrisszeichnung der Rückseite des Entwurfes zur Villa Chiericati Porto geschehen.

Andrea Palladio, Villa Porto in Vivaro di Dueville, nach 1554, Grundriss mit Hervorhebung der alten Bestandteile. Diese entsprechen der Skizze auf der Rückseite der Zeichnung für die Villa Chiericati.

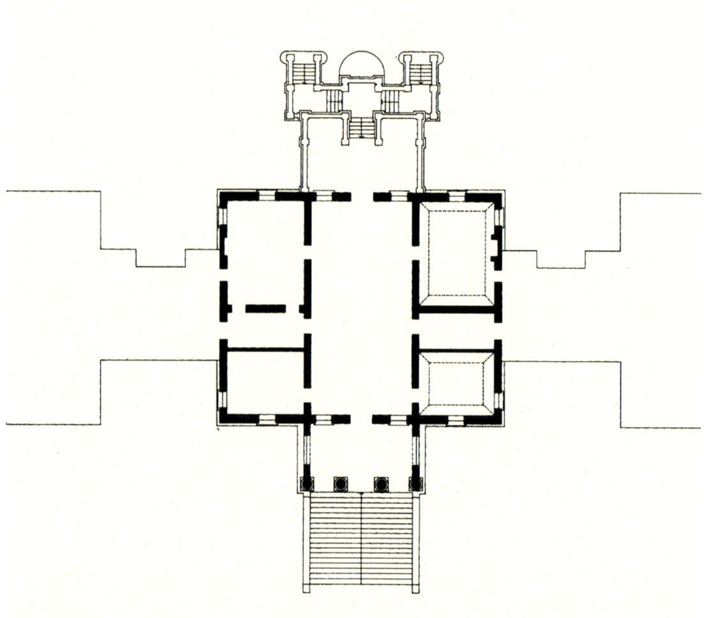

Paolo Porto gehörte allerdings einer Familie an, die Palladio mehrfach beschäftigt hat, und er war befreundet mit Palladio-Förderern wie Trissino, Saraceno oder Schio. Palladio wäre in dieser Zeit der Einzige gewesen, der einen Portikus mit vier Kolossalsäulen, wie bei den Villen Ragona, Chiericati Porto und Porto, hätte entwerfen können. Einen zusätzlichen Hinweis könnte noch die Entdeckung von Freskenresten des Malers Giallo Fiorentino aus der Zeit von 1555–1556 in der Villa geben; dieser arbeitete nämlich kurz darauf in anderen Palladio-Villen, um 1558 in der Villa Badoer und um 1564 in der Villa Grimani in Fratta Polesine.

Die Villa ist erkennbar im 19. Jahrhundert – 1855 durch den Architekten Antonio Caregano Negrin (1821–1892) – im Sinne des Palladianismus ergänzt worden: Dabei haben die beiden Seitenflügel die Form einer Variation der nicht ausgeführten Flügel der Villa Pisani in Montagnana, nach 1552, erhalten. Außerdem gab es Veränderungen an der Rückfassade und auch an der Vorderfassade; auffallend sind zum Beispiel die durchgehend einheitlichen Balustraden.

Beschreibung

Die Villa Porto in Vivaro di Dueville liegt nicht einmal 10 Kilometer nördlich von Vicenza in einer flachen Landschaft mit Blick in das Tal des Astico und die Hügel der Voralpenlandschaft.

Da keine alte Planskizze vorliegt, ist unbekannt, ob an eine landwirtschaftliche Gesamtplanung gedacht war; heute existiert eine unsymmetrische monumentale Barchessenanlage.

Das Herrenhaus bietet die klassische Palladio-Fassade der 1550er Jahre, ähnlich denen des Entwurfes für die Villa Ragona und der Villa Chiericati Porto: eineinhalb Geschosse auf einem Sockel, viersäuliger vorspringender Portikus mit vier ionischen Kolossalsäulen vor einer Loggia, die seitlich von Wänden mit Rundbogen begrenzt ist, Freitreppe, einachsige Seitenteile. Damit entspräche die Fassade dem Datum der Besitzangabe von Paolo Porto, 1554. Es bleibt aber zweifelhaft, ob dabei nicht die Veränderungen von 1855 nachgeholfen haben.

Literatur

Von Palladio ausgeführte Skizze auf einer Zeichnung für die Villa Chiericati Porto: London, RIBA Library Drawings and Archives Collections, XVI/20Ar. Das Gebäude wurde Palladio im 20. Jahrhundert zugeschrieben.

Nicht bei Burger 1909; nicht bei Ackerman 1967; Cevese 1971, Bd. 2, S. 410f.; Battilotti 1990, S. 94–95; Puppi 2000, S. 297–298, 467–468; Battilotti 2005, VI 209, S. 187f.; Beltramini 2008, S. 42–43.

Erreichbarkeit

In Vivaro di Dueville (Provinz Vicenza), Via da Porto 7
Tel. 0039/0444/65 93 44
Besichtigung nach Voranmeldung

Folgende Doppelseite:
Villa Porto,
Ansicht der Fassade nach Süden

Villa Barbaro

Nach 1554

Gesamtanlage, Herrenhaus, Nymphaeum, Gärten, Außendekoration und Ausmalung des Inneren sind gut erhalten und gepflegt. Die Kapelle wird seit Längerem restauriert und ist zurzeit noch im Inneren unzugänglich.

Würdigung

Die Villa Barbaro stellt als Bauwerk und als Kunstwerk einen ersten Höhepunkt in der Villenbaukunst Palladios dar. Zugleich hat er sich hier als Meister erwiesen in der Zusammenführung von Vorgaben durch einen Vorgängerbau, durch die Landwirtschaft und durch die Landschaft sowie von Vorstellungen der gelehrten Bauherren, aber auch des virtuosen Ausstattungskünstlers Paolo Veronese.

Wie bei keiner anderen Villa ist es Palladio hier gelungen, eine Gesamtanlage als Bauwerk so zu formieren, dass nicht das Herrenhaus allein als die Villa genommen wird, sondern die Gesamtanlage. Damit erfüllt er die Ziele, die er seit seinem ersten Bau, der Villa Godi, verfolgt und besonders in den Darstellungen der „Quattro libri" später immer wieder propagiert hat. Herrenhaus, Barchessen, Nymphaeum, die seitlichen Bauten mit den Colombaren bilden eine eindrucksvolle Gesamtform hinter den Gartenanlagen im Vordergrund und vor der hügeligen Landschaft im Hintergrund. Der später hinzugefügte Tempietto, ein letzter Sakralbau in Palladios Werk, hatte in dieser Gesamtanlage allerdings keinen vorher bestimmten integrierten Standort, sondern erscheint als Solitär rechts in der Flucht der an der Villa vorbeiführenden Straße.

Auch die skulpturale und malerische Ausstattung im Zusammenhang mit der Architektur, die Palladio bei seinen Villen von Anfang an verfolgte, ist hier zu einem Höhepunkt geführt. Und doch ist aus der Nichterwähnung des Malers Veronese im Text der „Quattro libri" auf eine Distanz Palladios zu dieser Ausstattung geschlossen worden. Sieht man jedoch von dieser Hypothese ab, so geschieht auch in der Villa Barbaro mit der Ausmalung durch Veronese eine meisterliche Interpretation der realen Architektur durch die gemalten Scheinarchitekturen und Scheinausblicke.

Hervorzuheben ist, dass die Ausmalung im Herrenhaus, dessen einer Bauherr ein höchstrangiger Vertreter der alten Kirche, der Patriarch von Aquileia, und Teilnehmer des gegenreformatorischen Tridentiner Konzils war, wenngleich als Gelehrter Experte für antikische Architektur, keinerlei christliche oder biblische Themen behandelt,

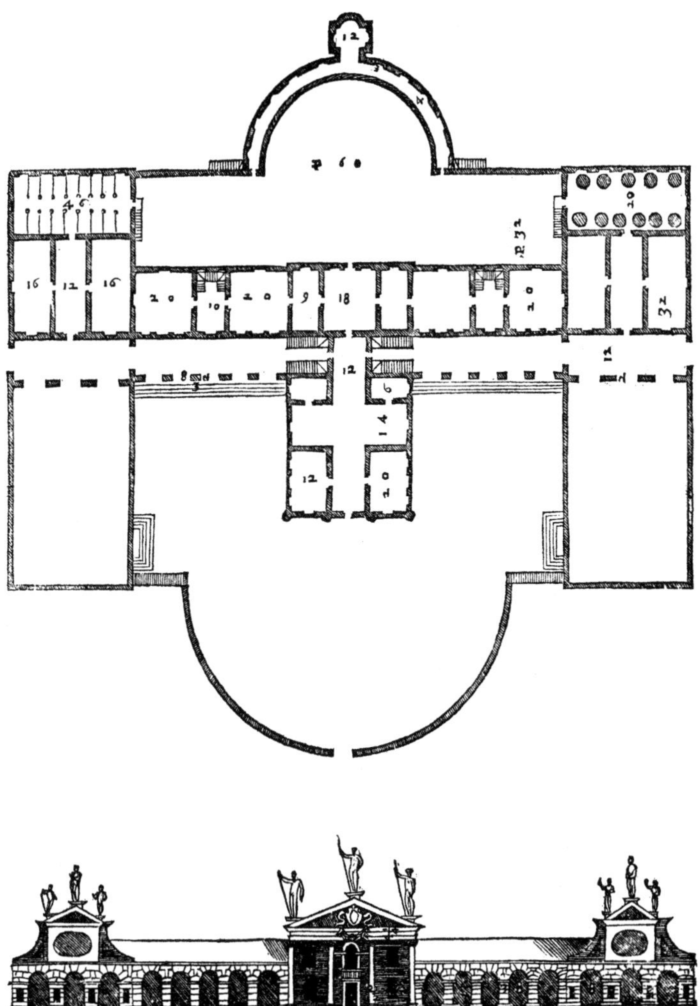

Andrea Palladio,
Villa Barbaro in Maser,
nach 1554, Grundriss
und Ansicht der Gesamtanlage in den „Quattro libri“, 1570

Folgende Doppelseite:
Villa Barbaro,
Ansicht der Gesamtanlage
von Süden

sondern ausschließlich Darstellungen heidnischer antiker Gottheiten. Das sollte später bei der Villa Rotonda des Kardinals Almerico ähnlich sein.

Geschichte

Es gibt kaum eine Villa, deren Baugeschichte Anlass für so vielfältige gelehrte Äußerungen gegeben hat.[260]

Sie ist in ihrer endgültigen Form durch die Einbeziehung eines älteren Gebäudekomplexes beeinflusst, der etwa die Grundform des zentralen mittleren Gebäudes ausmachte. Er war im Besitz des venezianischen Aristokraten Francesco Barbaro und hat diesen offenbar noch so zufriedengestellt, dass er sich 1548 dort mit den Malern Battista Ponchino (1500–1570) und Girolamo Muziano (1528–1592) getroffen hat, um dekorative Maßnahmen für die Ausstattung des Altbaus zu besprechen. Zu deren Ausführung ist es vor seinem Tod 1549 aber nicht mehr gekommen. Danach übernahmen die Söhne Daniele und Marcantonio Barbaro Anwesen und Landsitz in ihre Verwaltung. Von Marcantonio ist bekannt, dass er seit etwa 1550 um Grundstückskäufe zur Arrondierung des Geländes bemüht war. Von Daniele wissen wir, dass er seit um 1550 mit Palladio in einen Dialog über seinen Vitruv-Kommentar eingetreten war und sich nach Rückkehr von einer Englandreise 1551 auch an den Planungen für die Villa beteiligt hat. Damit wird der Beginn der Überlegungen zur Neuformulierung des Villenkomplexes unter den Brüdern Barbaro und Palladio in der Zeit nach 1550 plausibel. Es wird aber auch deutlich, dass der Dialog zwischen Daniele Barbaro und Palladio während der nächsten Jahre bis zum Erscheinen der ersten Ausgabe des Vitruv-Kommentars, 1556, parallel zu den Planungen für die Villa stattfand. Einschneidendes Ereignis war dabei die Romreise, die Daniele Barbaro und Palladio mit weiteren venezianischen Aristokraten über fünf Monate von Februar bis Juni 1554 unternommen haben.

In Rom haben Barbaro und Palladio Pirro Ligorio (um 1500–1583) getroffen, den Architekten, der später, 1564, für kurze Zeit leitender Baumeister von St. Peter wurde. Es wird vermutet, dass Palladio Ligorio schon in den 1540er Jahren kennengelernt hat, denn er scheint schon damals von einer Zeichnung Ligorios angeregt worden zu sein.[261] Ligorio hatte 1550 für den Kardinal Ippolito d'Este die Villa d'Este in Tivoli und die Wasserspiele im Garten entworfen, deren Pläne er Barbaro und Palladio vorführte. Ligorio mag mit den Besuchern auch über seine zukünftigen Projekte der Villen Madama und Giulia gesprochen haben. Er war auch der erste Ausgräber der Hadriansvilla nahe Tivoli und hat die Ruinen der antiken Kaiservilla vermutlich mit den Gelehrten und Architekten aus dem Veneto besucht. Auf jeden Fall ging es Barbaro

Villa Barbaro,
Ansicht
eines Seitengiebels

und Palladio, den beiden Vitruv-Kommentatoren, wie Ligorio um die Erforschung antiker Villenüberlieferungen, die nach dem Rombesuch dann auch in die Planungen der Villa in Maser eingegangen sind. Deutlich wird dies in der Anlage des Nymphaeums, des einzigen in einer Palladio-Villa, das deshalb eine besondere Rolle spielt. Vasari hatte schon 1568 nach seinem Veneto-Besuch von 1566 geschrieben, dass das Nymphaeum mit dem der Villa Giulia in Rom vergleichbar sei. Auch Palladio ging im Text von 1570 auf die fonte, den Brunnen, ein.

Mit Vasaris Bemerkung haben wir zugleich einen Terminus, vor dem die Villa mit dem Nymphaeum fertiggestellt war. Von 1562 gibt es den Hinweis des Erzbischofs von Zara, nach dem sich Daniele Barbaro, der Patriarch von Aquileia, vom Konzil in Trient in seine „villa del Trevigiano" begeben habe. Aber schon in einem Schreiben der Giulia da Ponte vor 1559 werden das Landleben und sogar die „schöne und himmlische Quelle" in Maser erwähnt. Ein schon 1558 veröffentlichtes Gedicht des Schriftstellers Giovanni Battista Maganza, genannt Magagnò (1513–1586), preist die Villa und erwähnt einen Aufenthalt Barbaros während einer Pest-Epidemie in Venedig, die sich zwischen 1556 und 1557 ereignete. Danach lässt sich die Fertigstellung der Villa in die Zeit nach der Veröffentlichung des Vitruv-Kommentars von 1556 bis 1562 datieren und eine rege Beteiligung Danieles daran feststellen. Genauer sind Bauarbeiten noch durch Angaben über die Anwesenheit von Bauhandwerkern schon seit September 1554 belegbar. Seit der Rückkehr Barbaros und Palladios 1554 ist offenbar nach einem unter diesen inzwischen gefassten Plan zielstrebig angefangen worden, und zwar beginnend mit der Anlage für das Nymphaeum.

Wie schon bei der Villa Godi und weiteren Villen Palladios folgten der Gesamtanlage, der Errichtung einzelner Bauten dann die dekorativen Arbeiten, die sich sicher länger hingezogen haben. Für die Fresken des Paolo Caliari Veronese (1528–1588) wird die Zeit von 1559 bis 1561 angenommen. Für die skulpturale Ausstattung wird die Beauftragung von Alessandro Vittoria (1525–1608) vermutet, dem der als Bildhauer dilettierende Marcantonio Barbaro assistiert haben soll. Hinter dem Bildprogramm der Ausstattung müssen wohl beide Auftraggeber gestanden haben.

Unabhängig von der Palladio-Forschung ist entdeckt worden, dass der Niederländer Lodowyck Toeput an der Ausmalung mit Landschaften in der Villa Barbaro beteiligt worden ist. Lodowyck Toeput (1550–1603/1605) und Pauwels Franck (1540–1596) waren zwei aus den Niederlanden stammende Meister, von denen der eine in Treviso, der andere in Venedig eine eigene Werkstatt betrieb. Franck war vor 1573 in Venedig und bei Tintoretto als Gehilfe für Landschaftsmalerei tätig. Er arbeitete mit Venezianern nach dem Dogenpalastbrand 1577 auch im Dogenpalast. Von 1584 bis zu seinem Tode 1596 betrieb er in Venedig seine Werkstatt. Toeput war seit 1570 in Italien und fand in Treviso und Umgebung Beschäftigung. Wann er sich dort mit einer eigenen Werkstatt niederließ, ist nicht genau bekannt, jedenfalls führte er sie bis zu seinem Tode zwischen 1603 und 1605. Von beiden Malern ist nicht ausgeschlossen, dass sie auch bei anderen Villenausmalungen im Veneto beschäftigt worden sind. Dies entspräche der künstlerischen Arbeit des Lambert Sustris in den 1540er Jahren in der Villa dei Vescovi in Luvigliano.

Allerlei Hypothesen sind angestellt worden über die Anteile an der Urheberschaft der Villa und über eventuelle Unstimmigkeiten unter den Beteiligten. Diese sind meist dadurch angeregt worden, dass Palladio in den „Quattro libri" – im Unterschied zu Texten über andere Villen – fast nichts über die Ausstattung und deren Künstler äußert. Daraus ist – in der Forschung weit verbreitet – eine Missstimmung Palladios herausgelesen worden. Diese könnte gegen Veronese gerichtet gewesen sein, gegen dessen Malereien, gegen dessen vermutete Einmischung in die architektonische Konzeption, gegen die beiden Barbaro als Auftraggeber, weil sie das architektonische Konzept zu sehr dominiert haben könnten. Dies alles wird vermutet, obwohl die Beteiligten später weiter Kontakt hatten und miteinander kooperierten. Daniele Barbaro erarbeitete nach der ersten Ausgabe von 1556 die zweite, auch in den Abbildungen verbesserte Vitruv-Ausgabe zusammen mit Palladio. Marcantonio Barbaro beförderte die Kirchenprojekte Palladios in Venedig und beauftragte ihn mit dem Tempietto in Maser. Veronese stattete weitere Projekte von Palladio aus.

Die Unstimmigkeitshypothesen gehen so weit, in Palladio nur den Zeichner der Ideen Daniele Barbaros zu sehen; dabei wiederholen sich die Vorstellungen, nach denen Falconetto in Luvigliano nur die Ideen Alvise Cornaros gezeichnet, dass der junge Andrea della Gondola in Cricoli nur die Ideen Trissinos ausgeführt habe, dass die gelehrten Bauherren, wie Alberti, die eigentlichen Architekten gewesen seien. Aber im Falle Trissinos und Barbaros belegt gerade die Gemeinsamkeit der Romreisen, dass die beiden gelehrten Bauherren auf ihren Architekten angewiesen waren. Im Falle der Anlage des Nymphaeums wird Daniele als Anreger, Marcantonio als dilettierender Bildhauer der skulpturalen Ausführung vermutet; Letzteres wird gern als Villenführer-Gag eingesetzt, der die Qualität der Skulpturen herabsetzen und die Besucher zum Schmunzeln bringen soll. Schließlich nehmen die Vermutungen über Unstimmigkeiten zwischen Palladio und Veronese den Charakter von Künstlerlegenden vasarischer Prägung an, ohne dass Vasari dazu Anlass gegeben hätte; es wird vermutet, dass Veronese ohne Wissen Palladios beauftragt worden sei oder dass Veronese sich in die Ausführung architektonischer Elemente eingemischt habe. Die Betrachter sollten von diesen Legenden und Hypothesen wissen, aber auch, dass sie sich kaum belegen lassen und deshalb besser mit Distanz zu betrachten sind.

Folgende Doppelseite:
Villa Barbaro,
Stuck und Ausmalung
von Alessandro Vittoria
und Paolo Caliari
Veronese und Gehilfen

Beschreibung

Palladios Beschreibung der Villa Barbaro in Maser, etwa 40 Kilometer nordöstlich von Vicenza, in den „Quattro libri" gewinnt angesichts solcher Vermutungen besonderes Interesse: „Der unten abgebildete Bau, eine Villa in Masera nahe Asolo, einem Kastell des Trevisano, gehört dem ehrwürdigsten, hochgeschätzten Monsignore von Aquileia und dem Herrn Marc' Antonio, Brüdern aus dem Hause de' Barbari. Der Teil des Baus, der um einiges vorspringt, hat zwei Geschosse mit Zimmern. Der Fußboden des oberen liegt auf gleicher Höhe mit dem des Hofes an der Rückseite, wo dem Haus gegenüber aus dem Berg ein Brunnen gehauen ist, geschmückt mit einer Fülle von Stuckornamenten und Malereien. Das Wasser speist einen Teich, der der Fischzucht dient. Dort teilt es sich, läuft in die Küche, bewässert die Gärten, die rechts und links der Straße liegen, welche sanft ansteigend zur Villa hinaufführt, bildet zwei Fischteiche mit ihren Viehtränken über der Gemeindestraße und wässert, nachdem es sich geteilt hat, den Küchengarten, der sehr groß ist und voll von köstlichsten Früchten und verschiedenen Wildpflanzen. Die Fassade des Herrenhauses hat vier Säulen ionischer Ordnung. Die Kapitelle der Ecksäulen haben eine zweiteilige Front. [...] An den Flanken finden sich Loggien, die oben ein Taubenhaus haben. Darunter befinden sich Räume zum Weinmachen, die Ställe und die anderen Plätze zum Nutzen der Villa."[262] Palladio beschreibt in der üblichen kurzen Sachlichkeit den Ort, die Bauherren und dann das Gebäude und geht dabei auch auf die Gesamtanlage ein. Die unaufgeregte Passage über das Herrenhaus und den Brunnen bleibt – im italienischen Text wie in der Übersetzung – eigentümlich missverständlich im Hinblick auf den bildkünstlerischen Schmuck: „con infiniti ornamenti di stucco, e di pittura", mit einer Fülle von Stuckornamenten und Malereien, heißt es grammatikalisch auf den Brunnen bezogen. Es ist aber eher wahrscheinlich, dass Palladio hier die Stuckornamente und Malereien des gesamten Gebäudes meinte, dies aber missverständlich formulierte. Allerdings fehlen in der Tat Angaben über die Künstler.

Nähert man sich der Villa von Süden, zeigt sich schon von Weitem die markante Gesamtanlage in der Landschaft. Sie liegt hinter dem sanft ansteigenden Gelände des ehemaligen „Küchengartens" mit den „Früchten" und „Wildpflanzen". Eine quer vor ihr verlaufende „Gemeindestraße" trennt sie von dem „Garten", der langsam weiter ansteigt. Über ihm erhebt sich die eindrucksvolle Architektur. Ein von Statuen flankierter Mittelweg läuft auf die als Portikus ausgebildete mittlere Fassade des Herrenhauses zu. Hinter dem Gebäude erscheint – inmitten von Weinbergen – kulissenhaft eine bewaldete Hügelzone. Darüber steigt eine Voralpenerhebung auf. Die Platzierung in die Landschaft gelingt Palladio hier noch eindrücklicher als bei der ähnlich angelegten Villa Angarano.

Das nach vorn in einen halbrunden Vorhof vortretende Herrenhaus entspricht dem Baukörper des von Francesco Barbaro angelegten Vorgängerbaus, der durch die Einbeziehung eine Ehrung durch die Söhne erfährt. Er ist aber in der Ansicht umgeformt zu einem Gebäude mit übergiebelter Tempelfront, strukturiert mit den vier ionischen Kolossalsäulen. Diese Tempelfront erscheint hier für den ganzen Baukörper wie beim Entwurf für das Herrenhaus der Villa Angarano, nicht nur für den Mittelrisalit. Diese frühe palladianische Formulierung ist hier erstmalig realisiert.

Nach links und rechts erstrecken sich fünf Achsen der Vorhallen von Nebenflügeln, hier nun nicht mit Säulen und flachem Gebälk – wie bei der Villa Angarano – sondern als rustizierte Pfeiler mit Rundbogen ausgeführt. An deren äußeren Enden erheben sich zwei Colombaren, vor die zweigeschossige Seitenrisalitfassaden gestellt sind, die sich unten in drei Rundbogen öffnen und nach oben einen schmalen Giebel ausbilden. Die Anlage fügt sich im Kopfe der Betrachter zu einem Gebäudeganzen zusammen. Skulpturale Ausstattung außer den Freiplastiken haben der Giebel des Herrenhauses, die Schlusssteine der Rundbogen und in Nischen die Pfeiler der Seitenrisalite erhalten. Bedeutungsvoll sind zwei Sonnenuhren in die Mitte der Seitengiebel gerückt. Das Herrenhaus ist von links und rechts über Freitreppen aus den Barchessenvorhallen heraus zu betreten. Erst wenn man eingetreten ist, kann man den dahinterliegenden Hof mit dem halbrunden Nymphaeum wahrnehmen. Hinter den Vorhallen liegen die landwirtschaftlichen Einrichtungen, hinter den Seitenrisaliten nach ursprünglicher Planung Pferdeställe und Weinkeller.

Das differenzierte Bildprogramm der Villa ist zweifellos aus dem humanistischen Bestreben der Auftraggeber erwachsen, die Ausstattungen antiker Villen nachzuvollziehen. Dabei wurden in Skulptur und Malerei sowohl antikische Szenen und Allegorien eingesetzt wie auf Venedig und auf die Familie Barbaro bezogene Themen mit zeitgenössischen Figuren. Christliche Themen waren darunter nicht.[263]

Das beginnt mit der bildkünstlerischen Ausstattung des Nymphaeums. Vor deren architektonisch-plastischem Hintergrund treten skulpturale Darstellungen antiker Gottheiten auf. Innerhalb der Grotte, aus der die Quelle kommt, hatte Veronese dagegen die Allegorie Venedigs mit dem Markuslöwen gemalt.

Das Innere des Herrenhauses war aus dem umformulierten Vorgängerbau und einer neu dahintergelegten Raumfolge zusammengefügt. Hier ist eine Ausstattung von plastischer Innenarchitektur – Gesimsen, Tür- und Fensterrahmungen, Kaminen – entstanden, die von der Illusionsmalerei Veroneses ergänzt wird. Durch plastische und malerische Elemente wird die architektonische Form der Räume interpretiert. Gemalte Säulen tragen die Gesimse über Wänden, in denen gemalte Skulpturen in gemalten Nischen stehen oder durch gemalte Fensteröffnungen der Ausblick in gemalte Landschaften ermöglicht wird; auch auf eine gemalte Darstellung der Villa Barbaro in der Landschaft fällt der Blick. Aber in gemalten Türen oder über gemalten Balustraden erscheinen auch gemalte zeitgenössische Personen und blicken die Betrachter an. Ein Höhepunkt solcher Illusionskunst ist der Saal des Olymp, von dem aus der Blick in die dahinterliegende Grotte mit antiken Göttern fällt. Hier ist im Gewölbe der Blick in den Olymp ermöglicht; Daniele Barbaro, der Patriarch von Aquileia und Teilnehmer des gegenreformatorischen Konzils in Trient, hatte hier die heidnischen Gottheiten auftreten lassen. Oberhalb einer gemalten Balustrade aber blickt auch die Frau des Marcantonio Barbaro mit Begleiterin, Kind, Hund und Papagei herab.

Literatur

Erwähnung bei Vasari 1568, in den „Quattro libri" 1570, bei Muttoni 1740, Bertotti Scamozzi 1781, Magrini 1845.
Burger 1909, S. 104–110; Ackerman 1967, S. 55–58; Battilotti 1990, S. 84–91; Puppi 2000, S. 314–317, 469–471; Beltramini 2008, S. 34–41; Burns, Howard: Villa Barbaro a Maser, in: Ausst.-Kat. Vicenza 2008, S. 114–129.

Erreichbarkeit

In Maser (Provinz Padova), Via Cornuda 7
Staatsstraße 248 von Vicenza über Bassano nach Asolo, links ab nach Maser
Tel. 0039/0423/92 30 04, Fax 0039/0423/93 30 02, www.villadimaser.it, info@villadimaser.it
März–Okt. Di, Sa, So + Feiertage 15–18 Uhr; Nov.–Feb. Sa, So + Feiertage 14.30–17 Uhr; geschlossen Ostern, Weihnachten und 6. Januar
Gruppen über 20 Personen nach Voranmeldung auch zu anderen Zeiten

Villa Badoer

Nach 1554

Das Herrenhaus und die beiden Seitenflügel sind sehr gut erhalten. Der Bau ist vom Keller bis zum Dachstuhl begehbar. Die überputzten Fresken sind freigelegt.

Würdigung

Die Villa gehört zu den eindrucksvollen ausgeführten Gesamtanlagen Palladios mit besonderer Betonung des Herrenhauses. Dieses ist der erste ausgeführte palladianische Baukörper mit übergiebeltem Portikus von sechs kolossalen ionischen Säulen als Mittelrisalit, der seine besondere Wirkung durch die dreiläufige Freitreppenanlage erhält. Zur Gesamtanlage schließt er sich zusammen mit zwei flankierenden Barchessen, die sich über dem Grundriss eines Viertelkreises nach vorn strecken, sodass sie die Form eines D haben.

Geschichte

Aus Palladios Beschreibungstext in den „Quattro libri" wissen wir, dass am Ort der Villa ein Kastell des Salinguerra da Este gestanden haben soll, eines Schwagers von Ezzelino da Romano und wie dieser ein berüchtigter Condottiere, Heerführer. Offenbar haben die venezianischen Besitzer an deren feudale Tradition anknüpfen wollen.

Die ausgedehnten Ländereien im Süden des Veneto kamen in den Besitz der venezianischen Familie Loredan. Der venezianische Aristokrat Francesco Badoer hatte sie über seine Ehefrau Lucietta Loredan von deren Bruder Giorgio Loredan geerbt; zwischen 1545 und 1548 war ihm das Eigentum daran übertragen worden. Aber erst in den 1550er Jahren fasste er den Plan eines Villenbaus und der Beauftragung Palladios damit.

Am 24. August 1556 wurde „in palacio magnifici domini Baduerij", also in der – zu dieser Zeit schon begehbaren – Villa des Herrn Badoer, ein Vertrag zwischen der Gemeinde Fratta und dem Hausherrn geschlossen, mit dem das Grundstück für eine neue Brücke überlassen wurde; es handelte sich um eine Brücke am Ort der noch heute erhaltenen gegenüber der Villa. Zu jener Zeit müssen Beauftragung Palladios, Diskussion mit dem Bauherrn, Entwurf und Bauausführung bereits vonstatten gegangen sein. Der auf die Villa ausgerichtete Brückenstandort kann ein Ergebnis der

Andrea Palladio, Villa Badoer in Fratta Polesine, nach 1554, Grundriss und Ansicht in den „Quattro libri", 1570

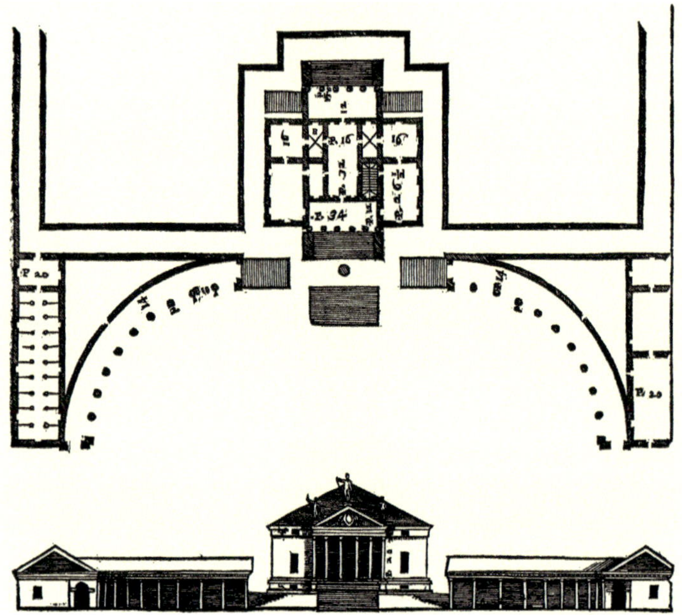

palladianischen Planungen gewesen sein. Zwei Karten von 1557 und 1564 zeigen bereits die neue Brücke, die Villa Badoer und auch die daneben gelegene Villa Grimani sowie die Bauten der Gemeinde Fratta jenseits des Flusses Scortico.

Palladio hat den Auftrag erhalten nach dem ersten Villenauftrag der Venezianer Brüder Pisani, schon 1542, für die Villa in Bagnolo, nach der Begegnung mit dem Venezianer Daniele Barbaro sowie in zeitlicher Nähe zu den Aufträgen der Brüder Barbaro, nach 1550, Francesco Pisani und Giorgio Cornaro, beide um 1552, sowie Marco Zeno, um 1554. In Angriff genommen hat er den Entwurf offenbar nach seiner Romreise 1554 mit Daniele Barbaro und weiteren venezianischen Aristokraten, etwa gleichzeitig mit der Villa Barbaro.

Der Bau wurde vermutlich in der Zeit von 1554 bis 1556 errichtet. Von den viertelrunden Barchessen waren anfangs nur die ersten sechs Kolonnaden realisiert.

Palladio nannte Giallo Fiorentino (geb. um 1520) als den Künstler der malerischen Ausstattung, die vermutlich im Anschluss an die Fertigstellung um 1556 ausgeführt worden ist.[264] Der 1555 als in Venedig wohnhaft genannte Maler war 1553 Mitarbeiter von Giuseppe Salviati bei der Bemalung der Fassaden des Palazzo Loredan am Campo S. Stefano in Venedig; seine Beauftragung kam also wohl vom Bauherrn und seiner Ehefrau Lucietta Loredan. Auch Malereien in der Villa Porto, um 1555–1556,

sowie in der benachbarten Villa Grimani, um 1567, werden ihm zugeschrieben. Verschiedene Bauherren hätten ihn dann also im Einvernehmen mit Palladio eingesetzt. Nachdem Vasari 1568 die Villa Badoer als Bau Palladios genannt hatte, stellte dieser sie in den „Quattro libri" 1570 als zweite unter den Villen für Venezianer vor.
Erst im 18. Jahrhundert sind später die Barchessen über die sechste Säule hinaus vollendet worden. Auch die Freitreppenanlage scheint später verbreitert worden zu sein.

Beschreibung

Palladios Beschreibung in den „Quattro libri" lautete: „Der folgende Bau gehört dem edlen Herrn Francesco Badoero im Polesino an einem Ort namens la Frata an einem etwas erhöhten Platz, umspült vom Wasser eines Armes der Etsch. Dort lag in alter Zeit ein Kastell des Salinguerra da Este, dem Schwager Ezzelinos da Romano. Die Basis des ganzen Gebäudes bildet ein fünf Fuß hoher Sockel: Auf diesem Niveau liegt der Fußboden der Zimmer, die alle eine Flachdecke haben und mit den allerschönsten Grotesken des Giallo Fiorentino ausgeschmückt sind. Oben findet sich der Kornspeicher, unten liegen die Küche, die Keller und andere Nutzräume. Die Säulen der Loggien des Herrenhauses sind ionischer Ordnung. Das Gesims umgibt das ganze Haus wie ein Kranz. Der Giebel über den Loggien bietet einen wunderschönen Anblick, weil der mittlere Teil höher ist als die Flanken. Steigt man ins Erdgeschoss hinab, so findet man die Räume für die Verwaltung, die Stallungen und andere Räume zum Nutzen der Villa."[265]
Die Villa in Fratta, etwa 50 Kilometer südlich von Vicenza, liegt in der Einöde einer flachen Landschaft auf einer kleinen künstlichen Erhebung, um gegen Überschwemmungen gesichert zu sein. An eine Einpassung in eine hügelige Landschaft, wie bei den Villen Angarano oder Barbaro, konnte hier nicht gedacht werden. Die Überbrückung in der Achse des Gebäudes gegenüber der Piazza des Örtchens Fratta gibt ihr jedoch eine gewisse dominierende Lage. Auch das von Palladio genannte Vorgängerkastell kann den Standort beeinflusst und auratisiert haben.
Wie bei der Villa Barbaro gelang Palladio die Formulierung einer Anlage, die als Ganzes wahrgenommen wird: Sie hat eine fast quadratische längsrechteckige Grundfläche, die vorne, hinten und an den hinteren Seiten von einer Ummauerung umgeben ist, vorne vor der Brücke und hinten in der Mitte von einem Portal unterbrochen. In der Mitte dieser Fläche liegt das Herrenhaus mit übergiebeltem Mittelportikus, das nach vorn zwei niedrigere viertelrund geführte Barchessenarme mit dahinterliegenden geraden Landwirtschaftsbauten ausstreckt und nach hinten von

Folgende Doppelseite:
Villa Badoer,
Ansicht der Fassade des Herrenhauses

einem rechteckigen Garten umgeben wird. Palladio hat also wieder eine Gesamtanlage entworfen, diese ist mit einigen Abstrichen ausgeführt worden und erscheint vervollkommnet in den „Quattro libri".

Anders als bei der Villa Barbaro ist hier das Herrenhaus aber deutlicher als dominierender Bau herausgehoben, durch den Abstand der Barchessenvorhallen, die größere Höhe und Breite des Gebäudes und eine Freitreppenanlage. Der nur leicht vorgerückte Mittelportikus vor einer Loggia hat hier sechs ionische Säulen mit größerem Mittelinterkolumnium. Er ist über eine Freitreppenanlage mit Aufgängen in der Mitte und von den Seiten zu erreichen. Palladio hat mit diesem Bau erstmals den klassischen palladianischen Baukörper formuliert.

Ein in ähnlicher Form gedachter, über eine Freitreppe an die Hinterfront angefügter Portikus ist nicht ausgeführt worden, aber in den „Quattro libri" dargestellt. Für den Bau wurden offenbar die hinteren Wandöffnungen des mittleren Saales noch vor der Ausmalung verändert ausgeführt.

Die Barchessenvorhallen haben hier den Charakter toskanischer Säulen mit geradem Gebälk. Erstmals erscheint die Grundrissform zweier Viertelkreise, die Palladio mehrfach entworfen hat, so für die Villa Thiene, die Villa Mocenigo und die Villa Trissino, ohne dass diese ausgeführt worden wären. Vermutlich ist dieser Entwurf entstanden, nachdem Palladio und vielleicht auch die Bauherren auf die Beschreibung der Villa Laurentina in den Briefen Plinius' des Jüngeren aufmerksam geworden waren, in der von einer Säulenvorhalle die Rede ist, die die Form eines D habe.

Am Außenbau ist besonders hervorhebenswert die opulente dreiläufige Freitreppenanlage mit Balustraden. Ihr breiter Mittelaufgang wirkt erhebend für den Herrenhausportikus. Die Seitenläufe führen in die Barchessenvorhallen hinab, die einen übergiebelten Rundbogeneingang haben.

Wie sonst in Palladio-Villen nur selten lassen sich hier im Inneren besonders eindrücklich auch Nebenräume im Untergeschoss, Keller und Küche, sowie im zweiten Obergeschoss, Schlaf- und Gästeraume, besichtigen.

Das Bildprogramm begann für die Eintretenden mit den beiden Brunnenfiguren in der Mitte der rechteckigen Felder links und rechts vom Mittelweg des Eingangs, den Figuren Neptuns und vermutlich der Amphitrite.

Die Loggia und das Innere des Hauptgeschosses enthalten in den sorgsam proportionierten großen Sälen und kleineren Räumen die Fresken des von Palladio genannten Giallo Fiorentino, die kürzlich unter Verputz hervorgeholt worden sind. Sie unterstützen mit scheinarchitektonischen Malereien die architektonische Wirkung, setzen Elemente von antiken Grotesken ein und verherrlichen in ihrem Bildprogramm ein antikisch verklärtes Leben auf dem Lande.[266]

Villa Badoer,
Ansicht der Rückfassade
des Herrenhauses

Palladio nannte diese Ausmalungen wörtlich „grottesche di bellissima inventione", Grotesken von schönster Erfindung, ohne näher auf deren Erfindungen einzugehen. Er demonstrierte damit erneut, dass er malerische Dekorationen zwar für wichtig hielt und diese auch lobend erwähnte, dass er sich für Fragen der Ikonografie aber nicht zuständig fühlte. Die Bauherrenfamilie und ihre Berater haben diese Fragen offenbar direkt mit dem Maler besprochen. Sicherlich hat Palladio aber Einfluss genommen auf die scheinarchitektonische Struktur der Dekoration und deren Einfügung in die reale Architektur.

In ihrer Konzentration auf Loggia und Räume im Piano nobile ist die Ausmalung offenbar vollständig. Der übrige Außenbau des Herrenhauses, die Innenräume der anderen Geschosse und die Barchessen und Landwirtschaftsflügel wurden nicht ausgemalt.

Das Ausmalungsprogramm begann in der Loggia hinter dem Portikus und war den Eintretenden von außen zwischen den Säulen sichtbar. Bemalt waren die hintere Wand zuseiten des Haupteingangs, die schmalen Seitenwände und das hölzerne Gebälk. Der durch das mittlere Interkolumnium sichtbare Eingang wird vom Wappen der Badoer bekrönt. Die Wände sind zu beiden Seiten oberhalb und unterhalb der beiden Fensteröffnungen von Feldern mit Grotesken geschmückt, über denen gemalte Festons hängen. Neben dem Eingang erscheinen zwei Narren, die ins Innere einladen. Die Seitenflächen enthalten je ein großes Groteskenfeld mit Festons darüber. In diesem Feld sind Schauspielszenen dargestellt. Narren und Schauspielszenen verweisen darauf, dass die Familien Badoer und Loredan Mitglieder der

„Compania della Calza" waren, einer Art Karnevalsgesellschaft, die Schauspiele organisierte.
Der hinter dem Eingang liegende rechteckige große Saal mit Balkendecke ist durch die gemalte Scheinarchitektur, die auf die niedrigeren Seitentüren reagiert, als zweigeschossig interpretiert; diese gemalte Zweigeschossigkeit der langen Seitenwände und die der hinteren Wand mit Tür- und Fensteröffnungen entsprechen einander jedoch nicht. Offenbar hat die Malerei eine architektonische Planänderung für diese Öffnungen nicht kaschieren können. In die Scheinarchitekturen sind Felder mit Grotesken und über den kleineren Innentüren Felder mit gemalten Ausblicken in mythologische Szenen einbezogen, darunter die Flussgötter von Po und Etsch. Hier wird das Thema des Lebens auf dem Lande in mehreren Varianten angeschlagen und überhöht.
Auch die Malereien der übrigen Räume sind mit gemalten Scheinarchitekturen strukturiert, in die Felder mit Grotesken sowie mit Ausblicken in mythologische Szenen und mit antiken Gottheiten eingesetzt sind.

Literatur

Erwähnt bei Vasari 1568, in den „Quattro libri" 1570, bei Muttoni 1740, Bertotti Scamozzi 1781, Magrini 1845.
Burger 1909, S. 110–112; Ackerman 1967, S. 47–49; Puppi, Lionello: La Villa Badoer di Fratta Polesine, Vicenza 1972; Battilotti 1990, S. 95–98; Puppi 2000, S. 308–310, 471–472; Beltramini 2008, S. 32–34.

Erreichbarkeit

In Fratta Polesine (Provinz Rovigo), Via Tasso 3
Auf der Autobahn A4 von Vicenza nach Padua, auf der Autobahn A13 von Padua nach Rovigo, Staatsstraße 434 von Rovigo Richtung Verona, Ausfahrt Fratta Polesine
Tel. 0039/0425/21530, Fax 0039/0425/26 27 0, Cedi@turismocultura.it
Besichtigung Do, Sa, So und Feiertage 10–12, 15.30–18.30 Uhr, nach Voranmeldung auch zu anderen Zeiten. Das Innere der Villa ist Teil eines kleinen Museums.

Villa Thiene in Cicogna

Vor 1556

Das Herrenhaus und die geplante Gesamtanlage sind unvollständig ausgeführt und die Reste später beseitigt worden, bis auf eine nicht ganz dem ursprünglichen Plan entsprechende Barchessa am rechten Flügel.

Würdigung

Die stilgeschichtliche Betrachtung der Darstellung in den „Quattro libri" ergibt, dass die geplanten Ecktürme des nicht ausgeführten Herrenhauses Verwandtschaften mit frühen Projekten, wie Villa Trissino in Cricoli oder Villa Pisani in Bagnolo, haben, dass der viersäulige kolossale korinthische Portikus und auch die seitlichen Arme der Freitreppe Ähnlichkeiten mit der Villa Ragona, um 1554, haben und dass die im Viertelrund nach vorn geführten Barchessenarme denen der Villa Badoer, 1555, vergleichbar sind. Dies lässt auf eine Entstehung des Projektes vor 1556 schließen.

Geschichte

Palladio erwähnt selbst, „la qual fabrica fu principata dal Conte Francesco", dass die Baustelle begonnen wurde durch den Grafen Francesco aus der Vicentiner Adelsfamilie Thiene. Dieser ist 1556 gestorben. Palladio schickt aber voran, dass das Bauwerk dessen Söhnen Odoardo und Theodoro Thiene gehöre. Damit ist in seinem Text angelegt, dass das Projekt vor 1556 angefangen, aber dann später erst fort-, wenn auch nicht zu Ende geführt wurde.

1539 schon hatten die Thiene in Cicogna Land gekauft. 1540 wurde das Erbe unter Francesco und Girolamo Thiene aufgeteilt. Seit dieser Zeit sollen auf dem Gelände Francescos Verbesserungen vorgenommen worden sein.

Die Familie Thiene hatte guten Kontakt zu Palladio. 1545 war Marco Thiene, Neffe von Francesco, mit auf der Romreise von Trissino und Palladio. Später in den 1560er Jahren hatten die Söhne Odoardo und Theodoro Thiene religiöse, protestantische, Neigungen, deretwegen Odoardo 1567 in die Schweiz fliehen musste. Es ist zu vermuten, dass Palladio Sympathien für solche Neigungen hatte und dass es daher zu dem vertrauensvollen Verhältnis zwischen der Bauherrenfamilie und Palladio kam. Ähnliche Sympathien muss es auch zwischen der Bauherrenfamilie Repeta und Palladio gegeben haben. Zu schließen ist daraus, dass Palladio – in enger Beziehung zur Familie – von vornherein in architektonische Planungen einbezogen war, die vor 1556 begonnen wurden, und auch, dass der Weggang Odoardos der Hauptgrund für die Nichtverfolgung der Vollendung gewesen sein dürfte. Auch die Veröffentlichung des unausgeführten Entwurfes 1570 in den „Quattro libri" fände mit den Sympathien eine Erklärung.

Was bauhistorisch geschehen ist, lässt sich nur aus einigen archivalischen Indizien und aus stilgeschichtlichen Überlegungen bei der Betrachtung der Darstellung in den „Quattro libri" 1570 und des erhaltenen Barchessengebäudes schließen, denn von den angefangenen Bauten der Gesamtanlage sind heute vor Ort oberirdisch keine Spuren mehr vorhanden.

Die Anlage der Villa hing zusammen mit Maßnahmen der Geländeaufteilung und des Straßenbaus. Auf dem Gelände muss es ältere Gebäude gegeben haben, die nach den Anfängen der Neubaumaßnahmen bis 1556 unter Francesco noch weiter genutzt wurden, sowohl als Herrenhaus wie für Bedienstete und Stallungen. Das können Gründe für die langsame Fertigstellung gewesen sein. 1563 muss an dem Neubau noch gearbeitet worden sein. 1567 waren jedoch erst der „corte dominicale", der Hof des Herrenhauses, und die „stalla", der Stall, fertiggestellt.

Obwohl Vasari, der 1566 im Veneto war, das Projekt erwähnte und Palladio es in den „Quattro libri" in die Auswahl seiner Villen für Nichtvenezianer als siebtes von zwölf Projekten aufnahm, war die Anlage zu dieser Zeit keineswegs vollendet.

Das erhaltene landwirtschaftliche Gebäude ist etwas anders ausgeführt, als für die „Quattro libri" gezeichnet. Das muss allerdings nicht bedeuten, dass es auch erst später entstanden ist. Es kann durchaus das 1567 erwähnte sein.

Noch Muttoni berichtete 1740 von der Existenz von Fundamenten des Herrenhauses, von einer nicht vollendeten und einer weiteren, aber reduzierten Barchessa. Im 18. Jahrhundert war die Anlage also nicht weitergekommen. Bertotti Scamozzi nahm 1781 nur noch eine Barchessa wahr. Nach Muttonis Beobachtungen können die unvollendeten Neubaumaßnahmen beseitigt worden sein. Burger berichtete 1909 allerdings noch von anderweitig verwendeten Bauteilen.

Beschreibung

Die Lage des geplanten Projektes an der Straße nach Piazzola, etwa 18 Kilometer westlich von Vicenza, ist heute noch gut wahrzunehmen. Die erhaltene Barchessa vom rechten Flügel der Anlage stößt mit ihrer rechten Flanke an die Straße, mit ihrer linken an erhaltene Bauten vermutlich älteren Ursprungs. Ihr gegenüber liegt eine Barchessa neueren Datums. Beide kennzeichnen die für die Gesamtanlage

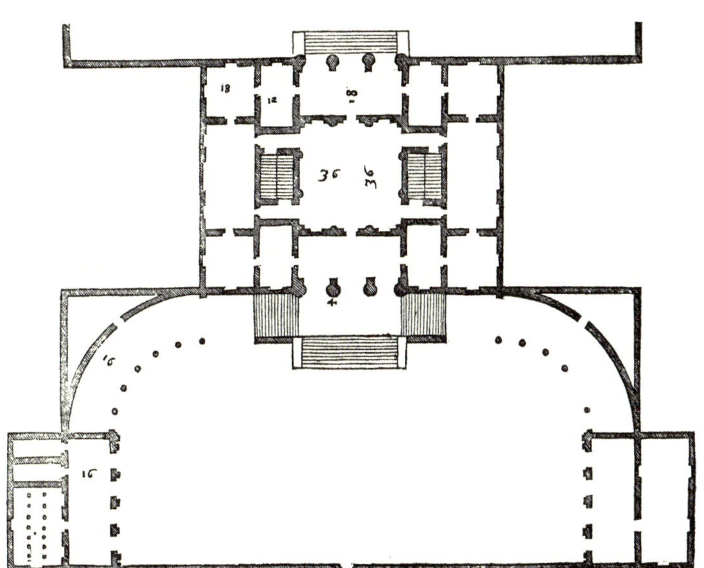

Andrea Palladio, Villa Thiene in Cicogna, vor 1556, Grundriss und Ansicht der geplanten Gesamtanlage in den „Quattro libri", 1570

vorgesehene Breite des Hofes, in dessen Hintergrund das Herrenhaus und die viertelrund geführten Barchessenarme vorgesehen waren.
Über die Anlage schreibt Palladio 1570, als wäre sie vollendet worden: „Das folgende Bauwerk in Cicogna gehört dem Conte Odoardo und dem Conte Theodoro, Brüdern der Familie Thieni. Den Bau begann ihr Vater Francesco. Der Saal liegt in der Mitte des Herrenhauses und ist von ionischen Säulen umgeben, die in Fußbodenhöhe der oberen Zimmer einen Umgang tragen. Das Gewölbe des Saales reicht bis unter das

Dach. Die großen Räume haben ein Spiegelgewölbe (a schiffo), die Räume über dem Quadrat ein Kreuzgewölbe (mezo cadino) und bilden an den vier Ecken des Gebäudes kleine Türme. Die Kammern haben über sich ihr Mezzanin, dessen Tür jeweils in halber Höhe auf die Treppe trifft. Die Treppen haben keine Mauer in der Mitte, und weil der Saal durch seine Beleuchtung von oben sehr hell ist, haben auch sie ausreichendes Licht, und überdies empfangen sie ihr eigenes Licht von oben, weil sie in der Mitte offen sind. In einem der Gebäude zur Seite des Hofes befinden sich die Keller und Kornspeicher, auf der anderen Seite die Ställe und die Wirtschaftsräume. Die beiden Loggien, die wie Arme vom Hauptgebäude ausgehen, sollen den Sitz des Hausherrn mit den Wirtschaftsgebäuden der Villa verbinden. Daneben befinden sich zwei Höfe einer alten Anlage mit Säulengängen, deren einer als Tenne dient, der andere dem Gebrauch einer Bedienstetenfamilie."[267]

Palladios Text erwähnt die „alte Anlage". Von ihr können die neben der erhaltenen Barchessa stehenden Bauten stammen.

Die geplante Gesamtanlage sah ein mittleres Herrenhaus mit Seitentürmen vor. Dieses bildete aber schon einen mittleren übergiebelten Portikus mit vier kolossalen korinthischen Säulen aus. Davor lag eine dreiläufige Freitreppe, deren seitliche Läufe in die beiden viertelrund angelegten Barchessenvorhallen führen sollten. Diese sind als Säulenreihe mit geradem Gebälk dargestellt. Anders als bei der Villa Badoer sollten an diese aber noch zwei rechteckige Barchessen mit Pfeilervorhallen anschließen. Ihr Aufriss ist leider nicht dargestellt, sodass nicht zu erkennen ist, ob sie auch ein gerades Gebälk oder etwa Rundbogen haben sollten. Sicher ist nur, dass es fünf Pfeiler sein sollten, wobei den beiden äußeren Doppelpilaster und den drei mittleren einfache Pilaster vorgelagert sein sollten.

Die erhaltene Barchessa weicht von dieser Darstellung ab. Ihre Vorhalle hat sechs Pfeiler, zwischen denen sich fünf Rundbogen unter einem geraden Gebälk wölben. Die Gliederung mit vorgelagerten Pilastern entspricht ihr aber. An der linken Stirn bilden sie eine rustizierte Wand mit Rundbogen aus, die von dem anstoßenden älteren Bau willkürlich angeschnitten wird; er sollte ja später entfernt werden. Die Barchessa mit Vorhalle ist offenbar der erhaltene Rest palladianischer Architektur.

Für das in den „Quattro libri" dargestellte Innere des Herrenhauses ist hervorzuheben, dass es eine in der Mitte liegende quadratische, „bis unter das Dach" reichende Sala erhalten sollte mit einer Gliederung von ionischen Säulen und Lichteinfall von oben. Das ist ein Gedanke, wie er dann bei den mittleren runden Räumen im Entwurf für die Villa Rotonda und für die Villa Trissino in Meledo in die Innengestaltung aufgenommen wurde. Hier sollte dieses Belichtungsprinzip aber nicht im Außenbau erkennbar sein. Es mag sein, dass Palladio den Oberlichtgedanken später erst für die

Villa Thiene, erhaltene Barchessa an der rechten Flanke des Vorhofes mit älterem Gebäude

„Quattro libri" entwickelt hat, da die Realisierung des Gebäudes ohnehin nicht mehr absehbar war. Auf jeden Fall ist der Gedanke sicherlich ein Grund für die Veröffentlichung des Planes und seine ausdrückliche Erwähnung gewesen, obwohl er nicht ausgeführt worden ist. Ausgeführt hat diesen Gedanken dann später Vincenzo Scamozzi in der Villa Molino.

Literatur

Erwähnt bei Vasari 1568, in den „Quattro libri" 1570, bei Muttoni 1740, Bertotti Scamozzi 1781, Magrini 1845.
Burger 1909, S. 37–40; Ackerman 1967, S. 75; Battilotti 1990, S. 99 -101; Puppi 2000, S. 310–313, 478–479; Beltramini 2008, S. 44–45.

Erreichbarkeit

In Cicogna di Villa Franca Padovana (Provinz Padova), Via Piazzola
Staatsstraße 11 von Vicenza Richtung Padua, in Grisignano di Zocco nach links über Campodoro nach Villafranco Padovano, hinter der Ortschaft in Cicogna links an der Straße Richtung Piazzola Landwirtschaftsgebäude, darunter die palladianische Barchessa. Besichtigung nur von außen

Villa Mocenigo sopra la Brenta

Nach 1554

Von der Anlage ist nichts erhalten. Auch der Ort ist nicht mehr auszumachen.

Würdigung

So wenig von dem Villenprojekt der Thiene in Cicogna fertiggestellt und erhalten geblieben ist, von den beiden Villen des venezianischen Aristokraten Leonardo Mocenigo und seiner Familie ist zwar einiges mehr realisiert worden, aber erhalten ist davon heute gar nichts. Die Villa Mocenigo an der Brenta war vermutlich der Umbau eines älteren Herrenhaus-Gebäudes mit einigen neueren palladianischen Elementen. Von seinem Aussehen ist uns nichts bekannt. Es ist schon kurz nach dem Tode Palladios weiter umgebaut worden. Darstellungen des 18. Jahrhunderts zeigen kaum palladianische Elemente. 1835 wurde das Gebäude abgerissen. Wir wissen fast nichts über seinen Charakter.

Dennoch hat Palladio für die Villa Mocenigo an der Brenta einen aufwendigen Entwurf in den „Quattro libri“ veröffentlicht und ihn dort an eine besondere Stelle gerückt, nämlich außerhalb der konkreten Villenbeispiele an den Schluss seines zweiten Buches. Vermutlich ist dies ein nie realisierter Idealentwurf, auf den er großen Wert gelegt hat, den er aber auch in einer unprätentiösen Formulierung durchaus als solchen zu erkennen gegeben hat. Das vermutlich schon in der Mitte der 1550er Jahre entworfene, aber erst 1570 publizierte Projekt stellt eine Art ersten palladianischen Musterbau dar, den Versuch einer antikischen Prachtvillenanlage, eine „Villa als Herrschaftsarchitektur“, eine Sammlung von Vorbildelementen für den späteren Palladianismus, wie ihn sich der ehrgeizige Bauherr wohl wünschen, aber nicht hätte finanzieren können.

Geschichte

Die Familie des Alvise Mocenigo besaß bei Dolo an der Brenta, etwa 40 Kilometer östlich von Vicenza und 20 Kilometer westlich von Venedig, Ländereien mit einem älteren Gebäude. Alvise, der Großvater Leonardos, ließ hier Landverbesserungs- und Baumaßnahmen durchführen, wie dies 1538 und 1540 festgehalten wurde. Ein Herrenhaus wurde dabei als „palazo“ bezeichnet. Der Sohn Antonio setzte diese Maßnahmen fort. Er starb 1557, hatte dem Sohn Leonardo aber schon vorher freie Hand

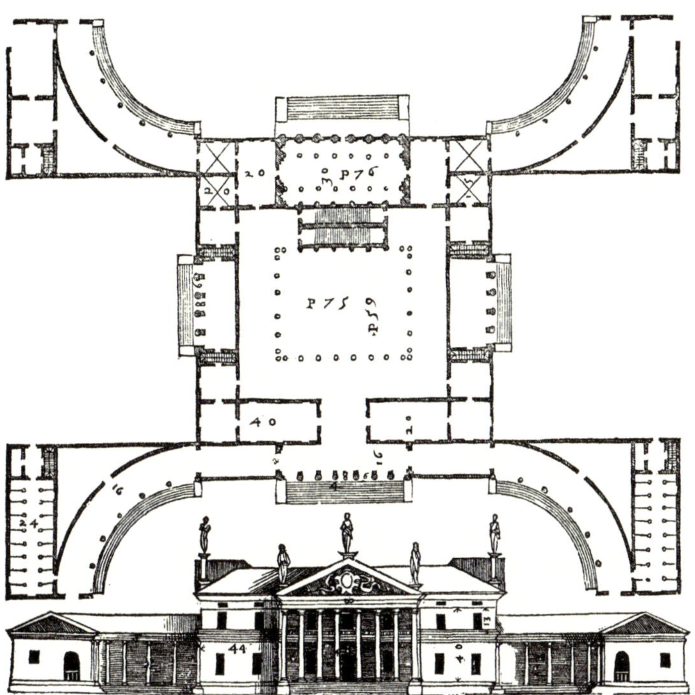

Andrea Palladio, Villa Mocenigo sopra la Brenta, ehemals in Pecora, nach 1554, Grundriss und Ansicht in den „Quattro libri", 1570

gelassen. Seit den 1550er Jahren strebte dieser eine Erneuerung des Landbesitzes der Familie und der Häuser an. Es wird angenommen, dass Palladio – inzwischen bei Venezianern akzeptiert – von vornherein in die architektonischen Überlegungen einbezogen wurde.

1554 vergab Leonardo Mocenigo einen Auftrag an einen Steinmetzen Antonio für Steine, die für die „fabrica al Dollo" bestimmt waren. Dies wird als Beleg für den Beginn von Bauarbeiten an der Brenta genommen. Eine Nachricht über den Architekten gibt es nicht. Aber es wird vermutet, dass der Entwurf von Palladio stammte, der später eindeutig mit dem Bau befasst war. 1557 bis 1559 war Leonardo als Diplomat der Republik Venedig in Deutschland. In dieser Zeit ist offenbar auf der Baustelle nichts geschehen. Es mag aber auch sein, dass Baumaßnahmen schon vorher aus Kostengründen durch den Vater Antonio erst einmal eingestellt worden waren.

Nach Rückkehr Leonardos wurden Baumaßnahmen 1560 wieder aufgenommen, und nun ist Palladios Mitwirkung auch belegbar. Erwiesen ist außerdem die Einbeziehung schon vorhandener Gebäude. Es ist vom Niederreißen und Versetzen von

Mauern die Rede, und der anfangs genannte Steinmetz Antonio und andere führten Arbeiten nach Anweisungen Palladios aus. Offenbar handelte es sich um den Umbau älterer Gebäude und neue Steinmetzarbeiten, die aber einen geringeren Umfang hatten als die von Palladio 1570 in den „Quattro libri“ veröffentlichte Planung.
Bereits 1581 sind weitere Umbauten der Villa an der Brenta belegbar. Alvise, der Sohn Leonardos, beauftragte Cesare Franco mit einem Umbau, der unter anderem eine Aufstockung des vorhandenen Baus um ein Stockwerk vorsah. Weder das Aussehen des um 1554 begonnenen noch das des nach 1560 fortgeführten, noch das des nach 1581 umgebauten Bestandes ist genauer bekannt.
1614 äußerte der englische Architekt Inigo Jones nach seinem Besuch, dass die vorhandene Villa sehr viel kleiner sei als der in den „Quattro libri“ dargestellte Entwurf, den natürlich ein Palladianist wie Jones kannte, denn er führte die „Quattro libri“ mit sich.
Stiche des 18. Jahrhunderts lassen nichts Palladianisches mehr an dem Gebäude erkennen. 1835 wurden die Reste abgerissen. Auch die Landschaft hat sich an dieser Stelle verändert, weil eine Flussschleife der Brenta begradigt worden ist.
Es wäre in diesem Falle denkbar, dass das Projekt in den „Quattro libri“ nichts mit den konkreten ausgeführten Baumaßnahmen zu tun hat, sondern vielmehr – womöglich abgestimmt mit dem Bauherrn – eine theoretische Konzeption ist. Dies würde darin eine zusätzliche Bestätigung finden, dass Palladio die Villa nicht unter den 21 konkreten Beispielen der beiden Villenkapitel XIV und XV aufführte, sondern sie im Kapitel XVII „Von einigen Entwürfen für unterschiedliche Bauplätze“ eher als ein abgehobenes Beispiel abhandelte.
Dort steht es als das letzte Beispiel, mit dem er das zweite Buch ausklingen und dessen letzten Satz er in einem nachdenklichen Tonfall anheben ließ: „Und mit diesem Entwurf sei, Gott zum Lob, ein Ende gesetzt diesen beiden Büchern, in denen ich in größtmöglicher Kürze mich bemüht habe, zusammenzufassen und mit Worten und Bildern all das leicht zu vermitteln, was mir am nötigsten und wichtigsten erschien zum guten Bauen und besonders zum Errichten von Privathäusern, die doch schön sein sollen und dem Bauherrn Namen und Bequemlichkeit bringen mögen.“[268]

Beschreibung

Das in den „Quattro libri“ dargestellte Projekt beschrieb Palladio etwas ausführlicher als konkrete Villenbeispiele: „Dem erlauchtesten Cavaliere Leonardo Mocenigo habe ich den folgenden Entwurf für einen Platz über der Brenta gemacht.“ Schon dieser erste Satz verwies darauf, dass er das Gebäude nur entworfen habe, nicht dass es auch ausgeführt worden sei. Dann allerdings folgt eine konkrete Beschreibung des Entwurfes: „Vier Säulengänge, die wie Arme in die Umgebung hinausgreifen, scheinen den, der sich dem Hause nähert, zu empfangen. An der Seite dieser Loggien sind die Ställe, und zwar an der Vorderseite, die zum Fluss hinüber blickt. An der Rückseite sind die Küchen und die Räume für die Gutsverwalter. Die Säulen der Loggia in der Fassadenmitte stehen sehr eng. Sie haben, weil sie XI Fuß hoch sind, hinter sich Pfeiler von zwei Fuß Breite und eineinviertel Fuß Tiefe. Sie beide tragen den Fußboden der zweiten Loggia. Weiter drinnen findet sich der Hof, umgeben von Säulengängen in ionischer Ordnung. Die Säulengänge sind eine Säulenhöhe minus einen Säulendurchmesser breit. Von gleicher Breite [Tiefe] sind auch die Loggien und die Räume, die über die Gärten blicken, damit die Mauer, die eins vom andern trennt, in der Mitte sitzt, um den Dachfirst zu tragen. Die ersten Zimmer wären gut geeignet als Speisezimmer für viele Personen. Sie sind doppelt so breit wie tief. Die Räume liegen über dem Quadrat und haben ein Spiegelgewölbe. Bis zu den Kämpfern sind sie so hoch wie breit. Der Stich beträgt ein Drittel der Breite. Der Saal ist zweieinhalb Quadrate breit. Die Säulen sollen hier Länge und Breite in die rechte Proportion zur Höhe bringen. Diese Säulen gäbe es nur im Saal des Erdgeschosses, während der obere ganz frei bliebe. Die Säulen der oberen Säulengänge im Hof sind um ein Fünftel kürzer als die unteren, und sie sind korinthisch. Die oberen Zimmer sind so hoch wie breit. Die Treppen befinden sich am Ende des Hofes und verlaufen gegenläufig [...].“[269]

Es ist eine zentrale Gesamtanlage mit zwei Symmetrieachsen dargestellt, in deren Mitte ein Herrenhauskomplex über quadratischem Grundriss mit zwei Geschossen steht. Dieser Herrenhauskomplex legt sich um einen quadratischen Hof, der mit einer zweigeschossigen umlaufenden Loggia versehen ist. Die Räume dieses Vierflügelbaus um den Hof herum beschreibt der Text Palladios.

Nach außen bildet der Herrenhauskomplex in der Mitte jeder Fassade einen übergiebelten Portikus mit kolossalen Säulen aus. Auf der Seite zum Fluss tritt der Portikus mit acht Säulen, anscheinend korinthischer Ordnung, vor die Fassade. Vorbild war also vermutlich der Portikus des Pantheons. Nach hinten stehen die acht Säulen in der Fassadenflucht. An den Seitenfassaden stehen je sechs Säulen in der Fassadenflucht. Die Portiken sind allseitig von zwei Fensterachsen flankiert. Zu den Portiken führen bis zur Höhe eines Gebäudesockels gerade Freitreppen empor.

Dieser Herrenhauskomplex ist das Zentrum einer formal durchgestalteten Gesamtanlage. Zum Fluss und zur Straßenseite hin wird er von Barchessenflügeln flankiert, vor die viertelrund geführte Vorhallen mit Säulen und geradem Gebälk gelegt sind. Diese Barchessenarme entsprechen denen, die vor der Villa Badoer, 1554–1555, ausgeführt worden sind und für die Villa Thiene, vor 1556, geplant, aber nicht ausgeführt wurden. Sie wurden aber auch Bestandteile des Entwurfes für die Villa Trissino in Meledo. In allen diesen Fällen waren sie aber nur als Arme in eine Richtung gedacht. Es handelt sich um eine Idee, mit der Palladio sich nach der Romreise 1554 beschäftigte, vermutlich nach Lektüre der Beschreibung der Villa Laurentina in den Briefen Plinius' des Jüngeren, wo von einer Säulenvorhalle in der Form eines D die Rede ist. Alle Elemente des aufwendigen, vermutlich niemals in Angriff genommenen, aber an herausgehobener Stelle in den „Quattro libri" veröffentlichten Entwurfes entstammen der Zeit um die Mitte der 1550er Jahre, in der Palladio, von der letzten Romreise zurückgekommen, sich mit der Rekonstruktion aufwendiger privater antiker Bauwerke befasste und die klassischen palladianischen Architekturformen entwickelte, die dann vom Palladianismus zum Vorbild genommen wurden.

Literatur

Erwähnt in den „Quattro libri" 1570, bei Muttoni 1740, Bertotti Scamozzi 1783. Burger 1909, S. 118–120 (mit der Villa in Marocco verwechselt); Ackerman 1967, S. 79; Battilotti 1990, S. 81–83; Puppi 2000, S. 358–361, 473–474; nicht bei Beltramini 2008.

Erreichbarkeit

Ehemals in Pecora zwischen Fiesco d'Artico und Paluello bei Dolo (Provinz Venezia) am linken Ufer der Brenta. Staatsstraße 11 von Padua nach Venedig. Der Ort ist nicht mehr genau auszumachen.

Villa Repeta

Nach 1556

Die aus Palladios Zeit stammenden Bauteile sind durch einen Brand im 17. Jahrhundert zerstört worden. Die erhaltenen Villengebäude wurden nach 1672 neu erbaut, vielleicht unter Verwendung einiger alter Teile, etwa der vier Säulen an der Rückfassade.

Würdigung

Wegen der weitgehenden Zerstörungen lässt sich heute nur noch die Darstellung in den „Quattro libri" betrachten und bewerten. Unter allen Villengesamtanlagen Palladios ist es die einzige ohne ausdrücklich hervortretenden Herrenhausteil. Dies könnte mit der gut überlieferten Existenz eines älteren Herrenhauses erklärt werden. Palladio erwähnte dieses Herrenhaus jedoch nicht, sondern formulierte in seiner Erklärung, dass „der Wohnbereich des Hausherrn und der Wirtschaftsbereich sich in ein einziges Stockwerk teilen". Danach erhob er dies zur ästhetischen Tugend der Anlage: Dadurch werde „der Wohnbereich, weil er sich nicht eigens abhebt, so viel an Pracht verlieren, wie der Wirtschaftsbereich an Schmuck und Würde gewinnt, die eigentlich dem anderen zustehen, und sich so dem des Hausherrn gleichstellt, zur Schönheit des Ganzen". Offensichtlich sprach er sich hier aus ästhetischen Gründen gegen einen dominierenden Wohnbereich des Bauherrn aus.

Geschichte

Die Vicentiner Aristokratenfamilie Repeta besaß seit dem 13. Jahrhundert in Campiglia dei Berici feudalen Landbesitz mit landwirtschaftlichen Gebäuden. 1546 wird darunter auch ein Herrenhaus im Besitz des Francesco Repeta genau beschrieben: „Una casa dominicale murata, cupata, solarata et intavelada, con colombara", ein gemauertes Herrenhaus, überkuppelt, mit Dachboden und getäfelt, mit Taubenturm.[270] Der Besitzer Francesco Repeta starb im Jahre 1556. Auch in seinem Testament wird das Herrenhaus von Campiglia, als „domus dominicalis de Campiglia", beschrieben.[271] Nach Francescos Tod beauftragte sein Sohn Mario Palladio mit einem Villen-Neubauprojekt.
1570 stellte Palladio dann in den „Quattro libri" als sechste der zwölf ausgewählten Villen für Herren der Terraferma eine „fabrica", ein Gebäude, mit den Worten „è in Campiglia" vor. Diese Formulierung lässt keinen Zweifel daran, dass das Gebäude

zu diesem Zeitpunkt dort gestanden hat. Es gehöre „dem Herrn Mario Repeta, der mit diesem Werk den Geist des Herrn Francesco, seines Vaters seligen Angedenkens, zum Ausdruck bringt".

Für das Jahr 1563 war in den Quellen von Baumaßnahmen berichtet worden „in villa de Campiglia dove è la casa dominicale", im Dorf von Campiglia, wo das Herrenhaus ist. Auch Vasari erwähnte 1568 das noch unfertige Bauwerk in Campiglia. Im Übrigen ist das Datum 1569 auf einem Stein gefunden worden.

Danach muss angenommen werden, dass es in Campiglia eine „domus dominicalis" aus früheren Zeiten gegeben hat; auch Cevese hat Spuren eines Hauses aus dem späteren 15. Jahrhundert gefunden.[272] Außerdem ist in den 1560er Jahren offenbar an jener „fabrica" gearbeitet worden, die in den Quellen und von Vasari erwähnt wird und die uns Palladio 1570 in Wort und Bild darstellte.

Im 17. Jahrhundert – zwischen 1640 und 1672 – hat dann ein verheerender Brand die Villenanlagen zerstört. Um 1672 ist eine völlig neue Villa errichtet worden. Sie ist offensichtlich ein Herrenhaus, das sich am venezianischen Stadtpalast orientiert. Eine Inschrift gibt die Brüder Repeta als die Erbauer und das Datum an.

Von der Lage und dem Aussehen des älteren Herrenhauses ist nichts Genaueres bekannt. Aber Burger ermittelte die Lage von Teilen des Palladio-Baus. Danach haben das Herrenhaus von 1672 und sein westlicher Anbau die Ausrichtung und Teile der Grundmauern vom Südflügel des Palladio-Baus übernommen, über denen Räume des Hausherrn untergebracht waren.

Seit Bertotti Scamozzi wurde außerdem angenommen, dass einige vom Feuer verschonte Säulen des Palladio-Gebäudes wiederverwendet wurden. Diese werden in den vier Säulen an der Rückfront des erhaltenen Gebäudes vermutet.

Burger, der annahm, dass der Palladio-Bau nur in seinem Süd- und Ostflügel fertig geworden sei, sah außerdem in der Westfront des Anbaus der Villa von 1672 ein eventuell versetztes Element des Palladio-Gebäudes, eine übergiebelte dreiachsige von Pilastern gegliederte Fassade.

Von der Anlage der „fabrica" des Palladio sind uns also die zeichnerische Darstellung in den „Quattro libri" und vielleicht jene vier Säulen sowie die dreiachsige Gebäudefront erhalten.

Beschreibung

Vermutlich erklärt das Vorhandensein des älteren Herrenhauses in Campiglia, etwa 20 Kilometer südlich von Vicenza, die Besonderheit des Entwurfes von Palladio als einer landwirtschaftlichen Gesamtanlage ohne Herrenhaus.

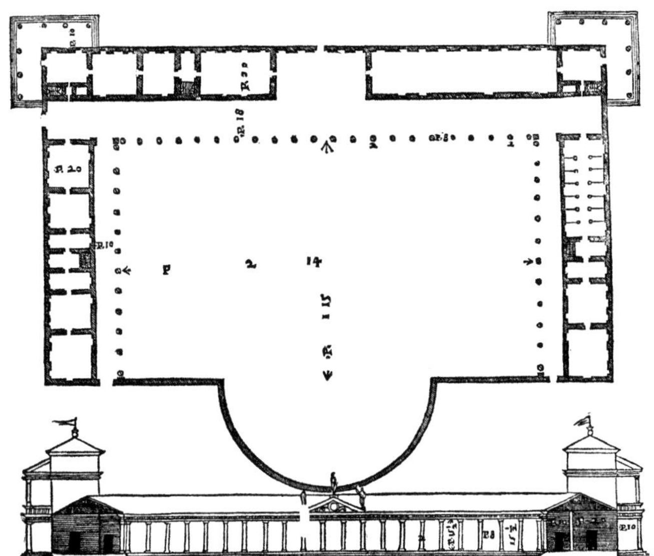

Andrea Palladio, Villa Repeta in Campiglia, nach 1556, Grundriss und Ansicht des Innenhofes in den „Quattro libri", 1570

Der ausführliche Text Palladios gibt dafür nach einer längeren Beschreibung der Anlage die bereits zitierte Erklärung: „Das hierunter vorgestellte Bauwerk steht in Campiglia, einem Ort im Vicentino. Es gehört dem Herrn Mario Repeta, der mit diesem Werk den Geist des Herrn Francesco, seines Vaters seligen Angedenkens, zum Ausdruck bringt. Die Säulengänge sind dorischer Ordnung, die Interkolumnien messen vier Säulendurchmesser. An den äußersten Ecken des Hauptgebäudes sieht man Loggien, die außerhalb des Baukörpers liegen. Sie tragen je ein Taubenhaus. In dem Flügel gegenüber den Stallungen liegen Zimmer, von denen die einen der Mäßigkeit (Continenza), andere der Gerechtigkeit (Giustitia) und wieder andere anderen Tugenden gewidmet sind, mit Lobsprüchen und Bildern, die das illustrieren und die zum Teil ein Werk des Herrn Battista Maganza aus Vicenza sind, einem einzigartigen Maler und Dichter. Damit kann dieser Edelmann, der sehr gerne Besucher empfängt, seine Gäste und Freunde in dem Raum der Tugend unterbringen, deren Geist sie am meisten geneigt zu sein scheinen. Dieser Bau bietet die Annehmlichkeit, dass er in all seinen Teilen, wohin man auch geht, überdacht ist. Und weil der Wohnbereich des Hausherrn und der Wirtschaftsbereich (villa) sich in ein einziges Stockwerk teilen, wird der Wohnbereich, weil er sich nicht eigens abhebt, so viel an Pracht verlieren, wie der Wirtschaftsbereich an Schmuck und Würde gewinnt, die eigentlich dem anderen zustehen, und sich so dem des Hausherrn gleichstellt, zur Schönheit des Ganzen."[273]

Giovanni Battista Maganza (1513–1586), genannt Magagnò, Maler und Dichter aus Vicenza, hat nach Palladios Angaben „zum Teil“ die malerische und inschriftliche Ausstattung der Gästezimmer nach den auch von Vasari genannten Tugenden ausgeführt, von der nichts erhalten ist. Die Einschränkung „zum Teil“ bedeutet wohl, dass der Bauherr selbst einiges bestimmt hat.
Burger hatte schon 1909 zu Recht darauf hingewiesen, dass Palladio sich mit seinem Entwurf von Vitruvs Bericht über das griechische Haus habe anregen lassen. Bauherr und Architekt mögen gemeinsam hinter der Anlage eines antiken Hospitiums gestanden haben, das einen Herrenhausbaukörper nicht brauchte, weil dieser schon vorhanden war.
Die Forschung hat sich mit Erklärungen für die Besonderheit des Entwurfes befasst: Einerseits ist die „Klösterlichkeit“ der Unterbringung angesprochen worden. Andererseits wird in protestantisch häretischen Orientierungen des Francesco und Mario Repeta und der Zusammenkünfte seiner Gäste die Begründung für die architektonische wie für die ikonografische Gestaltung vor allem der den Gästen gewidmeten Räume der Tugenden gesehen.
Battilotti und Puppi verweisen dafür auf reformatorische Überzeugungen der Repeta und einen konspirativen Charakter der Zusammenkünfte, die 1572 sogar zu „einer Untersuchung des Heiligen Uffiziums“ geführt hätten,[274] nach einer Denunziation 1569.[275] Puppi stellt dar, dass solche Zusammenkünfte bereits zu Zeiten Francesco Repetas – vermutlich in dessen „domus dominicalis“ – stattgefunden hätten, dass sein Sohn dafür aber die neue Anlage mit den Gästezimmern habe errichten lassen. Palladios Bemerkung, dass dieses Werk den Geist des Herrn Francesco zum Ausdruck bringe, würde sich dann darauf beziehen.
Palladios zurückhaltender Text lässt – wie im Falle des Textes zur Villa Thiene in Cicogna – erkennen, dass er offenbar Sympathien für die reformatorischen Intentionen der Familie Repeta wie der Familie Thiene hegte. Auch hier ist die ausführliche Behandlung der Villa vermutlich auf diese Symptahie zurückzuführen.

Literatur

Von Palladio ausgeführter Entwurf. Erwähnt bei Vasari 1568, in den „Quattro libri“ 1570, bei Muttoni 1740, Bertotti Scamozzi 1781, Magrini 1845.
Burger 1909, S. 83–86; Ackerman 1967, S. 74–75; Cevese 1971, Bd. 2, S. 370f.; Battilotti 1990, S. 102–103; Puppi 2000, S. 318–320, 479–480; Battilotti 2005, VI 158, S. 142f.; Beltramini 2008, S. 43.

Villa Repeta, Ansicht der Rückfassade des Nachfolgebaus mit vier Säulen, die vermutlich vom Palladio-Bau stammen

Erreichbarkeit

In Campiglia dei Berici (Provinz Vicenza), Piazza Vecchia; Via Andrea Palladio 1
Staatsstraße 247 von Vicenza Richtung Noventa Vicentina, hinter Ponte di Barbarano rechts ab nach Campiglia
Tel. 0039/0444/86 60 32
Besichtigung des Geländes und des Neubaus der Villa April–Sept. nur nach Verabredung

Villa Foscari

Nach 1554

Das isoliert in einem Garten stehende Herrenhaus-Gebäude am Brenta-Kanal ist gut erhalten. Die Fresken im Inneren sind restauriert. Von den späteren Nebengebäuden steht nur noch eine Barchessa abgerückt im Westen.

Würdigung

Die Villa Foscari ist die vierte von Palladio in die „Quattro libri" aufgenommene der Villen für venezianische Aristokraten. Sie liegt – wie keine andere Palladio-Villa – nahe der Einmündung des Brenta-Kanals in die Lagune als Villa suburbana direkt vor der Stadt Venedig. Sie war deshalb in der Zeit der Durchsetzung Palladios bei der venezianischen Auftraggeberschaft für ihn von besonderer Bedeutung. Eine Rolle als Landwirtschaftsbetrieb kam ihr anfangs nicht zu. Deshalb stellte Palladio sie in den „Quattro libri" auch nur als Herrenhaus-Solitär mit zinnenbekrönter Gartenmauer dar. Umso sorgfältiger haben die Bauherren, die Gebrüder Nicolò und Alvise Foscari, für die dieser Venedig nahe Paradebau von ähnlicher Bedeutung sein musste, auf architektonische und bildkünstlerische Qualität der Ausführung geachtet. Anders als bei den entfernten Bauten der Barbaro in Maser und der Badoer und Grimani in Fratta entstand mit ihr ganz nahe der Stadt eine der ersten ausgesprochen palladianischen Villenarchitekturen mit übergiebeltem Mittelportikus. Im Inneren wurde eine Ausmalung von nach Bildprogramm, Künstlerrenomee und Qualität der Ausführung besonderer Bedeutung realisiert. Palladio schrieb 1570 selbst darüber, die Villa sei „mit den vorzüglichsten Malereien [...] geschmückt". Mit der Villa Foscari schufen der Architekt und die ausführenden Maler eine „Villa als Herrschaftsarchitektur" direkt vor den Augen der Stadt. Jeder, der vom Brenta-Kanal in die Lagune fuhr oder umgekehrt, hatte sie seitdem zu passieren. Vasari, Palladio selbst und die Palladianisten verbreiteten darüber hinaus den Ruf der Villa mit ihren Publikationen.

Geschichte

Eine genaue Datierung für den Beginn der Gespräche der Bauherren mit dem Architekten und für den Entwurf gibt es nicht.
In der Palladio-Forschung hält sich die Meinung, dass schon in einer Zeichnung, vermutlich von Palladio aus den 1540er Jahren, die den „tempietto alle fonti del

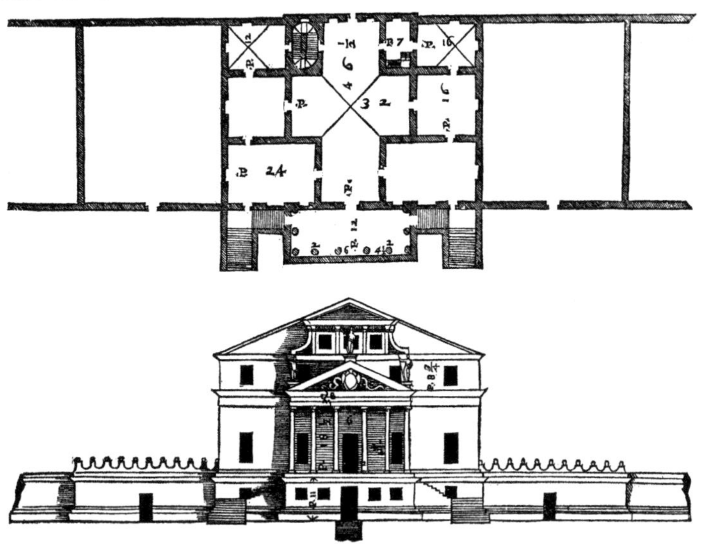

Andrea Palladio, Villa Foscari in Malcontenta, nach 1554, Grundriss und Ansicht in den „Quattro libri"

Clitumno", den Tempel des Clitumnus, in Rom darstellt, die Anlage des Portikus der Villa Foscari vorgeahnt worden sei.[276] Diese Zeichnung scheint von einer Zeichnung Pirro Ligorios beeinflusst zu sein. Tatsächlich aber hat Palladio zu der Zeit noch nicht an einen Villenportikus dieser Art denken können.

Die Villa spielt dann jedoch in Fragmenten der frühen Fassung der geplanten „Quattro libri", um 1556, eine Rolle. Außerdem vermittelten die Brüder Foscari 1555 einen Altarauftrag für die venezianische Kirche San Pantaleon an Palladio. Eine Reihe von im Villenentwurf verarbeiteten Architekturmotiven antiker Bauwerke in Rom lässt vermuten, dass Palladio diese auf seiner Reise mit venezianischen Aristokraten 1554 aufgenommen haben könnte. Das legt die Annahme von Gesprächen mit den Bauherren 1554–1555 nahe.[277] Ein fester terminus ante quem ist der Tod von Nicolò Foscari im Jahre 1560, der in der Inschrift der Villa – „NICOLAUS ET ALOYSIUS FOSCARI FRATRES FEDERICI FILII", Nicolò und Avise Foscari, Brüder, Söhne des Federico – sowie in den „Quattro libri" neben seinem Bruder als einer der Bauherren genannt wird.

Nimmt man die Variante der Villa Foscari, die ab 1557 geplante Villa Grimani in Fratta, als Bauwerk Palladios, so müsste die Villa Foscari als erste Version vor 1557 entworfen worden sein. Im Jahre 1560 war die Villa als Bauwerk so gut wie fertig, denn in diesem Jahr wurden bereits die Ausmalungen begonnen. Für sie wird ein Vertreter der Familie Grimani, Vettor Grimani, neben Palladio selbst als Inspirator vermutet.

Folgende Doppelseiten: Villa Foscari, Fassade zum Brenta-Kanal, Villa Foscari, Fassade zur Gartenseite

NICOLAVS ET ALOYSIVS FOS

FRATRES FEDERICI FILII

Villa Foscari, Giambattista Zelotti, Ausmalung der Sala, 1560er Jahre

1568 erschien dann der Hinweis von Vasari auf die Villa, über die er 1566 Informationen erhalten hatte. Und 1570 beschrieb und zeichnete Palladio selbst die Villa in den „Quattro libri“.
Erst im 17. Jahrhundert hat die Villa Ergänzungsbauten durch Wirtschaftstrakte und Stallungen erhalten, die Anfang des 19. Jahrhunderts größtenteils beseitigt worden sind.

Beschreibung

Die Villa Foscari erhebt sich unweit der Einmündung des Brenta-Kanals in die Lagune als kompakter Solitär über rechteckigem Grundriss. Im Vergleich mit ihr stellt die offenbar kurze Zeit später errichtete Villa Grimani in Fratta eine leicht veränderte Variante dar.
Die Villa hat ein hohes Sockelgeschoss, Hauptgeschoss und Mezzanin unter flachem Pyramidendach. Das Sockelgeschoss ist aus unbehandeltem Ziegelmauerwerk. Die übrigen Wände sind leicht rustiziert verputzt. Eine Basiszone, das Hauptgesims und ein Kranzgesims unter dem Dach ziehen sich um das Gebäude herum. Über dem Dach erhebt sich nach Norden und Süden ein kleiner Gaubengiebel. Alle Fensteröffnungen sind ohne Rahmen in die Rustika eingefügt. Charakteristisch sind vor allem der vorgerückte übergiebelte ionische Portikus nach Norden zum Brenta-Kanal und der übergiebelte Mittelrisalit mit Thermenfenster nach Süden in den Garten.
Die Villa hat nicht – wie gelegentlich behauptet – ein so hohes Sockelgeschoss, weil an dieser Stelle Hochwasser zu befürchten war, denn die Pegel der Lagune und des Brenta-Kanals waren längst unter Kontrolle; sondern wegen des hohen Wasserstandes konnte hier kein Kellergeschoss in der Erde geplant werden. Wie in den Gebäuden der Villa Badoer und der Villa Grimani in Fratta waren auf flachem Gelände im hohen Sockelgeschoss die Räume für Keller, Küche und Bedienstete untergebracht. Pferdeställe wurden anfangs nicht geplant, weil die Villa leicht zu Schiff zu erreichen war; sie wurden erst später in den Nebengebäuden des 17. Jahrhunderts eingerichtet.
Zum Kanal hin, auf dem man ankam, richtet die Villa den vorgeschobenen übergiebelten Portikus. Der Sockel hat einen mittleren Eingang und links und rechts zwei Fenster. Die ionische Säulenstellung ragt mit Halbsäule und zwei Vollsäulen vor und hat sechs Säulen in der Breite bei vergrößertem mittleren Interkolumnium. Die tiefe Vorhalle darunter wurde links und rechts von der Freitreppe erreicht, die im Unterlauf im rechten Winkel nach vorn geführt ist. In den „Quattro libri“ verzichtete Palladio auf die Balustrade, die – wie bei der Villa Grimani – die Treppe begleitet. Von der vorgeschobenen Loggia unter dem Portikus mit Ausblick auf den Brenta-Kanal

wird die große Sala betreten. Statt als gleich breiter, das ganze Gebäude durchdringender Portego ist sie als kreuzförmiger Großraum angelegt.

Palladio schrieb selbst über das Herrenhaus und seine Organisation: „Nicht weit von Gambarare über der Brenta steht die folgende Anlage der ehrwürdigen Herren Nicolò und Luigi de' Foscari. Dieser Bau erhebt sich elf Fuß über das Bodenniveau. Unten befinden sich Küchen, Speisezimmer und Ähnliches. Er ist im Erd- wie im Untergeschoss eingewölbt. Die größeren Räume haben eine Gewölbehöhe entsprechend der ersten Art. Die quadratischen Räume haben Kuppeln. Über den kleinen Zimmern liegen Mezzanine. Der Saal ist mit einem Kreuzgewölbe gedeckt, das im Schnitt einen Halbkreis bildet. Sein Gesims liegt so hoch über dem Boden, wie der Saal breit ist. Dieser ist mit den vorzüglichsten Malereien von Meister Battista Veneziano geschmückt. Meister Battista Franco, ein hervorragender Maler unserer Zeit hatte bereits begonnen, einen der großen Räume auszumalen, doch er wurde vom Tod ereilt und hinterließ das Werk unvollendet. Die Loggia ist in ionischer Ordnung errichtet. Das Gesims läuft um den ganzen Bau und bildet über der Loggia einen Giebel und dahinter einen weiteren. Unter der Traufe liegt ein weiteres Gesims, das über dem [unteren] Giebel verläuft. Die oberen Zimmer bilden, da sie niedriger sind, ein Mezzanin von nur acht Fuß."[278]

Wie immer in Palladios Villen gleicht keine der Zimmerfolgen im Hauptgeschoss einer anderen und stellt auch die Raumfolge dieser Villa eine individuelle Schöpfung für die Bauherren, hier die Foscari, dar.

Palladio gab selbst Auskunft über die Künstler der Ausmalung: Battista Franco (1498–1561) hat damit angefangen. Nach seinem Tod 1561 folgte Giambattista Zelotti (1526–1578) und führte das Werk zu Ende. Als Francos Beitrag wird die „Caduta dei Giganti", der Fall der Giganten, im zweiten kleineren Raum links von der Sala angesehen. Als Vorbild sind die Malereien Giulio Romanos im Palazzo del Te nicht zu verkennen. Als technische und thematische Vorbildersammlung ist insgesamt die Welt der römischen Villenausmalungen und des Palazzo del Te anzusehen, die die Bauherren, der Architekt und die Maler von ihren Reisen kannten.

Charakteristisch ist die gemalte Scheinarchitektur, die die reale Architektur interpretiert, so die Stellung von kannelierten ionischen Säulen in der Sala, die ein reales Gesims tragen, die gemalten Nischen mit Statuen dazwischen, die übergiebelten Türen und Fenster, die gemalten Gewölbearchitekturen mit gemalten Statuen und Figuren sowie Ausblicke in die Außenwelt und den Himmel. Hier kehren auch gemalte Loggien mit Holzwerk und Weinranken wieder, die von der Villa Farnesina oder dem Palazzo del Te inspiriert sind. Die kleineren Räume dagegen wurden mit Groteskenwerk der römischen Antike versehen.

Literatur

Erwähnt bei Vasari 1568, in den „Quattro libri" 1570, bei Muttoni 1740, Bertotti Scamozzi 1781, Magrini 1845.

Burger 1909, S. 88–93; Ackerman 1967, S. 53–55; Battilotti 1990, S. 106–110; Puppi 2000, S. 328–330, 472–473; Beltramini 2008, S. 52–55; Beltramini, Guido: Villa Foscari, „La Malcontenta", in: Ausst.-Kat. Vicenza 2008, S. 130–135.

Erreichbarkeit

In Malcontenta (Provinz Venezia), Via dei Turisti 9

Staatsstraße 11 von Padua nach Venedig am linken Ufer des Brenta-Kanals bis Malcontenta; die Villa auf dem gegenüberliegenden Ufer ist über eine Brücke zu erreichen.

April–Okt. Tel. 0039/041/54 70 012, Fax 0039/041/54 79 427; Nov.–März

Tel. 0039/041/52 03 966, Fax 0039/041/27 70 204, info@lamalcontenta.com

Besichtigung Mai–Okt. Di und Sa 9–12 Uhr, andere Tage nach Voranmeldung,

Mo geschlossen

Villa Emo

Vor 1556

Die Villengesamtanlage und die Ausmalung des Herrenhauses sind in vorzüglichem Zustand.

Würdigung

Die Villa Emo, vermutlich in der zweiten Hälfte der 1550er Jahre ausgeführt, ist eine der vollständigen Villengesamtanlagen Palladios, die realisiert worden und erhalten sind. Bauherrn und Architekten ist es gelungen, Herrenhaus, Barchessenflügel und Taubentürme als eine architektonische Gesamtheit zu entwerfen und auch auszuführen. Das Herrenhaus erscheint wie der Prototyp des palladianischen Bauwerks mit übergiebeltem Mittelportikus, zum Hauptgeschoss hinaufführender Freitreppe und Seitenrisaliten. Die Raumfolgen des Piano nobile und deren Proportionen bieten einen individuellen repräsentativen Rahmen für das herrschaftliche Leben auf dem Lande. Skulpturen im Giebel, Malereien in der Loggia und in den Räumen des Piano nobile interpretieren das Bauwerk und schaffen eine programmatische Sinnstiftung. Der Blick aus dem Portikus und nach hinten aus den Fenstern lässt die Ausdehnung der Ländereien der Besitzerfamilie Emo und die Einbettung der Villa in die Landschaft erkennen.
Die Ausmalung des Herrenhauses ist eine der wenigen, in denen auch christliche oder biblische Themen eine Rolle spielen.

Geschichte

Seit der ersten Hälfte des 15. Jahrhunderts kaufte die venezianische Aristokratenfamilie Emo Ländereien im Castellano, darunter bei dem kleinen Ort Fanzolo. Wir wissen von ihren späteren Bodenverbesserungs- und Ackerbaumaßnahmen, vom Anbau von Mais und anderem Getreide.
Zu Beginn des 16. Jahrhunderts wurden die Brüder Leonardo und Zorzi Emo als Landbesitzer erwähnt. Der Sohn Zorzis, Giovanni, gab 1537 und 1546 den Besitz eines Herrenhauses an. Leonardo besaß 1518 und 1537 nur ein kleineres Gebäude. Seine Erben, der Sohn Giovanni und der wesentlich jüngere Enkel Leonardo, hatten ein Interesse an einem Villenneubau. Giovanni starb 1549, als der Neffe und Miterbe erst 17 Jahre alt war und sein Erbe noch nicht antreten konnte. Ihn aber,

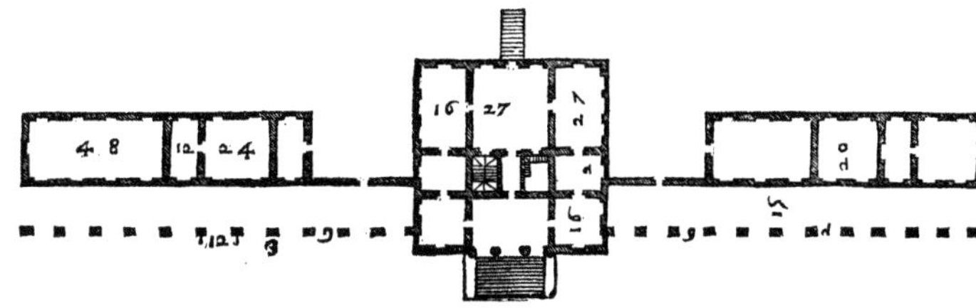

Andrea Palladio, Villa Emo in Fanzolo, vor 1556, Grundriss und Ansicht nach Süden in den „Quattro libri", 1570

Leonardo Emo, gab Palladio in den „Quattro libri" als Bauherrn der Villa Emo an. Es gibt keine sichere Angabe darüber, wann Leonardo Emo mit Palladio in Gespräche über den Bau der Villa eintrat, wann der Entwurf Palladios entstanden ist und wann der Bau ausgeführt wurde. Aber natürlich konnte der Enkel Leonardo bei Palladio die Villa in Auftrag gegeben haben, sobald er die Volljährigkeit erreicht hatte. Das wäre in den 1550er Jahren möglich gewesen.

Für einen Auftrag um 1555 spricht, dass die Villa bereits in den ersten Manuskriptfragmenten für die „Quattro libri", um 1556, vorkommt und dass auch Barbaro in seinem Vitruv-Kommentar von 1556 in der Ankündigung der „Quattro libri" die Villa nennt.

Ein Baubeginn in der zweiten Hälfte der 1550er Jahre ist auch wegen der familiären Verbindungen mit den Palladio-Auftraggebern in Fratta Polesine wahrscheinlich. Vincenzo Grimani, Auftraggeber der Villa Grimani, heiratete 1557 Andriana Emo, die Tochter Giovanni Emos und Cousine Leonardos. Dieser seinerseits heiratete 1565 die Tochter des Vincenzo Grimani und seiner ersten Frau, der Lucrezia Loredan. Diese familiären Verbindungen sind ein wichtiges Argument dafür, dass in beiden Fällen derselbe Architekt beauftragt wurde.

Unweit der Villa Emo in Fanzolo hatten sich kurz zuvor zwei respektable venezianische Bauherrenfamilien, die Cornaro in Piombino Dese und die Brüder Barbaro in Maser, von Palladio prächtige Villenbauten errichten lassen, die Leonardo Emo sicherlich als Vorbilder gedient haben. Gewisse formale Verwandtschaften verweisen darauf, dass Bauherr und Architekt außerdem die nahe gelegene Villa Soranza des Michele Sanmicheli als Vorbild im Blick gehabt haben, die, wie dann auch die

Folgende Doppelseite: Villa Emo, Gesamtanlage von Süden

Villa Emo, von Giambattista Zelotti – neben Paolo Caliari Veronese – ausgemalt worden ist.
In den „Quattro libri“ 1570 erscheint die Villa in einer der ausgeführten sehr ähnlichen Form.
Palladio nannte dabei ausdrücklich „Meister Battista Veneziano“, das ist Giambattista Zelotti (1526–1578), als Künstler der Fresken. Dieser führte die Ausmalung also in den 1560er Jahren aus, vermutlich nach denen in der Villa Godi. Ob das nach den Malereien in der Villa Foscari nach 1561 oder womöglich davor war, ist jedoch nicht ganz sicher, auf jeden Fall nach den frühen Malereien in der Villa Soranza. Der Bildhauer der Giebelskulpturen, vielleicht Alessandro Vittoria (1525–1608), und des Stuckes im Inneren wird nicht genannt.

Beschreibung

Die Villa Emo in Fanzolo, etwa 35 Kilometer nordöstlich von Vicenza, liegt im trockengelegten Gelände des Castellano hinter einem großen rechteckigen Garten. Sie erscheint als lang gestreckte Villengesamtanlage, hinter der sich ein ebenfalls flaches Gartengelände bis zum dann ansteigenden Hügelland der Voralpen erstreckt. Sie stellt sich als klassisch palladianisches zusammengehöriges Bauwerk dar, das aus einem erhöhten Herrenhaus in der Mitte, flankierenden Barchessenarmen und diese links und rechts abschließenden Türmen mit Colombaren besteht. In der Mitte führt durch das Vorgartengelände eine breite Auffahrt auf das Herrenhaus zu. Statt der in den „Quattro libri“ angegebenen geraden Freitreppe in der Breite des Portikus ist später eine langsam ansteigende Pferdetreppe angelegt worden, die ein Untergeschoss des Herrenhauses überwindend zur Loggia hinter dem Portikus in das Hauptgeschoss hinaufführt.
Das Herrenhaus hat Untergeschoss, Hauptgeschoss und Mezzanin. Die vordere Fassade bildet einen in der Fassadenflucht liegenden übergiebelten Portikus mit zwei dorischen Halbsäulen und zwei Vollsäulen aus, zu dessen Seiten je eine Fensterachse liegt. Anders als in den „Quattro libri“ hat das Haus ein flaches Dach in gleicher Höhe des vorderen Giebels. Im Giebel halten geflügelte Göttinnen das Wappen der Emo.
Die Barchessenflügel öffnen sich mit eingeschossigen Vorhallen von elf offenen Rundbogen, deren Kämpfer die Höhe des Sockelgeschossgesimses übernehmen, und sind mit einem lang gestreckten Dach gedeckt, das nicht die Höhe des Herrenhausgesimses erreicht. Hinter ihm steigen außen die Türme der Colombaren auf.
Palladio beschrieb die Anlage in den „Quattro libri“ selbst: „In Fanzolo, einem Landsitz im Trevigiano, drei Meilen von Castelfranco entfernt, steht der folgende Bau des

erlauchten Herrn Leonardo Emo. Die Keller und Getreidespeicher, die Ställe und anderen zur Villa gehörigen Räumlichkeiten liegen zu beiden Seiten des Herrenhauses. An ihrem Ende gibt es zwei Taubenhäuser zum Nutzen des Hausherrn und zum Schmuck des Platzes. Überall kann man sich unter Dach bewegen, was ein besonderes Anliegen einer Villa ist, wie oben schon gesagt. Hinter dem Gebäude liegt ein Garten mit einer Seitenlänge von achtzig Trevisaner campi, durch den ein Flüsschen fließt, das den Platz schön und angenehm macht. Den Bau schmücken Malereien von Meister Battista Veneziano."[279]

Das Innere des Piano nobile stellt wie bei allen Villen Palladios eine individuelle Komposition dar, die in diesem Falle recht einfach aus der eines venezianischen Stadtpalastes entwickelt ist: im breiteren Mittelteil nicht ein durchgehender Portego, sondern die tiefe Vorhalle, dann ein schmaler, von Treppen flankierter Durchgang und darauf die hohe Sala über quadratischem Grundriss, in den schmaleren Seitenteilen drei aufeinander folgende kleinere Räume mit verschiedenen Proportionen.

Hinter den Barchessenvorhallen liegen verschieden zugeschnittene Räume des landwirtschaftlichen Betriebes und für die Gäste.

Auch wenn Palladio sich nur mit einem Satz dazu äußert, sind die besonders gut erhaltenen Fresken der Räume des Herrenhauses von Zelotti mit ihren Scheinarchitekturen ein weiteres Mal eine meisterhafte Interpretation des realen Bauwerkes, an der vermutlich Palladio selbst beteiligt war: Gemalte Säulen tragen reale Gesimse und flankieren Durchgänge, gemalte Rahmen und Giebel umgeben Türen, Fenster und Kamine. An den Wänden erscheinen gemalte Nischen mit gemalten Skulpturen und gestatten gemalte Öffnungen Ausblicke in gemalte Landschaften oder Himmelsräume. Auch die gemalte Loggia mit Weinlaub erscheint wieder.

Das Grundthema des Bildprogramms, das Zelotti auf dem Höhepunkt seiner Kunst nach seinen zahlreichen Villenausmalungen und seinen Malereien im Kloster Praglia bei Padua ausführte, ist die Überwindung der Leidenschaften und die Befolgung der Tugenden durch die Hingabe an die Landwirtschaft und das Leben auf dem Lande. Es wird mit einer Fülle von Szenen aus der antiken Mythologie, hier aber auch aus dem Leben Christi exemplifiziert. Bordignon Favero würdigt die Ausführung zu Recht als „una perfetta unione tra la decorazione e lo spazio palladiano", eine vollkommene Einheit von Dekoration und palladianischer Bau- und Raumkunst.[280]

Bordignon Favero verweist zu Recht auf Bemerkungen Vitruvs zur Dekoration der Villen, die Palladio dazu geführt haben können, sich bei der Architekturmalerei zu engagieren. Für die vorausgehenden Scheinarchitekturen Zelottis in der Villa Godi kennen wir Palladio-Zeichnungen mit Hinweisen auf Scheinarchitektur. Für die Ausmalungen der Villa Emo, in der die gemalten Architekturen in noch größerer

Folgende Doppelseite: Villa Emo, Herrenhausfassade

congresso

Vollkommenheit ausgeführt sind, muss eine solche Kooperation zwischen Palladio und Zelotti ebenfalls angenommen werden. Unklar ist, wer das ikonografische Programm bestimmt hat. Da Zelotti vorher im Kloster Praglia gearbeitet hatte, könnten auf seinen Einfluss die christlichen Themen, die sonst in Villen kaum vorkommen, zurückgeführt werden.

Schon in der Loggia hinter dem Portikus dominiert eine Scheinarchitektur mit kannelierten dorischen Säulen und gemalten Fensterrahmen die Malereien mit zwei Ausblicken auf antike Szenen. Durch eine gemalte Weinlaube führen der Blick und der Weg in die von gemalten korinthischen Säulen und Pilastern bestimmte Scheinarchitektur der Sala, in die sich ein Bildprogramm aus Statuen und Reliefs der Scheinarchitektur mit Ausblicken auf antike Szenen einfügt. In Scheinarchitektur eingefügte Bildthemen bestimmen auch die stanza di Ercole, das Zimmer des Herkules, und die stanza di Venere, der Venus, sowie die übrigen kleinen Räume, die unter anderem den Künsten gewidmet sind, außer den camerini delle grottesche, die mit Grotesken ausgemalt sind.

Der Blick aus den Fenstern nach hinten fällt auf den Hintergarten und die Ländereien der Emo und wird von dort in die hügelige Landschaft des Alpenvorlandes geführt.

Literatur

Nicht bei Vasari erwähnt, aber in die „Quattro libri“ aufgenommen. Erwähnt bei Muttoni 1740, Bertotti Scamozzi 1781, Magrini 1845.

Burger 1909, S. 102–104; Ackerman 1967, S. 44–46; Bordignon Favero, Giampaolo: La Villa Emo di Fanzolo, Vicenza 1970; Battilotti 1990, S. 116–120; Puppi 2000, S. 352–353, 475–476; Beltramini 2008, S. 50–51.

Erreichbarkeit

Fanzolo di Vedelago (Provinz Treviso), Via Stazione 5

Staatsstraße 53 von Vicenza Richtung Treviso bis Castelfranco, dann nach links Staatsstraße 667, bis Vallà, dort nach rechts bis Fanzolo

Tel. 0039/0423/47 63 34, Fax 0039/0423/48 70 43, www.villaemo.org, villaemo.palladio@libero.it

Besichtigung Nov.–März Hauptgeschoss und Park, Mo–Fr 14–16 Uhr, Sa, So + Feiertage 14–17.30 Uhr, geschlossen 18.–25. Dez., 31. Dez., 1. Jan.

April–Okt. Mo–Sa 15–18 Uhr, So + Feiertage 10–12.30, 15–18.30 Uhr

Gruppen über 15 Personen nur nach Voranmeldung über Fax

Villa Grimani

Nach 1557

Das Herrenhaus ist im Äußeren und Inneren erhalten. Von ursprünglich zwei seitlichen Barchessenbauten ist nur der rechte in schlechtem Zustand noch vorhanden.

Würdigung

Da Palladio die Villa Grimani nicht in seine Auswahl von Villen für Venezianer in den „Quattro libri" aufgenommen hat, ist sie vermutlich weder von Vasari noch von den Palladianisten des 18. Jahrhunderts als Palladio-Villa wahrgenommen worden. Auch die neuere Forschung hat sie meistens übersehen. Erst Donata Battilotti hat nachdrücklich auf die guten Gründe hingewiesen, die für eine Urheberschaft Palladios sprechen.

Die Villa ist von Vincenzo Grimani, der mit einer Loredan, Schwester der Ehefrau von Francesco Badoer, verheiratet war, etwa zur gleichen Zeit wie die Villa Badoer in Auftrag gegeben worden und vom selben Maler ausgestattet. Ihre Architektur entspricht in vieler Hinsicht der der ebenfalls etwa zur gleichen Zeit entstandenen Villa Foscari in Malcontenta. Sie ist eine Variante davon.

Palladio hat hier nicht eine zusammenhängende Gesamtanlage wie bei der Villa Badoer oder der Villa Emo vorgesehen, sondern ein Herrenhaus und zwei getrennte Barchessenbauten. Vielleicht ist das der Grund, warum er sie neben ihrer Urform, der Villa Foscari, nicht auch in die Auswahl der „Quattro libri" aufgenommen hat.

Geschichte

Die Ländereien der Villa Grimani hatten – wie die der Villa Badoer – der Familie Loredan gehört. Nach dem Tod des Giorgio Loredan, 1538, kam ein Teil über Lucietta Loredan an Francesco Badoer, der andere über Lucrezia Loredan an Vincenzo Grimani, die 1541 geheiratet hatten. Nach Landverbesserungsmaßnahmen strebten beide mit den Schwestern verheirateten Freunde offenbar etwa gleichzeitig Villenbauten mit jeweils eigenem Charakter an. Auf der Karte dieses Gebietes von 1557 sind außer der neuen Brücke von 1557 vor der Villa Badoer beide Villenherrenhäuser nur undeutlich dargestellt, auf der Karte von 1564 aber umso deutlicher: die Villa Badoer mit den viertelrunden Barchessenflügeln, die Villa Grimani mit den separaten Barchessengebäuden links und rechts. Die Villa Badoer von Palladio war 1557

Folgende Doppelseite:
Andrea Palladio, Villa Grimani in Fratta Polesine, nach 1557, Fassade mit Portikus

Villa Grimani, Blick in die Sala

belegbar bereits errichtet. Die Villa Grimani müsste 1557 bereits begonnen, spätestens 1564 aber fertig gewesen sein. Lucrezia Loredan war inzwischen gestorben und Vincenzo Grimani hatte im Jahr 1557 zum zweiten Mal geheiratet, und zwar Andriana Emo, die Cousine von Leonardo Emo, dem Auftraggeber Palladios für die Villa Emo. Es ist kaum anders vorstellbar, als dass Vincenzo Grimani sich – wie Francesco Badoer und Leonardo Emo – ebenfalls des Architekten Palladio bedient hat; für die malerische Ausstattung der Villa Grimani beauftragte er später auch Giallo Fiorentino, der vorher die Villa Badoer ausgemalt hatte.
Gegen die Urheberschaft Palladios werden das Fehlen in den „Quattro libri" und die Nichterwähnung bei Vasari und den Palladianisten sowie nicht näher gekennzeichnete vermeintliche architektonische Schwächen angeführt. Gelegentlich wird die Urheberschaft eines Palladio-Plagiators vermutet. Es wäre jedoch äußerst unwahrscheinlich, dass Vincenzo Grimani bei dieser persönlichen Konstellation einen unbekannten Palladio-Nachahmer beauftragt haben könnte. Noch weniger vorstellbar ist, dass es zu dieser Zeit einen Palladio-Nachahmer gegeben haben könnte, der so genau über das gleichzeitige ferne Projekt der Villa Foscari informiert gewesen wäre, dass er davon eine Variante hätte entwerfen können.
Die Hochzeit der ältesten Tochter Isabetta Grimani, von der ersten Frau Lucrezia Loredan, mit Andrea Molin, deren Erben das Gebäude später übernahmen, gab den Anlass für die Ausmalung durch Giallo Fiorentino, der zuerst als Gehilfe des Giuseppe Salviati (um 1520–um 1575) bei der Ausmalung des Palazzo Loredan in Venedig genannt wurde und vorher die Villa Badoer ausgemalt hatte. Der Anlass der Hochzeit bestimmt die Ikonografie der Ausmalung des Saales und der kleineren Räume.

Beschreibung

Das frei stehende Herrenhaus der Villa Grimani in Fratta liegt nahe der Villa Badoer, etwa 50 Kilometer südlich von Vicenza. Es erhebt sich über fast quadratischem Grundriss mit einem hohen Sockelgeschoss, einem hohen Hauptgeschoss und einem Mezzanin unter flachem pyramidalem Dach. Die Westfront richtet sich auf die Villa Badoer – als neige sie sich ihr zu – und ist ausgezeichnet durch einen vorspringenden Portikus von sechs dorischen Säulen, dessen mittleres Interkolumnium durch größeren Abstand akzentuiert wird, wie bei der Villa Foscari. Der Hauptunterschied zu anderen Villen und vor allem zum Vorbild der Villa Foscari ist, dass die Villa Grimani die einzige Villa ist, deren Hauptportikus Palladio mit dorischen Kolossalsäulen ausgestattet hat. Er erhebt sich über einem hohen rustizierten Sockelunterbau mit sechs Rundbogen, zu dem zwei seitliche Treppenläufe emporführen, ebenfalls wie

bei der Villa Foscari. Die Zone der Säulenbasen, der Giebelfries sowie ein Kranzgesims unter dem Dach umgeben das ganze Gebäude. Seitlich des Mittelrisalits erscheinen zwei auseinandergerückte Fensterachsen, die Platz für die durch Schornsteine darüber angezeigten Kamine lassen – dem Ordnungsprinzip des venezianischen Stadtpalastes entsprechend. Diesem gleichen auch eine portegoartige Sala hinter dem Mittelrisalit, die ursprünglich mit vier vermutlich hölzernen Säulen ausgestattet war, sowie symmetrisch angeordnete kleinere Räume zu beiden Seiten. Die Rückfront ist weniger ausgeprägt als die der Villa Foscari.

Eindrucksvoll ist auch das erhalten gebliebene Barchessengebäude zur Rechten des Herrenhauses, ein doppelstöckiges Gebäude, dessen Fassade von toskanischen Pilastern mit fünf Rundbogen gegliedert ist.

Wie die Badoer und die Foscari hat Grimani Wert auf eine reiche bildliche Ausstattung gelegt. Sie beschränkt sich allerdings auf die große Sala und die Raumfolge links davon. Mit Mitteln der Scheinarchitektur unterstützt sie den Eindruck der Innenarchitektur, ermöglicht aber auch Ausblicke in eine Scheinwelt außerhalb und oberhalb der realen Architektur. Sie verwendet Elemente der antikischen Groteskenmalerei und setzt in Allegorien ein Bildprogramm um, das weiblicher Schönheit und Tugend sowie der Liebe gewidmet ist. Hervorzuheben sind die Darstellung des Hochzeitspaares an der Decke des zweiten kleineren Raumes inmitten von weißen Tauben oder von Jupiter und Juno sowie Mitgliedern der Familie Grimani-Molin im ersten Raum.

Literatur

Erst von der neueren Forschung, insbesondere Battilotti, Palladio zugeschrieben.

Nicht bei Burger 1909; nicht bei Ackerman 1967; Battilotti 1990, S. 104–105; Puppi 2000, S. 482–483; Contegiacomo, Luigi/Rugolo, Ruggiero/Bottacin, Francesca: Villa Loredan-Grimani Avezzù a Fratta Polesine, Rovigo 2001; nicht bei Beltramini 2008.

Erreichbarkeit

Die Villa wird vor Ort Villa Molin Avezzù genannt.

Fratta Polesine (Provinz Rovigo), Via Zabarella 1

Auf der Autobahn A4 von Vicenza nach Padua, auf der Autobahn A13 von Padua nach Rovigo, Staatsstraße 434 von Rovigo Richtung Verona, Ausfahrt Fratta Polesine

Nahe der Villa Badoer

Tel. 000039/0425/66 80 30

Besichtigung Sa 14–16 Uhr, nach Voranmeldung auch zu anderer Zeit

Villa Muzani, genannt „La Pisa“

Um 1559

Das Herrenhaus der Villa ist zerstört. Erkennbar ist nur noch deren Grundstücksbegrenzung. Erhalten sind zwei kleine Nebengebäude, darunter die Kirche.

Würdigung

Die nicht mehr existente Villa Muzani des Troilo Muzani in Malo kann wie die Villa Muzani seines Bruders Claudio in Rettorgole als ein Bauwerk angenommen werden, an dem Palladio nicht – wie in beiden Fällen darzustellen versucht worden ist – als Autor beteiligt war, sondern an dem andere Bauhandwerker, die öfter mit ihm zusammenarbeiteten, in seinem Sinne Maßnahmen vorgenommen haben. In diesen beiden Fällen werden Giorgio di Simone und Pietro da Nanto genannt, und zwar um das Jahr 1559. Die Bauten sind in diesem Zusammenhang von Bedeutung, weil sie als frühe Vorkommnisse einer regionalen Form von „Palladianismus“ betrachtet werden können.

Geschichte

Es gibt keine Zeichnungen Palladios für die Villa. Palladio hat sie auch nicht in die Auswahl der „Quattro libri“ 1570 aufgenommen. Die Palladio-Literatur von Muttoni 1740, Bertotti Scamozzi 1778, Magrini 1845 erwähnt sie nicht.
Während des Ersten Weltkrieges – in einer Zeit, die von einer Urheberschaft Palladios nichts ahnte – sind das Herrenhaus und die Bauten der Seitenflügel als Munitionslager genutzt worden. 1919 führte eine Explosion zur Zerstörung dieser Hauptteile der Villa, die danach gänzlich abgetragen wurden.
Eine Aufnahme des Grundrisses von 1833 und alte Fotos der Gebäude vor 1919 sind die einzigen verbliebenen Dokumente des Bauwerkes.
Die Villa wurde erst im Jahre 1943 von Antonio M. dalla Pozza entdeckt und danach in der Literatur des 20. Jahrhunderts Palladio zugeschrieben. Diese kontroverse Zuschreibung ist also nur noch eine theoretische Frage.
Auftraggeber war der Vicentiner Aristokrat Troilo Muzani. Dieser hat jedoch nicht schon nach einer Erbteilung von 1541 mit einem Neubau begonnen – wie ursprünglich angenommen –, sondern erst 1559. Auch ist dies offenbar nur der Umbau eines älteren Gebäudes gewesen.

Folgende Doppelseite:
Villa Muzani in Malo, um 1559, Grundstücksbegrenzung und Kapelle der zerstörten Gesamtanlage

1559 wurde Palladio gebeten, die Entlohnung für einen Maurer zu berechnen, der die Bogen der Vorhallen von Barchessen zuseiten des Herrenhauses und die Bauten für Colombaren ausgeführt hatte. Daraus könnte auf Urheberschaft Palladios und Beratung bei der Ausführung geschlossen werden. Inzwischen wird die vertragliche Gutachtertätigkeit Palladios aber wörtlich genommen. Er hat vermutlich nur die Arbeit von Handwerkern begutachtet, die in seinem Sinne Umbauten vorgenommen haben. Im Falle der Villa Muzani in Malo wird ein Giorgio di Simone als ein solcher Handwerker genannt. In dem ähnlich gelagerten Fall der Villa Muzani des Bruders Claudio in Rettorgole wird 1559 Pietro da Nanto genannt. In beiden Fällen könnte bereits eine „Praxis der treuhänderischen Verwendung der Modelle Palladios“[281] durch Mitarbeiter Palladios vermutet werden, die als frühe Form des „Palladianismus“ gewertet werden kann.
Die Nichtaufnahme in Palladios „Quattro libri“ 1570 bestätigt, dass Palladio dieses Projekt wohl nicht zu den eigenen rechnete.

Beschreibung

Der Standort der Villa an der Via Pisa in Malo, etwa 15 Kilometer nordwestlich von Vicenza, ist noch heute zu erkennen. Umfassungsmauern eines zentralen Grundstücks sind erhalten; ihre schematische rechteckige Form und die Lage an der Straße scheinen aus dem Quattrocento zu stammen. Sie entsprechen der Gesamtanlage eines Landgutes dieser Zeit, vergleichbar den Vorstellungen des Petrus Crescentius oder der verwandten Anlage der Villa Porto in Molina. Außerdem sind zwei kleine Bauten über rechteckigem Grundriss, vermutlich aus dem 16. Jahrhundert, an der vorderen linken und rechten Ecke erhalten. Das rechte ist als Kirche ausgebaut und könnte auch schon im 16. Jahrhundert die Kapelle der Villa gewesen sein.

Literatur

Palladio im 20. Jahrhundert zugeschrieben.
Nicht bei Burger 1909; Pozza 1943, S. 182–189; Ackerman 1967, S. 76; Battilotti 1990, S. 46; Puppi 2000, S. 257–258, 484; nicht bei Beltramini 2008.

Erreichbarkeit

Malo (Provinz Vicenza), Via Pisa
Staatsstraße 46 von Vicenza nach Malo, die Via Pisa verläuft parallel zur Staatsstraße.

Villa Valmarana in Lisiera

Um 1563

Der Entwurf Palladios für den Villenneubau ist nur fragmentarisch ausgeführt worden. Nach Zerstörungen im Zweiten Weltkrieg ist eine Rekonstruktion entstanden. Neben der Villa steht eine Kapelle von 1609. Dahinter sind Reste der älteren Landwirtschaftsbauten erhalten.

Würdigung

Die Villa Valmarana ist eines der späteren Villenprojekte mit zweigeschossigem Portikus wie die Villa Mocenigo in Marocco oder die Villa Sarego in Miega, die aus dem Villentyp der 1550er Jahre, der Villa Pisani in Montagnana und der Villa Cornaro in Piombino, zwei gut erhaltenen Bauten, entwickelt worden sind.
Die von einem Vorgängerbau stammenden Ecktürme der Villa Valmarana wirken zusätzlich altertümlich. Ohne das nicht ausgeführte zweite Geschoss des Portikus hat die Villa den angestrebten Charakter nicht erreicht.
Die Bauten dieses Typs, die in unbekanntem Umfang teilweise ausgeführte und dann beseitigte Villa Mocenigo, die nur teilweise ausgeführte und im 20. Jahrhundert abgerissene Villa Sarego und die nach Zerstörungen im 20. Jahrhundert rekonstruierte Villa Valmarana, sind nur noch nach den Darstellungen der „Quattro libri" im Sinne Palladios nachzuvollziehen. Alle drei Originale der Villenprojekte dieses Typs sind in besonderem Maße durch den Verlauf ihrer Ausführungs- und Überdauerungsgeschichte der direkten Anschauung entzogen worden.

Geschichte

Die vicentinische Aristokratenfamilie Valmarana hatte seit Langem größeren Landbesitz in Lisiera, etwa 5 Kilometer nordwestlich von Vicenza. Der Vater des Bauherrn, Antonio Valmarana, hatte 1538 und 1555 den Grundbesitz noch vermehren können. Sein Sohn Gianfrancesco Valmarana betrieb 1563 einen Brückenbau bei der Neuordnung des Landbesitzes. In diesem Zusammenhang ist auch der Herrenhausneubau zu sehen. An seiner Stelle war ein altes Dominikalgebäude mit Kastellcharakter aus dem 15. Jahrhundert vorhanden. Es stand in einer Anlage von Wirtschaftsgebäuden mit Taubenturm, der noch existiert. Der Vorgängerbau schrieb die Lage und mit seinen Fundamenten wohl auch den Grundriss des Neubauentwurfes vor. Vor allem die vier

Andrea Palladio, Villa Valmarana in Lisiera, um 1563, Grundriss und Ansicht der Fassade der geplanten Villa in den „Quattro libri“, 1570

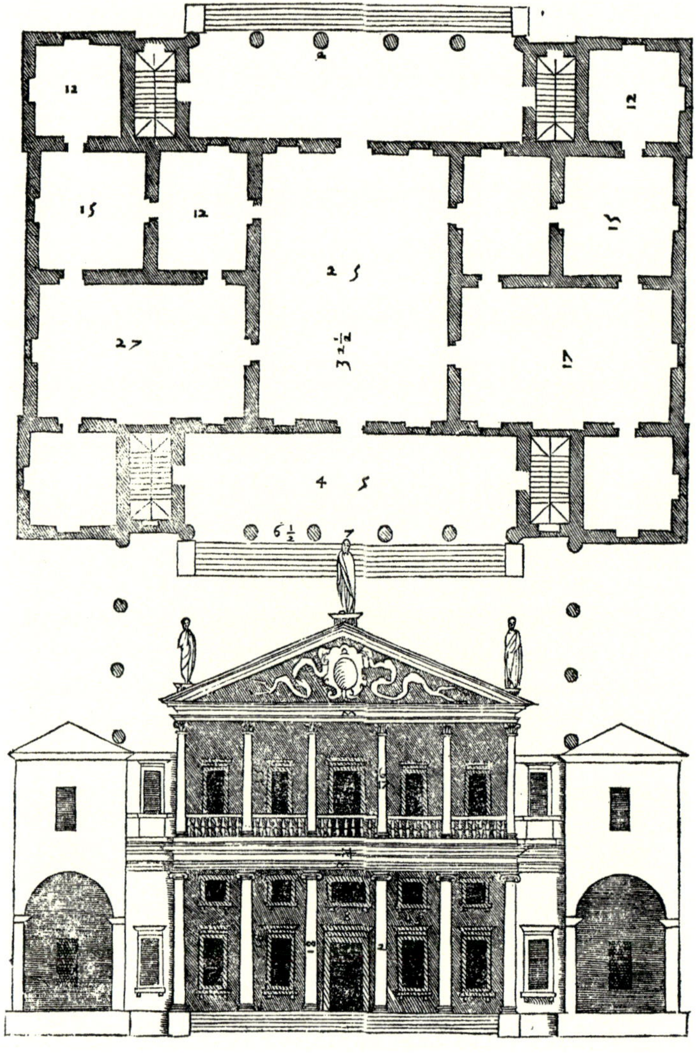

Türme stammten – wie bei der Villa Trissino in Cricoli – von diesem Vorgänger und bestimmten die Gesamterscheinung und wohl auch die Lage der Treppenhäuser.
Bis zum Tode Gianfrancescos 1566 muss der Neubau so weit vorangekommen sein, dass Palladio das Projekt in sein Manuskript der „Quattro libri" aus dieser Zeit aufnehmen konnte, aus dem es auch Vasari bekannt wurde, in dessen „Vite" es 1568 mit den vier Türmen erwähnt wurde.
Die Erläuterung der Darstellung in den „Quattro libri" stellte das Projekt wörtlich als existent und von dem verstorbenen Bauherrn errichtet dar, obwohl es nachweisbar erst teilweise ausgeführt war. Die Ausführungsgeschichte ist leider nicht genau zu ermitteln. Gianfrancesco setzte die Söhne seines Bruders Giovanni Alvise als Erben ein. Vermutlich wurde der Bau nach seinem Tode 1566 während der Erbauseinandersetzungen erst einmal stillgelegt. Das Gebäude ging unter den Brüdern dann an Leonardo Valmarana. Dessen Namen nannte Palladio 1570 nicht mehr. Vermutlich wurde nach dem Erscheinen der „Quattro libri" 1570 und auch wohl nach dem Tode Palladios 1580 ein fragmentarischer Zustand über längere Zeit erhalten.
Die kleine Kirche neben der Villa, ein Zentralbau mit Kuppel und einer Sonnenuhr an der Fassade von ganz anderer Handschrift nennt in einer Inschrift 1609 als Datum. Zu dieser Zeit wird das Herrenhaus ohne das zweite Geschoss des vorderen Portikus und ohne den geplanten hinteren Portikus provisorisch fertiggestellt gewesen sein. Die Balustraden der Attikafenster und die Skulpturen auf dem Giebel und dem Dach stammen aus dem 17. Jahrhundert.
Der Garten vor dem Herrenhaus sowie die dort aufgestellten Skulpturen wurden 1713 bis 1715 von Francesco Marinali dem Jüngeren (geboren 1647) ausgeführt.

Beschreibung

Palladio schilderte und zeichnete in den „Quattro libri" noch seine kompletten Vorstellungen vom neuen Herrenhaus, als wären sie ausgeführt worden: „In Lisiera, einem Ort nahe Vicenza, steht der folgende Bau, einst errichtet von dem Herrn Giovanni Francesco Valmarana seligen Angedenkens. Die Loggien sind von ionischer Ordnung. Ihre Säulen stehen auf einem rechtwinkligen Sockel, der den ganzen Bau umläuft. Auf seiner Höhe liegt die Bodenebene der Loggien und der Räume, die alle flach gedeckt sind. An den Ecken des Baus stehen vier Türme, die im Erdgeschoss eingewölbt sind. Der Saal trägt ein Tonnengewölbe. Die Anlage hat zwei Höfe: Der eine liegt vor dem Haus und dient dem Hausherrn, der andere dahinter. Dort wird das Korn gedroschen. Er hat gedeckte Räume, die eingerichtet sind für alles, was zum Betrieb der Villa gehört."[282]

Folgende Doppelseite: Villa Valmarana, Ansicht der ausgeführten Fassade, rechts der Taubenturm des Vorgängerbaus

Dabei stellte Palladio zeichnerisch ionische und korinthische Säulen in den beiden Portikusgeschossen dar. Im Text ist aber nur von den ionischen im Erdgeschoss die Rede, die als einzige ausgeführt wurden. Noch heute erkennt man die Ecktürme in der Vorderfassade und die breite Säulenstellung des Portikus. Darüber ist nur noch eine Reihe von Mezzaninfenstern mit Balustraden unter einem übermächtigen Giebel ausgeführt. Die hintere Gebäudeschicht mit Ecktürmen und Portikus dagegen fehlt ganz.

Der barocke Garten vor dem Herrenhaus, die Reste des alten, heute etwas verwahrlosten Wirtschaftshofes mit Taubenturm dahinter und die Kapelle daneben vervollständigen den Eindruck der Überreste einer unvollendet gebliebenen Villenanlage.

Literatur

Erwähnt bei Vasari 1568, in den „Quattro libri“ 1570, bei Muttoni 1740, Bertotti Scamozzi 1778, Magrini 1845.

Burger 1909, S. 32–37; Ackerman 1967, S. 49–50; Cevese 1971, Bd. 2, S. 341–343; Battilotti 1990, S. 114–115; Puppi 2000, S. 351, 490; Battilotti 2005, VI 82, S. 79f.; Beltramini 2008, S. 56.

Erreichbarkeit

Lisiera di Bolzano Vicentino (Provinz Vicenza), Via Ponte 3

Staatsstraße 53 von Vicenza Richtung Treviso bis Lisiera nahe bei Vicenza, die Villa liegt links an der Ortsdurchfahrt.

Besichtigung nur von außen

Villa Sarego in Miega

Nach 1562

Das Herrenhaus der Villa ist nie vollendet worden. Seine Reste wurden zu Beginn des 20. Jahrhunderts abgerissen und durch einen Neubau ersetzt. Das andersartige neue Herrenhaus von 1910 sowie ein Hof mit Wirtschaftsgebäuden aus dem 16. Jahrhundert sind erhalten.

Würdigung

Der Auftrag des Annibale Sarego zu dieser Villa löste offenbar weitere vier Villenprojekte aus, die Mitglieder der Familie Sarego Palladio übertrugen, sodass ihm dadurch nach dem Vicentiner und dem Venezianer Auftraggeberkreis in den 1560er Jahren nun auch in Verona eine Auftraggeberschaft entstand. Alle Projekte lagen im Gebiet der Provinz Verona. Die Vettern Annibale Saregos, Antonio und Federico Sarego, bestellten 1564 einen Entwurf für ein Villenprojekt in Veronella sowie für ein Projekt in Cucca bei Veronella, der Bruder Annibale Saregos, Marcantonio, gab 1565 einen Villenentwurf für Santa Sofia di Pedemonte in Auftrag. Darauf folgte 1569 noch ein Villenprojekt der Brüder Antonio und Federico in Beccacivetta di Coriano. Wenn auch keines dieser Villenprojekte vollendet worden ist, zeigen sie doch, dass es in dieser Zeit einen erheblichen Aufgabenzuwachs für Palladio gab. Vermutlich ist die Unvollkommenheit der Ausführung dieser Bauten nicht nur den Bauherren anzulasten oder durch fehlende Mittel verursacht worden, sondern auch durch eine zunehmende Überlastung des Architekten, der sich kaum noch Zeit zur Bauaufsicht nahm, weil er kurz vor der Herausgabe seiner „Quattro libri" stand und wohl auch weil die Veroneser Bauten allzu weit von seinen Hauptprojekten, den Kirchenbauten in Venedig, entfernt waren. Soweit diese Villen von Palladio in die „Quattro libri" aufgenommen wurden, hat er sie im Kapitel mit Bauten von Aristokraten der Terraferma dargestellt.

Es ist bedauerlich, dass die Planung für diese Villa Sarego in Miega wie die übrigen für Veroneser Bauherren nicht angemessen kontrolliert und nur verändert und zu einem Bruchteil ausgeführt worden ist. Auch erstaunt, dass Palladio ganz auf die Gesamtheit einer Villenanlage verzichtet hat.

Auf den ersten Blick kommt der Entwurf für den Herrenhaus-Solitär – so auch der für den Veroneser Palazzo della Torre – aus der Phase der Bauten mit doppelstöckigem Portikus, wie bei der Villa Pisani in Montagnana oder der Villa Cornaro in Piombino, und stellt sich als Fortentwicklung von Gedanken der 1550er Jahre dar. Aber

bei genauerer Betrachtung des Portikus lassen sich dessen Säulenstellungen mit den rhythmisierten Interkolumnien als eine Fortentwicklung erkennen. Auch der – leider so nicht ausgeführte – Grundriss der Raumaufteilungen und Treppenläufe war von meisterlicher Komplexität.
Dass Palladio in den „Quattro libri“ keine Andeutung einer Gesamtanlage gezeichnet hat, legt die Vermutung nahe, dass er sich dafür nicht verantwortlich fühlte.

Geschichte

Nachdem Palladio bereits um 1551 erstmalig von einem Veroneser Aristokraten, dem Conte Giovanni Battista della Torre, den Auftrag für einen Palazzo erhalten und 1561 von diesem eine weitere Bestellung für einen Palazzo bekommen hatte, gab es Aufträge von Veroneser Aristokraten nun auch für Villenbauten.
1562 beauftragte ihn der Schwager des della Torre, der Conte Annibale Sarego, mit einem Villenbau für Ländereien, die er 1552 in Miega, etwa 30 Kilometer südwestlich von Vicenza, geerbt hatte.
Für den Entwurf der Villa Sarego in Miega und den Beginn der Ausführung gibt es genauere Daten: Im Juli 1562 wurde Palladio für die Entwurfszeichnungen bezahlt und besichtigte das Baugrundstück. Im Juli 1564 wurde die Baustelle – allerdings nicht unter der Aufsicht von Palladio – eröffnet. Danach ist bis Juli 1565 die Aushebung der Fundamente und die Lieferung von Baumaterial zu verfolgen. Außerdem wurden 1566 zwei aus Mailand stammende, aber in Verona wohnende Maurer, die auf der Baustelle arbeiteten, entlohnt. Eine Urkunde über Gütertrennung zweier Erben von 1613 bestätigt aber dann, dass das Herrenhaus nach den ersten Baumaßnahmen unvollständig geblieben war.
In dem Bericht eines Maurers von 1673 ist von „miglioramenti“, Verbesserungen, die Rede, darunter Erweiterungen und Aufstockungen am Herrenhaus, aber auch von Landwirtschaftsbauten, darunter einer „colombara“ und einer „barcheseta“.
Aus einer Schätzungsurkunde von 1678 wird deutlich, dass – ähnlich wie bei der Villa Valmarana in Lisiera – offenbar nur die untere Loggia des zweistöckigen Portikus fertig geworden war. In einem Teilungsvertrag von 1688 ist allerdings von einem Hof und einem „palazzo“ die Rede, in dem die Contessa und der Conte wohnten, der also offenbar als Herrenhaus genutzt wurde.
Schon Muttoni fand 1740 von diesem Herrenhaus allerdings nur noch zwei Säulen der Loggia und vier Räume vor. Bertotti Scamozzi beklagte 1761 den Zustand des Gebäudes, versuchte aber eine Rekonstruktion. Magrini bemerkte 1845 Basen und Kapitelle nicht mehr aufrecht stehender Säulen. Burger konnte 1909 noch ein letztes

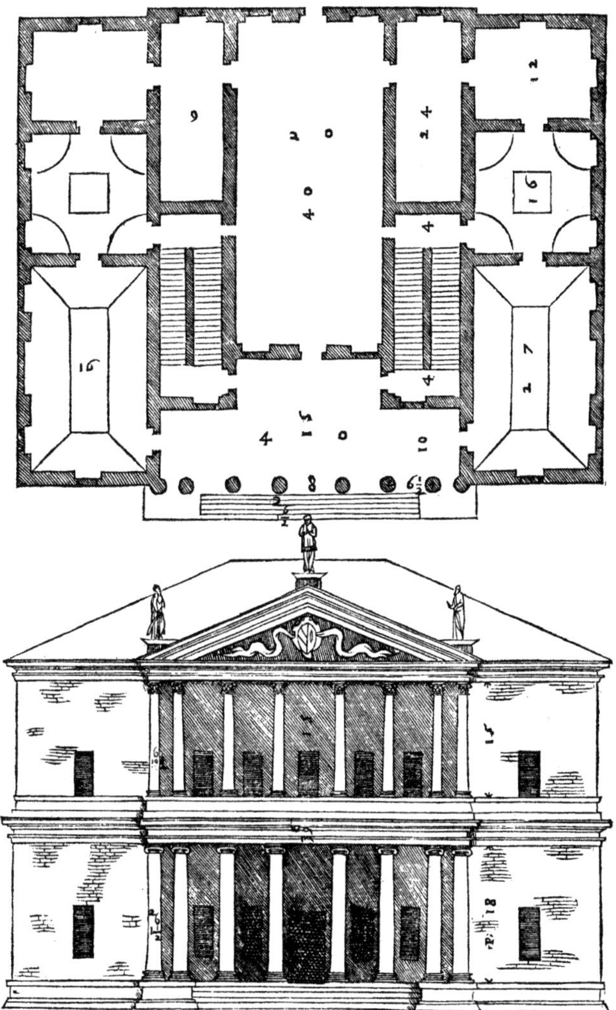

Andrea Palladio,
Villa Sarego in Miega,
nach 1562,
Grundriss und Ansicht
der Fassade des
Herrenhauses in den
„Quattro libri", 1570

Foto des erhaltenen Bestandes machen und eine Rekonstruktion des Grundrisses mit Verdeutlichung des Erhaltenen zeichnen, die der von Bertotti Scamozzi entsprach.
Um 1910 wurde das fragmentarische Aufgehende abgerissen und über den Fundamenten ein neues Gebäude errichtet.

Villa Sarego, letztes Foto des nur teilweise und verändert ausgeführten Herrenhauses, bevor es abgerissen wurde, nach Burger 1909

Es sind jedoch noch Teile der Barchessen mit Arkaden erhalten. 1688 war von alten und neuen Stallgebäuden die Rede. Teile stammen vermutlich aus dem 16. Jahrhundert, andere wurden im 17. Jahrhundert erneuert. Zur Villa gehörte auch ein Kirchengebäude, das nach Umbauten heute Dorfkirche ist.

Beschreibung

In die „Quattro libri“ hat Palladio nur einen Grundriss und eine Fassadenansicht des Herrenhauses aufgenommen, ohne auch nur eine Andeutung der baulichen Umgebung durch Landwirtschaftsgebäude zu machen. Immerhin wies er im letzten Satz seiner Beschreibung aber auf einen Hof mit landwirtschaftlichen Gebäuden hin.
In den „Quattro libri“ heißt es kurz, als wäre der Bau schon fertig: „Der folgende Bau gehört dem Conte Annibale Sarego und steht in la Miga, einem Ort im Collognese. Die Basis des ganzen Gebäudes bildet ein viereinhalb Fuß hoher Sockel, und in dieser Höhe liegt das Niveau der ersten Zimmer, unter denen sich die Keller befinden, die Küchen und die Räume zur Unterbringung der Bediensteten. Jene ersten Zimmer sind eingewölbt, die im zweiten Stock haben Flachdecken. Dem Bau angegliedert ist der Hof mit allen Gebäuden (luoghi), die der Villa von praktischem Nutzen sind.“[283]
Der zweistöckige Portikus lässt eine Verwandtschaft mit den Villen Pisani in Montagnana und Cornaro in Piombino von 1552 erkennen. Aber deshalb gehört dieses Villenherrenhaus keineswegs „in den Zusammenhang urbaner Vorhaben“.[284] Vielmehr ist dies ein Villenherrenhaus in dörflicher Umgebung, ganz und gar von

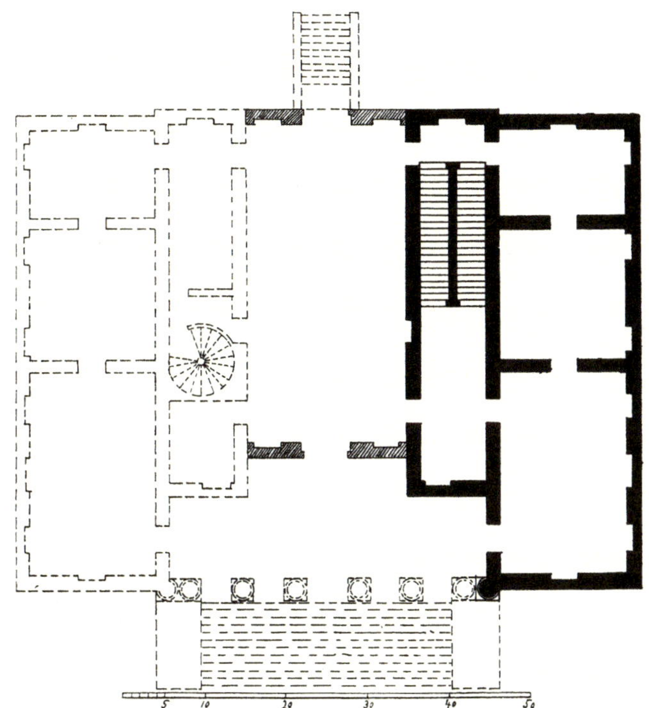

Villa Sarego, Rekonstruktion der ausgeführten Teile des Entwurfes durch Burger 1909

landwirtschaftlichen Bauten umgeben. Aber charakteristisch ist – wie bei den Villen Pisani und Cornaro – der zweistöckige Portikus. Diesen hatte Palladio auch für den Palazzo des Veronesers della Torre vorgesehen. Und so mag es sein, dass auch dessen Schwager sich einen doppelstöckigen Portikus gewünscht hat, wie jener mit ionischen und darüber korinthischen Säulen.

Allerdings sind die Säulenstellungen dieses Entwurfes gegenüber denen aus der ersten Hälfte der 1550er Jahre fortentwickelt: Von den acht Säulen sind je zwei äußere zu einer Doppelsäulenstellung zusammengezogen – sie stehen hinter den die gerade Freitreppe flankierenden Wangen –, und das mittlere Interkolumnium ist breiter als die übrigen, sodass sich ein komplizierterer Rhythmus der Säulenabstände ergibt. Zudem hat die Vorhalle hinter den Säulen nicht nur einen einfachen rechteckigen Grundriss, sondern erhält vor der Sala eine größere Tiefe.

Der Grundriss der Räume mit der Anlage der Treppen hat eine besondere, komplizierte Struktur erhalten, mit der wieder eine individuelle Raumfolge entstanden wäre. Umso mehr muss bedauert werden, dass, ohne Palladios Aufsicht, diese

Villa Sarego, Barchessa an einer Seite des Hofes, vermutlich 16. Jahrhundert

Struktur abgeändert und nur zur Hälfte und nur für ein Geschoss ausgeführt worden ist.

Die aus der Zeit Palladios erhaltenen Barchessen haben Vorhallen mit Rundbogen über Pfeilern, denen Pilaster vorgelegt sind. Die Arkaden und die Tragkonstruktionen sind denen der Barchessen der Villa Sarego alla Cucca verwandt.

Literatur

Behandelt in den „Quattro libri", bei Muttoni 1740, Bertotti Scamozzi 1781, Magrini 1845.

Burger 1909, S. 93–95; Ackerman 1967, S. 78; Battilotti 1990, S. 113; Puppi 2000, S. 347–348, 489; nicht bei Beltramini 2008.

Erreichbarkeit

Miega di Cologna Veneta (Provinz Verona)

Staatsstraße 11 von Vicenza Richtung Verona, in Alte Ceccato links auf die Staatstraße 500, über Lonigo und Cologna Veneta bis Caselle, nach rechts bis Miega, Villenanlage mit Wirtschaftsgebäuden und dem Herrenhaus von 1910 zur Linken, links neben der Kirche

Villa Sarego alla Cucca

1564

Anbau an das Herrenhaus des Quattrocento nach Zeichnung von Palladio, 1775 umgebaut, Barchessengebäude aus der Zeit von Palladio, alle ungenutzt und baufällig.

Würdigung

Nachrichten, vor allem aus einem Briefwechsel unter den Veroneser Aristokraten, den Brüdern Antonio und Federico Sarego, verweisen darauf, dass Palladio offenbar von diesen in den Jahren zwischen 1564 und 1570 an drei verschiedenen Villenbauprojekten beteiligt werden sollte: auf ihren Gütern in ehemals Cucca, heute Veronella, sowie in einer kleinen Ortschaft bei dem heutigen Veronella und in Beccacivetta. In allen Fällen ging es um Entwürfe von Palladio, für die dieser aber nicht die Bauaufsicht übernahm. Nur in Cucca, heute Veronella, sind offenbar Umbauten des Herrenhauses sowie Barchessen danach entstanden und erhalten. In den beiden anderen, in der kleinen Ortschaft bei Veronella und in Beccacivetta, lässt sich weder eine weitere Planungsentwicklung verfolgen, noch sind zu Palladios Zeiten realisierte Gebäude nachweisbar.

Die Reste der Villa Sarego alla Cucca mit den darauf bezogenen Inschriften lassen vermuten, dass hier nur nach Entwurfszeichnungen von Palladio Bauten durch Handwerker seiner Zeit ausgeführt wurden. In baufälligem Zustand sind erhalten ein Kastell des Quattrocento, ein Herrenhaus aus der Palladio-Zeit, das aber 1775 umgestaltet worden ist, sowie eine umfängliche Barchessenanlage aus der Palladio-Zeit.

Geschichte

Eine Inschrift von 1775 am Herrenhausanbau weist voller Stolz darauf hin, dass dieser nach einer Zeichnung von Andrea Palladio von 1564 ausgeführt worden sei. In dem Briefwechsel unter den Büdern Sarego im 16. Jahrhundert kommt dagegen die Ungehaltenheit der Bauherren gegenüber Palladio zum Ausdruck, der offenbar trotz ständiger Mahnungen mit Verzögerung flüchtige Zeichnungen lieferte, verspätet vor Ort erschien und die Vorstellungen der Bauherren nicht erfüllte. Dies scheint eine Folge der Überlastung Palladios mit zahlreichen Projekten, aber auch mit der Arbeit an den „Quattro libri“ kurz vor der Drucklegung gewesen zu sein. Die Nichtverfolgung einiger der Projekte der Brüder Sarego ist offenbar die Folge davon.

Folgende Doppelseite:
Villa Sarego alla Cucca, Herrenhaus aus dem Quattrocento mit Anbau nach Entwurf von Andrea Palladio, 1564, 1775 umgebaut

EDIFICIO
PERICOLANTE

Die Ländereien in Cucca, etwa 30 Kilometer südwestlich von Vicenza, waren die ältesten Besitzungen der Sarego. Darauf gab es ein Herrenhaus aus dem Mittelalter mit wehrhaftem Charakter, das im 16. Jahrhundert durch einen Anbau erweitert wurde, der im 18. Jahrhundert noch einmal modernisiert worden ist.
Eine von zwei Inschriften des Umbaus von 1775 berichtet über die Besitzerfamilie, dass diese auf dem Castello 1509 Kaiser Maximilian I. zu Gast hatte: „[...] NEL 1509 L'IMPERATORE MASSIMILIANO I.o VI RICEVUTO DAL CONTE BRUNORO COLLA MOGLIE MASSIMILIANA MARTINENGO [...]", im Jahr 1509 wurde hier der Kaiser Maximilian I. empfangen vom Grafen Brunoro mit seiner Frau Maximiliana Martinengo.
Der Graf hatte sich also 1509 sofort auf die Seite der Sieger von Cambrai geschlagen und deren Anführer, den Kaiser, bei sich untergebracht. Offenbar kam dann später auch dessen Nachfolger zu Gast: „[...] CARLO V. OSPITE DEL CONTE ALBERTO E DI CAMILLA VISCONTI BORROMEO VI SOGGIORNO DAL 4 AL 15 NOVEMBRE DEL 1532", Karl V., Gast des Grafen Alberto und der Camilla Visconti Borromeo, hielt sich hier vom 4. bis zum 15. November 1532 auf.
Einer Familie, die sich zweier Kaiserbesuche rühmen konnte, musste daran gelegen sein, das gastliche Herrenhaus von einem inzwischen berühmten Architekten erweitern zu lassen. Und so heißt es in der Inschrift weiter: „[...] IL CASTELLO POI PER VETUSTA CADENTE FU IN PARTE TRASFORMATO AD USO RURALE SU DISEGNO DI ANDREA PALLADIO DEL 23 AGOSTO 1564, IN PARTE RIFATTO AD ABITAZIONE MODERNA NEL 1775", das Kastell wurde danach wegen älterer Schäden zum Teil verändert für landwirtschaftliche Zwecke nach einer Zeichnung von Andrea Palladio vom 23. August 1564, teilweise verändert für moderne Wohnzwecke im Jahr 1775.
Hier wird also eine Palladio-Zeichnung auf den Tag genau datiert; das kann nur bedeuten, dass sie der Bauherrenfamilie noch 1775, zur Zeit der Inschrift, vorgelegen hat. Die Formulierung der Inschrift – „verändert für landwirtschaftliche Zwecke" – könnte sich sowohl auf die Herrenhauserweiterung als auch auf Barchessenbauten beziehen. Es ist deshalb nicht unwahrscheinlich, dass die Palladio-Zeichnung für beide Baumaßnahmen, den Herrenhausanbau wie die Barchessen, eine Vorlage gewesen ist.
Auf diese Zeichnung muss sich eine Stelle im Briefwechsel der Brüder Sarego vom August 1564 beziehen, in der davon die Rede ist, Palladio werde dafür bezahlt, dass er „haver revisto il dissegno de la fabrica della Cucca", die Zeichnung für den Bau in Cucca revidiert habe. Weiter ist nachweisbar, dass im Dezember 1564 Fundamente fertiggestellt waren und dass die Arbeiten im September 1567 noch andauerten.
Diese Nachrichten lassen sich also auf den Erweiterungsbau des Castello und auf die noch erhaltenen umfänglichen landwirtschaftlichen Bauten beziehen, die außer dem

Herrenhaus auf einer Karte von 1565–1566 dargestellt sind. Zusätzlich zu dem Nachweis der Karte ist die Verwandtschaft der Barchessenbauten mit denen, die bei der Villa Sarego in Miega erhalten sind, deutlich. Danach wäre Palladio vielleicht doch die Urheberschaft an den zwei erhaltenen Barchessenanlagen der Sarego-Villen in Miega und in Cucca zuzusprechen, wenngleich er dazu nur die Zeichnung geliefert, nicht aber die Bauaufsicht gehabt hat.
Weitere Nachrichten aus dem Briefwechsel unter den Brüdern Sarego bestätigen, dass Palladio auch mit dem Anbau des älteren Herrenhauses der Villa Sarego alla Cucca befasst werden sollte. Im Zusammenhang eines Besuches von Palladio im Oktober 1569 war von einer Zeichnung für „la fabrica del palazzo", das Bauwerk des Palastes, die Rede. Im November lag dazu verspätet eine Grundrisszeichnung vor. Nach Mahnungen wurde eine Zeichnung der Fassade nachgeliefert; sie traf auf Unzufriedenheit. Im Sommer 1570, als Arbeitskräfte eingestellt werden sollten, erschien Palladio nicht. Erst vom 5. bis 7. September kam er, um die Baustelle zu beraten. War er zu sehr mit dem bedeutenderen Projekt der Villa Sarego in Santa Sofia beschäftigt? Jedenfalls scheint er mit der Bauausführung nichts mehr zu tun gehabt zu haben.

Beschreibung

An das Castello des Quattrocento, das offenbar in seinem alten Erscheinungsbild unangetastet bleiben sollte, weil hier beide Kaiser, Maximilian I. und Karl V., zu Gast gewesen waren, ist im 16. Jahrhundert an die südliche Seite ein Anbau mit zwei Geschossen und Mezzanin gesetzt worden. In beiden Geschossen öffnet er sich in der Mitte in einer Serliana, einem Motiv, das Palladio in den 1540er und 1550er Jahren verwendet hat. Zugleich ist ein großes Gelände vor dem Castello mit den Bauten der zwei Barchessenflügel für landwirtschaftliche Zwecke umgeben worden.
Sowohl eine Inschrift über dem Mittelportal der Herrenhauserweiterung, die „MCCLXXV", 1775, als Datum angibt, wie die zitierte Inschrift auf der Stirnseite des Gebäudes zur Straße hin verweisen darauf, dass diese Herrenhauserweiterung nach der Zeichnung von Palladio 1775 für moderne Wohnzwecke umgebaut worden ist. Das Äußere des unbewohnten und verwahrlosten Gebäudes lässt keine genauen Schlüsse auf den Grad der Umbaumaßnahmen von 1775 zu. Aber die beiden Serlianen in der Mittelachse lassen nicht unwahrscheinlich erscheinen, dass hier ein „palladianisches" Erscheinungsbild im Sinne der Serlianen von Palladios berühmter Vicentiner Basilica angestrebt worden ist. Palladio könnte dies auf Wunsch der Bauherren hier zu einer Zeit verwendet haben, in der er sonst bereits seinen übergiebelten Portikus mit Kolossalsäulen einsetzte.

Villa Sarego alla Cucca, Barchessengebäude aus der Zeit Palladios

Die Barchessen der Villa Sarego alla Cucca bilden an zwei Seiten des Hofes Vorhallen aus, die sich in Rundbogen öffnen und deren Pfeilern Halbsäulen vorgelegt sind. Kennzeichnend sind die Profilierung der Hohlkehlen der Halbsäulen, die der der Barchessen der Villa Sarego in Miega gleicht, und die Tragkonstruktionen. Noch heute befinden sich das ältere Castello mit dem Anbau des 16. Jahrhunderts und dessen Umbauten aus dem 18. Jahrhundert sowie die Barchessen aus der Palladio-Zeit neben der Kirche des Ortes, die ursprünglich zum Villenkomplex gehörte.

Literatur

In einem Schreiben von 1564 erwähnte und in einer Inschrift von 1775 genannte Zeichnung von Palladio.
Nicht bei Burger 1909; nicht bei Ackerman 1967; Battilotti 1990, S. 121–122; Puppi 2000, S. 362, 493–494; nicht bei Beltramini 2008.

Erreichbarkeit

Veronella (Provinz Verona), ehemals Cucca
Staatsstraße 11 von Vicenza Richtung Verona, in Alte Ceccato nach links Staatsstraße 500 bis Cologna Veneta, hinter Cologna rechts nach Veronella. Die wegen Baufälligkeit eingezäunte Villenanlage liegt neben der Kirche.

Villa Sarego in Veronella

1564

Erwähnter Entwurf Palladios, nicht ausgeführt.

Geschichte

In der Briefstelle von 1564, die ein Honorar der Veroneser Aristokraten Antonio und Federico Sarego an Palladio für den „disegno della fabrica della Cucca“, die Zeichnung für die Bauten in Cucca, erwähnt, ist auch davon die Rede, dass Palladio „fatto [...] uno per Veronella“, auch eine Zeichnung für Veronella, gemacht habe und das Honorar auch dafür gelten sollte.
Auch hier im Nachbarort von Cucca, etwa 30 Kilometer südwestlich von Vicenza, hatten die Brüder Sarego Landbesitz. 1559 hatten sie ein Herrenhaus und landwirtschaftliche Anbauten dazugekauft. Es wird vermutet, dass die genannte Zeichnung den Umbau des Herrenhauses und den Umbau oder die Neuanlage von Barchessen in Veronella betraf.
Weder ist jedoch die Zeichnung erhalten, noch gibt es Nachrichten über weitere Überlegungen und Vorgänge, noch sind Bauten erhalten, die daraus hervorgegangen sein könnten.

Literatur

Nicht bei Burger 1909; nicht bei Ackerman 1967; Battilotti 1990, S. 121; Puppi 2000, S. 494–495; nicht bei Beltramini 2008.

Erreichbarkeit

Veronella (Provinz Verona), in einem kleinen Ort kurz vor dem heutigen Veronella Anfahrt siehe Villa Sarego alla Cucca. Der Ort vermuteter Planungen ist nicht zu ermitteln.

Villa Sarego in Beccacivetta

1569

Erwähnter Entwurf Palladios, keine Bauten ausgeführt.

Geschichte

Auch in Beccacivetta, direkt an der Etsch, etwa 30 Kilometer südwestlich von Vicenza, besaßen die Veroneser Aristokraten Antonio und Federico Sarego Ländereien und ein Anwesen, die sogenannte corte ricca, den reichen Hof. In einem Schreiben vom September 1569 teilte Antonio seinem Bruder mit, dass er die Anwesenheit Palladios in Miega bei seinem Vetter Annibale nutzen werde, ihn in das Haus in Cucca zu bitten, um dort mit ihm „tutto intorno a questa nostra fabricha a Becchacivetta", alles über unsere Baumaßnahmen in Beccacivetta, zu besprechen. Dabei könnte es sich durchaus nur um Beratschlagung gehandelt haben. Jedenfalls sind weder weitere Nachrichten noch Zeichnungen, noch Baumaßnahmen erhalten, die etwas zu tun haben könnten mit Palladios weiterer Wirksamkeit.

Beschreibung

Die Villenanlage, heute unbewohnt und zum Teil ruinös, scheint in den meisten Teilen erst nach Palladios Zeit erbaut worden zu sein. Sie umfasst ein Herrenhaus aus dem 17. Jahrhundert, eine Kirche und einen Wohntrakt zur Straße hin, der den Hof vor dem Herrenhaus flankiert, beide aus dem 18. Jahrhundert. Auf dem Hof liegen Barchessengebäude, vermutlich des 17. Jahrhunderts, auf der anderen Straßenseite weitere ruinöse Wohnbauten für Arbeitskräfte sowie neuere Landwirtschaftsgebäude. Vom Deich der Etsch lässt sich ein Überblick gewinnen. Bauten aus der Palladio-Zeit gibt es allenfalls im Inneren der Anlage.

Literatur

Hinweis auf Palladios vermutliche Aktivitäten in Beccacivetta im Briefwechsel der Brüder Sarego. Keine Zeichnungen oder baulichen Ergebnisse.
Nicht bei Burger 1909; nicht bei Ackerman 1967; Battilotti 1990, S. 132; Puppi 2000, S. 500; nicht bei Beltramini 2008.

Erreichbarkeit

Beccacivetta di Coriano, Gemeinde Albaredo d'Adige (Provinz Verona), Via Beccacivetta

Anfahrt siehe Villa Sarego alla Cucca, von Veronella nach Albaredo, von dort Richtung Coriano, rechts zweigt die Via Beccacivetta ab, die später erbaute Villenanlage liegt am Ende einer Allee, in die die Via Beccacivetta einmündet, direkt am Deich der Etsch.

Villa Sarego in Santa Sofia

Nach 1565

Das Projekt ist unvollendet geblieben. Doch Besucher erleben das Fragment des Wirtschaftshofes als Weinkellerei und dann den sich in den Garten öffnenden ausgeführten Teil des Herrenhauses als eindrucksvolles Ensemble.

Würdigung

Zum Redaktionsschluss der „Quattro libri“ scheint die Villa Sarego in Santa Sofia das jüngste große Villenprojekt Palladios gewesen zu sein. Es stellte den vervollständigten Entwurf für den Veroneser Aristokraten Marcantonio Sarego dem ebenfalls vervollständigten der Villa seines Bruders Annibale Sarego in Miega, als die letzten Bauten für Herren der Terraferma, zur Seite. Vielleicht musste Palladio schon befürchten, dass beide unfertig bleiben würden, und hoffte mit der Veröffentlichung noch auf eine Vollendung hinwirken zu können.
Anders als der Entwurf für Annibale Sarego, der einen aus den 1550er Jahren stammenden, nur noch etwas weiterentwickelten Bautyp mit zweigeschossigem Portikus darstellt, ist der der Villa Sarego in Santa Sofia noch einmal ein nach Art der Rekonstruktionen antiker Bauten ungewöhnlich großartig angelegtes Projekt. Es erinnert an die Enwürfe der Villa Thiene in Quinto, der Villa Mocenigo sopra la Brenta oder der Villa Repeta in Campiglia, strebt aber mit seinen rustizierten Kolossalsäulen noch einmal einen ganz neuen Charakter an. Aber wie die anderen groß angelegten Beispiele war auch dies dem ehrgeizigen Bauherrn wohl doch zu aufwendig und blieb wie die Villa Sarego des Bruders unvollendet. Doch im Gegensatz zum Überbleibsel in Miega ist in diesem Fall auch das sich in den Garten öffnende Fragment von großartiger Wirkung.

Geschichte

Der Landbesitz in Santa Sofia di Valpolicella, etwa 40 Kilometer westlich von Vicenza und nur wenige Kilometer nordwestlich von Verona, war 1313 als Schenkung von Antonio della Scala an die Veroneser Aristokratenfamilie Sarego gegangen. Schon am Ende des 14. Jahrhunderts hat es ein „palacium magnum“, einen großen Palast, mit Seitengebäuden, Ställen, Taubenhaus, Zisterne und Kapelle gegeben. Der Vater des Bauherrn, Brunoro Sarego, hatte Erneuerungsarbeiten begonnen, deren Vollendung

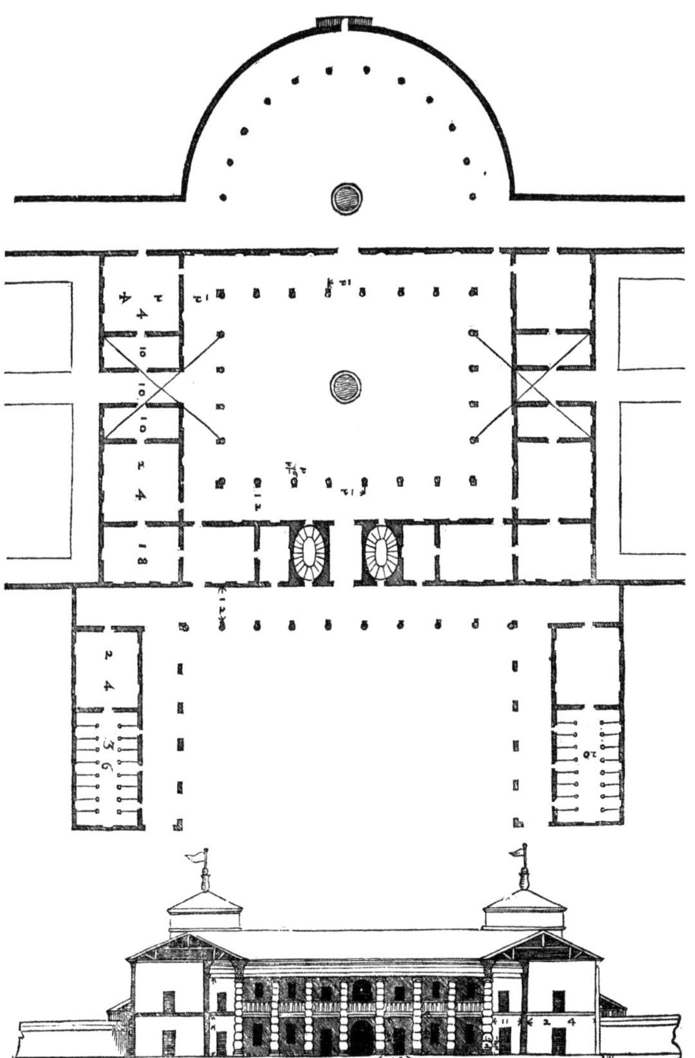

Andrea Palladio, Villa Sarego in Santa Sofia, nach 1565, Grundriss und Ansicht der geplanten Anlage in den „Quattro libri“, 1570

Villa Sarego in Santa Sofia, nach 1565, Ansicht auf einem Schild, um 1900

er in seinem Testament von 1536 seinen Erben auferlegte. Die Brunnen des Gutes wurden von 1543 bis 1555 mehrfach erwähnt, offenbar als Teil eines bestehenden Herrenhauses. Nach langen Erbstreitigkeiten unter den Brüdern Annibale, dem Bauherrn in Miega, und Marcantonio Sarego fiel das Erbe 1552 schließlich an Marcantonio, den Palladio als Bauherrn nannte.

Palladio war schon 1551 wegen des Palastes della Torre in Verona gewesen. Über seinen Schwager Giambattista della Torre und dann seinen Bruder Annibale hätte Marcantonio also bereits längeren Kontakt zu Palladio haben können.

Da konkrete Belege fehlen, wissen wir aber nicht, wann es zur Planung einer neuen Villenanlage gekommen ist. Deshalb konnte auch eine frühe Datierung des Projektes in die 1550er und sogar 1540er Jahre angenommen und mit einem Hinweis auf Anregungen durch Giulio Romano begründet werden, die aus stilgeschichtlichen Gründen aber nicht vorstellbar ist.

Die spätere Datierung in die 1560er Jahre stützt sich darauf, dass es für die Zeit zwischen 1565 und 1569 Zahlungen wegen Baumateriallieferungen „per la fabricha de S. Soffia", für die Baustelle von Santa Sofia, gegeben hat. Eine besonders große Lieferung von elf Wagenladungen Steine ist erst im Jahre 1569 gekommen; die Bossen für die kolossalen Säulen der Villa stammten aus den benachbarten Steinbrüchen im Besitz der Sarego. Für die späte Datierung ist auch die Fertigstellung eines möglichen großen Vorbildes, der Veroneser Porta Pallio von Sanmicheli, in dieser Zeit in Betracht zu ziehen. Auch spricht dafür, dass in der Publikation in den „Quattro libri" Anzeichen von großer Eile zu bemerken sind. Immerhin deutet deren Text an, dass ein Teil des Projektes schon vom Bauherrn bewohnt werde. Vasari erwähnt den Bau 1568 vermutlich deshalb nicht, weil Palladio ihm 1566 noch keine Nachricht davon geben konnte.

Ausgeführt worden ist von dem gesamten Projekt jedoch nur ein Teil des Herrenhauskomplexes und des davor gelegten Landwirtschaftshofes. Trotz innerer Veränderungen im 19. Jahrhundert ist dieser Teil so bis heute erhalten. Das Fragment des Herrenhauses wird weiter als Herrenhaus mit Park, der eine Flügel der landwirtschaftlichen Bauten davon getrennt als Weinkellerei genutzt.

Beschreibung

Palladio hat sich in seiner Darstellung in den „Quattro libri" überschwänglich über die landschaftliche Situation geäußert, in die er seine Villenanlage eingepasst hat. Aber sie scheint ihm auch durch die Lage des Vorgängerbaus vorgegeben gewesen zu sein. Palladio erwähnt, dass schon die Römer und dann die della Scala diesen Ort genutzt hätten: „In Santa Sofia, einem Ort fünf Meilen vor Verona, findet sich diese Anlage des Conte Marc'Antonio Sarego an einem wunderschönen Platz, nämlich auf einem sanft ansteigenden Hügel, der auf einen Teil der Stadt blickt und zwischen zwei kleinen Tälern liegt. Alle Erhebungen ringsum sind besonders lieblich und reich an köstlichem Wasser, und so schmücken diesen Bau Gärten und wunderschöne Springbrunnen. Lieblich wie er ist, war er den Herren dalla Scala ein Vergnügen, und aus einigen sichtbaren Spuren lässt sich schließen, dass man ihn schon zu Zeiten der alten Römer sehr schätzte. Der Teil des Hauses, den der Padrone und seine Familie nutzen, hat einen von Säulengängen umgebenen Hof. Die Säulen sind ionischer Ordnung. Sie sind nicht geglättet, wie das zu einer Villa passt, in der sich auch unfertige und eher einfache als verfeinerte Dinge einfinden. Diese Säulen tragen das oberste Gesims, das für den vom Dach laufenden Regen die Traufe bildet, und hinter ihnen, unter dem Säulengang, stützen Pfeiler den Boden der Loggien darüber, also die des zweiten Geschosses. In diesem zweiten Stock befinden sich zwei Säle, einander gegenüber. Ihre Größe zeigt der Grundriss mit den einander schneidenden Linien. Sie verlaufen von der Außenmauer des Hauses zu den Säulen. Vor diesem Hof liegt jener für den Betrieb der Villa. Auf der einen wie der anderen Seite liegen die Räume für die Dinge zum Nutzen der Villa."[285]

Palladios Beschreibung wirkt, als wäre zu ihrer Zeit schon entschieden gewesen, dass nur ein „Teil des Hauses, den der Padrone und seine Familie nutzen", ausgeführt werden würde. Zugleich lieferte er eine einfache Erklärung für die aus groben Bossen zusammengesetzten Säulen, zu denen er, der Steinmetz, nicht nur durch die Säulen der gerade fertig gewordenen Veroneser Porta Pallio, sondern auch durch die Nähe der hauseigenen Steinbrüche angeregt worden sein könnte. Sie seien „ungeglättet, wie das zu einer Villa passt, in der sich auch unfertige und eher einfache als verfeinerte Dinge einfinden“. Auch auf die Unfertigkeit des Errichteten wird damit angespielt.

Tatsächlich ist nur die linke Hälfte des Herrenhauses ausgeführt. Auch der mit einem halbrunden Säulengang versehene Abschluss nach Osten ist nicht realisiert worden. So ist ein dreiflügeliger Bau entstanden, der sich in den Garten öffnet.

Vom Landwirtschaftshof, abgetrennt von Herrenhaus und Garten, ist lediglich der rechte südliche Flügel ausgeführt. Bewohner und Besucher sollten sich ursprünglich von hier aus nähern und von den seitlich mit Pilastervorhallen und vorn mit Säulengängen ausgestatteten Barchessenvorhallen empfangen werden. Auch diese Vorhallen sind nicht realisiert.

Literatur

Dargestellt in den „Quattro libri“ 1570. Erwähnt bei Muttoni 1740, Bertotti Scamozzi 1781, Magrini 1845.

Burger 1909, S. 76–83; Ackerman 1967, S. 66–68; Battilotti 1990, S. 123–125; Puppi 2000, S. 391–393, 495; Beltramini 2008, S. 58–59.

Erreichbarkeit

Santa Sofia di San Pietro in Cariano (Provinz Verona), Via Santa Sofia

Staatsstraße 11 von Verona Richtung Rovereto, bei Parona di Valpolicella rechts in Richtung San Pietro in Cariano bis Santa Sofia kurz vor Pedemonte. Nur von außen zu besichtigen. Der Eintritt in den Garten wird verweigert. Es gibt keine telefonische oder E-Mail-Kontaktadresse.

Villa Almerico, „La Rotonda“

Nach 1566

Das Herrenhaus der Villa ist gut erhalten. Die getrennt davon liegenden Nebengebäude, die Barchessa und die Kapelle, werden von Besuchern beim Betreten des Geländes kaum wahrgenommen. Die Barchessa wird aber heute als Café genutzt.

Würdigung

Nach dem Willen des Bauherrn und des Architekten, dokumentiert in den „Quattro libri“, wird bei der Betrachtung des Bauwerkes als „Villa Rotonda“ nur der Solitär des Herrenhauses wahrgenommen, nicht die wenigen Nebengebäude: Es ist in Architektur und Ausstattung das vollständigste und vollkommenste der Villenherrenhäuser des Palladio und ein Idealmodell des Palladianismus. Durch die Konzentration auf das Herrenhaus unter den anderen Villenanlagen wird es besonders pointiert.

In der Reihe der Entwicklungsschritte der Baukörper palladianischer Villen würde allein eine der Fassaden der Villa Rotonda mit vortretendem sechssäuligem Portikus, mit Freitreppe und Giebel, einachsigen Seitenrisaliten und einer Kuppel in der Mitte darüber einen neuen Grad von Vollkommenheit erreicht haben. Aber nicht nur darin zeichnet sich die Villa vor allen anderen Villenbauten und Architekturen Palladios aus.

Das Bauwerk der Rotonda hebt sich noch in mehrerer Hinsicht aus der Zahl der Villen und Bauwerke Palladios heraus: Es hat eine Kuppel mit Opaion und einen Rundraum darunter in der Mitte. Der mittlere Baukörper erhebt sich über quadratischem Grundriss darum herum. Nicht nur eine Seite erhält eine Loggia und vortretenden Portikus mit sechs Säulen, Freitreppe und Giebel als Hauptfassade, sondern alle vier Seiten sind gleichmäßig so ausgebildet. Der so formulierte Bau steht allansichtig frei in der Landschaft. Rotunde im Zentrum, Kuppel über dem Außenbau, quadratischer Grundriss, Portiken mit Freitreppen in alle vier Himmelsrichtungen, Allansichtigkeit in der Landschaft: Das konnte Palladio nur mit der Bauaufgabe eines einzeln stehenden Villenherrenhauses erreichen.

Zur formalen Sonderstellung kam noch die architekturikonografische hinzu: Das Bauwerk übernahm Eigenheiten des einen besonders herausragenden antiken Tempelbaus, des Pantheons. Dieses ist der einzige komplett erhaltene Tempel der Antike. Er steht mitten in Rom. Er war allen Göttern gewidmet, seit christlichen Zeiten Maria und allen Heiligen. Formen dieses sakralen Baus übernahmen der

Bauherr, ein hoher Geistlicher aus Rom, und der Architekt, ein genauer Kenner antiker Baukunst in Rom, für das profane private Villenbauwerk des Kardinals in Vicenza.

Keineswegs ist die Villa Rotonda eine genaue Kopie des Pantheons. Palladio adaptierte nur einige Charakteristika, wie Rotunde, Kuppel mit Opaion und Säulenportikus mit Giebel, und variierte sie. Dies ist im Laufe der Geschichte der Pantheon-Nachfolge und Pantheon-Variationen hier vorbildhaft geschehen und später bei Nachfolgebauten in vielen verschiedenen Formen so weitergetrieben worden.

Die Pantheon-Charakteristika wurden darüber hinaus in vielen Details ausdrücklich abgewandelt, wie etwa in der Wahl von sechs Säulen statt acht und der ionischen statt der korinthischen Ordnung.

Und sie wurden auch bewusst ergänzt und vervollkommnet. Am stärksten ist dies mit der Allansichtigkeit, quadratischen Anlage des Baukörpers, Vervierfachung des Portikus und Ausrichtung nach allen Himmelsrichtungen geschehen.

Der Schritt von den anderen Villenbauten Palladios ist so ausdrücklich und so weit, dass man als Urheber nicht nur Palladio den Architekten, sondern als Ideengeber auch den romerfahrenen Kardinal vermuten muss.

Nicht nur die rekonstruktive Schaffung einer antiken Villa, wie sie Daniele Barbaro, der andere hohe Geistliche, zugleich aber Antikenwissenschaftler unter den Villen-Auftraggebern, bei seiner Villa Barbaro im Sinn gehabt haben mag, sondern die Schaffung eines überhöhten individuellen Villenbaus, der sich an den charakteristischen und ranghöchsten Tempelbau der Antike in Rom anlehnt, muss das Ziel dieses geistlichen Bauherrn für seinen Ruhesitz in Vicenza gewesen sein.

Weder der Architekt noch der Bauherr werden dabei angestrebt haben, ein herausragendes Vorbild für den Palladianismus vieler späterer Jahrhunderte zu schaffen. Aber sie haben es erreicht.

Geschichte

Die Entstehungszeit der Villa Rotonda war lange umstritten. „Es ist bekannt, dass die Datierung der Rotonda die Wissenschaft in zwei Lager gespalten hat“, schrieb Lionello Puppi 1977.[286] Die einen waren für eine frühe, die anderen für eine späte Entstehungszeit. „Inzwischen hat sich eine regelrechte Kehrtwendung ereignet: Heute neigen die Forscher, oft nach Revision ihrer früheren Meinung, dazu, die spätere Entstehungszeit als wahrscheinlicher zu betrachten, die Semenzato (1968) in seiner Achtung erheischenden Monografie im Rahmen des ‚Corpus Palladianum‘ mit aller Bestimmtheit vertritt.“

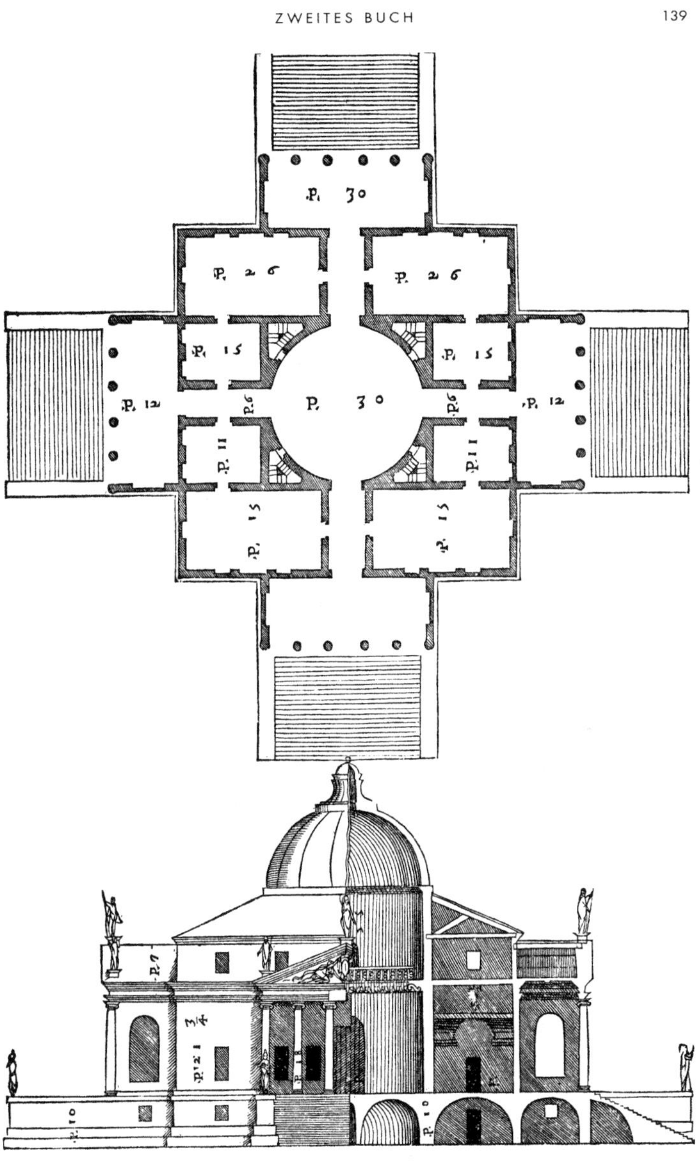

Andrea Palladio, Villa Almerico, „La Rotonda“, nach 1566, Grundriss, Ansicht und Schnitt in den „Quattro libri“, 1570

Folgende Doppelseite: Villa Almerico, „La Rotonda“, Ansicht des Baukörpers von Osten

Die viel untersuchte Entstehungszeit der Rotonda ist heute ziemlich sicher darzustellen. Über den Bauherrn schrieb Palladio in den „Quattro libri“ 1570: „Zu den angesehenen Adligen in Vicenza gehört auch Monsignore Paolo Almerico, ein Mann der Kirche, ehemals Referendar zweier Päpste, Pius IV. und V., der für seine Tüchtigkeit das Verdienst erwarb, mit seinem ganzen Hause zum Römischen Bürger gemacht zu werden.“ Dieser besaß schon in den 1550er Jahren in Ponzano unmittelbar vor den Toren der Stadt Vicenza ein Gelände, „un piacevolessimo luogo suo sopra una collina non lunge più di due o tre tiri di mano dalla città“, einen höchst angenehmen Ort auf einem Hügel nicht weiter als zwei oder drei Steinwürfe von der Stadt. Im Sommer 1553 gab er hier ein Gastmahl mit Feuerwerk, zu dem auch Lucrezia Gonzaga geladen war. Der vicentinische Dichter Giovanni Battista Maganza erwähnte in seinen „stanze“, die er dabei vortrug, dass man drei Jahre auf dieses Ereignis gewartet habe. Das Fest und die Länge der Wartezeit waren für viele Gelehrte der Anlass, die Entstehung der Villa Rotonda in diese Zeit zu verlegen, obwohl die Villa selbst nicht erwähnt wird. Inzwischen ist aber bekannt, dass bis 1564 auf dem Gelände der Rotonda im Besitz der Almerico nur ein bescheidenes Haus mit Nebengebäude stand.
Paolo Almerico hatte in den 1540er Jahren wegen „fälschlicher Mordanklage“[287] in Venedig Festnahme und Haft hinter sich gebracht; es ging dabei um den Mord an Bartolomeo Pagliarino, der vor 1545 eine Villa bei Palladio in Auftrag gegeben hatte. Almerico war dann um 1553 von Vicenza nach Rom gegangen und hatte dort seine Karriere als Kardinal am päpstlichen Hof unter Pius IV. (1559–1565) und Pius V. (1566–1572) angetreten. Sein Vater war 1553, seine Mutter 1565 gestorben. Almerico kehrte erst „nach dem Tod aller Angehörigen“, so heißt es in den „Quattro libri“, vermutlich aus Anlass des Todes seiner Mutter nach Vicenza zurück, mit hohen Pfründen ausgezeichnet. Erst nach dieser Zeit ist die Planung der Villa in Angriff genommen worden. Diese Tatsache lässt sich bei genauer Lektüre auch schon aus Palladios Text in den „Quattro libri“ herauslesen. Maganza betonte in einem Gedicht für Almerico, dass die „Reonda“ „in cusi puoco tempo“, in so kurzer Zeit, errichtet worden sei. In einem Testament von 1571 wurde auf ein früheres Testament wahrscheinlich von 1569 Bezug genommen, das entstanden sei, als „non era stata fatta la Rittonda“, als die Rotonda noch nicht fertiggestellt war.
Aber dann wurde die Rotonda selbst das erste Mal genannt, und zwar in einer Urkunde, die am 23. Juni 1569 ausgestellt wurde „extra portam in contrà de Ponanza in loco vocato La Rontonda in domo [dell'Almerico]“, im Stadtteil Ponanza an einem Ort namens La Rotonda im Hause des Almerico. Zu dieser Zeit war die Rotonda also so weit fertiggestellt, dass in dem Gebäude diese Urkunde unterschrieben werden konnte.

Damit wird die Planungs- und Entstehungszeit für die Spanne von 1565 bis 1569 eingekreist. Der Zukauf von Grundstücken im Jahre 1566 bestätigt diesen zeitlichen Rahmen. Ein weiteres Datum, nämlich der Verkauf des Stadthauses von Almerico im Jahr 1567, mit dem der Bauherr sich vermutlich weitere Mittel für die Ausführung der Villa sicherte, legt nahe, dass die Ausführung in kurzer Zeit von 1567 bis 1569 realisiert worden ist. Über die erste Ausstattung mit Skulpturen ist außerdem in den „Quattro libri“ bekannt, dass Lorenzo Rubini (um 1568) vor 1570 Statuen auf den Wangen der Freitreppen fertiggestellt hat.

Der Verkauf seines Stadthauses macht darüber hinaus klar, dass Almerico die Villa als ein vor den Toren gelegenes Stadthaus ständig und nicht nur im Sommer bewohnen wollte. Das entspricht der Einordnung der Villa unter die Stadtpaläste, die Palladio in den „Quattro libri“ vorgenommen hat. Darüber scheinen sich Bauherr und Architekt von vornherein klar gewesen zu sein, dass das Gebäude nicht in erster Linie zur Beaufsichtigung von landwirtschaftlich bebautem Landbesitz womöglich nur zeitweise im Sommer bewohnt werden sollte, sondern alle Einrichtungen einer dauernd genutzten Stadtwohnung haben musste. Das ist gerade im Hinblick auf bestimmte Eigenheiten, etwa das ursprünglich offene Opaion der Rotunde, von besonderer Bedeutung.

Trotz der Klarheit über Beginn und Rahmen der Bauausführung ist dagegen außer hypothetischen Annahmen nichts Weiteres über die Diskussionen und die Ausführung des Entwurfes bekannt. Autografen vor den Darstellungen in den „Quattro libri“ sind nicht überliefert. Wir müssen allenfalls annehmen, dass Palladio vor 1567 die Entwürfe für die Rotonda fertig gehabt haben muss.

Außerdem kann sicher sein, dass Palladio für die unter allen Villenbauten herausragende Besonderheit seines Zentralbaus mit oben offener Rotunde von vornherein Zustimmung des Bauherrn hatte. Den romerfahrenen Kleriker muss die Vorbildhaftigkeit des Pantheons besonders gereizt haben, wenn er sie nicht sogar selbst angeregt hat. Er kannte natürlich die Widmung des antiken Pantheons, des einzigen vollständig erhaltenen antiken Bauwerks, an alle Götter und die christliche Umwidmung für Maria und alle Heiligen. Die Tatsache, dass er in den fast fertigen Bau eingezogen ist, als die Kuppel noch nicht ausgeführt war, zeigt, dass er das offene Opaion des Pantheon in seiner Villa haben wollte, dass er das Wohnen darin mit offener Kuppel akzeptierte. Nicht ohne Grund erwähnt Palladio, dass Almerico zum „römischen Bürger“ gemacht worden sei; dies hat vermutlich dazu geführt, dass Almerico sich für seinen Wohnpalast eine römische Architektur hat bauen lassen.

Bemerkenswert im Detail bleibt, dass die in den späten 1560er Jahren ausgeführten Darstellungen der „Quattro libri“, die ersten bekannten Entwürfe Palladios für den

Bau, keineswegs in allem übereinstimmen mit dem ausgeführten Gebäude. Das betrifft Veränderungen der Türen und Fenster, einen ursprünglich ausgeführten Einschnitt in den Freitreppen und vor allem eine Veränderung der Kuppel. Im Allgemeinen weist dies darauf hin, dass Bauherr und Architekt während der Fortführung des Projektes weiter diskutierten und die kurz vor der Drucklegung eilig in die „Quattro libri“ aufgenommenen Pläne während der Bauausführung noch abwandelten.
In der Entstehungsgeschichte der Villa Rotonda bleiben weiter besonders das Kapitel über die Ausführung und Vollendung der Kuppel sowie die Etappen der Ausführung der Dekoration interessant, die sich nach 1569 hinzogen, obwohl Almerico seit dieser Zeit bereits die Villa bewohnte. Während Palladio selbst bis zu seinem Tode 1580 in Vicenza in der Nähe war, hat der Bauherr bis zu seinem Ableben 1589 aus allernächster Nähe an dieser Weiterentwicklung des Villenprojektes teilgenommen, sodass alle Arbeiten bis 1580 mit Palladios und alle bis 1589 mit Almericos Zustimmung geschehen sein müssen.
Nach dem Tode Paolo Almericos ging das Bauwerk an den natürlichen Sohn Virginio Almerico, der 1591 sogleich um die Erlaubnis zum Verkauf ersuchte. Dabei wurde das Gebäude als unfertig bezeichnet und auf die Kosten für die Reparatur und die Erhaltung hingewiesen, die dieser offenbar nicht aufbringen konnte. Der Bau ging 1591 in den Besitz der Familie Capra über und erschien seit 1609 in deren Besitzinventaren. Erst nach 1591 also wurde die Fortsetzung der Bau- und Dekorationsarbeiten von neuen Bauherren bestimmt.
Die Rotonda und die Vollendung ihrer Kuppel ist sicherlich eines der bekanntesten und spannendsten, aber auch belastetsten Kapitel der Kunstgeschichte, von dem jeder glaubt, das Ergebnis zu kennen: Andrea Palladio habe einen wunderbaren Entwurf gezeichnet, aber dann sei Vincenzo Scamozzi gekommen und habe ihn verändert ausgeführt. Lionello Puppi fasst die Entstehung dieser Legende pointiert zusammen: „Die lange Zeit als unumstößlich geltende Annahme, die Grafiken in den ‚Quattro libri‘ seien eine getreue Transkription der ursprünglichen Entwürfe, die Palladio den Auftraggebern vorlegte, veranlasste die Forschung seit dem 18. Jahrhundert, in dem ausgeführten Bau eine Verletzung der eigentlichen Ideen zu sehen, und eine allgemein gehaltene unvorsichtige Äußerung Scamozzis lieferte denn auch den Verantwortlichen. [...] Scamozzi schreibt dort, er habe ‚finit[o] con [suo] ordine, alcune [‚fabriche‘] [...] come [...] la Ronda‘, vollendet in seinem Auftrage, einige Bauwerke wie die Rotonda. Muttoni und Bertotti haben daraufhin alle möglichen Mutmaßungen bezüglich der Eingriffe Scamozzis angestellt, während Magrini [...] anhand von ihm zur Verfügung stehenden Archivnotizen, die von abschließenden Arbeiten sowohl am Außenbau als auch im Innern bis mindestens 1591 berichteten, die vorsichtige

Vermutung äußerte, Scamozzi könnte gleich nach Palladios Tod an der Villa tätig geworden sein."[288] Nachweisbar ist die von Magrini vermutete Tätigkeit direkt auf die Ausführung der Kuppel bezogen jedoch nicht.

Betrachtet man die Situation der Kuppelvollendung ohne die Legende, dann muss gelten, dass für die Villa, die 1569 in zwei Jahren so weit vollendet war, dass sie von Kardinal Almerico bewohnt werden konnte, nichts wichtiger war als eine schnelle Vollendung der Kuppel, damit der bewohnende Kardinal die Räume um die Kuppel witterungs- und baustellenunabhängig nutzen konnte. Es wäre höchst unwahrscheinlich, dass der Bauherr nach 1569 bis zum Tode Palladios elf Jahre auf die Vollendung der Kuppel gewartet hätte, bis Scamozzi nach 1580 ihn von der Kuppelbaustelle befreit hätte. Die Wahrscheinlichkeit spricht also für eine schnellere Ausführung der Kuppel und deren Bedachung bald nach 1569 unter Palladios Leitung.

Hinweise außer denen Magrinis von 1845 auf eine Tätigkeit Scamozzis 1580 bis 1591 an der Kuppel gibt es nicht. Scamozzi nennt in seiner Äußerung zur Vollendung der Rotonda selbst aber den seit 1591 neuen Besitzer Odorico Capra; ein Beitrag von ihm könnte also erst nach 1591 geschehen sein. Zwischen 1591 und 1619 erscheint sein Name unter den für diese Zeit vorhandenen Angaben für die Villa jedoch nicht. Fest steht nun aber, dass die vermeintliche Erwähnung einer Fertigstellung des Daches von 1606 sich nicht auf eine Fertigstellung der Kuppel, sondern auf eine neue Eindeckung des Daches bezog; das erste Dach muss also schon vor diesem Datum fertig gewesen sein.

Aber besonders aufmerken lässt ein Hinweis Donata Battilottis auf eine Feststellung „anlässlich der letzten Restaurierung". Danach beschreibt das „originale Profil" der Kuppel „unter der Außenschale" und dem Kuppeldach einen nahezu vollkommenen Halbkreis.[289] Das Kuppeldach lässt also zwar die ins Auge fallenden stufenweisen Abflachungen erkennen, darunter befindet sich aber die von Palladio gezeichnete Halbkreisform. Bemerkenswerterweise ist diese halbkreisförmige Kuppel durch einen steinernen Ring geschlossen und hatte ursprünglich keine Laterne. Dadurch wird eine Bemerkung von Inigo Jones bestätigt, nach der die runde Öffnung nur durch ein Gitter geschützt gewesen sei. Das Opaion der Kuppel der Villa Rotonda war also zu Lebzeiten Almericos wie das des Pantheons offen, vermutlich weil dies Charakteristikum für den romerfahrenen Kardinal und seine Rückkehr aus Rom besonders wichtig war.

Die Zeichnungen Palladios für die Kuppel der unausgeführten Villa Trissino in den „Quattro libri", die 1569 abgeschlossen gewesen sein müssen, zeigen übrigens eine Kuppelwölbung, die der ausgeführten der Villa Rotonda entspricht.

Auch das Opaion der von Vincenzo Scamozzi 1576 begonnenen Villa Rocca Pisani bei Lonigo ist bis heute eine solche offene runde Öffnung in der Kuppel, durch

Folgende Doppelseite:
Villa Almerico,
„La Rotonda",
Ansicht des Baukörpers
von Norden

die – wie beim Pantheon – bei Regen das Wasser eindringt. Alles spricht nach diesen Fakten dafür, dass die Kuppel unter Palladio in Form des entworfenen halben Kreises ausgeführt wurde, aber ein offenes Opaion und keine Laterne erhielt, darum herum aber ein flach abgestuftes Dach. Bauherr und Architekt strebten dabei ausdrücklich das offene Opaion des vorbildhaften Pantheons an, ähnlich wie dies Scamozzi ja immerhin für seine Villa Rocca Pisani ausgeführt hat.

In den „Quattro libri“ hat Palladio vier antike Rundtempel dargestellt, die eine Kuppel mit halbkreisförmigem Querschnitt im Inneren haben, aber nach außen eine Abstufung des Daches ganz nach Art der ausgeführten Kuppel der Villa Rotonda aufweisen: den „Tempel, der gemeinhin le Galluce genannt wird“, den „Tempel der Vesta“ in Rom, den „Tempel der Vesta“ in Tivoli – diese haben kein offenes Opaion – und vor allem aber das Pantheon selbst, das mit dem offenen Opaion das unmittelbare Vorbild für die Villa Rotonda war.[290] Als Kuppelbau ohne Abstufung nach außen, so wie Palladio in den „Quattro libri“ die Kuppel der Villa Rotonda gezeichnet hat, erscheint nur der „Tempel des Bramante“.[291] Auch dies spricht dafür, dass Palladio während der Ausführung der Kuppel der Villa Rotonda den Plan im Sinne antiker Vorbilder umformuliert hat und die Änderung durch Scamozzi eine Legende ist.

In späteren Zeiten sind auch an der Villa selbst noch einige Veränderungen durch die Palladianisten vorgenommen worden, die genannt werden sollten. Sie hatten vermutlich das Ziel, die Darstellungen in den „Quattro libri“ genauer zu verwirklichen. Zwischen 1725 und 1740 hat Muttoni den in den „Quattro libri“ so genannten „luogo da passeggiare“, Ort zum Spazierengehen, im Attikageschoss „intorno la Sala“, um den Kuppelraum herum, in Form kleiner Zimmer angelegt. Die Freitreppen hatten – anders als auf Palladios Darstellungen in den „Quattro libri“ – in einer bestimmten Zeit mittlere Einschnitte. Diese sind im 18. Jahrhundert von Bertotti Scamozzi beseitigt worden, sodass die Freitreppen die ursprünglich beabsichtigten durchgehenden Stufen erhielten.

Dem Bauherrn und vor allem dem Architekten kam es offensichtlich darauf an, das Herrenhaus der Villa Rotonda ohne umgebende Villenanlage als Solitär wirken zu lassen. Nach Entwurf, Fortschreiten des Bauwerkes und Veröffentlichung hatte dies Priorität. Dennoch sind dem Solitär nach dessen Fertigstellung Nebenbauwerke einer Villenanlage hinzugefügt worden: eine kleine Kirche, ein Barchessenbauwerk und die von beiden bestimmte Auffahrt mit Tor, die auf das Herrenhaus zuführt.

Die Kapelle hatte sich noch der Kardinal Almerico an seinem Lebensende gewünscht. 1589 wurde sie in seinem Testament genannt, aber errichtet wurde sie erst zwischen 1645 und 1663 im Auftrage der neuen Besitzer Capra von Giovanni Battista (erste Hälfte des 17. Jahrhunderts) und Girolamo Albanese (gest. 1660). Sie steht gegenüber der Nordwestseite der Villa und gibt den Standort des Tores und die Richtung der Auffahrt vor. Abgeschnitten durch die Via della Rotonda liegt sie gegenüber dem Tor zum Grundstück des Villenbaus. Eine ähnliche Hinzufügung wie der Tempio Barbaro zur Villa in Maser.

Eher schon ist der gerade Barchessenbau mit Vorhalle aus Pfeilern mit Rundbogen auf dem Grundstück der Villa errichtet worden. Er stützt – tiefer liegend – mit seinem Rücken die Nebengebäude rechts von der Auffahrt zur Villa, ist von dort aber nicht sichtbar. Dieser Barchessenbau wird seit Muttoni ebenfalls mit dem Namen Scamozzis in Verbindung gebracht; Belege gibt es aber auch dafür nicht.

Nach der Übernahme der Villa durch die Capra wurden außer Barchessa, Kapelle und späteren Veränderungen am Herrenhaus einige grundsätzliche Sanierungsarbeiten unternommen: Haupteingang von der Riviera Berica, Umfassungsmauern, Außenputz, Kellerräume, Fußböden.

Nach der Übernahme durch die Capra, die keine „römischen Bürger" waren, ist dann vermutlich die Vorbildhaftigkeit des Pantheons weniger wichtig geworden. Das offene Opaion hat nun eine Überdachung mit Verglasung erhalten, sodass das Wasser nicht mehr in die Rotunde drang.

Kontinuierlich fortgeschritten und in ihren Grundzügen festgelegt ist zu Lebzeiten Palladios und des Bauherrn die dekorative Ausstattung der Villa. Der Bauherr wird dabei Einfluss auf die Themen, Palladio Einfluss auf die formale Anlage auch im Hinblick auf die Architektur genommen haben. Zu Zeiten des ersten Bauherrn müssen die Arbeiten jeweils in abgetrennten Räumen ausgeführt worden sein, da die anderen Räume von ihm bewohnt wurden.

Es ist üblich geworden, die Ausführung der Dekoration der Villa in drei Etappen zu teilen. Als erste grundlegende Etappe wird die von der Fertigstellung des Rohbaus um 1569 bis zum Tode des Bauherrn 1589 bezeichnet. Die zweite beginnt mit der Übernahme des Gebäudes durch die Brüder Odorico und Mario Capra 1591. Die dritte Etappe ist zeitlich davon abgesetzt und bezeichnet malerische Arbeiten des Barocks im ausgehenden 17. und beginnenden 18. Jahrhundert.

Das Innere der Villa Rotonda ist vielfältig mit plastischem und malerischem Schmuck ausgestattet, der wie seit der Villa Godi die palladianische Architektur mit reliefierten oder gemalten scheinarchitektonischen Elementen fortsetzt und interpretiert sowie mit einem reichen Bildprogramm versieht.[292]

Die plastischen Dekorationsarbeiten seit Beginn der 1570er Jahren begannen in den vier großen Eckräumen und in der Kuppel. Sie waren bis 1591 fertig. Sie werden Alessandro Vittoria (1565–1508) und Ottaviano Ridolfi (nachweisbar um 1567–1592) sowie Lorenzo Rubini und seinen Söhnen Agostino (nachweisbar 1584–1595)

und Virgilio (nachweisbar 1583–1608) zugeschrieben. Von Vittoria stammen vermutlich auch die Kamine in allen Ecksälen.
Die malerischen Arbeiten in diesen Räumen folgten in der gleichen Zeit. Besonders auffallend ist die Verherrlichung der Künste im Nordwest-Raum, Bernardino India (1528–1590) zugeschrieben. Die Groteskenmalereien in den kleinen Räumen stammen aus der ersten Etappe, Eliodoro Forbicino (um 1532/33–um 1590) zugeschrieben.
In der zweiten Etappe, über deren Maßnahmen wir genauer Bescheid wissen, weil dafür ein Kontobuch erhalten ist, wurden die Malereien der großen Südwest- und Südost-Räume, in denen bis dahin nur die skulpturalen Arbeiten fertig waren, bei Alessandro Maganza (1556–nach 1630) in Auftrag gegeben.
In der dritten Etappe wurden dann die Malereien der Durchgänge von den Portiken zur Rotunde bei lombardischen Künstlern sowie die Fresken in der Rotunde selbst bis zur Balustrade bei Louis Dorigny (1654–1742) in Auftrag gegeben. Sie lassen besonders deutlich den zeitlichen Abstand zur Architektur Palladios und zu den ersten Ausstattungsmaßnahmen erkennen. Vor allem die gemalten Säulen und Scheinarchitekturen und die acht großen, scheinbar daraus hervortretenden antiken Götter Dorignys wirken nun nicht mehr wie eine Palladio angemessene Interpretation der Architektur der Rotunde.

Beschreibung

Palladios in diesem Fall etwas ausführlichere Beschreibung befasst sich mit einer Charakterisierung des Bauherrn und einer Schilderung des Bauplatzes und seiner Umgebung, bevor sie in der gewohnten Kürze auf das Bauwerk eingeht: „Zu den angesehenen Adligen in Vicenza gehört auch Monsignore Paolo Almerico, ein Mann der Kirche, ehemals Referendar zweier Päpste, Pius IV. und V., der für seine Tüchtigkeit das Verdienst erwarb, mit seinem ganzen Hause zum Römischen Bürger gemacht zu werden. Dieser Edelmann verbrachte viele Jahre auf der Suche nach Ehren und kehrte nach dem Tod aller Angehörigen schließlich in das Vaterland zurück. Zu seinem Vergnügen zog er sich an einen Platz vor der Stadt zurück, weniger als eine Viertelmeile außerhalb, und baute dort nach dem folgenden Entwurf, den ich nicht unter die Villen einordnen wollte, weil er so nahe bei der Stadt liegt, dass man sagen kann, er befinde sich in der Stadt selbst. Die Lage gehört zu den lieblichsten und gefälligsten, die man finden kann. Der Bau steht auf einem Hügel, der sich sehr leicht ersteigen lässt. Auf der einen Seite fließt der Bacchiglione, ein schiffbarer Fluss, auf der anderen umgeben den Platz überaus liebliche Hügel, die den Eindruck eines großen Theaters vermitteln und die alle kultiviert sind, reich an hervorragender Frucht und ausgezeichneten Weinbergen. Weil der Ort sich nach allen Seiten der schönsten Ausblicke erfreut, von denen einige begrenzt sind, andere weiter und wieder andere bis zum Horizont reichen, stehen Loggien an allen vier Seiten. Unter ihnen wie unter dem Saal befinden sich die Räume zur Bequemlichkeit und dem Gebrauch der Familie. Der Saal liegt in der Mitte, ist rund und empfängt das Licht von oben. Die Kammern sind Halbgeschosse. Über den großen Räumen, deren Gewölbe der ersten Art [...] entspricht, befindet sich ein Umgang um den Saal von fünfzehneinhalb Fuß Breite. Auf den Enden der Postamente, welche die Treppen zu den Loggien rahmen, befinden sich Statuen von der Hand des Herrn Lorenzo Vicentino, einem ausgezeichneten Bildhauer.“[293] Dann folgen – wie immer – die zeichnerischen Darstellungen, in diesem Fall der Grundriss mit Maßangaben und ein Aufriss, der – anders als bei den anderen Villendarstellungen in den „Quattro libri“ – zur Hälfte einen Schnitt zeigt, sodass sich ein Blick in die Räumlichkeiten hinein ergibt.

Palladio baute die kurze Erwähnung des Villenaußenbaus in die Beschreibung der Landschaft ein, „Der Bau steht auf einem Hügel“, und erklärte dessen Form sogar mit einem Kausalsatz: „Weil der Ort sich nach allen Seiten der schönsten Ausblicke erfreut [...], stehen Loggien an allen vier Seiten.“ Das ist Palladios ganzes Eingehen auf die Zentralbauanlage der Villa. Weil der Bau auf einem Hügel inmitten einer lieblichen Landschaft steht, die „den Eindruck eines großen Theaters“ macht und nach allen Seiten die schönsten Ausblicke ermöglicht, ist er als Zentralbau mit Loggien nach vier Richtungen ausgelegt, sodass die Ausblicke überallhin gehen können. Die Ausblicke der Bewohner und Besucher scheinen danach das Wichtigste.

Der weitere Grund, der für ihn bei Villenanlagen bestimmend war, die Lage der Villa in der Landschaft und der Eindruck, den sie in dieser Landschaft auf den Betrachter von außen macht, war sicherlich von ähnlicher Bedeutung, aber er erwähnte ihn nicht. Beide Gesichtspunkte, der aus der Villa und der auf die Villa gerichtete Blick, waren wichtige Aspekte bei der Anlage der Villa an dieser Stelle und in dieser Form. Donata Battilotti zitierte deshalb mit Recht deren Charakterisierung: „eine von der Landschaft geprägte und die Landschaft prägende Form“.[294]

Hervorzuheben ist, dass Palladio den Villenbau auf dem Hügel, umgeben von einem größeren Grundstück, nach vier Richtungen in die Landschaft eingeordnet hat, und zwar so, dass die vier Ecken des Grundrissquadrats in die vier Himmelsrichtungen ragen.

Eine weitere Ausrichtung ist sicherlich von ähnlicher Bedeutung, wenn schon der Ausblick von der Villa aus ein so wichtiger Gesichtspunkt war: der Ausblick von der Rotunde durch das Opaion nach oben, in den Himmel. Im Mittelpunkt der Rotunde stehende Betrachter, in erster Linie natürlich der Bauherr und Bewohner Kardinal

Folgende Doppelseite: Villa Almerico, „La Rotonda“, Ansicht der Fassade zur Auffahrt im Nordwesten

Almerico, konnten im ursprünglichen Zustand der Villa also durch die vier überwölbten Durchgänge und durch die davor stehenden Säulen Blicke diagonal zu allen vier Himmelsrichtungen werfen, aber auch durch das Opaion senkrecht nach oben in den Himmel sehen.

Um einen solchen Standpunkt im Mittelpunkt baut sich der Organismus der Villa Rotonda auf. Der runde Kuppelsaal mit halbkugeliger Kuppel und Opaion liegt inmitten eines sich über einem Quadrat erhebenden Baukörpers. Darin sind – zugänglich vom Kuppelraum – vier Treppenhäuser in einem den Kreis umschreibenden Quadrat untergebracht, über die das Obergeschoss erreicht werden kann. Durch die überwölbten Durchgänge in vier Richtungen können je vier größere Räume mit Kaminen und vier kleinere Räume erreicht werden.

Die Durchgänge führen aber auch durch die vier Portale in die Loggien vor dem Baukörper der Villa. Seitlich sind diese durch Mauern abgeschirmt, die sich aber in einem Rundbogen öffnen. In jede Richtung bilden sie einen übergiebelten Portikus mit sechs ionischen Säulen aus, dessen mittleres Interkolumnium durch eine etwas größere Breite betont wird. Vor den Säulen führt eine gerade Freitreppe, seitlich von Wangen begleitet, auf die Ebene des Hügels hinab, über den der Bau sich erhebt.

Von außen betrachtet ist die Höhe der Freitreppen und ihrer Wangen durch einen Gebäudesockel vorgegeben, hinter dem das Untergeschoss liegt. Der Höhe der Säulen entspricht das Hauptgeschoss mit den Nebenräumen von unterschiedlicher Höhe. Es wird durch das umlaufende Gesims abgeschlossen. Der Höhe der Giebel entspricht ein Mezzaningeschoss, über dem das Dach in Form einer flachen Pyramide ansteigt, aus dem der Rundkörper der Rotunde hervorkommt, gedeckt von einem abgetreppten Kuppeldach, ursprünglich ohne Laterne.

Die Villa Rotonda lässt sich aus Norden, Osten und Süden von Weitem in ihrer Lage auf dem Hügel betrachten. Bei der Annäherung von Westen verbirgt sie sich hinter der Bewaldung der Umgebung und hinter Nebengebäuden, bis sie für die vor dem Tor Stehenden in größerer Nähe sichtbar wird. Nun erleben die Besucher sie während des Weges durch das Tor auf der leicht ansteigenden Auffahrt aus immer größerer Nähe, bevor sich der Garten als eine begrünte Plattform öffnet und das gesamte Bauwerk aus nächster Nähe erfasst werden kann. Die Freitreppe zum Eingang, aber auch die beiden Freitreppen links und rechts mit den darüber aufsteigenden Portiken sowie der Solitär des Bauwerks mit Kuppel treten in Erscheinung. Aber das Bauwerk lässt sich nun auch umrunden. Nach dem Aufstieg und dem Eintritt ins Innere zieht der Eindruck des hohen Kuppelraumes an, bevor sich die einzelnen Räume darum herum in Rundgängen erschließen.

Da das Bildprogramm der Villa zum Teil zu Lebzeiten des Kardinals Almerico ausgeführt wurde, zum Teil erst, als die Villa in den Besitz der Familie Capra übergegangen war, entspricht es nicht immer einem einheitlichen Konzept. Seine ikonografischen Zusammenhänge sind darüber hinaus nicht in allen Einzelheiten bekannt und entschlüsselt.[295]

Das Herrenhaus ist an allen vier Portiken mit Statuen etwa lebensgroßer Figuren geschmückt, je zwei auf den Treppenwangen und drei über den Giebeln. Die unteren stammen aus der Zeit Almericos, die oberen aus der Zeit der Capra und stellen antike Götter oder Halbgötter dar, die keineswegs alle identifizierbar sind.

Im nordwestlichen Giebel erscheint dagegen das Wappen der Familie Capra. Eine über alle vier Giebel umlaufende Inschrift auf den Architraven bezieht sich ebenfalls auf die Familie Capra.

Im Inneren der Villa stammen der Stuck und auch die Malereien in den vier Korridoren sowie an den Wänden der Rotunde unterhalb des Gesimses von Louis Dorigny erst aus der dritten Phase der Ausstattungszeit um 1700, während die Malereien in der Kuppel oberhalb des Gesimses von Alessandro Maganza bereits in der zweiten Phase ausgeführt wurden. Es hat aber den Anschein, dass das Programm dieser Malereien schon zu Almericos Zeiten entworfen worden ist. Auch dieses ist keineswegs in allen Einzelheiten entschlüsselbar. In den nach draußen führenden Korridoren sind Personifikationen der Flora, des Frühlings sowie Vasen und Blumen zu erkennen. In der Rotunde stellen die gemalten Figuren zwischen den Säulen einer Scheinarchitektur, die das Scheingesims unter der Balustrade tragen, erneut antike Gottheiten dar – beginnend mit der Südwand – Jupiter, Bacchus, Venus, Saturn, Apollo, Diana, Mars und Merkur.

Die Stuckskulpturen über den Supraporten der Portale der Rotunde folgen vermutlich einem Programm, das den Künsten gewidmet ist. Jedenfalls lassen sich Musikinstrumente und Gegenstände der Poetik erkennen.

Die früheren Skulpturen, Reliefs und Malereien der Kuppel vervollständigen strukturell das erst später ausgeführte Programm darunter. Die vier der acht Zwickel der Kuppel, die sich über den Rundbogen der Korridore in schmalen Nischen öffnen, enthalten Stuckstatuen, unter denen Juno und Neptun erkennbar sind. Die vier breiteren sind mit je zwei Allegorien ausgemalt.

In der Mitte des Fußbodens der Rotunde unterhalb des ursprünglich offenen Opaions ist die durchlöcherte Maske eines Faungesichts eingelassen, durch das das eindringende Wasser in das Sockelgeschoss abfließen konnte.

Sowohl in der Zeit des Kardinals wie in der Zeit der Capra ist offenbar ein einseitig auf heidnische Gottheiten ausgerichtetes Programm in diesen Haupträumen der Villa

vorgeführt worden. Auch im Bildprogramm der vier größeren Räume, das zum Teil schon in der Zeit des Kardinals Almerico ausgeführt wurde, der ja seit 1569 ganzjährig darin wohnte, spielen heidnische Gottheiten und antike Historien und Allegorien eine Rolle.
Die kleineren bewohnten Räume der Villa sind gleichmäßig mit Groteskenmalereien in Tempera ausgestattet. Vermutlich hat Almerico selbst die Ausmalungen, etwa der domus aurea des Nero in Rom, genau gekannt und als Vorbilder vorgegeben.

Literatur

Nicht bei Vasari 1568. Erwähnt in den „Quattro libri“ 1570, bei Muttoni 1740, Bertotti Scamozzi 1778, Magrini 1845.
Burger 1909, S. 53–66; Ackerman 1967, S. 68–72; Semenzato, Camillo: La Rotonda di Andrea Palladio, Vicenza 1968; Cevese 1971, Bd. 1, S. 149–163; Streitz, Robert: Palladio, La Rotonde et sa géométrie, Lausanne 1973; Battilotti 1990, S. 126–131; Puppi 2000, S. 380–383, 497; Battilotti 2005, VI 559, S. 526–528; Beltramini 2008, S. 46–49.

Erreichbarkeit

Vicenza (Provinz Vicenza), Via della Rotonda 45
Staatsstraße 247 von Vicenza Richtung Noventa Vicentina nahe Vicenza, nach rechts in die Via della Rotonda
Tel. 0039/0444/32 17 93 und 0039/049/87 90 879, Fax 0039/049/87 91 380
Besichtigung 15. März–4. Nov., Di–So 10–12, 15–18 Uhr von außen, Mi auch von innen. Außerhalb der Öffnungszeit nach Anmeldung 4 Wochen vorher

Villa Trissino in Meledo

Nach 1553, um 1566–1569

Ausgeführt und erhalten sind wenige Reste, die auf die Anfänge zurückgehen: ein Taubenhaus und eine Barchessenvorhalle mit vermutlich aus der Palladio-Zeit stammenden Säulen. Der Großteil der Anlage in den „Quattro libri" blieb unausgeführt.

Würdigung

Es mag einen langen Diskussionsprozess mit den von Palladio als Bauherren genannten Mitgliedern der Vicentiner Aristokratenfamilie Trissino, den Brüdern Francesco und Lodovico Trissino, gegeben haben, mit denen Palladio seit seinen Kontakten zu Giangiorgio Trissino ein vertrautes Verhältnis hatte. Nach der Romreise Palladios 1554 und vor dem Tode von Lodovico 1562 hat es vermutlich Skizzen gegeben, die im Zusammenhang mit Palladios Eindrücken von antiken Bauten in Rom standen. Erste Ansätze von Arbeiten an Landwirtschaftsbauten sind seit 1553 ausgeführt worden. Danach mag für Barchessenanlagen eine mit den Entwürfen für die Villa Badoer in Fratta und die Villa Thiene in Cicogna zusammenhängende Planung zugrunde gelegen haben. Die in den „Quattro libri" vorgelegte Kombination mit dem der Villa Rotonda verwandten Zentralbau ist aber erst später um oder nach 1566 gereift, womöglich als der Bauherr unter dem Eindruck der im Bau befindlichen Villa Almerico stand. Vielleicht hat Palladio gehofft, ihre Realisierung mit der Publikation durchsetzen zu können. Auf jeden Fall lässt der Wortlaut der Erläuterung – „auf der höchsten Erhebung des Hügels soll der runde Saal liegen" – folgern, dass dies zur Zeit der Veröffentlichung nur die Zukunftsvision war, die es auch geblieben ist.
Zweifellos stellt die Kombination von Barchessen und Zentralbau-Herrenhaus eine der großartigsten palladianischen Visionen dar, die – mit antiken Rekonstruktionen im Hintergrund – den Gedanken der Barchessen von der Villa Badoer und der Villa Thiene mit dem des Herrenhauses der Villa Rotonda verbindet. Aber Realität ist sie nur in der Darstellung der „Quattro libri" geworden. Nicht ohne Grund jedoch stellte Ackerman schon 1967 fest, dass das Projekt, nur aus der Publikation in den „Quattro libri" heraus, „was perhaps the most influential of Palladio's villa schemes", vielleicht der einflussreichste von Palladios Villentypen war,[296] und dies im Hinblick auf den Palladianismus.

Andrea Palladio, Villa Trissino in Meledo, nach 1553, um 1566–1569, Grundriss und Ansicht von Süden in den „Quattro libri“, 1570

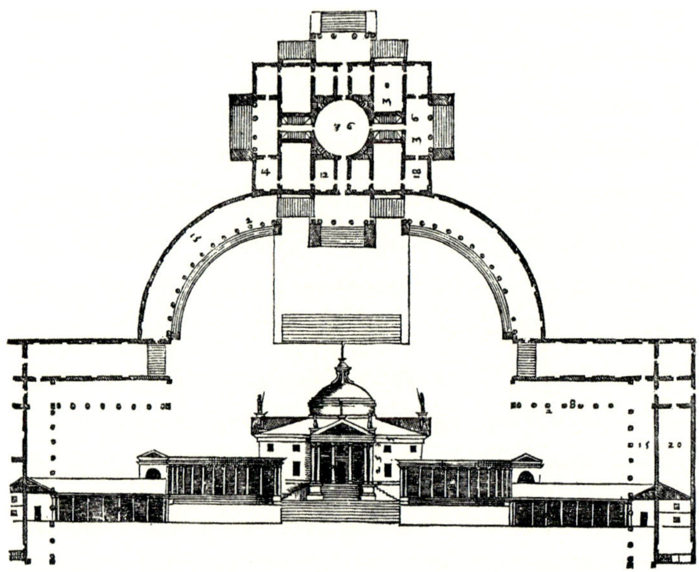

Geschichte

Die Großartigkeit des Projektes verdient es, dass die komplizierte Geschichte seiner nicht fortgesetzten Anfänge etwas ausführlicher dargestellt wird.

Im Jahre 1531 waren Grundstücke und Gebäude in Meledo di Sarego, etwa 15 Kilometer südwestlich von Vicenza, durch Erbteilung in den Besitz von Giovanni, dem Vater von Francesco und Lodovico Trissino, gekommen, später dann noch weitere drei Häuser. Darunter wurde eines als „dominicale“, herrschaftlich, bezeichnet; dieses ansehnliche spätgotische Haus stammt aus dem Quattrocento und steht noch heute auf dem Gelände der in den „Quattro libri“ veröffentlichten Villenplanung Palladios.[297] Vielleicht erschien es auch schon am Anfang der Planung als erhaltenswert.

Über das lange gute Verhältnis der Familie Trissino zu Palladio seit Giangiorgio Trissinos Mäzenatentum in den 1530er und 1540er Jahren hinaus hatten der älteste Sohn Giovanni Trissino und Palladio direkte Kontakte zueinander. Francesco Trissino war zwischen 1552 und 1553 Inspekteur für die Ausführung der Loggien der „Basilica“ in Vicenza sowie seit 1557 Inspekteur für den Bau der großen Domkapelle durch Palladio. Er hatte also ständig dienstlich mit dem Architekten zu tun. Über das Villenprojekt, für das Palladio die Brüder Francesco und Lodovico als Bauherren nannte, müssen sie von Anfang an mit ihm gesprochen haben. Auch einen Stadtpalast ließen

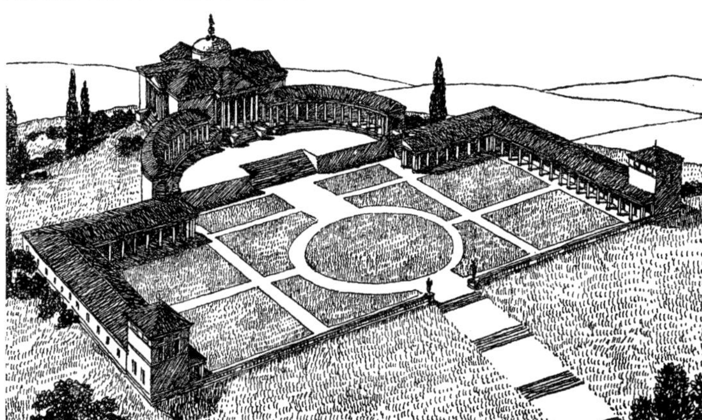

Villa Trissino, Rekonstruktionszeichnung von Fritz Burger, 1909

sie sich, vermutlich um 1558, von ihm entwerfen; er wurde aber ebenso wenig ausgeführt wie das Villenprojekt. Dass Palladio beide Projekte in den „Quattro libri" publizierte, zeigt, dass es nicht etwa zu einer Verstimmung unter ihnen gekommen sein kann, aufgrund derer die Bauten nicht ausgeführt worden sind.

Erste Zahlungen für Baumaßnahmen in Meledo sind für die Jahre 1553 bis 1554 belegt. Sie beziehen sich auf die Errichtung einer Mauer um den Hof und ein Tor sowie vor allem auch auf ein Taubenhaus. Es ist nicht wahrscheinlich, dass diese Baumaßnahmen ohne Gespräch mit Palladio ausgeführt worden sind. Aber sie können natürlich von örtlichen Handwerkern realisiert worden sein. Dafür gibt es sogar den Namen eines Steinmetzen Girolamo, zu dem es 1553 Kontakte gegeben hat.[298]

Karten und alte Abbildungen von 1569, 1598, 1663, 1745 und 1746[299] zeigen außer dem älteren erhaltenen Dominikalgebäude Ansätze eines weiteren Taubenturmes und von Barchessengebäuden, die nach 1554 begonnen sein mögen und durchaus nicht der Anlage widersprechen, die Palladio 1570 veröffentlicht hat. Da Palladio 1570 ausdrücklich beide Brüder Trissino nannte, von denen der Bau „begonnen wurde", Lodovico aber 1562 gestorben ist, können weitere Maßnahmen, darunter die 13 erhaltenen toskanischen Säulen für die Barchessenvorhallen, in einer Zeit zwischen 1554 und 1562 ausgeführt worden sein. Sie hätten Maßnahmen für den Beginn des geplanten großartigen Barchessenhofes gewesen sein können, aber nur für dessen äußerste Arme. Die Karte von 1569 stellt die alte Casa dominicale, das Herrenhaus aus dem Quattrocento, sowie Taubenhaus und Barchessa vom linken Ende des Barchessenhofes dar. Vor seiner Zerstörung trug das Taubenhaus das Datum 1576.

Die Karte von 1598 stellt dann auch ein rechts gegenüberliegendes Taubenhaus dar, das erhalten ist und die Jahreszahl 1575 trägt. Palladio schreibt in den „Quattro libri"

1570 ausdrücklich: „in den Ecken des Hofes gibt es zwei Taubenhäuser", obwohl er sie nicht zeichnerisch darstellte.

Im Laufe des 16. Jahrhunderts scheinen danach ein Taubenhaus und eine Barchessa sowie ein weiteres Taubenhaus rechts gegenüber entstanden zu sein.

Mit dem Taubenhaus, das heute noch steht, hat es eine besondere Bewandtnis: An seinen Bauformen lässt sich für Puppi erkennen, dass es nicht von Palladio errichtet worden sein kann, sondern von einem nicht unter dessen Aufsicht stehenden Bauhandwerker. Aber dieses Taubenhaus ist in einem Innenraum mit einem Marmorkamin ausgestattet und mit Grotesken ausgemalt, Eliodoro Forbicino zugeschrieben, sodass vermutet wird, dass er von den Trissino zeitweise und vorübergehend als Herrenhaus genutzt worden sein könnte.

Die Tatsache, dass Vasari 1568 – wohl durch Palladio informiert – das Projekt ausdrücklich erwähnt und dass auch Palladio in seinem Text begonnene Maßnahmen von zukünftigen unterscheidet, spricht dafür, dass Palladio 1570 noch einmal die Hoffnung auf einen neuen Schub der Planung und auf weitere Ausführung gehabt haben kann. Vielleicht wollte er dies durch die Publikation befördern.

Die Aufnahme eines Zentralbaus nach dem Vorbild der Villa Rotonda, die von 1567 bis 1569 ausgeführt worden ist, in den Entwurf der Villa Trissino kann erst in den späten 1560er Jahren geschehen sein, als Bauherr und Architekt unter dem Eindruck des Baus der Rotonda standen; sie setzten für die Portiken allerdings die korinthische Ordnung ein. Da Palladio für Meledo eine erkennbare Variante der Raumaufteilung der Rotonda einsetzte, ist sicher, dass der Entwurf der Rotonda diesem vorausgegangen sein muss. Die Tatsache, dass Palladio für die Kuppel eine Ausführung darstellt, die der für die Villa Rotonda ausgeführten Form entspricht, legt nahe, den Entwurf für Meledo erst nach 1569 zu datieren.

Die weiteren Spuren lassen dann allerdings nur noch schwache letzte Schritte vermuten: Die Karte von 1663 zeigt auf der rechten Seite Säulen, die von der Baustelle stammen können. Die Karten von 1745 und 1746 ergänzen zu diesen Säulen eine inzwischen fertiggestellte Barchessa, die heute noch erhalten ist. Im 18. Jahrhundert werden Säulen, vermutlich aus früherer Zeit, aufgestellt und danach zu einer Barchessa ergänzt. Sie wirken wie eine angefangene Hofbegrenzung, die ohne Hoffnung auf Weiterentwicklung vollendet worden ist. Aber zu unbestimmter Zeit ist dann das linke Taubenhaus verschwunden und die linke Barchessa umgebaut worden, sodass heute von diesen Relikten des Beginns der Anlage nur noch der rechte Taubenturm und die rechte Barchessa mit den Säulen aus der Ursprungszeit übrig geblieben sind. Das Gesamtprojekt ist nach diesen Baumaßnahmen nicht weiter verfolgt worden.[300]

In den Karten von 1598 und 1663 erschien auf dem ansteigenden Gelände, auf dem

Villa Trissino,
Ansicht des Geländes für das Projekt von Süden: ganz links eine Barchessa mit Säulen aus dem 16. Jahrhundert, in der Mitte erhöht die Kirche von 1895 am Ort des geplanten Hauptgebäudes, rechts davon das alte Dominikalgebäude, rechts daneben eine weitere Barchessa mit Säulen aus dem 16. Jahrhundert und der Taubenturm.

sich die Barchessenanlagen und dann die Rotonda stufenweise erheben sollten, noch eines der Nebengebäude. Bis heute steht dort das ältere, spätgotische Dominikalgebäude. Zusätzlich ist dazu hinter dem Dominikalgebäude ein Kirchenbau von 1895 sowie daneben eine neue Schulanlage errichtet worden. Diese alle müssten moderne Betrachter sich wegdenken, wenn sie sich das Projekt der „Quattro libri" an diesem Ort vorstellen wollen.

Die vermeintlich komplizierte Geschichte der Anfänge des Palladio-Projektes stellt sich in der wissenschaftlichen Literatur noch weit komplizierter dar.

Beschreibung

Weil fast nichts von dem großartigen Projekt ausgeführt worden ist, gilt eine umso größere Aufmerksamkeit der Veröffentlichung und ihrem Beschreibungstext: „Der folgende Bau wurde begonnen von Conte Francesco und Conte Lodovico, Brüdern der Familie Trissino in Meledo, einem Ort im Vicentino. Die Lage ist wunderschön auf einem Hügel, den ein liebliches Flüsschen badet und der inmitten einer weiten Ebene liegt. Zu seiner Seite verläuft eine sehr belebte Straße. Auf der höchsten Erhebung des Hügels soll der runde Saal liegen, um ihn herum die Zimmer. Der Saal ist so hoch, dass er das Licht unabhängig von ihnen empfängt. Im Saal tragen Halbsäulen eine Galerie (poggiolo), über die man in die oberen Zimmer gelangt. Mit ihrer Höhe von nur sieben Fuß dienen sie als Mezzanine. Unter dem Bodenniveau des ersten Geschosses liegen die Küchen und Speisezimmer (tinelli) und andere Räumlichkeiten. Weil jede der Seiten einen wunderbaren Ausblick bietet, gibt es vier Loggien

Folgende Doppelseite:
Villa Trissino, Taubenturm und Barchessa, gegenüber Barchessa mit Säulen des 16. Jahrhunderts

von korinthischer Ordnung, über deren Front sich die Saalkuppel erhebt. Die Loggien, die in die Umgebung hinausgreifen, bieten ihrerseits einen höchst gefälligen Anblick. Weiter unten gegen die Ebene liegen die Heuböden, die Keller, die Ställe, die Kornkammern, die Räume des Verwalters und andere Räume zum Nutzen der Villa. Die Säulengänge sind toskanischer Ordnung. Über dem Fluss in den Ecken des Hofes gibt es zwei Taubenhäuser."[301]

Der Entwurf der Villa Trissino in Meledo lässt erneut erkennen, wie sehr Palladio die Idee der Gesamtanlage einer Villa mit Herrenhaus und Wirtschaftsgebäuden verfolgt hat und wie wichtig ihm die Beziehung zu den Ländereien der Bauherren, die Einpassung in die Topografie des Geländes und die Komposition in die Landschaft gewesen sind. Durch die Lage des alten Dominikalgebäudes am Hang des Hügels und den Blick nach Süden auf die zur Seite des Flusses im flachen Land liegenden Ländereien mögen Bauherren und Architekt zur topografischen Ausrichtung des Projektes angeregt worden sein.

Die Einpassung in einen rechteckigen, von Barchessen umgebenen Hof hatte ihn in den 1540er Jahren beschäftigt. Seit den 1550er Jahren verfolgte er die Hinführung mit viertelrunden Barchessenarmen auf das Herrenhaus zum Beispiel in den Projekten der Villa Badoer und der Villa Thiene. Die beiden auf verschiedenen Ebenen aufeinander folgenden Höfe der Villa Trissino wirken wie eine Addition seiner Vorstellungen aus den beiden Jahrzehnten.

Die Überhöhung durch einen Zentralbau mit dem der Villa Rotonda verwandten Grundriss stellt die Hinzufügung eines Gedankens aus den späten 1560er Jahren dar. Für die Publikation in den „Quattro libri" scheint Palladio sich zum Schluss noch besonders intensiv mit diesem Zentralbau beschäftigt zu haben. Der hat zwar die Rotunde des Pantheons mit Oberlicht zum Vorbild, und zwar in einer Form, die der ausgeführten der Villa Rotonda verwandt ist. Die Rotunde ist auch in ähnlicher Weise von kleineren Räumen umgeben wie die der Villa Rotonda, vor allem wenn man den Grundriss der Rotonda in Nord-Süd-Richtung daneben betrachtet. Der Bau bildet auch vier übergiebelte – allerdings korinthische – Portiken nach allen vier Himmelsrichtungen aus, anders als bei der Rotonda außen mit Doppelsäulen und innen mit zwei einzelnen Säulen ausgestattet. Aber er hat nicht nach allen vier Seiten gleiche Fassaden, wie die Villa Rotonda, sondern ist auf eine Achse von Norden nach Süden ausgerichtet dadurch, dass nur zwei Portiken im Norden und im Süden aus dem Baukörper vortreten und dreiläufige Treppenaufgänge haben, während die beiden anderen Portiken in einer Fassadenflucht stehen, der eine gerade Freitreppe vorgelegt ist. Die Herrenhaus-Raumfolge ist – wie immer bei Palladio – auch hier ein Unikat, das durchaus von der Villa Rotonda abweicht, sosehr es als deren Variante angesehen werden kann.

Eine Besonderheit im Werk von Palladio auch unter den Villenbauten sind die Treppenfolgen der Villa Trissino, die die unterschiedlichen Ebenen von Barchessenhöfen und Herrenhaus miteinander verbinden.
Die Kombination der Barchessen und des Herrenhauses aus verschiedenen Perioden Palladios könnte in einem längeren Prozess auch der Diskussionen mit den Bauherren entstanden sein. Sowohl an den Bauherren wie an dem Projekt scheint Palladio besonders gelegen gewesen zu sein. Deshalb hat er offenbar mit einer gewissen Verbissenheit daran gehangen, bei den Anfängen nach 1553, bei der Fortsetzung vor 1562 und bei der Hoffnung auf Fortsetzung vor der Veröffentlichung in den „Quattro libri“ 1570, offenbar immer begleitet von der Unschlüssigkeit der Bauherren.
Die Nichtausführung dieses Projektes wie die des Stadtpalastes der Trissino mag mit dem Tod des Bruders Lodovico 1562 und mit der fehlenden Entschlossenheit des Bruders Francesco Trissino erklärt werden können. Auch zu geringe Finanzmittel mögen dabei eine Rolle gespielt haben. Dass Palladio nicht nur beide Projekte über längere Zeit verfolgt hat, ihnen besondere Aufmerksamkeit und Ausdauer gewidmet hat und sie zudem beide in den „Quattro libri“ veröffentlicht hat, mag neben ihrer architektonischen Qualität auch an seiner tiefen Verpflichtung gegenüber der Familie seines ersten Förderers Giangiorgio Trissino gelegen haben.

Literatur

Vasari 1568 wie Palladio in den „Quattro libri“ 1570 berichten von einem geplanten Projekt, das nach den „Quattro libri“ aber schon begonnen worden war. Erwähnung bei Muttoni 1740, Bertotti Scamozzi 1781, Magrini 1845.
Burger 1909, S. 112–118 (verwechselt mit La Favorita von Muttoni); Ackerman 1967, S. 77; Cevese 1971, Bd. 2, S. 587f.; Battilotti 1990, S. 78–80; Puppi 2000, S. 384–388, 466–467; Battilotti 2005, VI 493, S. 463f.; Beltramini 2008, S. 60–61.

Erreichbarkeit

Meledo di Sarego (Provinz Vicenza), Via Giovanni Sabbadini 4
Staatsstraße 11 von Vicenza Richtung Verona, in Alte Ceccato links Staatsstraße 500 Richtung Lonigo, in Meledo rechts nach der Kirche
Besichtigung des Grundstücks vom alten Dominikalgebäude aus; Taubenturm und Barchessa sind gerade restauriert worden.

Villa Porto in Molina

1572 datiert

Von dem Projekt stehen lediglich zehn eindrucksvolle Säulenstümpfe in der älteren Anlage eines Landgutes sowie einander gegenüber zwei umgebaute Barchessen im rechten Winkel dazu.

Würdigung

Der Standort der zehn Säulenstümpfe in einem mit Festungsmauern umgebenen Landgut des Iseppo da Porto, einem der großen Auftraggeber Palladios, sowie die Inschrift auf den Säulenbasen, die diesen Namen nennt, lassen es als erwiesen erscheinen, dass hier ein großes Herrenhausprojekt Portos und Palladios angefangen und nicht fortgesetzt worden ist. Die Inschrift nennt sogar das Datum 1572. Das Aussehen der Stümpfe ermöglicht es, die Maße der Säulen zu rekonstruieren und auf antike Vorbilder der korinthischen Ordnung zu schließen. Die feste Aufstellung von zehn Säulen lässt weiter erkennen, dass es sich wahrscheinlich um zehn Säulen eines geplanten übergiebelten Portikus handelt, der den Mittelrisalit eines kolossalen Villenherrenhauses im Hintergrund des Landgutshofes abgegeben hätte.
Ein Herrenhaus mit einem Portikus von zehn kolossalen Säulen, noch dazu der korinthischen Ordnung, hatte es unter den Villenbauten Palladios bis dahin nicht gegeben. Von der Breite des Portikus und der Höhe der Säulen lässt sich auf die Höhe des Giebels und auf die Breite, Höhe und damit auch die ungefähre Tiefe des Gebäudes schließen. Auch diese Ausdehnung hätte die Dimensionen bis dahin gebauter Villenherrenhäuser überboten.
Zu vermuten ist, dass die beiden Barchessen, schon vorher, gleichzeitig oder kurz darauf errichtet, in den Zusammenhang des Projektes gehören und damit angegeben ist, dass es sich um ein riesiges Herrenhaus mit zwei flankierenden Barchessen innerhalb des älteren Villenkomplexes gehandelt hätte, das – ausgeführt – mindestens noch eine neue Dimension in die Geschichte der Palladio-Villen eingeführt hätte.
Die ungewöhnliche Wahl der korinthischen Ordnung für eine Reihe von glatten Säulen legt nahe, das Vorbild im Portikus des Pantheons zu sehen. Zieht man in Betracht, dass der erste Bau des Pantheons tatsächlich zehn Säulen gehabt hat und dass dessen Unterbau erhalten geblieben und zu Palladios Zeiten zu beobachten gewesen ist, während darauf nur acht Säulen aufgerichtet waren, dann lässt sich leicht vermuten, dass daraus auf den ursprünglichen Plan eines zehnsäuligen

Portikus für das Pantheon zu schließen gewesen wäre. Dieser zehnsäulige Portikus des Pantheons könnte das Vorbild für das Projekt des Porto und des Palladio gewesen sein.

Geschichte

Zur Vorgeschichte dieses Projektes gehört die Beziehung, die Palladio zu den vicentinischen Aristokratenfamilien Porto und Thiene seit Längerem hatte. Yseppo Porto hatte Livia Thiene, die Schwester Marcantonio Thienes, geheiratet. Dieser hatte vorher, bereits in den 1540er Jahren, in der Straße Contrà Porti, der Straße der Familie Porto, ein großes Palastprojekt in Angriff genommen. Wenig später ließ er sich von Palladio die Villa Thiene in Quinto entwerfen. Marcantonio – selbst in der Architektur dilettierend – gehörte mit anderen Familienmitgliedern zu den nachdrücklichen Förderern und Auftraggebern Palladios im Sinne der städtebaulichen Erneuerung Vicenzas. Auch Iseppo da Porto ließ sich in den 1540er Jahren einen Stadtpalast von Palladio in der Contrà Porti bauen und muss wie Thiene seitdem zu denen gezählt werden, bei denen die Architektur Palladios eine hohe Akzeptanz hatte. Dass er seit Längerem mit Palladio ein Villenprojekt verfolgte, ist deshalb nicht unwahrscheinlich.

Interessant ist in diesem Zusammenhang, dass die Konzeption Palladios für den Innenhof des Palazzo Porto nicht ausgeführt worden war; diese wies an der Rückseite des Palazzo eine Stellung von sechs kolossalen korinthischen Säulen auf, deren monumentaler Charakter dem der in der Villa Porto vorfindlichen Stümpfe nicht unähnlich ist.

Von einem späteren Villenprojekt ist jedoch nichts Konkretes überliefert.

Iseppo da Porto starb wie Palladio im Jahre 1580. Sollte das in der Inschrift genannte Datum „1572“ das Datum eines Baubeginns für das Villenprojekt bezeichnen, so ist dieses Projekt spätestens mit dem Tode des dort ebenfalls genannten Bauherrn offenbar unterbrochen worden. 1581 kam es zur Erbaufteilung. Die Aufzeichnungen lassen vermuten, dass es nur zur Fundamentierung des Bauprojektes gekommen ist. 1613 heißt es noch einmal in einer Bestandsbeschreibung: „ein angefangener Bau, nicht gedeckt, mit einem ummauerten Hof“.[302]

Die Erbmasse ist auf die beiden Kinder Iseppos, die Brüder Leonida und Adriano, verteilt worden, die jeder eine Hälfte des Landgutes erhielten, in dessen Mitte der angefangene Bau zu stehen kommen sollte. Eine Klausel im Testament schrieb vor, dass die Villa in den Besitz des Erben gehen sollte, der die Fertigstellung des Herrenhausprojektes betreiben würde. Dies ist ein deutlicher Hinweis auf das Interesse mindestens des Verstorbenen an der Vollendung.

Folgende Doppelseite:
Andrea Palladio,
Villa Porto in Molina,
1572, zinnenbekröntes
Tor der Anlage des
Landgutes Porto aus dem
Quattrocento, Säulenstümpfe im Hintergrund

37

Villa Porto, Säulenstumpf mit Datum „MDLXXII“, 1572

Auf einer Karte des 17. Jahrhunderts ist noch immer die Reihe der zehn Säulen dargestellt sowie die Linie, die das Landgut in der Mitte aufteilte.

Beschreibung

Die Villenanlage an der Hauptstraße der kleinen zu Malo gehörenden Ortschaft Molina, etwa 15 Kilometer nordwestlich von Vicenza, stammt offensichtlich aus dem Quattrocento und hat einen rechteckigen Grundriss, der dem Schema von Petrus Crescentius entspricht. Nach außen tritt sie mit hohen zinnenbekrönten Mauern in Erscheinung, und auch an den Seiten ist sie von solchen Mauern umgeben. Über dem Eingangstor in der Mitte ist das Wappen der Familie Porto angebracht. Das Landgut war offenbar seit Längerem im Besitz der Familie und befand sich zur fraglichen Zeit im Besitz von Iseppo da Porto.

Auf dem Gelände des Gutes stehen ältere und neuere Gebäude, die ehemals von Landarbeitern bewohnt wurden oder eine landwirtschaftliche Nutzung hatten und zum Teil noch haben. Unter diesen Bauten mit ungeordneten Standorten fallen die zehn Säulenstümpfe und die beiden lang gestreckten Barchessen auch durch ihre systematischen und pointierten Standorte auf.

Die Reihe der zehn Säulen steht im Hintergrund des hinter dem Tor sich öffnenden längsrechteckigen Hofes und ist auf die Mitte der Hofanlage ausgerichtet. Die beiden Barchessen erstrecken sich links und rechts vor der Reihe der Säulen, stehen einander gegenüber und flankieren so einen imaginären Vorplatz vor den Säulen. Hinter der Säulenreihe stehen wieder ungeordnete Bauten in zum Teil ruinösem Zustand. Erstaunlich ist, dass die Säulenreste, von denen es schon bei Magrini 1845 hieß, sie seien „unter alten Rüben und Bohnen begraben“ und „von der Hacke des Bauern“ angegriffen,[303] bis heute so erhalten sind.

Auf den Basen der Säulenstrümpfe lassen sich Reste einer Inschrift erkennen, die sowohl den Namen „Josephus“ Porto wie die Jahreszahl „1572“ enthält.

Die beiden Barchessenbauten sind von zahlreichen Umbaumaßnahmen gezeichnet und werden sowohl bewohnt wie in verschiedener Weise landwirtschaftlich oder als Autostellplatz genutzt. Sie tragen keine Inschrift oder Kennzeichnung, können aber durchaus auf eine Baumaßnahme um 1570 zurückgehen.

Eine Untersuchung und Vermessung der Säulenstümpfe hat ergeben, dass sie mit Kapitell und Gebälk eine Höhe von 13 Metern erreicht hätten. Sie entsprechen in den Dimensionen den kolossalen Halbsäulen der Loggia del Capitaniato in Vicenza, die um 1572 entstanden ist. Sie wären mit korinthischen Kapitellen zu ergänzen, die auch den Halbsäulen der Loggia del Capitaniato entsprechen würden. Auch in

D·LXXII

Villa Porto, Barchessa links

der Technik, Basen aus Haustein, Schäfte rundgemauert aus Backstein, sind die Säulen den Halbsäulen der Loggia del Capitaniato verwandt.

Unter den von Palladio in den „Quattro libri" dargestellten antiken Bauten gibt es keinen mit zehnsäuligem Pronaos oder Portikus.[304] Die bisherigen Hypothesen für die Villa Porto und ihren zehnsäuligen Portikus, die auf ein antikes Vorbild hinweisen möchten, blieben daher vage. Puppi[305] und Battilotti nennen als Vorbild für diese Säulen den Tempel des Jupiter Stator.[306] Dieser in den „Quattro libri" dargestellte Tempel hat dort aber kannelierte Säulen und einen Pronaos von acht Säulen. Beltramini dagegen bezeichnet die enorme korinthische Kolonnade als ein direktes Zitat des Pronaos des Pantheon.[307] Das Pantheon hat zwar in der Tat glatte Säulen, aber ebenfalls nur einen Portikus von acht Säulen. In jedem Fall wurde mit Recht auf die korinthische Ordnung als für Palladios Villenbau ungewöhnlich hingewiesen; dieser Ordnung entsprachen nur die Portiken des Entwurfes für die unausgeführte Villa Trissino.

Der erste Pantheon-Bau aus der Zeit des Agrippa, Weihe 27 v. Chr., hatte nun aber interessanterweise tatsächlich einen Portikus von zehn glatten korinthischen Kolossalsäulen.[308] Dessen Fundament für die zehn Säulen ist nach den Bränden von 80 n. Chr. und von 110 n. Chr. sogar ganz erhalten geblieben und wieder verwendet worden. Der unter Trajan, seit dem Brand von 110 und unter Hadrian, Weihe um 125–128, realisierte zweite Bau des Pantheon hat den erhaltenen Unterbau der zehn Säulen des ersten Portikus in der Weise wieder benutzt, als er acht Säulen an die genaue Position der früheren Säulen 2 bis 9 gesetzt hat, nicht aber die Säule 1 links und die Säule 10 rechts an die Positionen der beiden äußeren Säulen.[309]

Villa Porto,
Barchessa rechts

Die Geschichte des ersten Baus des Pantheon unter Agrippa und seiner Brände sowie seines endgültigen Baus unter Trajan und Hadrian war Palladio offenbar nicht genau bekannt. Dies zeigen seine kurzen Bemerkungen in den „Quattro libri“: „Einige meinen, es (das Pantheon) sei von M. Agrippa erbaut worden um das Jahr des Herrn XIV, aber ich glaube, dass man den Körper des Tempels zu Zeiten der Republik baute und dass M. Agrippa ihnen nur die Portikus[310] anfügte, was sich an den beiden Giebeln der Fassade erkennen lässt.“ Es ist aber nicht unwahrscheinlich – wenn auch in den „Quattro libri“ nicht erwähnt – dass Palladio das vorhandene vollständige Fundament für den ursprünglich zehnsäuligen Portikus des ersten Pantheons hat vor Ort beobachten oder sogar untersuchen können. Palladio kann aus dieser Beobachtung eines Fundamentes für zehn Säulen, über dem die beiden äußeren nicht aufgerichtet worden sind, geschlossen haben, dass für das Pantheon ein zehnsäuliger Portikus geplant gewesen, aber nur ein achtsäuliger ausgeführt worden sei, für ihn vermeintlich unter Agrippa; das würde auch nicht seinem Text in den „Quatto Libri“ widersprechen. Diese Beobachtung kann in die Bauherren-Diskussion in Vicenza eingegangen sein.

Die Vorstellung von einem zehnsäuligen Portikus als geplantem, aber nicht ausgeführtem Projekt für das Pantheon könnte den Bauherrn Porto und den Architekten Palladio beflügelt haben. Beide mögen sich dies als Vorbild für das grandiose Projekt einer Villa mit einem Portikus von zehn korinthischen Säulen vorgestellt haben: ein zehnsäuliger Pantheon-Portikus für eine private Villa!

Die Reste der zehn Säulen für die geplante Villa Porto wären dann nicht nur Reste eines unbekannt gebliebenen Villenprojektes, sondern auch denkwürdige Reste einer unvollendeten Villen-Utopie, die den vermeintlich ursprünglich geplanten zehnsäuligen Portikus des Pantheon zum Vorbild hatte und ihn für ein geplantes privates Villenprojekt einsetzen wollte.

Über den hinter dem grandiosen zehnsäuligen korinthischen Portikus nach Art des ersten Pantheon-Baus geplanten Baukörper des Villenherrenhauses gibt es keine Quellen, keine archäologischen Nachweise und bisher keine Hypothesen. Am Baubestand ist lediglich zu beobachten, dass die beiden äußeren Säulenstümpfe, der erste und der zehnte, nach hinten einen Basis- und Maueransatz zeigen, der auf eine geplante nach hinten geführte Abschlusswand zuseiten einer Loggia unter einem Portikus schließen lässt.

Weder ist danach die Frage zu beantworten, wie der mittlere Teil angelegt werden sollte, noch ob daneben Seitenteile vorgesehen waren. Antworten lassen sich vermutlich nur aus einer Untersuchung der beiden Villen Almerico und Trissino des Palladio sowie der Villa Rocca Pisani des Scamozzi ableiten, die in unmittelbarer zeitlicher Nachbarschaft entworfen worden sind, alle als Renaissance-Reaktionen auf das Pantheon.

Interessant wäre bei der Bedeutung eines solchen denkwürdigen Projektes auch eine Grabung nach eventuell ausgeführten Fundamenten in der Nähe des Portikus der Säulenstümpfe.

Literatur

Von den Palladianisten nicht bemerkt. Erstmals bei Magrini 1845 erwähnt. Palladio danach zugeschrieben.

Nicht bei Burger 1909; nicht bei Ackerman 1967; Cevese 1971, Bd. 2, S. 462f.; Battilotti 1990, S. 133; Puppi 2000, S. 400–401, 502; Battilotti 2005, VI 290, S. 269f.; Beltramini 2008, S. 60.

Erreichbarkeit

Molina di Malo (Provinz Vicenza), Via Colleoni

Staatsstraße 46 von Vicenza Richtung Schio bis Malo, nach rechts in Richtung Thiene

In Molina an der Straße in einer mit Zinnen versehenen Mauer ein Portal zum Landgut Porto, das jederzeit betretbar ist

Nachwort zur Bereisung der Villen des Andrea Palladio

Historische Vorläufer und Nachfolger

Nummerierung und Karten siehe vordere und hintere Umschlagklappe

Für eine Reise zu den Villen des Palladio wäre zu deren Verständnis auch ein Besuch wesentlicher historischer Vorläufer (Nr. V1–V12) und danach auch der frühen Nachfolger (Nr. N1–N3) wünschenswert. Eine Einstimmung in die frühe Villengeschichte kann ein Besuch des kleinen Ortes Arqua Petrarca inmitten der Landschaft der Euganeischen Hügel geben; dort ist noch heute das gotische Haus zu besichtigen, in das sich Petrarca am Ende seiner Tage zurückgezogen und wo er das Leben auf dem Lande besungen hat (Nr. V1). Eine der wenigen erhaltenen frühen gotischen Villen auf den Nachbarinseln Venedigs ist der sogenannte Palazzo da Mula auf Murano (Nr. V2). In der Ebene westlich der Euganeischen Hügel, nahe der Staatsstraße 247 bei Agugliaro, erhebt sich das leer stehende Gebäude einer der Villen aus der Zeit der Gotik auf der Terraferma, die Villa dal Verme (Nr. V3). Die bei Carignano gelegene Villa Spessa (Nr. V4) erbaute sich ein Schafzüchter und Wollhändler aus Vicenza.
Eine wichtige auf dem Lande liegende „Residenz" war der spätmittelalterliche „Barco della Regina" der Caterina Cornaro, der vormaligen Königin von Zypern, die sich um 1490 in Altivole, nahe Asolo, ein Bauwerk hat errichten lassen, in das sie sich zurückziehen, aber dort ein höfisches Leben auf dem Lande entfalten konnte (Nr. V5); das nur in wenigen Nebengebäuden erhaltene Bauwerk war architektonisch und funktional eine wichtige Vorstufe der Villenkultur der Renaissance. Auch die Villa Corner dall'Aglio, die Caterina Cornaro am Ende des Quattrocento in Lughigniano di Casale sul Sile, nahe Treviso, ihrer Kammerzofe zur Hochzeit geschenkt haben soll, spielt in diesem Zusammenhang eine Rolle (Nr. V6); deutlich erkennbar treten an die Stelle der gotischen Spitzbogen die Rundbogen der Frührenaissance. Eine charakteristische Ausprägung der Frührenaissance-Villa im Veneto ist das Castello Giustinian in Roncade, nahe Treviso (Nr. V7).
Wichtige formale Vorläufer von Palladios Villen in der ersten Hälfte des Cinquecento stellen erhaltene Bauten der aus Rom kommenden Architekten und Künstler Gian Maria Falconetto, Giulio Romano und Jacopo Sansovino dar. Dazu sollte in Mantua der Palazzo del Te, Palast mit Gestüt der Herzöge von Mantua, aufgesucht werden als das Werk des Giulio Romano, des Lieblingsschülers von Raffael (Nr. V9). Von Padua aus ließen sich dann die Loggia und das Odeo des Falconetto in Padua (Nr. V8) sowie unweit von Padua in den Euganeischen Hügeln seine Villa dei Vescovi, die Villa der Paduaner Bischöfe,

in Luvigliano besuchen (Nr. V10), die vorzüglich neu restauriert ist. Von Padua aus ist in der Ebene vor der Lagune auch die Villa Garzoni von Sansovino in Pontecasale zu erreichen (Nr. V12); diese ist aber meist nur von außen zu betrachten.
Die wichtigsten Bauten der frühen Nachfolge von Palladio-Villen stammen von Vincenzo Scamozzi. Erste Beispiele des Palladianismus, wie die Villa Pisani, genannt „La Rocca", bei Lonigo, 10 Kilometer südwestlich von Vicenza (Nr. N1), oder die Villa Molino in La Mandria, nahe Padua (Nr. N2), lassen sich gut von Vicenza und Padua aus erreichen; die gut erhaltene und ausgestattete Villa Pisani lässt sich nicht nur besichtigen, sie ist im Sommerhalbjahr auch von Interessenten zu mieten und zu bewohnen. Ein frühes Beispiel des Palladianismus wäre auch der Um- und Ausbau der frühen Palladio-Villa Piovene (Nr. N3) durch unbekannte Architekten.

Die Auswahl der Palladio-Villen

Alle 41 bekannten Villenprojekte, die mit Andrea Palladio in Zusammenhang gebracht werden, verteilen sich über ein größeres Gebiet, das etwa der Region Veneto mit den Provinzen Verona, Rovigo, Vicenza, Padua, Venezia und Treviso entspricht. Die Stadt Vicenza liegt etwa im Mittelpunkt dieses Gebietes. Von Vicenza als Standquartier ließe sich eine systematische Bereisung der Villen organisieren. Aber auch etwa die historischen Städte Verona, Montagnana, Vicenza, Bassano del Grappa, Padua oder Treviso stellen verschiedene Standorte dar, deren Besuch viel vom Charakter des Veneto und seiner unterschiedlichen Städte vermittelt. Eine Reise, die sich die Erkundung der Palladio-Villen im Veneto zum Ziel setzte, könnte hier mehrere Stationen haben. Wünschenswert wäre nicht nur die Buchung von Hotels, empfehlenswert ist auf jeden Fall die Voranmeldung bei den einzelnen Villen. Aber auch die Weingüter des Veneto sind einen Besuch wert. Zu wählen ist bei einer Erkundung der Palladio-Villen zwischen der Besichtigung weniger großer, gut erhaltener und künstlerisch ausgestatteter Villen, die leicht zu erreichen sind und günstige Öffnungszeiten haben, oder der Erfassung einer größeren Auswahl von erhaltenen Villen oder sogar einer etwas beschwerlicheren Bemühung um möglichst viele Palladio-Villen, deren Reste oder ehemalige Standorte.

Besuch weniger, gut erhaltener und künstlerisch ausgestatteter Palladio-Villen

Unter den Palladio-Villen lässt sich eine Auswahl von zehn Bauten treffen nach guter architektonischer und künstlerischer Erhaltung, nicht zu schwieriger Erreichbarkeit und günstiger Besichtigungsmöglichkeit. Wer sie besucht, erhält einen guten Überblick über Palladios Hauptwerke unter den Villen und die wichtigsten künstlerischen Ausstattungen:

Villa Godi, nach 1537, in Lonedo di Lugo, 20 Kilometer nördlich von Vicenza (Nr. 2); dort auch gleich die von außen zu besichtigende Villa Piovene, nach 1539 (Nr. 3), Villa Pisani in Bagnolo, um 1540, 20 Kilometer südwestlich von Vicenza (Nr. 7), Villa Cornaro in Piombino Dese, um 1552, 20 Kilometer nordöstlich von Vicenza (Nr. 17), Villa Barbaro in Maser, nach 1554, 30 Kilometer nordöstlich von Vicenza (Nr. 24), Villa Foscari in Malcontenta, um 1554, 25 Kilometer westlich von Vicenza (Nr. 29), Villa Badoer in Fratta Polesine, nach 1554, 40 Kilometer südlich von Vicenza (Nr. 25); dort auch gleich die Villa Grimani, nach 1557 (Nr. 31), Villa Emo in Fanzolo, um 1556, 25 Kilometer nordwestlich von Vicenza (Nr. 30), Villa Almerico, „La Rotonda", in Vicenza, nach 1566 (Nr. 39).

Diese Villen müssen natürlich nicht in dieser historischen Reihenfolge besucht werden, da sie weit im Veneto verstreut liegen. Vielmehr sollten die jeweils beieinander liegenden Villen gemeinsam aufgesucht werden: im Norden von Vicenza die frühen Villen Godi und Piovene, im Süden die Villen Pisani, Badoer und Grimani, im Westen die Villen Barbaro, Emo, Cornaro und Foscari.

Für diese Reise empfiehlt sich ein Standquartier in Vicenza. Dort könnten dann auch die übrigen Bauten Palladios und Museen zu seinem Werk studiert sowie das frühe Meisterstück, der Umbau der Villa Trissino (Nr. 1), und das späte Meisterwerk Palladios, „La Rotonda" (Nr. 39), besucht werden.

Erfassung einer größeren Auswahl von Palladio-Villen

Betrachtet man alle Villenbauten Palladios, so ragen etwa 17 Villen aus den insgesamt 23 erhaltenen heraus. Zu den zehn gut zu besichtigenden Villen kämen dabei noch sieben weitere hinzu, von denen vier nur von außen anzusehen sind:

Villa Saraceno in Agugliaro, um 1548, 20 Kilometer südlich von Vicenza (Nr. 11), Villa Caldogno in Caldogno, um 1548, 8 Kilometer nördlich von Vicenza (Nr. 12), Villa Poiana in Poiana Maggiore, um 1548, 20 Kilometer südlich von Vicenza (Nr. 13), Villa Angarano in Angarano, um 1548, 20 Kilometer nordwestlich von Vicenza (Nr. 15), nur von außen, Villa Pisani in Montagnana, nach 1552, 25 Kilometer südlich von Vicenza (Nr. 16), nur von außen, Villa Chiericati Porto in Vancimuglio, nach 1554, 5 Kilometer südwestlich von Vicenza (Nr. 22), nur von außen, Villa Porto in Vivaro, um 1554, 5 Kilometer nördlich von Vicenza (Nr. 23), nur von außen.

Für diese Bereisung ließen sich außer Vicenza noch zwei weitere historische Orte als malerische Standorte empfehlen: das von einer mittelalterlichen Mauer umgebene Montagnana im Flachland des Etschtales sowie das in der Voralpenlandschaft gelegene Bassano del Grappa. Von Vicenza aus wären gut die Villen Trissino und Rotonda in

Vicenza zu besuchen sowie die Villen Caldogno, Chiericati Porto und Porto zu bereisen. Von Montagnana erreicht man gut die Villa Pisani in Montagnana und die Villen Pisani in Bagnolo, Saraceno, Poiana, Badoer und Grimani. Von Bassano lassen sich gut die Villen Godi, Piovene, Angarano, Barbaro, Cornaro und auch Foscari anfahren.

Bemühung um möglichst viele Palladio-Villen

Intensiv Palladio Suchende, die mehr von seinen Villen und deren Relikten erobern wollen, können aber auch eine Fahrt unternehmen, die schon eher den Charakter einer Reise zur Entdeckung des Veneto hat. Ein Standort in Verona würde – außer dem Erlebnis der Stadt – ermöglichen, die Falconetto- und Sanmicheli-Tradition kennenzulernen. Auch Palladio hat hier den Palazzo della Torre hinterlassen. Vor allem ist von Verona die weit im Osten liegende späte Palladio-Villa Sarego in Santa Sofia bei Pedemonte zu erreichen; sie ist allerdings nicht leicht zugänglich (Nr. 38).

In Vicenza sind Palladios Stadtpaläste, das Teatro Olimpico, die ihm gewidmeten Ausstellungen, seine Villen Trissino und Rotonda zu studieren. Vicenza wäre außerdem Ausgangsort für den Besuch von zahlreichen erhaltenen Villen um Vicenza herum: Villa Valmarana in Vigardolo (Nr. 4), Villa Forni in Montecchio Precalcino (Nr. 5), Villa Gazzotti in Bertesina (Nr. 6), Villa Thiene in Quinto (Nr. 9), Villa Caldogno in Caldogno (Nr. 12), Villa Chiericati Porto in Vancimuglio (Nr. 22), Villa Porto in Vivaro (Nr. 23), Villa Valmarana in Lisiera (Nr. 33). Sie sind teilweise nur von außen zu besichtigen. Von der Villa Contarini in Piazzola sind nur noch Spuren Palladios unter den späteren Umbauten zu erkennen; aber die später fortentwickelte, heute gut zugängliche Villa und das Städtchen, das um die Villa herum entstanden ist, sind sehenswert (Nr. 10). Eindrucksvoll sind außerdem nahe bei Vicenza gelegene Orte, an denen nur noch wenig an die Villenprojekte Palladios erinnert: die Barchessa der Villa Thiene in Cicogna, deren Gesamtanlage nie ausgeführt wurde (Nr. 26), die Relikte der Villa Muzani in Malo, die 1919 mit einem Munitionslager explodiert ist (Nr. 32), vor allem aber die zehn Säulenstümpfe der Villa Porto in Molina bei Malo, die niemals zu Ende geführt wurden (Nr. 41).

Ein Aufenthalt in der mittelalterlichen Stadt Montagnana führt direkt an den Ort der Villa Pisani vor einem der Stadttore (Nr. 16). Von hier aus lassen sich die erhaltenen Villen Pisani in Bagnolo (Nr. 7), Saraceno in Finale di Agugliaro (Nr. 11), Poiana in Poiana Maggiore (Nr. 13) sowie noch weiter im Süden die Villen Badoer (Nr. 25) und Grimani in Fratta Polesine (Nr. 31) aufsuchen. Außerdem liegen in der Nähe Orte von Villenprojekten, an die dort nur noch wenig erinnert: Villa Repeta in Campiglia dei Berici, von der nur noch ein Nachfolgebau steht (Nr. 28), Villa Arnaldi in Meledo mit

Umbauspuren (Nr. 14), Villa Trissino in Meledo mit wenigen Resten eines unausgeführten Projektes (Nr. 40) sowie die Orte Miega (Nr. 34), Alla Cucca (Nr. 35), Veronella (Nr. 36) und Beccacivetta (Nr. 37), wo Villen für die Familie Sarego geplant waren. Ein besonders lohnendes Ziel ist dagegen die Villa Pisani, genannt „La Rocca", bei Lonigo, von Vincenzo Scamozzi, der früheste erhaltene Bau des Palladianismus (Nr. N1). Bei einem Aufenthalt in Bassano del Grappa begegnet man der rekonstruierten Holzbrücke von Palladio über die Brenta. Lohnend sind Fahrten von hier zu den frühen Villen Godi (Nr. 2) und Piovene (Nr. 3) in Lonedo di Lugo, zur Villa Angarano auf der anderen Seite der Brenta (Nr. 15) sowie dann besonders zu den Villen Barbaro in Maser (Nr. 24) und Emo in Fanzolo (Nr. 30).

Denkbar sind natürlich auch Wanderungen von einzelnen Villen zu anderen. Eine Wanderung von der Villa Emo in Fanzolo zur Villa Barbaro in Maser zum Beispiel verbindet zwei der beeindruckendsten Villen Palladios auf einem etwa dreistündigen Weg im Angesicht der südlichen Voralpenlandschaft.

Ein Aufenthalt in Treviso könnte genutzt werden für Fahrten zu den großartigen Villen Cornaro in Piombino Dese (Nr. 17) und Foscari in Malcontenta (Nr. 29), die beide gut erhalten und zu besichtigen sind. Ein kleines Abenteuer könnte der Besuch der Villa Zeno in Donegal di Cessalto werden, denn der Zugang zu dem verwahrlosten Gelände und Gebäude ist oft nur mit Klettereien durch Hecken zu gewinnen (Nr. 19). Ein Besuch der Orte der Villen Mocenigo in Marocco (Nr. 20) oder an der Brenta (Nr. 27) lohnt dagegen nicht, denn hier sind noch nicht einmal die Orte der abgerissenen Villenreste wiederzufinden.

Ein Höhepunkt jeder Villenexkursion wäre aber natürlich eine Fahrt den Brenta-Kanal entlang, an dem die größte Dichte von Villen des 16. bis 18. Jahrhunderts wahrzunehmen, wenn auch nicht immer zu besichtigen ist. Auch die Fahrt mit dem Burchiello, dem Schiff auf dem Brenta-Kanal, empfiehlt sich.

Thermalkuren und Palladio-Villen

Leicht lassen sich mit einer Thermalkur in Abano/Montegrotto an den Nachmittagen Besuche von Palladio-Villen kombinieren. Das kann mit einer Fahrt nach Arqua Petrarca zur Casa Petrarca beginnen. Besuche des Palazzo del Te in Mantua, der Villa dei Vescovi in Luvigliano und der Villa Garzoni in Pontecasale könnten folgen. Dann können während eines 14-tägigen Aufenthaltes die zehn wichtigsten Palladio-Villen (siehe Seite 480 f.) einzeln aufgesucht werden. Jeder weitere Kuraufenthalt in folgenden Jahren kann danach dazu dienen, die Kennerschaft für Palladio-Villen im Veneto auszudehnen und zu vertiefen (siehe Seite 481 ff.).

Anmerkungen

1 Boucher, Bruce: Palladio. Der Architekt in seiner Zeit, München 1994, S. 7.

2 So Hans Willich im Künstlerlexikon von Thieme-Becker, Bd. 26, 1932, S. 163–166.

3 Puppi, Lionello: Andrea Palladio. L'opera completa, 1. italienische Auflage, Milano 1973, 1. deutsche Auflage, Andrea Palladio. Das Gesamtwerk, Stuttgart 1977, 2. italienische Auflage, Milano 1999, 2. deutsche Auflage, Stuttgart, München 2000, S. 512.

4 Ausst.-Kat.: Palladio 500 anni, hg. von Guido Beltramini und Howard Burns, Ausst. Vicenza, Venezia 2008, S. 4.

5 Beltramini, Guido: Palladio privato, Venezia 2008 (dt.: Palladio. Lebensspuren, Berlin 2009).

6 Beltramini 2009, S. 109. Beltramini vertraut also wieder der Quelle, die schon bei der Angabe des Geburtsortes – nicht Vicenza, sondern Padua – einen Fehler machte. Die neue Übersetzung der „Quattro libri", Lücke 2008 (siehe Anm. 10), enthält auf der Rückseite dagegen noch die Widmung: „Zum 500. Geburtstag am 08. November 2008".

7 Burns, Howard: Un progetto incompiuto?, in: Ausst.-Kat. Vicenza 2008, S. 356–359.

8 Beltramini 2009.

9 Oechslin, Werner: Palladianismus. Andrea Palladio – Kontinuität von Werk und Wirkung, Zürich 2008. Rezension von Dittscheid, Hans-Christoph, in: Kunstchronik 62. Jg., Heft 7, Nürnberg 2009, S. 320–326.

10 Bisher gab es Beyer, Andreas/Schütte, Ulrich: Andrea Palladio. Die vier Bücher zur Architektur, Zürich, München 1983, ohne den Originaltext. Jetzt ist erschienen Lücke, Hans-Karl: Andrea Palladio. I quattro libri dell'architettura. Die vier Bücher zur Architektur, Wiesbaden 2008, mit dem Originaltext. Rezension von Dittscheid, Hans-Christoph, in: Kunstchronik 62. Jg., Heft 7, Nürnberg 2009, S. 320–326.

11 Zwar ist die von 1977 stammende deutsche Übersetzung des Werkes über den ganzen Palladio von Lionello Puppi von 1973 neu aufgelegt worden (Puppi 2000), auch das deutschsprachige Buch von Wundram und Pape von 1988 (Wundram, Manfred/Pape, Thomas: Andrea Palladio 1508–1580, Köln 2008). Die unzureichende Übersetzung des Führers von Donata Battilotti zu Palladios Villen aber ist nicht mehr greifbar (Battilotti, Donata: Andrea Palladio. Die Villen, Mailand 1990). Auch die Übersetzung des schwergewichtigen Bandes von Michelangelo Muraro zur gesamten Geschichte der Villen in Venetien von 1996, die einen Absatz über Palladio enthält (Muraro, Michelangelo: Villen in Venetien, Köln 1996) sowie das Buch von Gerda Bödefeld und Berthold Hinz, ebenfalls mit einem Kapitel über seine Villen, sind nicht mehr zu erhalten (Bödefeld, Gerda/Hinz, Berthold: Die Villen im Veneto, Darmstadt 1998). Immerhin gibt es aber eine Habilitationsschrift von 2002, die die „Magnificenza" für Palladios Villen untersucht (Imesch, Kornelia: Magnificenza als architektonische Kategorie, Oberhausen 2003).

12 Burger, Fritz: Die Villen des Andrea Palladio, Leipzig 1909.

13 Priester, Karin: Geschichte der Langobarden, Stuttgart 2004; Ausst.-Kat.: Die Langobarden. Das Ende der Völkerwanderung, Ausst. Bonn, Darmstadt 2008.

14 Imesch 2003, S. 23.

15 Goy, Richard: Stadt in der Lagune. Leben und Bauen in Venedig, München 1998; Huse, Norbert: Venedig. Von der Kunst, eine Stadt im Wasser zu bauen, München 2005.

16 London 1851–1853; zitiert nach Goy 1998, S. 14.

17 Heller, Kurt: Venedig. Recht, Kultur und Leben in der Republik 697–1797, Wien 1999.

18 Huse, Norbert/Wolters, Wolfgang: Venedig. Die Kunst der Renaissance, München 1986, S. 15.

19 Maretto, Paolo: La casa veneziana nella storia della città dalle origini all'Ottocento, Venezia 1986.

20 Huse/Wolters 1986, S. 28–36; Bödefeld/Hinz 1998, S. 75–77.

21 In dieser Übersetzung zitiert nach Bödefeld/Hinz 1998, S. 25.

22 Dies vermuten Bödefeld/Hinz 1998, S. 33.

23 Muraro 1996, S. 30.

24 Muraro 1996, S. 20f.

25 Muraro 1996, S. 37.

26 Dargestellt und abgebildet bei Kubelik, Martin: Die Villa im Veneto. Zur typologischen Entwicklung im Quattrocento, 2 Bände, München 1977, Abb. 17–19 in Band 2.

27 Bödefeld/Hinz 1998, S. 34.

28 Rupprecht, Bernhard: Die Villa Garzoni des Jacopo Sansovino, in: Mitteilungen des kunsthistorischen Institutes in Florenz Bd. 11, 1963/65, S. 1–31, S. 4.

29 Bödefeld/Hinz 1998, S. 36.

30 Rupprecht 1963, S. 4.

31 Zitiert nach Muraro 1996, S. 22.

32 Fabianski, Marcin: Ce que le Musée du Louvre n'était pas en 1793. De certains musées pourvus d'une rotonde à coupole, lieux de débats érudits, in: Les museés en Europe à la veille de l'ouverture du Louvre, Paris 1995, S. 127–155.

33 Fensterbusch, Curt: Vitruv. Zehn Bücher über Architektur, Darmstadt 1964; Kruft, Hanno-Walter: Geschichte der Architekturtheorie, München 1985, S. 20–43, 72–79.

34 Wie die folgenden Zitate nach der Übersetzung von Fensterbusch 1964.

35 Mielsch, Harald: Die römische Villa. Architektur und Lebensform, München 1987, S. 7.

36 Förtsch, Reinhard: Archäologischer Kommentar zu den Villenbriefen des jüngeren Plinius, Mainz 1993, S. 1. Förtsch gibt eine Übersetzung des Wortlautes der Briefe und interpretiert sie ausführlich.

37 Zitate nach Mynors, R. A. B. (Hg.): C. Plini Caecili Secundi epistularum libri decem, Oxford 1963, S. 57.

38 Lücke, Hans-Karl: Leon Battista Alberti. De re aedificatoria, Alberti-Index, 4 Bände, München 1. Band 1975, 2. Band 1976, 3. Band 1979, S. 1467–1468, 4. Band 1975, Faksimile, S. 84 a–92; Theuer, Max: Leon Battista Alberti. Zehn Bücher über die Baukunst, Wien, Leipzig 1912, S. 262–286. Die Kapiteleinteilungen erscheinen nicht im originalen Text, siehe Faksimile bei Lücke.

39 Tigler, Peter: Die Architekturtheorie des Filarete, Berlin 1963, S. 128.

40 Kruft 1985.

41 Kubelik 1977, Bd. 1, S. 13–39.

42 Zitiert nach Kubelik 1977, Bd. 1, S. 16 mit Kürzungen.

43 Darstellungen bei Kubelik 1977, Bd. 2, Abb. 42–52.

44 Übersetzungen zitiert nach Kubelik 1977, Bd. 1, S. 18.

45 Kubelik 1977, Bd. 1, S. 18.

46 Zitiert nach Kubelik 1977, Bd. 1, S. 21.

47 Tieto, Paolo: I Casoni Veneti, Padua 1979, 6. Auflage 2003.

48 Die einzige induktiv vorgehende Arbeit von Kubelik (Kubelik 1977) untersucht einen Bestand von landwirtschaftlichen Gebäudezusammenhängen des Quattrocento im Veneto und kommt zu einem Katalog dieses Bestandes. Bödefeld und Hinz formulieren in Bödefeld/Hinz 1998 eine historische Übersicht der Entwicklung von Landverbesserung und Villenkultur im Veneto (Bödefeld), untersuchen eine Auswahl erhaltener Villenbauten mit dem Ergebnis einer Bautypenentwicklung (Hinz) und geben einen Katalog dieser Auswahl von Villen im Veneto (Bödefeld). Muraro, der von der Terraferma stammende Venezianer, entwickelt in Muraro 1996 mit Texten und Abbildungen eine Collage, die im Kopf des Lesers zu einer Vorstellung von der Kulturgeschichte der Villa im Veneto zusammenwächst. Neueste Literatur zum Thema: „Andrea Palladio e la villa veneta da Petrarca a Carlo Scarpa" und „Architettura di villa nel veneto" in: Ausst.-Kat. 2005, S. 3–35, 39–115.

49 Von Kubelik 1977 benutzte Begriffe.

50 Battilotti, Donata (Hg.): Ville venete: La provincia di Vicenza, Venezia 2005.

51 Von Kubelik 1977 benutzte Begriffe.

52 Nicht bei Kubelik.

53 Muraro 1996, S. 114–117.

54 Muraro 1996, S. 31.

55 Muraro 1996, S. 118f.; Bödefeld/Hinz 1998, S. 77f., 166.

56 Bödefeld/Hinz 1998, S. 71f.

57 Muraro 1996, S. 120f.

58 Muraro 1996, S. 124–131.

59 Kruft 1985, S. 80–87.

60 Rosenfeld, Myra Nan: Sebastiano Serlio, On Domestic Architecture, Cambridge, Mass. 1978.

61 Ms. der Albertina, Wien. Ms. der Bayerischen Staatsbibliothek, München; Faksimile-Ausgabe mit Kommentar von Marco Rosci, Milano 1967. Diese Version war offenbar für den Druck vorgesehen. Ms. der Columbia University, Avery Library, veröffentlicht von Rosenfeld 1978.

62 Kubelik 1977, Bd. 1, S. 19–22, nimmt dies an.

63 Nachdruck der sieben Bücher von 1584: Fregna, Roberto/Nanetti, Giulio (Hg.): Sebastiano Serlio. I sette libri dell'architettura, 2 Bände, Bologna 1978, 1. Band, „Libro III".

64 Fregna/Nanetti 1978, Bd. 2, „Libro VII".

65 Fregna/Nanetti 1978, Bd. 1, „Libro IV", S. 155, 156, 178.

66 Hans-Karl Lücke weist in dem Glossar seiner Übersetzung der „Quattro libri", Lücke 2008, S. 451, zu Recht darauf hin, dass „porticus" im Lateinischen feminin ist. Im Italienischen heißt es aber maskulin „il portico". Im vorliegenden Text wird der Begriff Portikus durchgehend maskulin verwendet.

67 Kubelik 1977, Bd. 1, S. 76f., Bd. 2, S. 419–425; Muraro 1996, S. 122–123; Bödefeld/Hinz 1998, S. 78–80.

68 Kubelik 1977, Bd. 1, S. 108f., Bd. 2, S. 523, Bd. 1, S. 112, Bd. 2, S. 533; Bödefeld/Hinz 1998, S. 73–75.

69 Wolfgang Wolters in: Huse/Wolters 1986, S. 132.

70 Kubelik 1977, Bd. 1, S. 73–75, Bd. 2, S. 409–415; Huse/Wolters 1986, S. 132f.; Muraro 1996, S. 136–139.

[71] Muraro 1996, S. 132–139.
[72] Muraro 1996, S. 140–141.
[73] Muraro 1996, S. 47–49.
[74] Zitiert nach Muraro 1996, S. 160.
[75] Muraro 1996, S. 146–151; Bödefeld/Hinz 1998, S. 93–96, 205f. Die von ihren ursprünglichen Besitzern der Stiftung FAI, Fondo Ambiente Italiano, übereignete Villa ist in einem modellhaft aufwendigen Restaurierungsprozess für eine neue öffentliche Nutzung restauriert, neu ausgestattet und im Juni 2011 wiedereröffnet worden. Es liegt ein vorläufiger Textkatalog vor: Borromeo Dina, Lucia (Hg.): Villa dei Vescovi, Luvigliano di Torreglia, Padova, Milano o. J. (2011) mit englischem Abstract und Bibliografie; der endgültige Katalog soll demnächst folgen. Im Textkatalog, S. 23–29, ein Aufsatz von Guido Beltramini über „Villa dei Vescovi: L'architettura", daraus das Marcolini-Zitat.
[76] So der Titel des Gebäudes in der 1832 erschienenen Publikation Pinali, G.: Le fabbriche civili ed ecclesiastiche di Michele Sanmicheli, disegnate ed incise da F. Ronzani e G. Luciolli, Venezia 1832, S. 27 und Tafel 11.
[77] Rupprecht 1963, S. 22.
[78] Hierzu Beltramini, Guido: Andrea Palladio 1508–1580, in Ausst.-Kat. Vicenza 2008, S. 2–15, und die neue Biografie Beltramini 2009.
[79] Lücke 2008, S. 31.
[80] Lücke 2008, S. 267.
[81] Cevese 1971, Bd. 1, S. 71–79; Battilotti 2005, S. 580f.
[82] Cevese 1971, Bd. 1, S. 71–79; Muraro 1996, S. 154–157; Bödefeld/Hinz 1998, S. 90–93; Battilotti 2005, S. 580f.; Beltramini 2008, S. 19.
[83] Zitiert nach Beltramini 2009, S. 112–113.
[84] Beltramini 2009, S. 46–48.
[85] Ausst.-Kat.: Alvise Cornaro e il suo tempo, hg. von Lionello Puppi, Padova 1980; Cornaro, Luigi: Trattato de la vita sobria, 1558, hg. von Mario Rigoni Stern, Milano 2004. (In der Originalausgabe von 1558 bezeichnet sich der Verfasser Alvise-Luigi Cornaro als Luigi Cornaro.)
[86] Puppi 2000, S. 518f.
[87] Barbaro, Daniele: Vitruvio. I dieci libri dell'architettura, tradotti e commentati, Venezia 1567, mit Beitr. von Manfredo Tafuri und Manuela Morresi, Milano 1987, Bd. 1, 6, fol. 64; zitiert nach Imesch 2003, S. 187, Anm. 1.
[88] Puppi 2000, S. 237f.
[89] Barbieri, Franco: Die „Basilica" in Vicenza, in: Palladio. Bauen nach der Natur – Die Erben Palladios in Nordeuropa, hg. von Jörgen Bracker, Ausst. Hamburg, Ostfildern-Ruit 1997, S. 54–61; Puppi 2000, S. 266–271, 456; Beltramini, Guido: La Basilica, in: Ausst.-Kat. Vicenza 2008, S. 80–89.
[90] Lücke 2008, S. 267.
[91] Puppi 2000, S. 270.
[92] Burns, Howard: Andrea Palladio (1508–1580): Die Entwicklung einer systematischen, vermittelbaren Architektur, in: Ausst.-Kat. Hamburg 1997, S. 40–48; Cevese, Renato: Einführung in die Ideenwelt Palladios, in: Ausst.-Kat. Hamburg 1997, S. 50–53; Puppi 2000.
[93] Burns (wie Anm. 92), S. 44–46; Burns, Howard: Progettare una villa, in: Ausst.-Kat. Vicenza 2008, S. 100–107.
[94] Puppi 2000, S. 519–524, Zitat S. 524.
[95] Puppi 2000, S. 520.
[96] Die Zitate folgen der neuen Übersetzung von Lücke 2008, S. 166–195, die auch den italienischen Originaltext wiedergibt.
[97] Lücke 2008, S. 170–179.
[98] Wolfgang Wolters hat dafür übertreibende Aussagen formuliert: „Der Name Andrea Palladio ist zum Synonym für die venezianische Villa der zweiten Hälfte des 16. Jahrhunderts geworden. Dies entspricht nicht der historischen Wirklichkeit. Wohl hat Palladio in der Gunst venezianischer Auftraggeber seine Konkurrenten Sanmicheli (gestorben 1559) und Sansovino (gestorben 1570) deutlich übertroffen, [...] aber dennoch waren es letztlich nur wenige, die sich für ihn entschieden." „Palladio blieb der Architekt einer Minderheit [...]" (Huse/Wolters 1986, S. 138f.).
[99] Lücke 2008, S. 180–193.
[100] Lücke 2008, S. 204f.
[101] Lücke 2008, S. 138f.
[102] Burns, Howard: Palladio e la villa, in: Ausst.-Kat. Vicenza 2005, S. 65–103.
[103] Lücke 2008, S. 121.
[104] Ausst.-Kat. Vicenza 2008, Nr. 54, 55 a, b, S. 104–107.
[105] Lücke 2008, S. 190.
[106] Lücke 2008. S. 189.
[107] Lücke 2008, S. 171.
[108] Lücke 2008, S. 184.
[109] Lücke 2008, S. 191.
[110] Genauer übersetzt: Weinreben; Lücke 2008, S. 138.
[111] Behandelt bei Cosgrove, Denis E.: The Palladian landscape, Leicester, London 1993, im Kapitel Villa: The Palladian rural landscape, S. 102–109.
[112] Lücke 2008, S. 182.
[113] Lücke 2008, S. 174.
[114] Lücke 2008, S. 179.
[115] Lücke 2008, S. 191.
[116] Kubelik 1977.

[117] Lücke 2008, S. 170.
[118] Lücke 2008, S. 180.
[119] Lücke 2008, S. 188.
[120] Lücke 2008. S. 174.
[121] Lücke 2008, S. 186.
[122] Lücke 2008, S. 179.
[123] Lücke 2008, S. 194f.
[124] Muraro 1996, S. 318–323; Bödefeld/Hinz 1998, S. 230.
[125] Muraro 1996, S. 312–317; Bödefeld/Hinz 1998, S. 151f., 224f.
[126] Puppi 2000, S. 260.
[127] Lücke 2008, S. 51.
[128] Lücke 2008, S. 51.
[129] Lücke 2008, S. 53.
[130] Lücke 2008, S. 53.
[131] Lücke 2008, S. 395.
[132] Lücke 2008, S. 35.
[133] Lücke 2008, S. 93.
[134] Lücke 2008, S. 93–115.
[135] Lücke 2008, S. 121.
[136] Lücke 2008, S. 121–123.
[137] Lücke 2008, S. 162f.
[138] Lücke 2008, S. 204f.
[139] Lücke 2008, S. 185.
[140] Lücke 2008, S. 93.
[141] Lücke 2008, S. 96–97.
[142] Lücke 2008, S. 94–97.
[143] Lücke 2008, S. 170.
[144] Sie sind überzeugend dargestellt bei Wittkower, Rudolf: Architectural principles in the age of humanism, Harmondsworth 1949; Forssman, Erik: Palladios Lehrgebäude, Uppsala 1965; Ackerman, James A.: Palladio, Harmondsworth 1966; Forssman, Erik: Visible harmony, Palladio's Villa Foscari at Malcontenta, Stockholm 1973; Streitz, Robert: Palladio, La Rotonde et sa géométrie, Lausanne 1973; Jaacks, Gisela: Leier und Steine. Die Metaphysik der harmonischen Proportionen, in: Ausst.-Kat. Hamburg 1997, S. 246–255.
[145] Ackerman 1966, S. 160–185: Principles of Palladio's architecture.
[146] Paolo Gualdi nannte 1615 den Steinschneider Valerio Belli (1468–1546) als Grabredner; der aber war schon gestorben. Beltramini 2009, S. 114.
[147] Jaacks 1997.
[148] Lücke 2008, S. 307.
[149] Grundsätzlich dazu Marini, Paola: La decorazione della villa all'età di Palladio, in: Ausst.-Kat. 2005, S. 105–115. Dort auch Bibliografie.
[150] Ausst.-Kat. 2005, S. 105–113.
[151] Wie die Beispiele der Villen Trissino in Cricoli, Godi, Piovene, Valmarana in Vigardolo, Forni, Gazzotti, Pisani in Bagnolo, Thiene in Quinto, Saraceno, Caldogno, Poiana, Angarano, Pisani in Montagnana, Cornaro, Chiericati Porto, Zeno, Porto, Barbaro, Badoer, Foscari, Valmarana in Lisiera, Grimani, Emo, Rotonda.
[152] Puppi 2000, S. 34f.
[153] Puppi 2000, S. 484.
[154] Die neueste Literatur zum internationalen Palladianismus: Oechslin 2008; Ausst.-Kat. Vicenza 2008, 3. Teil, S. 372–400.
[155] Ottenheym, Koen/Scheepmaker, Henk/Garrin, Patty/Vroom, Wolbert (Hg.): Vincenzo Scamozzi, The idea of a universal architecture, Amsterdam 2003.
[156] Montaigne, Michel de: Tagebuch einer Reise nach Italien [...], Berlin 2002.
[157] Heyd, Wilhelm: Handschriften und Handzeichnungen des herzoglich württembergischen Baumeisters Heinrich Schickhardt, Stuttgart 1902.
[158] Stromer, Wolfgang von: Palladio nördlich der Alpen. Nürnberg unter Wolf Jacob Stromer (Ratsbaumeister 1561–1614), in: Ausst.-Kat. Hamburg 1997, S. 170–180.
[159] Ausst.-Kat. Hamburg 1997.
[160] Ausst.-Kat. Hamburg 1997. Dieser Ausstellung folgte zwei Jahre später zum gleichen Thema eine Ausstellung im Centro des Palazzo Barbaran in Vicenza: Ausst.-Kat.: Palladio nel Nord Europa/Palladio and Northern Europe, hg. von Guido Beltramini, Ausst. Vicenza, Centro Internazionale di Studi di Architettura Andrea Palladio, Milano 1999.
[161] Ausst.-Kat. Hamburg 1997, S. 100–126.
[162] Ausst.-Kat. Hamburg 1997, S. 127–146.
[163] Ausst.-Kat. Hamburg 1997, S. 170–180.
[164] Ausst.-Kat. Hamburg 1997, S. 147–169. Dieses Thema hat vor allem schon besonders behandelt Heckmann, Hermann: Barock und Rokoko in Hamburg, Baukunst des Bürgertums, Stuttgart 1990.
[165] Ausst.-Kat. Hamburg1997, S. 30f.
[166] Ausst.-Kat. Hamburg 1997, S. 296f.
[167] Ausst.-Kat. Hamburg 1997, S. 181–199.
[168] Ausst.-Kat. Hamburg 1997, S. 200–212.
[169] Ausst.-Kat. Hamburg 1997, S. 213–228.
[170] Ausst.-Kat. Hamburg 1997, S. 229–243.
[171] Ausst.-Kat. Vicenza 2008; Oechslin 2008.
[172] Ausst.-Kat. Hamburg 1997, S. 256–268.
[173] Ausst.-Kat. Hamburg 1997, S. 291–293.
[174] Forster, Kurt W.: Le Corbusier, in Ausst.-Kat. Vicenza 2008, S. 400f.
[175] 1701 zeichnete Muttoni eine Karte von Vicenza.
[176] Cevese 1971, Bd. 2, S. 589–591; Battilotti 2005, S. 460f.
[177] Cevese 1971, Bd. 2, S. 291–293; Battilotti 2005, S. 17–19.

[178] Barbieri, Franco/Cevese, Renato/Maganato, Licisco: Guida di Vicenza, 2. Auflage Vicenza 1956.

[179] Cevese 1971, Bd. 2, S. 297–299; Bödefeld/Hinz 1998, S. 161–163, 168; Battilotti 2005, S. 27–29.

[180] Barbieri, Cevese, Magagnato 1956; Olivato, Loredana: Ottavio Bertotti Scamozzi. Studioso di Andrea Palladio, 2. Auflage Vicenza 1976.

[181] Siehe Ausst.-Kat. Hamburg 1997.

[182] Köster, Baldur: Palladio in Amerika, München 1990.

[183] Freidel, Frank, Pencak, William: The White House, Boston 1994.

[184] Wietek, Gerhard: Der Hamburger Architekt Johann August Arens (1757–1806) als Baumeister Goethes, in: Festschrift für Günther Grundmann, Hamburg 1962, S. 165–176; ders.: Der Architekt Johann August Arens und die Patriotische Gesellschaft, in: Die Patriotische Gesellschaft zu Hamburg 1765–1965: Festschrift der Hamburgischen Gesellschaft zur Beförderung der Künste und Nützlichen Gewerbe, Hamburg 1965, S. 91–112; Knupp, Christine: Architekt Johann August Arens, Ausst.-Kat. Altonaer Museum, Hamburg 1972; Tausch, Harald: Zur Architektur der Italienischen Reise, in: Chiari, Paolo/Hinderer, Walter (Hg.): Rom–Europa, Treffpunkt der Kulturen 1780–1820, Würzburg 2006, S. 59–102, besonders 83–86.

[185] Grüneberger, Beate/Schneider, Angelika: Römisches Haus, Weimar 1999.

[186] Siehe dazu Ghibellino, Ettore: J. W. Goethe und Anna Amalia. Eine verbotene Liebe, Weimar 2003.

[187] Hipp, Hermann: Freie und Hansestadt Hamburg, Köln 1989, S. 347–352; Lund, Hakon/Thygesen, Anne Lise: C. F. Hansen, 2 Bände, München, Berlin 1999; Ausst.-Kat.: C. F. Hansen in Hamburg, Altona und den Elbvororten, Altonaer Museum, München, Berlin 2000. Darin im Detail zu Arens und Hansens Landhäusern: Plagemann, Volker: Die Italienreise und ihr Einfluss auf Hansens frühe Bauten, S. 31–46.

[188] Lund/Thygesen 1999 (wie Anm. 187), Bd. 1, S. 114–119.

[189] Stein, Rudolf: Klassizismus und Romantik in der Baukunst Bremens, 2 Bände, Bremen 1964, 1965, Bd. 2, 1965, S. 258–263, S. 287–290.

[190] Stein, Bd. 1, 1964, S. 488–490.

[191] Stein, Bd. 1, 1964, S. 65–81.

[192] Stein, Bd. 1, 1964, S. 24–33, S. 47–54.

[193] Plagemann, Volker: Das deutsche Kunstmuseum 1790–1870, München 1967.

[194] Institut für Denkmalpflege (Hg.): Die Bau- und Kunstdenkmale in der DDR, Hauptstadt Berlin Bd. 1, Berlin 1984, S. 169–171.

[195] Köster 1990, S. 36f.

[196] Bentmann, Reinhard/Müller, Michael: Die Villa als Herrschaftsarchitektur, Frankfurt am Main 1992 (1. Aufl. 1970).

[197] Unter der Leitung von Hans-Ernst Mittig und Volker Plagemann.

[198] Burger 1909.

[199] Mazzotti, Giuseppe: Le ville venete – Venetian villas, italienische und englische Ausgabe: Treviso 1954, Roma 1957.

[200] Fiocco, Giuseppe: Alvise Cornaro. Il suo tempo e le sue opere, in: Saggi e studi di Storia dell'Arte 8, Venezia 1965.

[201] Muraro, Michelangelo: Civiltà delle ville venete, in: Arte in Europa. Scritti di storia dell'arte in onore di E. Arslan, Milano 1966, S. 533–543.

[202] Ackerman, James S.: Palladio. The architect and society, New York 1966.

[203] Holberton 1990, S. 164–172.

[204] Holberton nannte die Titel nur in englischer Übersetzung.

[205] Lücke 2008, S. 140.

[206] Imesch, Kornelia: Magnificenza als architektonische Kategorie. Individuelle Selbstdarstellung versus ästhetische Verwirklichung von Gemeinschaft in den venezianischen Villen Palladios und Scamozzis, Habilitationsschrift Zürich 2002, Oberhausen 2003.

[207] Imesch 2003, S. 41–46.

[208] Imesch 2003, S. 46–61.

[209] Imesch 2003, S. 62–68.

[210] Alle Zitate Imesch 2003, S. 42.

[211] Imesch 2003, S. 45f.

[212] Imesch 2003, S. 46f.

[213] Imesch 2003, S. 51.

[214] Imesch 2003, S. 53.

[215] Imesch 2003, S. 54.

[216] Imesch 2003, S. 55.

[217] Imesch 2003, S. 56–61.

[218] Imesch 2003, S. 62f.

[219] Alle Zitate Imesch 2003, S. 63.

[220] Imesch 2003, S. 65.

[221] Imesch 2003, S. 68.

[222] Auch darauf wies Kornelia Imesch hin: Imesch 2003, S. 175–179.

[223] Imesch 2003, S. 127, 227–234.

[224] Kornelia Imesch stellt interessante Untersuchungen über die gesellschaftlichen und verwandtschaftlichen Zusammenhänge der Auftraggeber Palladios an.

[225] Leider geht Kornelia Imesch nicht systematisch die „Quattro libri“ danach durch. Und unter den Villen untersucht sie genauer nur eine Auswahl, nämlich – in dieser Reihenfolge – Villa Cornaro in Piombino Dese, Villa Foscari in Malcontenta, Villa Barbaro in Maser, Villa Emo in

Fanzolo, Villa Badoer in Fratta Polesine. Auch befasst sie sich nicht gründlich mit der Entstehungsgeschichte der einzelnen Villen oder gar mit der aller Villen Palladios, sodass dadurch zu rasch falsche Schlüsse gezogen werden. Vor allem bemerkt sie nicht, dass Palladio die klassische Struktur der „palladianischen" Villenherrenhäuser und ihrer Fassaden mit den übergiebelten Säulenportiken erst im Laufe der Zeit, nach etwa 1550, entwickelt hat und ihm vorher diese formalen Mittel noch nicht zur Verfügung standen.

226 Alle Zitate nach Lücke 2008, S. 27.

227 Alle Zitate nach Lücke 2008, S. 27, 211.

228 Alle Zitate nach Lücke 2008, S. 31–33.

229 Zitate nach Lücke 2008, S. 33f.

230 Alle Zitate nach Lücke 2008, S. 121.

231 Allerdings erhält in der Widmung der Conte Angarano aus Vicenza ebenfalls die Anrede „Magnifico".

232 Die These von Kornelia Imesch, nach der die Bauten der Venezianer durchgehend durch übergiebelten Säulenportikus ausgezeichnet seien, nicht aber die der Vicentiner und Veroneser, ist gänzlich unzutreffend. Wohl aber ist richtig, dass frühe Villen ohne den klassischen palladianischen Portikus anfangs für Vicentiner erbaut wurden, ebenso wie die frühe Villa Pisani für einen Venezianer. Dann aber ist gerade der Säulenportikus für Villenbauten von Vicentinern, Villa Chiericati, Villa Porto und Villa Ragona, erfunden worden.

233 Imesch 2003, S. 186f.

234 Ich verdanke diese Gedanken einem Referat des Anglisten Günter Daubenmerkl M. A., gehalten 2010 in meinem Seminar über „Villenkultur im Veneto" in der Villa Pisani, „La Rocca", von Vincenzo Scamozzi.

235 Die folgenden Zitate nach Lücke 2008, S. 93.

236 Diese Entwicklung stößt auf Zweifel in der Fachliteratur: Puppi 2000, S. 10f., verweist sie in das Reich der Fabel; Cevese 1971, Bd. 1, S. 71–79, schildert sie, zweifelt aber daran; Beltramini 2008, S. 19, dagegen nimmt den Umbau der Villa Trissino in Cricoli einfach unter die Villen Palladios auf. Die Zweifler müssen sich fragen lassen: Wenn der aristokratische Literat den unbekannten Steinmetzgesellen nicht bei dieser Gelegenheit und ausgerechnet zu dieser Zeit kennen- und schätzen gelernt hätte, kurz bevor er den Steinmetzen nämlich in seine Accademia aufnahm und ihn mit dem Namen Palladio auszeichnete, wo und wann denn dann?

237 Burns, Howard: Progettare una villa, in: Ausst.-Kat. Vicenza 2008, S. 100–107.

238 Lücke 2008, S. 190.

239 Alle bei Puppi 2000, S. 248, 491, referiert.

240 Battilotti 1990, S. 37–38; Puppi 2000, S. 248.

241 Beltramini 2008, S. 56.

242 Ausst.-Kat. Hamburg 1997, S. 80f., Abb. 2–5.

243 Lücke 2008, S. 189.

244 Puppi 2000, S. 260.

245 Lücke 2008, S. 180.

246 Puppi 2000, S. 259–260, nennt die verschiedenen Gelehrtenmeinungen. Battilotti resümiert in ihren Ergänzungen auf S. 459–460 dann die neuen Ergebnisse.

247 Lücke 2008, S. 182.

248 Zitiert nach der Übersetzung von Lücke 2008, S. 27.

249 Lücke 2008, S. 188.

250 Lücke 2008, S. 176.

251 Lücke 2008, S. 177.

252 Lücke 2008, S. 172.

253 Lücke 2008, S. 178.

254 Howard Burns hält dagegen neuerdings den Entwurf der Villa Chiericati Porto für den ersten der Entwürfe, betont dabei aber dessen Eingeschossigkeit; sie hat aber ein Mezzanin: „Villa Chiericati è probabilmente la prima villa a un piano in cui Palladio presenta – perlomeno sulla carta – la sua nuova e felicissima formula per la casa di campagna." Ausst.-Kat. Vicenza 2008, S. 108.

255 Battilotti in Puppi 2000.

256 Cevese 1971, Bd. 2, S. 498–500. Battilotti 2005, VI 350, S. 328f.

257 Lücke 2008, S. 181.

258 Ausst.-Kat. Vicenza 2008, Nr. 57, S. 112.

259 Howard Burns hielt in Ausst.-Kat. Vicenza 2008, Nr. 57, S. 212, den Grundriss der Rückseite noch für einen der Villa Chiericati Porto. Er entspricht aber dem der Villa Porto.

260 Bei Battilotti und Puppi 2000 mit den Ergänzungen von Battilotti – wie gewohnt – ausführlich dargestellt.

261 Ausst.-Kat. Vicenza 2008, S. 131, 134f.

262 Lücke 2008, S. 174f.

263 Intensive Auseinandersetzung mit dem Bildprogramm bei Bentmann, Reinhard: Die Ausstattung der Villa Barbaro in Maser und Paolo Veronese als Landschaftsmaler, Phil. Diss. Frankfurt 1971, die sich auch in dem Buch Bentmann/Müller 1992, bes. S. 101–104, widerspiegelt.

264 Zur Identifizierung des Künstlers siehe Thieme-Becker Bd. 13, 1920, S. 579; Puppi 1972, S. 67–88.

265 Lücke 2008, S. 171f.

266 Die Ausmalungen sind in der Monografie von Puppi 1972 in Abbildungen und Text behandelt.

267 Lücke 2008, S. 186f.

[268] Lücke 2008, S. 205.
[269] Lücke 2008, S. 205.
[270] Puppi 2000, S. 479.
[271] Puppi 2000, S. 318.
[272] Cevese 1971, Bd. 2, S. 370; Puppi 2000, S. 318.
[273] Lücke 2008, S. 185f.
[274] Battilotti 1990, S. 102.
[275] Beltramini 2008, S. 43.
[276] Puppi 2000, S. 328, Abb. 437; Ausst.-Kat. Vicenza 2008, Abb. S. 131, 134f.
[277] Ackerman 1967, S. 53, verweist sogar auf ein unbekanntes Dokument, das die „Festa of Corpus Domini 1555" als Datum für den Baubeginn angibt.
[278] Lücke 2008, S. 173f.
[279] Lücke 2008, S. 179.
[280] In der Monografie von Giampaolo Bordignon Favero: La Villa Emo di Fanzolo, Vicenza 1970, ist das Bildprogramm besonders ausführlich dargestellt, S. 35–56, Tafel 35–121.
[281] Übersetzung von G. Zaupa 1990 bei Puppi 2000, S. 484.
[282] Lücke 2008, S. 163.
[283] Lücke 2008, S. 193.
[284] Wie Puppi 2000, S. 348, es formuliert.
[285] Lücke 2008, S. 191.
[286] Puppi 2000, S. 380.
[287] Puppi 2000, S. 381: Beltramini 2009, S. 60, scheint im Hinblick auf die Schuld Almericos anderer Meinung zu sein.
[288] Puppi 2000, S. 382.
[289] In: Puppi 2000, S. 497.
[290] Lücke 2008, S. 325f., S. 343–345, S. 397, S. 376f.
[291] Lücke 2008, S. 359–361.
[292] Siehe Camillo Semenzato: La Rotonda di Andrea Palladio, Vicenza 1968, S. 53–55.
[293] Lücke 2008, S. 138f.
[294] Battilotti 1990, S. 126. Leider nannte sie den Autor dieses Zitates nicht.
[295] Die Monografie, Semenzato 1968, S. 53–55, die sich um eine ausführliche Bestimmung des Bildprogramms der Villa bemüht, spiegelt die herrschende Unsicherheit im Hinblick auf die Ikonografie der Ausstattung der Villa wider.
[296] Ackerman 1967, S. 77.
[297] Kubelik 1977, Bd. 1, Nr. 198, S. 195, Bd. 2, Abb. 788–795.
[298] Puppi 2000, S. 384, schließt allerdings eine Beteiligung Palladios aus, während Battilotti in Puppi 2000, S. 466, unter anderen, diese durchaus für wahrscheinlich hält.
[299] Abgebildet in Kubelik 1977, Bd. 2, Abb. 789–794.
[300] Burger 1909, S. 112–118, besonders Taf. 44, 1, sowie 46, 1 und 2, hält fälschlich die von Muttoni errichtete Villa Favorita für eine ausgeführte Version der Villa Trissino; Puppi 2000, S. 384.
[301] Lücke 2008, S. 184.
[302] Zitiert nach Puppi 2000, S. 401.
[303] Zitiert nach Battilotti 1990, S. 133.
[304] Lücke 2008, S. 279–447.
[305] Puppi 2000, S. 400.
[306] Battilotti 1990, S. 133, die Puppi folgt, schreibt: Der Bezug von Basis und Säulendurchmesser, „der vollkommen jenem des Tempels Jupiter Stator (Castor und Pollux) entspricht. Diesen hatte der Architekt in Rom zwischen Kapitol und Palatin gesehen, und er hatte in seinen Quattro Libri vorgeschlagen, diesen in der korinthischen Ordnung zu ergänzen."
[307] Beltramini 2008, S. 60: „L'enorme colonnato corinzio, citazione diretta di quello del pronao del Pantheon [...]".
[308] Heene, Gerd: Baustelle Pantheon, Planung, Konstruktion, Logistik, Düsseldorf 2008.
[309] Heene 2008, S. 94–99.
[310] Lücke 2008, S. 371, übersetzt „il portico" mit „die Portikus".

Literatur

Ackerman, James S.: Palladio. The architect and society, New York 1966

Ackerman, James S.: Palladio's Villas, New York 1967

Ackerman, James S.: Palladio, Stuttgart 1980

Ackerman, James S.: The villa. Form and ideology of country houses, London 1990

Alberti, Leon Battista: Zehn Bücher über die Baukunst [1485], Darmstadt 1975

Alpago Novello, Adriano: Ville della provincia di Belluno, Milano 1968

Arciszewska, Barbara: The Hanoverian court and the triumph of Palladio. The Palladian revival in Hanover and England c. 1700, Warsaw 2002

Argan, Giulio Carlo: Palladio e palladianismo, in: Architettura e utopia nella Venezia del Cinquecento, hg. von Lionello Puppi, Milano 1980, S. 11–15

Ausst.-Kat.: Alvise Cornaro e il suo tempo, hg. v. Lionello Puppi, Bd. 1: Catalogo della mostra, Bd. 2: I rilievi delle fabbriche di G. M. Falconetto e di Alvise Cornaro a Padova e nel suo territorio, Band 2, Padova 1980

Ausst.-Kat.: Palladio. Bauen nach der Natur – Die Erben Palladios in Nordeuropa, hg. v. Jörgen Bracker, Ausst. Hamburg, Ostfildern-Ruit 1997

Ausst.-Kat.: Palladio nel Nord Europa/Palladio and Northern Europe, hg. von Guido Beltramini, Vicenza, Milano 1999

Ausst.-Kat.: Vincenzo Scamozzi 1548–1616: Architettura è scienza, hg. von Franco Barbieri und Guido Beltramini, Venezia 2003

Ausst.-Kat.: Andrea Palladio e la villa veneta da Petrarca a Carlo Scarpa, hg. von Guido Beltramini und Howard Burns, Ausst. Vicenza, Venezia 2005

Ausst.-Kat.: Palladio 500 anni, hg. von Guido Beltramini und Howard Burns, Ausst. Vicenza, Venezia 2008

Ausst.-Kat.: Die Langobarden – Das Ende der Völkerwanderung, Ausst. Bonn, Darmstadt 2008

Azzi Visentini, Margherita: La villa in Italia: Quattrocento e Cinquecento, Milano 1995

Azzi Visentini, Margherita: Die italienische Villa: Bauten des 15. und 16. Jahrhunderts, Stuttgart 1997

Barbaro, Daniele: Vitruvio. I dieci libri dell'architettura. Tradotti e commentati, 1567, mit Beitr. von Manfredo Tafuri und Manuela Morresi, Milano 1987

Barbieri, Franco/Cevese, Renato/Magagnato, Licisco: Guida di Vicenza, 2. Auflage Vicenza 1956

Barbieri, Franco: Vincenzo Scamozzi, Vicenza 1952

Barbieri, Franco: La Rocca Pisana di Vincenzo Scamozzi, Vicenza 1985

Barbieri, Giuseppe: Andrea Palladio e la cultura veneta del Rinascimento, Roma 1983

Bassi, Elena: Ville della provincia di Venezia, Milano 1987

Battilotti, Donata: Andrea Palladio – Die Villen, Mailand 1990

Battilotti, Donata (Hg.): Ville venete: La provincia di Vicenza, Venezia 2005

Beltramini, Guido: Andrea Palladio. Le ville, guida, Venezia 2008 (auch in englischer Sprache)

Beltramini, Guido: Palladio. Lebensspuren. Mit einer biographischen Skizze von Paolo Gualdo (1615), Berlin 2009 (dt. Ausgabe von „Palladio privato", Venezia 2008)

Bentmann, Reinhard/Müller, Michael: Die Villa als Herrschaftsarchitektur, 1970, erweiterte Neuauflage, Frankfurt 1992

Bertotti Scamozzi, Ottavio: Le fabbriche e i disegni di Andrea Palladio raccolti ed illustrati, 4 Bände, Vicenza 1776–1783 (Die Villen werden in den Bänden II und III behandelt, Reprint London 1968, Reprint in 2 Bänden Trento 1976)

Beyer, Andreas/Schütte, Ulrich (Hg.): Andrea Palladio, Die vier Bücher zur Architektur, Zürich, München 1983

Bödefeld, Gerda/Hinz, Berthold: Die Villen im Veneto. Baukunst und Lebensform, Darmstadt 1998

Bordignon Favero, Giampaolo: La Villa Emo di Fanzolo, Vicenza 1970

Boucher, Bruce: Palladio. Der Architekt in seiner Zeit, München 1994

Burger, Fritz: Die Villen des Andrea Palladio, Leipzig 1909

Burns, Howard: Andrea Palladio 1508–1580. The portico and the farmyard, London 1975

Castegnaro Barbuiani, Luisa: Villa Grimani-Molin ora Avezzù a Fratta, in: Palladio e Palladianesimo in Polesine, Rovigo 1984, S. 63–77

Cevese, Renato: Vicenza, the Villas, Vicenza 1955

Cevese, Renato: Ville della provincia di Vicenza, 2 Bände, Milano 1971

Cevese, Renato: Il palladianesimo in Italia, in: Palladio. La sua eredità nel mondo, Milano 1980, S. 227–260

Chierici, Gino: Palladio 1508–1580, Paris 1956

Cocke, Richard: Veronese and Daniele Barbaro: the decoration of Villa Maser, in: Journal of the Warburg and Courtauld Institutes 35, 1972, S. 226–246

Constant, Caroline: Der Palladio-Führer, Braunschweig 1988
Contegiacomo, Luigi/Rugolo, Ruggiero/Bottacin, Francesca: Villa Loredan-Grimani Avezzù a Fratta Polesine, Rovigo 2001
Cosgrove, Denis E.: The Palladian landscape. Geographical change and its cultural representations in sixteenth-century Italy, Leicester, London 1993
Crosato, Luciana: Gli affreschi nelle ville venete del Cinquecento, Treviso 1962
Doni, Antonio Francesco: Le ville (1565–1566), hg. von Ugo Bellocchi, Modena 1969
Falcone, Giuseppe: La nuova, vaga et dilettevole villa, Brescia 1559, Venetia 1603
Fensterbusch, Curt: Vitruv. Zehn Bücher über Architektur, Darmstadt 1964
Fiocco, Giuseppe: Alvise Cornaro. Il suo tempo e le sue opere, in: Saggi e studi di Storia dell'Arte 8, Venezia 1965
Förtsch, Reinhard: Archäologischer Kommentar zu den Villenbriefen des jüngeren Plinius, Mainz 1993
Forssman, Erik: Palladios Lehrgebäude, Stockholm, Göteborg, Uppsala 1965
Forssman, Erik: Visible Harmony. Palladio's Villa Foscari at Malcontenta, Stockholm 1973
Forssman, Erik (Hg.): Palladio. Werk und Wirkung, Freiburg i. Br. 1997
Forster, Kurt W.: Is Palladio's Villa Rotonda an architectural novelty? in: Palladio. Ein Symposium, hg. von Kurt W. Forster und Martin Kubelik, Schweizerisches Institut in Rom, Einsiedeln 1980, S. 27–34
Franz, Rainald: Vincenzo Scamozzi (1548–1616). Der Nachfolger und Vollender Palladios, Petersberg 1999
Fregna, Roberto/Nanetti, Giulio (Hg.): Sebastiano Serlio. I sette libri dell'architettura, 2 Bände, Bologna 1978
Frommel, Sabine: Sebastiano Serlio architetto, Milano 1998
Gallo, Agostino: Le dieci giornate della vera agricoltura, e piaceri della villa, Brescia 1550, Neuausgabe 16185
Golin, Gianantonio: Vicenza. Palladio und die Villen, Bassano del Grappa 1990
Goy, Richard: Stadt in der Lagune. Leben und Bauen in Venedig, München 1998
Günther, Hubertus: Studien zum venezianischen Aufenthalt des Sebastiano Serlio, in: Münchner Jahrbuch der bildenden Kunst 32, 1981, S. 42–94
Harris, John: The Palladian revival. Lord Burlington, his villa and garden at Chiswick, New Haven (CT), London 1994
Heller, Kurt: Venedig. Recht, Kultur und Leben in der Republik 697–1797, Wien 1999
Hofer, Paul: Palladios Erstling. Die Villa Godi Valmarana in Lonedo bei Vicenza, Basel, Stuttgart 1969
Holberton, Paul: Palladio's villas. Life in the Renaissance countryside, London 1990
Howard, Deborah: Jacopo Sansovino. Architecture and patronage in Renaissance Venice, New Haven 1975, 2. Auflage New Haven, London 1987
Hughes, J. Quentin: Ottavio Bertotti Scamozzi, Le fabbriche e i disegni di Andrea Palladio, Vicenza 1796, London 1968
Huse, Nobert/Wolters, Wolfgang: Venedig. Die Kunst der Renaissance, München 1986
Huse, Norbert: Venedig. Von der Kunst, eine Stadt im Wasser zu bauen, München 2005
Imesch, Kornelia: Magnificenza als architektonische Kategorie. Individuelle Selbstdarstellung versus ästhetische Verwirklichung von Gemeinschaft in den venezianischen Villen Palladios und Scamozzis, Habil.-Schrift Zürich 2002, Oberhausen 2003
Jaacks, Gisela: Leier und Steine. Die Metaphysik der harmonischen Proportionen, in: Ausst.-Kat. Hamburg 1997, S. 246–255
Kamm-Kyburz, Christine: Der Architekt Ottavio Bertotti Scamozzi 1719–1790. Ein Beitrag zum Palladianismus im Veneto, Bern 1983
Köster, Baldur: Palladio in Amerika. Die Kontinuität klassizistischen Bauens in den USA, München 1990
Kruft, Hanno-Walter: Geschichte der Architekturtheorie, München 1985
Kubelik, Martin: Die Villa im Veneto. Zur typologischen Entwicklung im Quattrocento, 2 Bände, München 1977
Lewis, Douglas: The drawings of Andrea Palladio. Ausstellungskatalog Washington D. C. 1981
Lücke, Hans-Karl: Leon Battista Alberti. De re aedificatoria, Alberti-Index, 4 Bände, München 1975–1979
Lücke, Hans-Karl: Andrea Palladio. I quattro libri dell'architettura. Die vier Bücher zur Architektur, Wiesbaden 2008
Magrini, Antonio: Memorie intorno la vita e le opere di Andrea Palladio, Padova 1845
Malinverni, Christian Giovanni (Hg.): Villa Godi Malinverni (Führer in Italienisch und Englisch), Vicenza 2008.
Maretto, Paolo: La casa veneziana nella storia della città dalle origini all'Ottocento, Venezia 1986
Mazzotti, Giuseppe: Le ville venete, Treviso 1954
Mazzotti, Giuseppe: Venetian villas, Roma 1957

Mazzotti, Giuseppe: Palladian and other Venetian villas, Roma 1966
Mielsch, Harald: Die römische Villa. Architektur und Lebensform, München 1987
Mitrovi , Branko/Wassell, Stephen R. (Hg.): Andrea Palladio: Villa Cornaro in Piombino Dese, New York 2006
Monicello, Francesco: Andrea Palladio. Villa Poiana. Guida, Venezia 2009
Muraro, Michelangelo: Civiltà delle ville venete, in: Arte in Europa. Scritti di storia dell'arte in onore di E. Arslan, Milano 1966, S. 533–543
Muraro, Michelangelo: Villen in Venetien, Köln 1996
Murray, Peter: Il Palladianesimo, in: Mostra del Palladio, 2. Auflage Vicenza 1974, S. 157–169
Muttoni, Francesco: Architettura di Andrea Palladio Vicentino con le osservazioni dell'architetto, 4 Bände, Venezia 1740–1743, fortgesetzt von Giorgio Fossati bis zum 9. Band, Venezia 1760
Mynors, R. A. B. (Hg.): C. Plini Caecili Secundi epistularum libri decem, Oxford 1963
Oechslin, Werner: Palladianismus. Andrea Palladio – Kontinuität von Werk und Wirkung, Zürich 2008
Olivato, Loredana: Ottavio Bertotti Scamozzi. Studioso di Andrea Palladio, 2. Auflage Vicenza 1976
Palladio, Andrea: I quattro libri dell'architettura, Venezia 1570 (Übersetzungen ins Deutsche siehe unter Beyer/Schütte und Lücke)
Palladio, Andrea: Le ville, CD-ROM, Centro Internazionale di studi di Architettura Andrea Palladio, Vicenza 1997
Pignatti, Terisio: Veronese, 2 Bände, Venezia 1976
Pinali, G.: Le fabbriche civili ed ecclesiastiche di Michele Sanmicheli, disegnate ed incise da F. Ronzani e G. Luciolli, Venezia 1832
Pozza, Antonio dalla: Andrea Palladio, Vicenza 1943
Puppi, Lionello: La Villa Badoer di Fratta Polesine, Vicenza 1972
Puppi, Lionello: Andrea Palladio. Das Gesamtwerk, hg. von Donata Battilotti. Neueste deutschsprachige Ausgabe Stuttgart, München 2000
Puppi, Lionello/Collavo, Lucia (Hg.): Vincenzo Scamozzi, Intorno alle ville [...] 1615, Torino u. a. 2003
Puppi, Lionello (Hg.): Andrea Palladio. Delle case di villa (1556–1570), Torino u. a. 2005
Ree, Paul van der/Smienk, Gerrit/Steenbergen, Clemens: Italian villas and gardens, Amsterdam 1992
Reutti, Fridolin (Hg.): Die römische Villa, Darmstadt 1990
Rösch, Gerhard: Der venezianische Adel bis zur Schließung des Großen Rats. Zur Genese einer Führungsschicht, Sigmaringen 1989
Rosci, Marco: Il trattato di architettura di Sebastiano Serlio, 2 Bände, Milano 1967
Rosenfeld, Myra Nan: Sebastiano Serlio, On Domestic Architecture, Cambridge, Mass. 1978
Rupprecht, Bernhard: Die Villa Garzoni des Jacopo Sansovino, in: Mitteilungen des kunsthistorischen Institutes in Florenz Bd. 11, 1963, S. 1–31
Rupprecht, Bernhard: Villa. Zur Geschichte eines Ideals, in: Probleme der Kunstwissenschaft, Bd. 2: Wandlungen des Paradiesischen und Utopischen, Berlin 1966, S. 210–250
Sansovino, Francesco: Venetia città nobilissima et singolare, 1581, con le aggiunte di Giustiniano Martinioni, 1663, 2 Bände, Reprint Venezia 1968
Scamozzi, Vincenzo: L'idea della architettura universale, Venezia 1615, Reprint in 2 Bänden, Vicenza 1997
Semenzato, Camillo: La Rotonda di Andrea Palladio, Vicenza 1968
Serlio, Sebastiano: I sette libri dell'architettura (Venezia 1584), Bd. II, Libri V–VII, Reprint Bologna 1978
Serlio, Sebastiano: Architettura civile. Libri sesto, settimo e ottavo nei manoscritti di Monaco e Vienna, hg. von Francesco Paolo Fiore und Tancredi Carunchio, Milano 1994
Sman, Gert Jan van der: La decorazione a fresco delle ville venete del Cinquecento. Saggi di lettura stilistica ed iconografia, Leiden 1993
Spezzati, Gastone: Le ville venete della Riviera del Brenta, Vicenza 1962
Spielmann, Heinz: Andrea Palladio und die Antike. Untersuchung und Katalog der Zeichnungen aus seinem Nachlass, München 1966
Streitz, Robert: Palladio. La Rotonde et sa géométrie, Lausanne 1973
Suitner-Nicolini, Gianna: Per una lettura urbanistica delle ville venete. Proposta di una tipologia territoriale, in: Bollettino del Centro Internazionale di Studi di Architettura Andrea Palladio XV, 1973, S. 447–465
Tafuri, Manfredo: Committenza e tipologia nelle ville palladiane, in: Bollettino del CISA XI, 1969, S. 120–136
Tavernor, Robert: Palladio and Palladianism, London 1991
Temanza, Tommaso: Vita di Andrea Palladio vicentino, egregio architetto, Venezia 1762
Temanza, Tommaso: Vita di Vicenzio Scamozzi vicentino architetto, Venezia 1770
Theuer, Max: Leon Battista Alberti. Zehn Bücher über die Baukunst, Wien, Leipzig 1912

Thornton, Peter: The Italian Renaissance interior, 1400–1600, London 1991
Tieto, Paolo: I casoni veneti, Padova 1979, 6. Auflage 2003
Tigler, Peter: Die Architekturtheorie des Filarete, Berlin 1963
Timofiewitsch, Wladimir: Das Testament Vincenzo Scamozzis vom 2. September 1602, in: Bollettino del Centro Internazionale di Studi di Architettura Andrea Palladio VII/2, 1965, S. 316–328
Trevisan, Luca: Palladio. Le ville, Schio 2008
Vasari, Giorgio: Le vite dei più eccellenti pittori, scultori, e architettori, 2. Ausgabe Firenze 1568 (zahlreiche neuere Ausgaben)
Willich, Hans: Sanmicheli, Michele, in: Allgemeines Lexikon der bildenden Künstler von der Antike bis zur Gegenwart, begr. von Ulrich Thieme und Felix Becker, Bd. 29, hg. von Hans Vollmer, Leipzig 1935, S. 411–413
Wittkower, Rudolf: Grundlagen der Architektur im Zeitalter des Humanismus, München 1983
Wittkower, Rudolf: Palladio e il palladianesimo, Torino 1995
Wolters, Wolfgang: Andrea Palladio e la decorazione dei suoi edifici, in: Bollettino del Centro Internazionale di Studi di Architettura Andrea Palladio X, 1968, S. 255–267
Wundram, Manfred/Pape, Thomas: Andrea Palladio, 1508–1580, Köln 1988, 1993, neueste Auflage 2008
Zaupa, Giovanni: Andrea Palladio e la sua committenza. Denaro e architettura nella Vicenza del Cinquecento, Roma 1990
Zaupa Giovanni: L'origine del „Palladio". Andrea di Pietro della Gondola da Padova a Vicenza e il Rinascimento Veneto. Il „teatro" dei personaggi, Padova 1990
Zorzi, Alvise: Venedig – Die Geschichte der Löwenrepublik, Düsseldorf 1985
Zorzi, Giangiorgio: I disegni delle antichità di Andrea Palladio, Venezia 1958
Zorzi, Giangiorgio: Le ville e i teatri di Andrea Palladio, Vicenza 1969

Danksagung

Mein Interesse an Palladios Villen geht auf die Studienzeit zurück: Ich erinnere mich an den ersten Rotonda-Besuch an einem grauen Ostersonntagmorgen, aber auch an eine Wanderung von der Villa Emo zur Villa Barbaro an einem sonnigen Frühlingsnachmittag in den 1960er Jahren. Dass ich jetzt zu einem Buch darüber gekommen bin, liegt daran, dass ich in den letzten Jahren mein Seminarprogramm auf venezianische Architektur und auf Architekturtheorie sowie meine Exkursionsziele auf Venedig, Vicenza und die Region Veneto konzentriert habe. Den Teilnehmenden verdanke ich so manche Anregung.

Auch meiner Familie, vor allem meiner Frau Christine, danke ich, dass sie nichts gegen Reiseziele im Veneto hatte und die zum Teil abenteuerliche Spurensuche nach Palladio-Villen begleitet hat.

Gute Basislager waren dafür das Hotel Terme Preistoriche in Montegrotto und die Villa Pisani, „La Rocca", bei Lonigo, in der uns aufzuhalten wir dem Conte Antonio Ferri verdanken. Auch dort gab es Anregungen von Freunden und Studierenden.

Für die Fotos und die Abbildungsausstattung habe ich meinem Sohn Johann Christian und meinem Freund Jörg Sellerbeck zu danken.

Professor Eberhard Syring vom Bremer Zentrum für Baukultur sowie Frau Susanne Mulzer und Frau Sigrid Schuer von der Deutsch-Italienischen Gesellschaft in Hamburg und Bremen danke ich für die Herausgabe.

Den Verlegern Marita Ellert und Gerhard Richter, der Lektorin Annette Krüger sowie den Herren Hartmut Brückner und Heiko Aping verdanke ich Anregungen für Druck und Ausstattung des Buches.

Erscheinen kann das Buch aber nur, weil die Hollweg Stiftung die Produktion großzügig finanziell unterstützt hat. Frau Karin und Herrn Uwe Hollweg danke ich dafür besonders.

Volker Plagemann,
Bremen 2012

Bildnachweis/Impressum

Album/Oronoz/AKG: S. 93 re. (Kopenhagen, Statens Museum for Kunst)
Ausst.-Kat. 2008: S. 138, 151, 242, 266, 267, 270, 340
Bödefeld/Hinz 1998: S. 22, 70
Burger 1909: S. 424, 425, 463
Cevese 1971: S. 150, 229, 253, 346
Die Bau- und Kunstdenkmäler der DDR, Hauptstadt Bd. 1, 1984: S. 197
Grüneberger, Beate/Schneider, Angelika: Römisches Haus, Weimar 1999: S. 194
Huse/Wolters 1986: S. 51
Köster 1990: S. 198 u.
Kubelik 1977, Bd. 2: S. 34
© Louvre, Paris, France/Peter Willi/Bridgeman Berlin: S. 93 li.
Lücke 2008: S. 14, 94, 99, 109, 113, 115, 116, 130, 131, 132, 136 u., 137, 152, 154, 155, 158, 159, 224, 257, 271, 283, 295, 303, 304, 311, 317, 325, 332, 336, 351, 364, 373, 377, 383, 387, 397, 416, 423, 437, 443, 462
Lund, Hakon/Thygesen, Anne Lise: C. F. Hansen, München, Berlin 1999: S. 195
Paolo Marton: S. 50, 163, 314, 358/359
Muraro 1996: S. 44
Olivato 1976: S. 190
picture-alliance: S. 18/19 + 51 (akg-images/Cameraphoto), S. 96 li. (Rabatti-Domingie/Florenz, Palazzo Pitti), S. 96 re. (© Electa/Leemage/Amsterdam, Rijksmuseum)
Pinali 1832: S. 85
Plagemann, Johann Christian: Umschlag, S. 21, 54, 55, 69, 71, 82, 83, 91, 127, 128, 133, 134, 136 o., 141, 142, 164, 165, 167, 170, 171, 172/173, 216, 220/221, 226/227, 234/235, 237, 240/241, 246/247, 254/255, 258/259, 260, 263, 272/273, 275, 278/279, 284/285, 290/291, 292, 296/297, 306/307, 312, 318/319, 326, 328/329, 341, 342/343, 348/349, 352/353, 355, 366/367, 369, 375, 385, 388/389, 393, 398/399, 409, 412/413, 418/419, 426, 428/429, 432, 438, 450/451, 456/457, 465, 466/467, 472/473, 475, 476, 477
Plagemann, Volker: Das deutsche Kunstmuseum 1790–1870, München 1967: S. 198 o.
Sellerbeck, Jörg: S. 25, 56/57, 59, 74, 80, 87, 100, 124/125, 140, 179, 181, 390/391, 402/403, 406/407, 444/445
Serlio: S. 61 (Buch IV), 66 + 67 (Buch III), 63 + 64 (Buch VI)
Stein, Rudolf: Klassizismus und Romantik in der Baukunst Bremens, Bd. 1, Bremen 1964: S. 196
Tieto 2003: S. 48
wikimedia commons (AmericanXplorer13): S.192

Bibliografische Information der Deutschen Nationalbibliothek
Die Deutsche Nationalbibliothek verzeichnet diese Publikation in der Deutschen Nationalbibliografie; detaillierte bibliografische Daten sind im Internet über http://dnb.d-nb.de abrufbar.

ISBN 978-3-8319-0462-4

2. Auflage 2021

Text und Bildlegenden: Volker Plagemann, Bremen
Lektorat: Annette Krüger, Hamburg
Gestaltung: BrücknerAping Büro für Gestaltung GbR, Bremen
Lithografie: SMS Scheer Medien Service GmbH, Bremen
Gesamtherstellung: CPI books GmbH, Leck
www.ellert-richter.de